सांप्रदायिक राजनीति
तथ्य एवं मिथक

यह पुस्तक सेज इंडिया द्वारा प्रकाशित 'कम्युनल पॉलिटिक्स—फैक्ट्स वर्सस मिथ्स' का हिन्दी अनुवाद है। अनुमति के लिए सेज इंडिया का आभार।

Act Now for Harmony And Democracy

अनहद श्रृंखला–2

वाणी प्रकाशन
21–ए, दरियागंज, नई दिल्ली–110002

फोन : 23273167, 23275710, 51562622 फैक्स : 23275710

e-mail : vani_prakashan@yahoo.com
vani_prakashan@mantraonline.com

सांप्रदायिक राजनीति
तथ्य एवं मिथक

राम पुनियानी

अनुवाद

रामकिशन गुप्ता

वाणी प्रकाशन का 'लोगो'
विख्यात चित्रकार मक़बूल फ़िदा हुसेन की
कूची से

ISBN : 81-8143-218-5

वाणी प्रकाशन
21-ए, दरियागंज, नयी दिल्ली-110002
द्वारा प्रकाशित
प्रथम संस्करण : 2005

मूल्य : 300.00
आवरण : वाणी चित्रांकन
जयभारत प्रिंटिंग प्रेस, शाहदरा, दिल्ली-110032
द्वारा मुद्रित

SAMPRADAYIK RAJNITI TATHYA
EVAM MITHAK
by : Ram Puniani
Translated by Ramkishan Gupta

माँ (सुहागवन्ती देवी)
और पिता (रामदत्त)
की स्मृति में...

आमुख

हिंदुओं और मुसलमानों में विद्वेष कब और कहाँ शुरू हुआ इसकी तारीख बताना मुश्किल है क्योंकि कोई भी पक्के तौर पर यह नहीं बता सकता कि पहला पत्थर किसने फेंका, सबसे पहले किसने पागलपन का नारा लगाया या अँधेरे में लुकछिप कर किसने धर्म के नाम पर बेकसूर लोगों को कत्ल करके यह सोचा कि वह अपने धर्म की रक्षा कर रहा है।

लेकिन मैं आधुनिक भारत में हिंदू-मुसलमान विद्वेष के दो निश्चित क्षण आपको बता सकता हूँ। एक क्षण था 1947 का विभाजन और दूसरा 6 दिसंबर, 1992 को बाबरी मस्जिद का विध्वंस 1 फरवरी 2002 में गोधरा घटना और उसके बाद स्तब्ध कर देने वाले हत्याकांड के रूप में क्या हम तीसरा क्षण देख रहे हैं?

संघ परिवार मुसलमानों के खिलाफ अपने द्वेषपूर्ण अभियान को पागलपन की हद तक ले गया है। इससे नरमपंथियों और उग्रपंथियों के बीच धुँधली रेखा समाप्त हो चुकी है। काफी समय से इसकी चक्की से मुसलमानों के खिलाफ नए-नए मिथक निकलकर बाहर आ रहे हैं। लेकिन अब यह अंदाजा लगाया जा सकता है कि हिंदुओं की सामाजिक चेतना में ये मिथक कितने गहरे पैठ गए हैं।

बाबरी मस्जिद का विध्वंस इस देश के राजनीतिक जीवन की बहुत बड़ी घटना थी। इसके बाद से हिंदू दक्षिणपंथी समूहों में एक नई बात हो रही है। कहा जा रहा है कि मुसलमानों को हमने बहुत झेल लिया। यहाँ रहने के लिए उन्हें अब सबक सिखाया जाना चहिए। धर्मपरायण मुसलमानों के रूप में तथा वहशी बहुसंख्यकों के सामने अपनी धार्मिक पहचान खोए बगैर वे यहाँ कैसे रह सकते हैं?

संघ परिवार द्वारा गढ़े गए मिथकों का पर्दाफाश करने का प्रयास इस पुस्तक में किया गया है। यह बताने का भी प्रयास किया गया है कि उनकी असलियत क्या है और उनके पीछे क्या मंशा है। इसका मकसद है विविध पहचानों और संस्कृतियों के नाजुक ताने-बाने को तोड़ना जिसे सर्वधर्म समभाव के सिद्धांत के आधार पर हमारे राष्ट्र के निर्माताओं ने बड़े जतन से पोसने का प्रयास किया था।

मिथक गढ़ने का मकसद मुसलमान समुदाय को बदनाम करना और लोगों

में व्याप्त भय और असुरक्षा का लाभ उठाना है। इसका मकसद उच्च जातियों द्वारा पाले-पोसे जाने वाले एकरूप मनुवादी हिंदू धर्म के घेरे में उन लोगों—दलित, आदिवासी—को लाना भी है जो इसमें थोड़ा-बहुत विश्वास करते हैं या इसके बाहर हैं।

हिंदुत्व को गढ़ने की प्रक्रिया हिंदू धर्म की सर्वेश्वरवादी, समन्वयवादी परंपरा को नकारना, एकरूप, उत्तरी भारत आधारित धर्म-प्रणाली के पुरुष-ईश्वर राम का दैवीकरण और अल्पसंख्यक धर्मों—इस्लाम और ईसाइयत को बदनाम करना है।

आज जो सामाजिक चेतना नजर आ रही है वह केवल मतिभ्रंश नहीं है। यह वास्तविक है और लगातार बढ़ रही है। यह हिंसा को उचित बताने वाला सामाजिक आधार बन चुकी है। समाज के बहुसंख्यक वर्ग की मौन स्वीकृति या अनुमोदन के बगैर दिनों, हफ्तों या कहिए महीनों तक हत्या और हिंसा नहीं चल सकती। सांप्रदायिक हिंसा सांप्रदायिक राजनीति का सबसे बड़ा हथियार है। अल्पसंख्यकों के खिलाफ मिथक और गढ़ी गई सामाजिक जन चेतना हिंसा के सौदागरों के कार्यों को सही करार दे देती है। शासन तंत्र अपने कार्यों के लिए स्वीकृति तैयार करता है, तो उग्र राजनीतिक धाराएँ अपने कार्यों के अनुमोदन के लिए जन चेतना में सेंध लगाती हैं। घटनाचक्र की शुरुआत सांप्रदायिक विचारधारा होती है। सबसे पहले वह अपने स्वयंसेवकों में एक विचारधारा को ठूँसती है। इसके बाद वह मीडिया, शिक्षा संस्थाओं और नौकरशाही के जरिए अपने कपटपूर्ण प्रभाव को फैलाती है। इस सबसे सांप्रदायिक हिंसा के लिए उर्वर भूमि तैयार हो जाती है। इसके बदले में हिंसा के सौदागरों को वोटों की फसल मिलती है। यह प्रक्रिया थोड़ी जटिल होती है। सांप्रदायिक संगठन यह बात फैला देते हैं कि 'वे' 'हम' पर हमला करने के लिए आ रहे हैं। क्यों न हम उनपर पहले हमला कर दें? ऐसा करके अल्पसंख्यकों पर हमला कर दिया जाता है। इस प्रक्रिया के द्वारा साम्प्रदायिक पार्टियाँ ऐसी परिस्थिति बनाती हैं जिससे 'इच्छित' परिणाम मिलने तक हिंसा चलती रहे।

हिंसा के ये व्यापारी हीरो बन जाते हैं। ऐसे हीरो जिन्होंने पाकिस्तान की आई एस आई और अंतर्राष्ट्रीय आतंकवादी समूहों की मिलीभगत के साथ काम करने वाले 'राष्ट्रविरोधियों' के हमलों से बहुसंख्यक समुदाय को बचाया। इसी वजह से 1990 के दशक के शुरू में मुसलमानों के खिलाफ हत्याकांड का नेतृत्व करने के बाद बाल ठाकरे और शिवसेना ने चुनाव जीते। वर्ष (2002) के शुरू में मुसलमानों के खिलाफ हत्याकांड के बाद नरेंद्र मोदी को लोकप्रिय पत्रिका इंडिया टुडे द्वारा कराए गए सर्वेक्षण के बाद दूसरा सर्वोत्तम मुख्यमंत्री बताया गया।

अल्पसंख्यकों के खिलाफ मिथक़ पूरी स्थिति में पृष्ठभूमि का काम करते हैं। मुझे यह जानकर बहुत तकलीफ हुई कि सभी पड़ोसियों, दोस्तों, परिचितों और संबंधियों ने एक स्वर में मुसलमान विरोधी हत्याकांड को माफ किया और समाज में फैले मिथकों पर 'यकीन' कर लिया। यह मानना पड़ता है कि इस सबके पीछे गहरी आर्थिक-राजनीतिक

ताकतें काम कर रही हैं और इससे सांप्रदायिक राजनीति को बल मिलता है। लेकिन साथ ही हम मिथकों के प्रचार द्वारा समाज के बढ़ते सांप्रदायीकरण को कम कर सकते हैं। ये मिथक अल्पसंख्यकों को बदनाम ही नहीं करते बल्कि इस मान्यता के आधार पर काम करते हैं कि पीड़ित व्यक्ति खुद अपराधी हैं। मुसलमानों को लग रहा है कि वे समाज में कितने असुरक्षित हैं। इस वजह से उनमें कट्टरपन बढ़ रहा है। असुरक्षा की भावना से समाज के दकियानूसी (कंसरवेटिव) और प्रगति विरोधी तत्त्वों को सामने आने का मौका मिल जाता है। ये तत्त्व समुदाय को और अधिक अंतर्मुखी, संकीर्ण तथा सुधार और प्रगति का दुश्मन बना देते हैं। इस स्थिति का भी शोषण किया जाता है और पिछड़ेपन का ताल्लुक एक धर्म विशेष से स्थापित कर दिया जाता है। इस प्रकार मिथक गढ़ने और बदनाम करने का दूसरा दौर शुरू होता है। यह सिलसिला लगातार चलता रहता है और सांप्रदायिक राजनीति के वाहक, नए-नए मिथक जोड़ते जाते हैं। बदनाम करने की इस कार्रवाई से समुदायों में खाई पैदा हो जाती है। शहरों में छोटे-छोटे पाकिस्तान और 'सीमाएँ' आम बात हो जाती हैं। इस प्रक्रिया ने बहुवादी और समन्वयवादी परंपराओं के लिए गंभीर चुनौती पैदा कर दी है। समाज का स्वरूप धीरे-धीरे बदलने लगता है। बहुत-सी संस्कृतियों वाला उदार चेहरा बदलने लगता है और इसका स्थान धार्मिक पहचानों के इर्द-गिर्द बने दुश्मन शिविर लेने लगते हैं।

संप्रदायवाद के खिलाफ संघर्ष कई मोर्चों और कई स्तरों पर किया जाना चाहिए। आम मत के पीछे सच्चाई को उजागर करना इस दिशा में पहला कदम होना चाहिए। वास्तविक लोकतांत्रिक मानदंडों के लिए संघर्ष के सारतत्व के रूप में आर्थिक, सामाजिक और लिंग न्याय हेतु आंदोलनों की भूमिका को महत्त्व देना होगा। साथ ही समन्वयवादी संस्कृति के उत्थान को सर्वाधिक महत्त्व दिया जाना चाहिए। इसमें विभिन्न पहचानों, विशेष रूप से विभिन्न धर्मों वाले समुदायों को जोड़ने में मदद मिलेगी।

मुंबई आधारित सांप्रदायिक सद्भाव समूह के सदस्य के रूप में काम करते समय मैंने यह महसूस किया कि मिथकों के पीछे सच्चाई को समाज के विभिन्न वर्गों तक पहुँचाया जाना चाहिए। लोकतंत्र की संरक्षा की दिशा में इसकी मामूली-सी भूमिका होगी, लेकिन यह पहला महत्त्वपूर्ण कदम होगा। विभिन्न वर्गों के छात्रों और सामाजिक कार्यकर्ताओं से बातचीत के दौरान मैंने 'तथ्य बनाम मिथक' की सरल शैली में विषयों का इस्तेमाल करने का मन बनाया। नए-नए विषय जुड़ते गए—विभाजन, कश्मीर, सांप्रदायिक हिंसा। लिखने के दौरान दो बड़े विषय सामने आए। 9/11 को न्यूयार्क में वर्ल्ड ट्रेड सेंटर पर हमला और इसके बाद ओसामा बिन लादेन को पकड़ने का बहाना बनाकर अफ़ग़ानिस्तान पर हमला। इसके बाद पूरी दुनिया में मुसलमानों और इस्लाम को बदनाम करने की प्रक्रिया शुरू हुई। पांडुलिपि के पूरे

होते-होते गोधरा घटना के बाद गुजरात हत्याकांड हुआ। इससे सांप्रदायिक राजनीति और सांप्रदायिक हिंसा उस सीमा तक पहुँच गई जितनी कि पहले कभी नहीं बढ़ी थी। गुजरात पर लिखते समय तथ्य बनाम मिथक शैली को अपनाना संभव नहीं था। ये बहुत दर्दनाक घटनाएँ थीं और इन्हें एक अलग तरीके से लिए जाने की जरूरत थी। इसलिए इस पर अध्याय की शैली भिन्न है। गुजरात में चल रहे मिथकों को दूसरे अध्यायों में जगह दी गई है।

'एकता' के लिए काम करते समाज के विभिन्न तबकों से संपर्क हुआ। इस संपर्क के दौरान जो मिथक मेरे सामने आए उन्हें मैंने इस पुस्तक में शामिल किया है। लेकिन मिथकों की फैक्टरी दिन-रात चलती रहती है। नए मकसदों के लिए नए-नए मिथक गढ़ दिए जाते हैं। सासवड़ पुणे में एक लाजवाब मिथक मैंने सुना। उस इलाके में मुसलमानों की दुकानों पर हमला करने से पहले यह अफवाह फैला दी गई कि मुसलमान स्थानीय मंदिरों पर हमला करने की योजना बना रहे हैं और ओसामा बिन लादेन (हाँ खुद उसने) योजना बनाने के लिए उस इलाके का दौरा किया है। जब मैंने यह सुना तो यह सोचा कि काश जॉर्ज बुश को इसका पता चल जाता। उनके प्रशासन को अब तक के सबसे बड़े अपराधी को पकड़ना आसान हो जाता क्योंकि भारत सरकार 'बड़े भाई' को खुश करने के अवसर की हमेशा तलाश में रहती है।

किसी भी पुस्तक में सभी प्रचलित मिथकों को समेटना संभव नहीं है। मैंने एक समझ की आधारशिला रखने की कोशिश की है। संदर्भ विशेष में इसके प्रयोग से सच्चाई को उजागर करने में मदद मिल सकती है। इस पुस्तक के लेखन के दौरान मेरे निकट के दोस्तों ने मेरी बहुत मदद की। असगर अली इंजीनियर, उदय मेहता, शुक्लासेन, इरफान इंजीनियर, वृजेन्द्र, प्रदीप देशपांडे के साथ विचार-विमर्श ने मेरी समझ को समृद्ध बनाया। विकास अध्ययन केन्द्र के अजित निनान और लेसली रोड्रिक्स ने मेरी बहुत मदद की। उनका विशेष रूप से उल्लेख जरूरी है। मैं अपने मित्र चारूल भारवाडा और विनय महाजन का विशेष रूप से आभारी हूँ। पुस्तक लेखन के दौरान उन्होंने बड़ी गर्मजोशी के साथ विभिन्न विषयों को सुना। अन्त में मैं अपनी पत्नी स्मिता के प्रति आभार व्यक्त करता हूँ, जिसकी उदारता और हर तरह से सहायता के फलस्वरूप ही मैं यह कार्य पूरा कर सका हूँ।

मुंबई —राम पुनियानी

जनवरी 2004

अनुक्रम

परिचय

I

कैसी विडंबना है कि जब देश के 100 करोड़ लोग गरीबी और बेरोजगारी से उत्पन्न सामाजिक समस्याओं से जूझ रहे हैं, आम आदमी अपने परिवार के लिए मकान, इलाज और अपने बच्चों की सही शिक्षा के लिए संघर्ष कर रहा है, हमारे देश का राजनीतिक नेतृत्व मंदिर-मस्जिद के कभी न खत्म होने वाले विवाद और विक्षिप्त बहस में उलझा हुआ है। राजनीतिक वर्ग ने सभी सामाजिक मुद्दों पर बहस छेड़ दी है और मंदिर-मस्जिद जैसे फिजूल के विषयों में फँस गए हैं जिनका गरीबों, शोषित और वंचित लोगों के जीवन से कोई ताल्लुक नहीं है। राजनीतिक वर्ग की वास्तविकताओं और जिन लोगों का वे प्रतिनिधित्व करते हैं उनकी जरूरतों से उनकी दिलचस्पी खत्म हो गई है। यह अचानक नहीं हुआ है। यह पिछले दो दशकों में धीरे-धीरे चली राजनीतिक प्रक्रिया के जरिए हुआ है।

इस काल में ही पूँजी के विश्वव्यापी पुनर्वितरण ग्लोबलाइजेशन, के पंगु बना देने वाले प्रभाव दृष्टिगोचर हुए हैं। मजदूरों, अल्पसंख्यकों, दलितों, आदिवासियों और स्त्रियों—जो अनेकवादी समाज का अभिन्न अंग है—को सामाजिक उथल-पुथल ने सबसे ज्यादा आहत किया है। इसी अवधि में देश के विभिन्न भागों में दलितों के खिलाफ हिंसा बढ़ी है। मसलन लक्षमनपुर बाथे में दलित हत्याकांड, मुंबई में रमाबाई अंबेडकर नगर में पुलिस द्वारा अनावश्यक फायरिंग जिसमें 10 दलित कत्ल कर दिए गए। इन शर्मनाक कृत्यों की एक लंबी फेहरिस्त है। पूरे देश में स्त्रियों के बलात्कार और उनके खिलाफ यौन अपराध तेजी से बढ़े हैं और नियमित रूप से हो रहे हैं। मजदूरों की नौकरियाँ छिन गई हैं, फैक्टरियों में ताले लग गए हैं। वैश्वीकरण की आँधी ने व्यापार की झनझनाहट को शांत कर दिया है। आवास और शिक्षा की हालत बदतर है। महानगरों और बड़े शहरों में आधी से अधिक जनसंख्या चालों, गंदी बस्तियों और नीले आसमान की छत वाले फुटपाथों पर पड़ी है।

इसे महज संयोग कहें या जीवन की सचाई, जबसे राजनीतिक वर्ग ने भावनात्मक

धार्मिक मुद्दों को उछालना शुरू किया है तब से पूरे देश में सांप्रदायिक हिंसा में अचानक तेजी आ गई है। सांप्रदायिक हिंसा ने अपना फन पहले भी उठाया था लेकिन वह उस हद तक नहीं बढ़ी थी जो हाल ही में मेरठ, मलयाना, भागलपुर, भिवंडी और फरवरी 1993 में बम-धमाकों के बाद मुंबई दंगों के दौरान देखने को मिली है। यह त्रासदी दैत्य के घर से आई हिंसा लगती है। इसका घिनौनापन सबसे अधिक उस समय देखने को मिला जब हिंदू कार्यकर्ताओं की एक भीड़ ने उड़ीसा में आस्ट्रेलियायी पादरी ग्राहम स्टेवर्ट स्टेंस और उनके दो मासूम लड़कों को जिंदा जला दिया। इस दिल दहला देने वाली घटना के बारे में सही कहा गया है कि यह "शताब्दी के काले कृत्यों की फेहरिस्त में से एक कृत्य है।" **(डॉ. के. आर. नारायणन)**

लोकतांत्रिक समाज—जिसमें सभी नागरिक शांति और सद्भाव के साथ रहते हैं—अपनी धार्मिक पहचानों के प्रति इतना सचेत क्यों हो गया है? समाज, जिसे गरीबी, भूख और बीमारी के उन्मूलन में लगा होना चाहिए था ऐसे बेकार के मुद्दों में क्यों उलझ गया है जिनका सामाजिक प्राणी होने के नाते हमारे जीवन से कुछ लेना-देना नहीं है? इस उप महाद्वीप में गढ़े गए सांप्रदायिकता के सिक्के ने पूरे देश को अपनी काली लंबी छाया के आगोश में कैसे ले लिया और वास्तविक सामाजिक समस्याओं को दरकिनार क्यों कर दिया गया है? सांप्रदायिक हिंसा समाज में गहराई से पैठी सड़न की अभिव्यक्ति है। यह राजनीतिक नेतृत्व के कुछ तत्त्वों द्वारा खेले जा रहे सांप्रदायिक राजनीति के खेल की भयानक अभिव्यक्ति है। सांप्रदायिक राजनीति सभी सामाजिक पहचानों पर धर्म का मुखौटा लगा देती है। एक तरह से देखा जाए तो यह विरोधाभास-सा लगता है। सांप्रदायिक तनाव मध्ययुगीन काल में भी मिलते हैं पर सांप्रदायिक राज्यनीति का उदय उपनेविशवाद के दौरान हुआ। औद्योगिक समाज की ओर संक्रमण के दौरान सामंती तत्त्वों की राजनीति से सांप्रदायिकता का उदय हुआ।

उद्योगीकरण की प्रक्रिया ने समाज के गतिविज्ञान को ही बदल दिया और एक बहुत बड़े वर्ग का उदय हुआ जो राष्ट्रवाद के बारे में आधुनिक सिद्धांतों से सम्मोहित हुआ। इसके विरोध में हठधर्मी वर्ग और उपनिवेशवाद के साथियों—जैसे कि सामंतवादी वर्ग और उन्हें मान्यता देने वालों धर्मगुरुओं के बीच संघर्ष शुरू हुआ, जो उद्योगीकरण की प्रक्रिया के साथ होने वाले विचारों, मूल्यों और नए सत्ता समीकरणों के खिलाफ था।

सत्ता पाने के इच्छुक इन लोगों की नई जमात, उभरते हुए वर्गों से भयभीत इस 'पतनशील वर्ग' ने पहले तो सामाजिक और राजनीतिक हितों की रक्षा करने वाले राजनीतिक ढाँचे से नाता तोड़ लिया और उस पर धर्म का लबादा चढ़ा दिया। समाज के इन संभ्रांत वर्गों ने अपने उपनिवेशवादी मालिकों को 'फूट डालो और राज करो' के सिद्धांत के तहत विभिन्न धार्मिक वर्गों में संदेह पैदा करते हुए देखा था। अपनी सत्ता को बचाने के लिए ऐसे ही हथकंडे उसने खुद अपनाए और उसे इसका

कोई अफसोस नहीं है।

सांप्रदायिकता के कई पहलू हैं और इसके बारे में कई मत हैं। एक आम मत यह है कि सांप्रदायिकता संभ्रांत लोगों की राजनीति है लेकिन इसे समाज के बड़े वर्गों को इकट्ठा करके निष्पादित किया जाता है। ये वर्ग इस विश्वास के साथ इसमें हिस्सा लेते हैं कि यह धर्म और पुरानी परंपरा द्वारा पवित्र मानी गई व्यवस्था को बचाने के लिए सामूहिक प्रयास है। इसका उद्देश्य संभ्रांत वर्ग की राजनीतिक और सामाजिक आकांक्षाओं को पूरा करना होता है। इसकी सफलता इसके आकर्षण की मात्रा पर निर्भर करती है। शुरुआत इस आधार पर होती है कि एक धर्म के अनुयायियों के हित एक समान होते हैं। इससे और आगे बढ़कर यह कहा जाता है कि विभिन्न धर्मों के लोगों में विभिन्नता होती है। इसका उग्र रूप उस समय सामने आता है जब यह कहा जाता है कि एक धार्मिक समुदाय के हित दूसरे धार्मिक समुदाय के हितों के विरोधी होते हैं।

समाज के व्यापक वर्ग को अपनी ओर आकर्षित करने के लिए सांप्रदायिक राजनीति विभिन्न विचार स्तर तैयार कती है। इन विचारों को जन चेतना का हिस्सा बनाने की प्रक्रिया बहुत जटिल होती है। इस तरह की चेतना के खतरनाक परिणाम हो सकते हैं क्योंकि इसका धर्म से नाता होता है और यह बड़ी आसानी से तबाही मचा सकती है।

II

भारत में सांप्रदायिक राजनीति की प्रक्रिया 19वीं शताब्दी के प्रारंभ में उद्योगों की स्थापना से शुरू हुई। उद्योगीकरण के फलस्वरूप समाज के उभरते वर्गों जैसे कि उद्योगपति, नए कारोबार व्यवसायी और बुद्धिजीवियों का प्रतिनिधित्व करने वाले संघ बने। आगे चलकर ये संघ एकजुट हुए और भारतीय राष्ट्रीय कांग्रेस की आधारशिला रखी गई जिसने भारतीय उद्योगों को और अधिक सुविधाएँ देने और सिविल सेवा परीक्षा भारत में आयोजित करने की माँग रखी। कांग्रेस की स्थापना धर्मनिरपेक्ष सिद्धांतों और उभरते हुए आधुनिक भारत की आकांक्षाओं को अभिव्यक्त करने के लिए हुई। इसके शीघ्र बाद सर सैयद और काशी के राजा शिवप्रसाद ने यूनाइडेट इंडिया पैट्रीओटिक एसोसिएशन का गठन किया (अगस्त 1888)। इस संघ के लक्ष्य थे : अंग्रेजों को यह बताना कि सभी समुदाय और सामंत कांग्रेस के साथ नहीं हैं, हिंदू और मुसलमान संगठनों के विचारों को ब्रिंटिश संसद तक पहुँचाना, भारत में ब्रिंटिश शासन को मजबूत बनाना और लोगों को कांग्रेस से दूर ले जाना। इस संघ से जुड़े बहुत से लोग बाद में मुस्लिम लीग और हिंदू महासभा में चले गए। सांप्रदायिकता का उदय बहुत जटिल प्रक्रिया है। उपनिवेशवादी नीतियों के फलस्वरूप व्यापारियों-महाजनों (ज्यादातर हिंदू) की वृद्धि हुई और उनका वर्चस्व कायम हुआ। हिंदू आधुनिक शिक्षा

का अधिक से अधिक लाभ ले सके और उन्हें ही नौकरशाही में जगह मिली। इसके अलावा 1857 के बाद अंग्रेजों का हिन्दुओं की ओर झुकाव हुआ और हिंदुओं ने आधुनिक उद्यमों/व्यवसायों को पूरे उत्साह के साथ अपनाया। बहुस्तरीय भारतीय समाज को समझने के लिए ब्रिटिश इतिहासकारों ने सुविधाजन्नक श्रेणियों, शब्दों, जैसे कि हिंदू, मुसलमान और ब्राह्मण का प्रयोग किया। इसके साथ ही भारतीय नेतृत्व ने राम राज्य के विचार तथा खिलाफत आंदोलन के जरिए लोगों में 'आधुनिक राष्ट्रवाद' की भावना पैदा करने के लिए धार्मिक चेतना का इस्तेमाल किया। इसके फलस्वरूप दो प्रक्रियाएँ शुरू हुईं : (क) राष्ट्रीयता की भावना का उदय हुआ, लेकिन (ख) इसने सांप्रदायिकता को भी भड़काया। सांप्रदायिकता मुसलमान सामंतों, हिंदू जमींदारों की नीतियों और अंग्रेजों की फूट डालो और राज करो की नीति के कारण पैदा हुई। मुस्लिम सांप्रदायिक राजनीति का नेतृत्व मुस्लिम लीग ने किया। उसने इस्लाम पर आधारित देश की माँग की। हिंदू सांप्रदायिक ताकतों ने खुद को हिंदू राष्ट्र के निर्माण में लगा दिया। दोनों ही समूहों का यह मानना था कि धर्म राष्ट्र का आधार होना चाहिए। फर्क सिर्फ यह था कि मुस्लिम लीग के अनुसार मुसलमान अलग राष्ट्र हैं और चूँकि वे अंग्रेजों के अलावा और किसी के गुलाम नहीं रहे हैं। इसलिए उनका अलग राष्ट्र-देश होना चाहिए जबकि हिंदू संप्रदायवादियों का यह मानना था कि हिंदू राष्ट्र में दूसरे धार्मिक समुदाय हिंदू राष्ट्र के मातहत रहेंगे। अंग्रेज शासकों ने भी समुदायों के बीच खाई पैदा करने में ज़बर्दस्त भूमिका अदा की। उन्होंने जॉन स्टुअर्ट मिल की पुस्तक 'हिस्ट्री ऑफ ब्रिटिश इंडिया' का प्रचार किया। इसमें भारत को सांप्रदायिक नजरिए से देखा गया है और इतिहास को प्राचीन हिंदू काल, मध्यवर्ती मुस्लिम काल और आधुनिक ब्रिटिश काल के रूप में विभाजित किया गया है। बड़ी होशियारी दिखाते हुए आधुनिक काल को पूर्व के अध्यायों की तर्ज पर ईसाई काल नहीं कहा गया है। इलियट और डॉसन ने इस क्रम को और आगे बढ़ाते हुए भारत के इतिहास के सांप्रदायिक दृष्टिकोण का प्रचार किया। इस प्रकार सांप्रदायिक विचारधारा को आगे बढ़ाने वाले तीन मुख्य तत्त्व थे अंग्रेजों की 'फूट डालो और राज करो' की नीति, मुसलमान सांप्रदायिक राजनीति और हिंदू सांप्रदायिक राजनीति। लोगों को जाग्रत करने के लिए सबसे पहले तिलक ने धार्मिक प्रतीकों का प्रयोग किया। बाद में गाँधी ने दोनों संप्रदायों को जाग्रत करने के लिए और भी कारगर ढंग से इनका उपयोग किया। ध्यान देने की बात है कि समाज के केवल इलीट, संभ्रांत वर्गों जैसे कि जमींदारों, जागीरदारों और रजवाड़ों के शासकों ने मुस्लिम लीग या हिंदू महासभा/आर एस एस का समर्थन किया। यह भी नोट किया जाना चाहिए कि हिंदू सांप्रदायिकता के मुकाबले मुस्लिम सांप्रदायिक राजनीति ज्यादा मजबूत थी। इसके कई कारण थे जिसमें से एक बड़ा कारण यह था कि हिंदू सांप्रदायिक राजनीति के एक अंश की अभिव्यक्ति स्वयं कांग्रेस के माध्यम से हो गई थी। देश के विभाजन

के कारण बनने वाली घटनाओं का ब्यौरा आगे के अध्यायों में दिया गया है। आजादी के बाद इलीट संभ्रांत मुसलमान भारी पैमाने पर पाकिस्तान चले गए। भारतीय मुस्लिम समुदाय का कोई स्थापित नेता नहीं बचा। पूरे मुसलमान समुदाय को विभाजन का उत्तरदायी ठहराया जा रहा था। इसके दबाव में उनका सामाजिक अस्तित्व एक डर से ग्रसित हो गया। पूर्वाग्रहों के अंबार लगने लगे। बाद में सांप्रदायिक हिंसा के कारण मुसलमानों का एक स्थान पर जमावड़ा ghettoisation होने लगा। 1980 के दशक में सांप्रदायिक राजनीति के स्वरूप में गुणात्मक अंतर आया। सांप्रदायिक हिंसा अपनी चरम सीमा पर पहुँच गई और समाज का सांप्रदायिक ध्रुवीकरण हो गया।

III

सांप्रदायिक राजनीति सामान्य जन चेतना के माध्यम से काम करती है। यह चेतना 'दूसरे' समुदाय के बारे में अवचेतन में पनप रहे विचारों से निर्मित होती है। राजनीतिक संगठनों का महत्त्वपूर्ण वर्ग कुछ चुनी हुई प्रथाओं और इतिहास की कुछ घटनाओं/पहलुओं को चुन लेता है और बार-बार उनका राग अलापता रहता है और 'दूसरे' समुदाय की विशिष्ट छवि बना देता है। मुस्लिम लीग ने हिंदू समुदाय की एक छवि बना दी तथा हिंदू महासभा/आर एस एस ने भी मुख्य रूप से मुसलमानों और गौण रूप से ईसाइयों की ऐसी ही पैशाचिक छवि बना दी। मुस्लिम सांप्रदायिक राजनीति ने भी मुसलमान अवाम को इकट्ठा करने के लिए मध्यकालीन इतिहास के खास रूप का इस्तेमाल किया। उन्होंने पूरे मध्ययुगीन मुस्लिम काल को भारतीय इतिहास का सुनहरा अध्याय बताया तथा औरंगज़ेब को भारत पर शासन करने वाला सबसे योग्य और उत्तम शासक बताया। साथ ही उसने इस बात पर बल दिया कि भारत पर शासन करने का हक मुसलमानों को है। अंग्रेजों ने उनसे यह अधिकार छीना है। उन्होंने अपना हक माँगा। उन्होंने प्रशासन में अधिक प्रतिनिधित्व की माँग की ताकि हिंदुओं का आधिपत्य कायम न हो जाए। बाद में अंग्रेजों की 'फूट डालो और राज करो' की नीति के परिणाम सामने आने, और हिंदू तथा मुस्लिम सांप्रदायिक नीति के असरदार होने के कारण मुस्लिम संप्रदायवादियों ने मुसलमानों के लिए अलग देश पाकिस्तान की माँग कर दी। सौभाग्य से आज मुसलमान सांप्रदायिक राजनीति छोटी-मोटी परेशानी मात्र रह गई है। आजादी से पहले की जहरीली भावनाएँ विभाजन की त्रासदी के बाद कम हो गई हैं। लेकिन आर एस एस और उसकी संतानों (भाजपा, विहिप, बजरंग दल, राष्ट्र सेविका समिति तथा अन्य दूसरे संगठनों) द्वारा मुखरित हिंदू सांप्रदायिक राजनीति ने अल्पसंख्यक समुदाय के खिलाफ अपने विचारधारात्मक प्रचार को बदस्तूर जारी रखा है। ये ही देश में उत्तेजक सांप्रदायिक माहौल के लिए प्रमुख रूप से जिम्मेदार हैं। लेकिन साथ ही यह भी सही है कि मुस्लिम सांप्रदायिक राजनीति के बचे-खुचे तत्त्व जब तब हिंदू सांप्रदायिक तत्त्वों को भड़काते रहते हैं।

सांप्रदायिक संगठनों का विकास-पथ बहुत जटिल है। आज हम जो देख रहे हैं वह एक लंबी प्रक्रिया का परिणाम है जिसके अंतर्गत राजनीति से प्रेरित विश्वासों को 'सामाजिक जन चेतना' में बदल दिया जाता है। यही प्रचलित सामाजिक समझ बन जाती है जो समाज के प्रमुख वर्गों और इसके बाद दूसरे वर्गों की सोच को दिशा देती है। सांप्रदायिक चिंतन प्रक्रिया के विकास का अपना एक तर्क, 'लॉजिक' होता है। कालांतर में विवेकपूर्ण और वैज्ञानिक समझ को पीछे धकेल दिया जाता है। सांप्रदायिक समझ न केवल हावी हो जाती है बल्कि सामाजिक व्यवहार को नियंत्रित करती है। यही व्यवहार अपने बदतर रूप में सांप्रदायिक हिंसा का कारण बनता है। इसी दौरान अल्पसंख्यकों के खिलाफ सांप्रदायिक भेदभाव उनकी सामाजिक स्थिति को कमजोर बना देता है। यह एक मोटा-सा खाका है। इस संबंध में एक देश से दूसरे देश में अंतर हो सकता है। उदाहरण के लिए पाकिस्तान में प्रभावी इस्लामवादी विचारधारा (धर्म के रूप में इस्लाम नहीं) अपनी जड़ें सांस्कृतिक और विचारधारात्मक क्षेत्रों में फैलाती है। इसके फलस्वरूप हिंदू अल्पसंख्यकों को हेय दृष्टि से देखा जाता है। उनके प्रति भेदभाव किया जाता है। उपद्रवों के समय वे सांप्रदायिक हिंसा का शिकार बन जाते हैं। यह इस्लामवादी विचारधारा इस विचार पर टिकी है कि सभी गैरमुसलमान काफिर हैं। उनके साथ ऐसा ही व्यवहार होना चाहिए। श्रीलंका में तमिल अल्पसंख्यकों के खिलाफ ऐसा ही व्यवहार किया जाता है। अन्य धर्मों पर आधारित सांप्रदायिक राजनीति की अपेक्षा हिंदुत्व पर आधारित सांप्रदायिक राजनीति की अपनी एक खास प्रचलन विधि होती है। यहाँ 'श्रम विभाजन' कर दिया गया है और सांप्रदायिक विचार पैदा करने, राजनीतिक पटल पर उनका कार्यान्वयन, मिथक निर्मित करने और उनके कार्यान्वयन का कार्य आर एस एस की विभिन्न संतानों द्वारा किया जाता है।

आर एस एस और उसकी संतानें, जिन्हें सामूहिक रूप में संघ समूह कहा जाता है अपनी विचारधारा को हिंदुत्व कहती है। हिंदुत्व पुरानी विचारधारा नहीं है। हिंदू शब्द अरबों के आगमन के बाद आया। हिंदू शब्द मौर्य-मगध साम्राज्य के दौरान गढ़ा गया तथा ब्रिटिश उपनिवेशवादी ताकतों के बाद प्रचलन में आ गया। हिंदू शब्द एक भौगोलिक लेबल की तरह शुरू हुआ। बाद में इस क्षेत्र में प्रचलित पंथों के लोगों की पहचान के रूप में इसका इस्तेमाल होने लगा। 19वीं शताब्दी के अंत तक प्रमुख पहचान पन्थ के आधार पर होती थी। भारतीय राष्ट्रीय कांग्रेस के अधीन धर्म-निरपेक्ष राजनीति के उभरने के बाद इस्लामवाद (इस्लाम से वैधता पाने वाली राजनीतिक विचारधारा) और हिंदुत्व (हिंदूधर्म के प्रबल रूप अर्थात ब्राह्मणवादी हिंदूधर्म से वैधता प्राप्त करने वाली राजनीतिक विचारधारा) अस्तित्व में आई। इन विचारधाराओं ने समाज के इलीट और पतनशील वर्गों को अपनी ओर आकर्षित किया।

हिंदुत्व विचार अपने वर्तमान रूप में आने से पहले कई अवस्थाओं से गुजरा

है। सबसे पहले हम यह स्पष्ट कर दें कि धर्म पर आधारित राष्ट्रवाद भी आधुनिक विचार है। भारत में इस्लाम और हिंदू राष्ट्रवाद समानांतर सामाजिक चेतना धाराओं के रूप में विकसित हुए। अंग्रेजों के खिलाफ 1857 के विद्रोह के बाद हिंदू राष्ट्रवाद की विभिन्न धाराओं का मिलन हुआ। भारत को हिंदू राष्ट्र के रूप में पहचाना गया और पंजाब हिंदू सभा के पंडित लेखराम ने मुसलमानों के आर्यकरण का आह्वान किया। इसी प्रकार आर्य समाज ने बड़े जोर-शोर के साथ शुद्धि अभियान चलाए जिनका मुख्य उद्देश्य सिखधर्म और इस्लाम को स्वीकार करने वाले शूद्रों को वापस हिंदू बनाना था। हिंदू राष्ट्रवाद संबंधी स्पष्ट विचारों को अंततः सावरकर की 'हिंदुत्व ऑर हू इज़ हिंदू' में स्पष्ट किया गया। इसमें यह तर्क दिया गया कि यह राष्ट्र उनका है जो इस भूमि को अपनी पितृभूमि और पवित्रभूमि मानते हैं और वे ही हिंदू हैं। हिंदुत्व जाति, धर्म, भाषा, संस्कृति और क्षेत्र पर आधारित है और इसका हिंदूधर्म से व्यापक अर्थ है। विचारधारा यह है कि यह जमीन हिंदुओं की है जोकि इसके मूल निवासी हैं। इसके अलावा जो लोग यहाँ आए वे हमलावर हैं। बाद में गोलवलकर ने इस विचारधारा को और आगे बढ़ाया और कहा कि भारत में रहने वाली सभी 'विदेशी जातियाँ' हिंदू जाति और संस्कृति का सम्मान करें और हिंदू राष्ट्र के सामने समर्पण करें। ऐसा न करने पर उन्हें नागरिकों के अधिकार नहीं मिलेंगे। कालांतर में यह 'मूल' विचारधारा कई दौरों से गुजरी और अपने वर्तमान रूप में हिंदुत्व विचारधारा बनी जोकि 'दूसरों' के प्रति घृणा पर आधारित है। यहाँ 'अन्य' से मतलब विदेशी धर्मों और विचारधाराओं अर्थात् इस्लाम, ईसाइयत और कम्युनिज्म से है। आर एस एस ने सावरकर की हिंदू महासभा से इस विचारधारा को प्रचारित करने की जिम्मेदारी ली। उसने यह कार्य बड़ी सफाई से किया। 10-15 वर्ष की आयु के 'युवा लड़कों' को चुना गया तथा खो-खो, कबड्डी, आट्या-पाट्या आदि भारतीय खेलों को हिंदू विचारधारा से जोड़ दिया गया।

राजाओं के बीच लड़ाइयों को दो धर्मों के बीच महान संघर्ष के रूप में गलत तरीके से पेश करके हिंदुत्व विचारधारा को बढ़ावा दिया गया। इससे नए युवा रंगरूटों का दिमाग पलटने की कवायद में भावनात्मक पुट आया। पहले लंबे चरण में आर एस एस लड़कों को हिंदुत्व विचारधारा की घुट्टी पिलाई गई। उन्हें महान हिंदू राजाओं के बारे में बताया गया जिन्होंने विदेशी हमलावरों अर्थात् मुसलमान बादशाहों से अपने धर्म की रक्षा की। इसके बाद जीवन शैली और संस्कृति के बारे में विचारों को झूठे इतिहास के साथ मिलाया गया। (इसका विस्तृत विवरण अध्याय 2 में दिया गया है।) राजनीतिक पटल पर भारतीय जनसंघ (बी जे एस) जिसने 'मुसलमानों के भारतीयकरण' की आवश्यकता को मुखरित किया और भारतीय मजदूर संघ (बी एम एस), जिसे मजदूरों पर कम्युनिस्टों के प्रभाव को समाप्त करने के लिए गठित किया गया ने मूल हिंदुत्व विचारधारा को आगे बढ़ाया। यहाँ से हिंदू राष्ट्र के लिए

दूसरी चुनौती अर्थात् कम्युनिज्म की ओर ध्यान दिया जाने लगा। बी एम एस उद्योग के पुराने मॉडल में विश्वास करती है जहाँ मजदूर मालिक को 'अन्नदाता' के रूप में पूजते हैं। इसके चलते मालिकों से भी समर्थन मिला। इसी प्रकार आर एस एस के अधीनस्थ स्त्री संगठन ने स्त्रियों को आजादी के विचारों का विरोध करना शुरू कर दिया।

भारतीय जनसंघ की राजनीतिक भूमिका के फलस्वरूप सामाजिक विचारों के क्षेत्र में आर एस एस के प्रभाव का दायरा बढ़ गया। उसने राजनीतिक स्तर पर अल्पसंख्यकों के खिलाफ संघर्ष को तेज कर दिया। आर एस एस के प्रशिक्षित स्वयंसेवक धीरे-धीरे मीडिया, शिक्षा और नौकरशाही के क्षेत्र में घुसने लगे और मूल विचारधारा को अल्पसंख्यकों विशेषकर मुसलमानों के खिलाफ नफरत में बदलने लगे। उसने जनसंख्या के बारे में झूठ का प्रचार शुरू कर दिया। लोगों के मन में इस 'आसन्न' खतरे की बात डाल दी गई कि और शीघ्र मुसलमानों की जनसंख्या उनकी जनसंख्या से ज्यादा हो जाएगी। शाखाओं का नेटवर्क और मीडिया का एक वर्ग मूल विचारधारा को फैलाने लगा। यह विचारधारा समन्वयवादी, उदार विचारधारा से टकराने लगी। आर्य इस धरती के मूल निवासी हैं—इस जन विश्वास का स्थान एक धर्मांध नारे ने ले लिया—हिंदुस्तान हिंदू का, नहीं किसी के बाप का। उसने दूसरे समुदाय के सामाजिक रिवाजों पर हमला बोल दिया। इस्लाम में चार बार विवाह की इजाजत है और गरीब मुसलमानों के कई बच्चे होते हैं। इसे आधार बनाकर यह मतांध नारा लगा दिया गया : हम दो हमारे दो, वे पाँच उनके पचीस। विहिप और बजरंग दल जैसी आर एस एस की दूसरी संतानें इन नारों को गढ़ने में बड़ा जोश दिखाती हैं। ये स्लोगन मध्य वर्ग की चेतना में घुस जाते हैं। और शीघ्र ही समाज के दूसरे वर्गों में फैल जाते हैं। 'सामाजिक जन चेतना' अब सांप्रदायिक चेतना के कब्जे में है क्योंकि संघ परिवार ने बड़ी चतुराई के साथ धार्मिक संकेतों को नफरत की विचारधारा से मिला दिया है।

एक तरह से हिंदुत्व 'संपूर्ण' समांतर विचारधारा है जो समाज के कमजोर वर्गों की विचारधारात्मक गुलामी को बढ़ावा देती है। वह जाति और लिंग की बराबरी के विचार से नफरत करती है। बड़ी चतुराई के साथ जाति संघर्ष को यह कहकर शांत कर दिया जाता है कि इस समय जाति सौहार्द की जरूरत है। 'नारी सम्मान' की खोखली बात करके लिंग बराबरी की बात को दबा दिया जाता है। मानव संबंधों का ऐसा कोई पक्ष नहीं जिसमें इसने हस्तक्षेप न किया हो। जब इसने संस्कृति के क्षेत्र में पैर फैलाया तो वास्तव में सामाजिक क्षेत्र के सभी पहलुओं को अपने दायरे में ले लिया।

अधिकांश अध्यायों में जिन मिथकों पर विचार किया गया है वे हिंदुत्व की

मूल विचारधारा के किसी न किसी पक्ष के विकास को प्रस्तुत करते हैं। भौगोलिक तत्त्व के रूप में हिंदू और धार्मिक वर्ग के रूप में हिंदू के बीच जानबूझकर भ्रांति रखी गई है। पंथ के रूप में धर्म और धार्मिक कर्तव्य के रूप में धर्म में अस्पष्टता रखी गई है। लोकतांत्रिक राष्ट्रवाद बनाम संस्कृति राष्ट्रवाद पर कष्टदायक बहस चल रही है। पुरातत्त्व के मामले में विश्वास पर आग्रह एक अन्य 'ज़बर्दस्त' उपलब्धि है। विरूपित पुरातत्त्वीय समझ में इतिहास और पुराण का भेद खत्म कर दिया है। पुरातत्त्वीय विज्ञान की जगह कुछ आक्रामक लोगों के विश्वास ने ले ली है। हमने एक दिलचस्प प्रक्रिया देखी है जिसके तहत हिंदुत्व विचारधारा ने धार्मिक प्रतीकों के जरिए जन उन्माद पैदा करके सामाजिक चेतना पर कब्जा कर लिया। जन चेतना को दूषित करने का काम मूल विचारधारा के निर्माण, उसके व्यापक प्रचार तथा मिथकों के निर्माण के साथ शुरू हुआ। इसके बाद अपमान करने वाले नारे गढ़े गए, अल्पसंख्यकों के खिलाफ गुस्सा भड़काया गया और समाज में अपना जहर फैलाने के लिए हर मौके की तलाश की गई।

IV

लोकतान्त्रिक समाज नागरिकता पर टिका होता है जो कि जाति, धर्म और लिंग से ऊपर होती है। इसकी जड़ें सभी नागरिकों को बराबर अधिकार के सिद्धांत में होती हैं। यह समाज सभी को अपनी तरक्की के लिए कोशिश करने का अधिकार देता है। इसके विपरीत सांप्रदायिक राजनीति और धर्म पर आधारित राष्ट्रीय समुदाय को विभिन्न धार्मिक समूहों में बाँट देता है जिनके अलग-अलग सामाजिक हित और अधिकार होते हैं। इस प्रक्रिया में प्रभावी धार्मिक समूह राष्ट्र की नीतियाँ तय करने का अधिकार छीन लेता है और जनसाधारण को जवाबदेही के बगैर अपने लक्ष्य और एजेंडा तय कर लेता है। इसके बाद समुदाय का दबंग, प्रभावी वर्ग सामाजिक मामलों का प्रबंध अपने हाथों में ले लेता है और उसकी वैधता को कोई चुनौती नहीं दी जा सकती।

स्वतंत्रता संघर्ष के दौरान ये दोनों विचार साथ-साथ चलते रहे। समाज के एक व्यापक वर्ग ने सांप्रदायिक मॉडल या धर्म पर आधारित राष्ट्रवाद के मॉडल की बजाय लोकतांत्रिक आकांक्षाओं को अपनाने की तरजीह दी। अधिकांश देशों, विशेषकर उपनिवेशवादी चरण से गुजरे देशों, ने सांप्रदायिक राजनीति की चुनौती को झेला है। इसे धर्म पर आधारित राष्ट्रवाद कहा गया है। इन दोनों विचारों के मूल बिलकुल अलग हैं और इनमें कुछ भी सामान्य नहीं है। धर्म के नाम पर चलाए जाने वाले अधिकांश देशों में लोकतांत्रिक मानदंडों का खात्मा जग जाहिर है। अतीत में यूरोप में 'जाति आधारित राष्ट्रवाद' ने इसी प्रकार की भूमिका अदा की थी। इस तरह

की राजनीति के अवशेष विभिन्न जातिवादी समूहों में मौन रूप में उपलब्ध हैं। धनी देशों में ये समूह दूसरे देशों से आने वाले प्रवासियों को डराते हैं। इन देशों में जाति पर आधारित राष्ट्रवाद ने काफी लंबे समय तक लोकतंत्र को बेड़ियों में ज़कड़े रखा। उपनिवेशवाद की समाप्ति के बाद कई देशों के लोकतांत्रिक चरित्र, संस्कृति और राजनीति के लुप्त हो जाने के कारण, ऐसी ही स्थिति का सामना करना पड़ा। सबके प्रति उदारता की इच्छा तथा जाति, नस्ल और लिंग पर विचार किए बगैर सबको बराबर दर्ज़ा लोकतांत्रिक राजनीति की पहचान है। भारत में बड़ी चालाकी से शब्दों में संविधान की समीक्षा की बात रखी गई है। इससे इसके इरादों के प्रति संदेह होता है। (अध्याय 12)। सांप्रदायिक राजनीतिक समूह जब सत्ता में होते हैं तो वे 'सरकारी' तौर पर लोकतांत्रिक मूल्यों को दबाने की कोशिश करते हैं। जब वे विपक्ष में होते हैं तो वे उदार और लोकतांत्रिक मूल्यों को कमजोर बनाने के लिए व्यवस्था पर दबाव बनाते हैं। धार्मिक कट्टर लोग हर जगह होते हैं। वे समाज में उदार लोगों को दबाते हैं। किसी भी कारण से 'आपत्तिजनक' समझी जाने वाली फिल्मों को दिखाने वाले सिनेमा थियेटरों पर हमले के कितने ही उदाहरण मौजूद हैं। कला की स्वतंत्रता पर हमला किया गया है। सांप्रदायिक समूहों के दबाव में आकर पुस्तकों पर प्रतिबन्ध लगाया गया है। इन लोगों के लिए उदारवाद अभिशाप है। जो कोई उनके हुक्म को नहीं मानता उसको धमकियाँ दी जाती हैं। लोकतांत्रिक सिद्धांतों का क्षय और सांप्रदायिक राजनीति द्वारा लोकतांत्रिक मूल्यों को दी चुनौती गंभीर मा़मले हैं और इनकी ओर तुरंत ध्यान दिया जाना चाहिए।

पाकिस्तान के मामलों पर सरकारी नजर डालने से स्पष्ट हो जाता है कि वहाँ विशेष रूप से ज़िया उल हक के सत्ता में आने के बाद से सेना-मुल्ला गठजोड़ ने अपना आधिपत्य कायम कर लिया है। कट्टर लोगों ने नागरिक स्वतंत्रता और लोकतांत्रिक अधिकारों को तहस-नहस कर दिया है। सांप्रदायिकता पर आधारित राजनीति तथा स्वतंत्रता, समानता और भाईचारे पर आधारित राजनीति में बुनियादी फर्क होता है। विपक्ष में होने के कारण जब वह संपूर्ण सामाजिक सत्ता को नहीं हथिया पाती वह मानदंडों को बड़े घटिया तरीके से प्रभावित करती है। राज सत्ता प्राप्त करने के बाद वह हालात को बदतर बना देती है। और कट्टरपंथी एजेंडा बेशर्मी के साथ लागू कर दिया जाता है। धर्म से वैधता प्राप्त करने वाली इस राजनीति ने हमारे लोकतंत्र के लिए बड़ा संकट पैदा कर दिया है। सांप्रदायिक राजनीति के दल भारत में ही नहीं दूसरे देशों, जैसे कि अफ़ग़ानिस्तान और पाकिस्तान, में शक्तिशाली बन रहे हैं। यहाँ लोकतंत्र का गला घोंटने और उसे समाप्त कर देने के प्रयास की सफलता धार्मिक अतिवाद पर आधारित ताकतों के वर्चस्व पर निर्भर करती है।

V

सर्वाधिक प्रचलित चेतना की जड़ें जीवन के विभिन्न क्षेत्रों, जैसे कि इतिहास, जनसांख्यिकी या संस्कृति के दूसरे पक्षों, से लिए गए मिथकों में होती है। इन्हें इतिहास में से चुना जाता है और उनकी सांप्रदायिक व्याख्या कर दी जाती है। यहाँ घटनाओं को आधे-अधूरे रूप में प्रस्तुत किया जाता है, तथ्यों में कुछेक को चुन लिया जाता है तथा दूसरे समुदाय के रीति-रिवाजों को विकृत रूप में पेश किया जाता है। इन अधूरे 'सचों' के आधार पर घृणा का पहाड़ खड़ा कर दिया जाता है। एक खास दिशा में कार्य कर रहा शासनतंत्र या प्रभावशाली सामाजिक ताकतें अपनी नीतियों के लिए 'सहमति गढ़ती' हैं। तथ्यों और घटनाओं के पूरे कैनवास को काला करने की कोशिश की जाती है क्योंकि ये उस विचारधारा को ध्वस्त करते हैं जिसे तैयार करना सांप्रदायिक राजनीति का लक्ष्य है। सच्चाई और खास इरादे से तैयार किए गए मिथकों में फर्क के लिए इन मिथकों की जाँच करने की फुरसत या इच्छा आम जनता में नहीं है। परिणामस्वरूप ये विचार जनचेतना में व्याप्त रहते हैं। ये कुछ हद तक शासन नीति तथा व्यापक हद तक संगठनों को प्रभावित करने लगते हैं। सबसे बदतर बात यह है कि संकट के समय 'अन्य' पर हमला करने के लिए समाज के दूसरे वर्गों को इकट्ठा करना आसान हो जाता है क्योंकि ये विचार उनकी समझ का आधार बन जाते हैं। मिथक तर्क के खिलाफ होते हैं क्योंकि तर्क विवेक पर आधारित होते हैं और तर्क द्वारा समस्या को उसकी संपूर्णता में समझने की कोशिश की जाती है।

अध्याय–1

प्राचीन भारत : क्या वह स्वर्ण युग था?

पिछले दो दशकों में हुई घटनाओं से यह कष्टदायक सच्चाई सामने आ गई है कि सांप्रदायिक ताकतें अकल्पनीय सीमाओं तक इतिहास को विद्रूपित कर सकती हैं और जन चेतना को अपने हिसाब से बदलने के लिए उसका इस्तेमाल कर सकती हैं। 'बदली हुई इस जन चेतना' के आधार पर 'सांप्रदायिक हिंसा करने' के लिए 'सहमति' प्राप्त की जा सकती है। इसके साथ-साथ समाज का सांप्रदायीकरण होता रहता है। इस मामले में भी अल्पसंख्यकों पर आघात के लिए इतिहास के विद्रूपित, मिथकीय रूप में मुख्यतः इस्तेमाल किया जाता है। केवल मध्ययुगीन इतिहास को ही नहीं पूरे इतिहास को साफ-साफ तौर पर गलत रूप से प्रस्तुत नहीं किया गया है बल्कि प्राचीन भारत के इतिहास के मामले में भी यही हुआ है। गहरे स्तर पर सांप्रदायिक पहचान कायम करने के लिए उसका 'निर्माण' किया गया है।

इस समय समाज का सांप्रदायीकरण ऊँचाइयाँ हासिल कर रहा है। कहा जाता है कि हमारे वर्तमान और हमारे भविष्य के लिए हमारा अतीत बहुत महत्त्वपूर्ण है। इतिहास-अतीत की छवि का प्रयोग बड़ी आसानी और अंधाधुंध तरीके से राजनीतिक मिथक तैयार करने के लिए किया जा रहा है। 'अच्छे' ब्रिटिश शासन और 'बुरे' मुस्लिम शासन में तुलना की जा रही है। (हबीब 1994)। सांप्रदायिक राजनीति इस विचार के इर्द-गिर्द तैयार की जाती है कि भारतीय समाज में कई धार्मिक समुदाय हैं। यही उनकी सबसे बड़ी पहचान है और उनकी राजनीति का प्रमुख निर्धारक तत्त्व भी। तदनुसार, राजनीति को धार्मिक समुदायों के बीच पारस्परिक क्रिया के रूप में पेश किया जाता है। राजनीतिक निष्ठाएँ भी इसी पहचान द्वारा नियंत्रित होती हैं। "धार्मिक समुदाय के विचार के लिए ऐतिहासिक आधार होने का दावा किया गया है। यह विचार मौजूदा पहचान को वैधता देने के लिए सांप्रदायिक पहचान के चिह्न बहुत पीछे तक खोजना चाहता है। इन पहचानों को भारी संख्या में लोगों को अपनी ओर खींचने के लिए प्रयोग किया जाता है।" (थापर 1990 : 4)

सांप्रदायिक लोगों के तौर तरीकों की जाँच से साफ हो जाता है कि वे सांप्रदायिक विचारधारा का औचित्य कायम करने के लिए इतिहास का इस्तेमाल करते हैं। 1920 और 1930 के दशकों में यह तर्क दिया गया कि हिंदू और मुसलमान अलग राष्ट्र हैं। इतिहास को गलत रूप से पेश करके इसका औचित्य ढूँढ़ा गया। इससे आगे बढ़कर हिंदू सांप्रदायिक विचारकों, सावरकर और गोलवलकर ने हमारे राष्ट्र का मूल क्या है, हिंदू राष्ट्र कैसे अस्तित्व में आया, जैसे सवालों के लिए पक्षपातपूर्ण उत्तर गढ़ लिए। अपनी राजनीतिक परियोजना के हिसाब से उन्होंने इतिहास को तोड़ा-मरोड़ा। इस क्रियाविधि के हिसाब से हिंदू संप्रदायवादी प्राचीनकाल को आदर्श हिंदू समाज के रूप में पेश करते हैं।

उनका कहना है कि समाज में सारी बुराइयाँ मुसलमानों के हमले के बाद आईं। मुस्लिम संप्रदायवादी यह सिद्ध करने की कोशिश करते हैं कि अलगाव की जड़ें मध्यकाल में हैं। इससे भी घातक प्रयास राष्ट्र की 'पहचान' प्राचीन अतीत में खोजना है। एक तरह से इस कवायद का उद्देश्य सांप्रदायिक राजनीति को मजबूत बनाना, उसे विचारधारात्मक भूमि देना और उसका राजनीतिक औचित्य कायम करना है। इतिहास के मिथकीकरण की यह एक पादान है। अन्य कई स्थितियों में भी इतिहास का यह औचित्य कायम किया जा सकता है। स्पष्ट रूप से नए प्रमाण मिल जाने के बावजूद पुराने सिद्धांतों पर जोर दिया जाता रहा है। ऐतिहासिक विश्लेषण अनवरत प्रक्रिया है। कई बार राजनीतिक आकस्मिकताओं को पूरा करने के लिए पहले से ही सोचे-समझे निष्कर्षों के हिसाब से साक्ष्य चुना जाता है। जो साक्ष्य 'आवश्यक' निष्कर्षों के हिसाब से ठीक नहीं जँचता, उसकी उपेक्षा कर दी जाती है। एक स्तर पर गंभीर ऐतिहासिक अनुसंधान के साथ-साथ समानांतर रूप से इतिहास का मिथकीकरण चलता रहता है। क्योंकि इससे अतीत के रोमानीकरण और उसके बारे में फैंटेसी की ज़बान मिलती है। संभवतः इसकी मात्रा उस समय और बढ़ जाती है जब समाज संक्रमण से गुजर रहा होता है, जब पुरानी व्यवस्था टूट रही हो और उसके स्थान पर नई व्यवस्था न आ रही हो। "लेकिन जब मिथकीकरण केवल फैंटेसी न रह जाए और सत्ता बटोरने का आधार बन जाए, जब ऐतिहासिक लगने वाले साक्ष्य के आधार पर व्याख्या के अनुसार इतिहास को तोड़ा-मरोड़ा जाने लगे तो उसका पर्दाफाश किया जाना चाहिए।" (सिंह 1989 : 13)

इतिहास लेखन में अभी तक इतिहासकार के झुकाव के अनुसार प्रमुख रूप से वीरों और राजाओं के जीवनों उनकी महानताओं या चरित्रहीनता पर फोकस किया जाता रहा है। यह सच है कि हाल में इतिहास के मार्क्सवादी, राष्ट्रवादी, सबाल्टर्न और सामाजिक स्कूलों ने हमारे अतीत को समझने में अभूतपूर्व योगदान दिया है। लेकिन लोगों के दिमागों में तथा विद्रूपित पाठ्यपुस्तकों के जरिए इतिहास के सांप्रदायिक रूप को वैधता मिल गई है, जहाँ आम, बहुसंख्यक लोगों के जीवन पैटर्न और सामाजिक

संबंध प्रणाली को पृष्ठभूमि में धकेल दिया गया है। लोगों के 'जीवनों' पर बल और 'सामाजिक संबंधों' की उचित समझ से कई पूर्वाग्रह खत्म हो सकते हैं और सच्चाई उजागर हो सकती है। किसी भी इतिहासकार की सही भूमिका यह है कि वह शासकों और राजाओं की महिमाओं को देखने की बजाय ऐतिहासिक परिप्रेक्ष्य में समाज के उदय और विकास को देखें। इसके अंतर्गत लोगों के जीवनों के सभी परिप्रेक्ष्यों को देखा जाए। वर्तमान के प्रभाव में अतीत की व्याख्या का दबाव इतिहास विज्ञान पर हमेशा रहता है। ''इसलिए इतिहास की व्याख्या दोतरफा प्रक्रिया हो सकती है—जहाँ वर्तमान की आवश्यकताएँ अतीत में देखी जाती हैं और अतीत की छवि वर्तमान पर लादी जाती है। हाल के दो स्पष्ट उदाहरण लें। श्रेष्ठ आर्य जाति के सिद्धांतों ने हिटलर और फासीवादियों की मदद की। इसी प्रकार हिंदुओं और मुसलमानों के दो राष्ट्र होने का इस्तेमाल पाकिस्तान के निर्माण को उचित बताने के लिए किया गया।'' (थापर 1975 : 1)

अतीत की जाँच के लिए इतिहास विज्ञान विभिन्न विधियाँ इस्तेमाल कर रहा है। इसके अंतर्गत पुरातत्त्वीय साक्ष्य का प्रयोग हो रहा है। 'राजा के इर्द-गिर्द होने वाली घटनाओं के वर्णन' की पुरानी विधि की बजाय संसाधनों का अधिक सटीक उपयोग हो रहा है। संप्रदायवादियों ने इसमें एक नया आयाम जोड़ा है। इतिहास को तय करने के लिए वे विश्वास पर फोकस करते हैं। इतिहासकार केवल यह कह सकते हैं कि इतिहास के प्रवाह का पता लगाने का आधार विश्वास नहीं हो सकता है। वे इतिहास की व्याख्या पर दृढ़ रह सकते हैं। वर्तमान स्थिति राजनीतिक दृष्टिकोण से बहुत महत्त्वपूर्ण है। क्योंकि सांप्रदायिक ताकतों ने तर्क और विज्ञान द्वारा लगाई सीमाएँ लाँघ दी हैं। अपनी राजनीतिक परियोजनाओं को पूरा करने के लिए वे 'विश्वास' का लाभ उठा रहे हैं। यह 'सामाजिक चेतना को जीत लेने' में संप्रदायवादियों की 'सफलता' का सूचक है। यह दूसरे इतिहासकारों के लिए चुनौती है। उन पर सामाजिक चेतना में तार्किक इतिहास समझ को वापस लाने की जिम्मेदारी है। इतिहास के मिथकों का पर्दाफाश करने के लिए हर संभव प्रयास किए जाने चाहिए और यदि हो सके तो दीर्घकालिक सांस्कृतिक आधार ढाँचा तैयार किया जाना चाहिए जो सामाजिक जीवन की संपूर्णता पर फोकस करने वाले सही, तार्किक, वैज्ञानिक इतिहास को कायम रख सके और उसको फैला सकें। यहाँ हम प्राचीन भारत के इतिहास के बारे में कुछ मिथकों की कलई खोलना चाहते हैं जो सांप्रदायिक राजनीति की उपज है और उसके द्वारा प्रचारित किए जा रहे हैं।

मिथक : आर्य इस धरती के 'मूल' निवासी थे। सबसे प्राचीन हड़प्पा सभ्यता आर्य संस्कृति थी। ''इस नए साक्ष्य के आधार पर भारत और पश्चिम के विद्वानों ने एक स्वर में आर्यों द्वारा आक्रमण के सिद्धांत को खारिज कर दिया। ऐसा पुरातत्त्व, छिटपुट अवशेषों, भूगोल...आदि के आधार पर किया गया है।''

तथ्य : यह 'मूल' मिथक कई दशकों की अवधि में तैयार किया गया है। इस बारे में सबसे पहली टिप्पणी लोकमान्य बाल गंगाधर तिलक ने की। उनका मानना था कि वेद आर्कटिक क्षेत्र में अस्तित्व में आए अर्थात आर्य आर्कटिक क्षेत्र से आए और बाद में दो समूहों में बँट गए। एक समूह यूरोप को चला गया और बर्बरता की ओर लौट गया। दूसरा समूह भारत आ गया। उसने आर्य सभ्यता को बरकरार रखा और पूरी दुनिया में आर्य संस्कृति को फैलाया। कुछ ऐसी ही बात अलग ढंग से केशवचन्द्र सेन ने की। उन्होंने कहा कि अंग्रेज आर्यों के वंशज हैं। उच्च जाति भारतीय भी आर्यों के वंशज हैं। इसलिए अंग्रेजों का भारत में आना बिछुड़े भाइयों का मिलाप है। इसके कुछ समय बाद आर एस एस के सरसंघचालक गोलवलकर अपनी पुस्तक, 'वी ऑर अवर नेशनहुड डिफाइंड' में आर्य जाति सिद्धांत को बिलकुल अलग दिशा में ले गए। उन्होंने कहा कि हिंदू और केवल हिंदू भारत के मूल निवासी हैं। ''विदेशी जातियों के हमले से पहले हम हिंदू 8 या 10 हजार वर्षों तक निर्विवाद और निर्विघ्न मालिक थे। इसीलिए इस धरती को हिंदुओं की भूमि अर्थात हिंदुस्तान कहा गया।'' (गोलवलकर 1939 : 6)

गोलवलकर का कहना है कि आर्य और हिंदू पर्यायवाची हैं। उन्होंने इस बात पर बल दिया है कि आर्य कहीं और से भारत नहीं आए बल्कि यहीं के मूल निवासी थे। उन्हें 'वेदों के आर्कटिक घर' के तिलक के सिद्धांत से 'निपटना' था। उन्होंने यह कार्य ऐतिहासिक और भूवैज्ञानिक फैंटेसियों के विस्तृत प्रयोग द्वारा किया है। उनका कहना है कि ''मूल रूप में आर्कटिक क्षेत्र दुनिया का वह हिस्सा था जिसे आज बिहार और उड़ीसा कहते हैं। बाद में यह हिस्सा उत्तर-पूर्व की ओर हिला। इसके बाद उत्तर की ओर हिलकर अपने वर्तमान रूप में आया...हम यह मानते हैं कि यदि इस तथ्य का पता लोकमान्य तिलक के जीवन काल में चल जाता तो वे बेहिचक इस बात को मान लेते कि 'वेदों का आर्कटिक घर' निश्चित रूप से हिंदुस्तान में था। हिंदू प्रवास करके उस धरती तक नहीं गए बल्कि आर्कटिक खुद प्रवास करके हिंदुओं को हिंदुस्तान में छोड़ गया (गोलवलकर 1939 : 8)। हिंदुत्व विचारक की यह कलाबाजी यह सिद्ध करने की उनकी बेचैनी को दर्शाती है कि आज जिन्हें हम हिंदू कहते हैं, वही आर्य थे और उनका ''मूल केवल हिंदुस्तान में है।'' उनके तर्क के अनुसार यदि आर्कटिक क्षेत्र बिहार-उड़ीसा क्षेत्र से अलग चला गया तो वह उस भूमि पर बसे लोगों को पीछे कैसे छोड़ गया? यदि भूमि का कोई हिस्सा खिसकता है तो वह उस पर मौजूद सब कुछ को साथ लेकर जाता है। लोग गोलवलकर की इच्छा के अनुसार किसी स्थान पर गिराए जाने के लिए हवा में नहीं लटके रहेंगे।'' (येचुरी 1993 : 15)।

इस महाद्वीप में आर्यों के मूल जैसी महत्त्वपूर्ण बात के साथ-साथ कुछ विचारक

बड़ी मेहनत के साथ नए-नए सूत्र पकड़ रहे हैं और अपने हिसाब से नए-नए निष्कर्ष निकाले जा रहे हैं। उन्होंने हड़प्पा और मोहनजोदड़ो संस्कृतियों को भी आर्यों से जोड़ने की कोशिश की है। इस प्रक्रिया में वे ऐतिहासिक रूप से स्वीकृत घटनाक्रम को भी उलटा कर रहे हैं। उनका कहना है कि ऋग्वेद युग 3700 ई. पू. में समाप्त हुआ। यह सिंधु सभ्यता से पहले का समय है। राजाराम के अनुसार हड़प्पा सभ्यता 3000 ई. पू. में शुरू हुई। यह सामान्य रूप से स्वीकृत तारीख से पहले का समय है। लेकिन वह इसकी समाप्ति 1900 ई. पू. को ही स्वीकार करते हैं। (रत्नाकर (1996 : 748) का कहना है : "अब हड़प्पा स्थलों के लिए बहुत-सी रेडियो कार्बन तारीखें उपलब्ध हैं जिनके फलस्वरूप हड़प्पा घटनाक्रम को बदला जा सकता है। भू-आकृति वैज्ञानिकों और पुरातत्त्ववेत्ताओं ने नदी व्यवस्था के निर्जलीकरण के क्षेत्र में काम किया है। उनके विपरीत इस कंप्यूटर वैज्ञानिक (एन. राजाराम, हिंदुत्व विचारक) को विश्वास है कि सरस्वती 1900 ई. पू. में सूख गई। इसलिए ऋग्वेद 1900 ई. पू. के होने चाहिए। इसके अलावा सरस्वती का प्रवाह रुक जाने के बाद हड़प्पा सभ्यता का भी अंत हो गया। यह प्रवाह 'अनर्थकारी सूखे' और हाँ अंतिम हिम युग की समाप्ति के बाद हिम कैंपों के पिघलने के कारण हुआ।" (राजाराम 1995 : 229) राजाराम का आगे कहना है कि जब यह सब कुछ हुआ तो 'भारी संख्या' में संभ्रांत आर्य ईरान के रास्ते पश्चिम को चले गए और मिस्र के पिरामिड अस्तित्व में आए। (राजाराम 1993 : 50)। इतिहास संबंधी साक्ष्य (जिसमें पुरातत्त्वीय साक्ष्य और वैदिक साहित्य से लिया गया साक्ष्य शामिल है।) को देखकर बिल्कुल नई तसवीर सामने आती है।

आर्यों का सिद्धांत पिछले 150 वर्षों में अस्तित्व में आया। इससे पहले की भारतीय पुस्तकों में उसका कहीं उल्लेख नहीं है। यह यूरोपियन विचारकों की खोज है जिनमें प्रमुख हैं—फ्रांसीसी विचारक गोबिनो। उनके अनुसार यूरोपियन समाज को दो वर्गों में बाँटा जा सकता है—सामंत जोकि आर्य हैं और किसान जोकि गैर आर्य हैं। इस श्रेणी के 'अलावा', सामी, यहूदी और व्यापारी हैं। आर्य, गैर आर्य और सामी, तीन वर्गों में यह विभाजन 19वीं शताब्दी की यूरोपीय सोच में बुनियादी है। ध्यान देने की बात है कि गोबिनो का विचार ही यूरोप में आगे चलकर फासीवादी अत्याचार का आधार बना। आर्यों के मूल तय करने की कोशिश करते समय कुछ ने कहा कि वे एशिया से आए। लेकिन इस सिद्धांत को आम विचार के तले दबा दिया गया। आम विचार इस बात को मानने के लिए तैयार नहीं था कि उनके पूर्वज एशिया से आए विशेषकर ऐसे समय जब उपनिवेशवाद अपने चरमोत्कर्ष पर था और एशियाई देश उपनिवेश थे। इसलिए उन्होंने यह तर्क देना शुरू कर दिया कि आर्य स्वदेशी लोग थे। यह बात सांप्रदायिक सोच के नजदीक है जोकि यह मानती है कि वे स्वदेशी हैं और इस भूमि के उत्तराधिकारी हैं, सच्चाई चाहे जो हो।

प्राच्यविद मैक्समूलर ने इस सिद्धांत को भारत पर लागू किया। प्राच्यविद ऐसी

विचारधारा से जुड़े थे जो उपयोगितावादियों के सामने घुटने टेक रही थी। उनका मानना था कि अंग्रेजों का भारत में आना 'ईश्वर की इच्छा' थी। इसका उद्देश्य भारत को सभ्य बनाना था। भारत के अतीत में प्राच्यविदों के प्रवेश का उद्देश्य उनके अपने तेजी से बदलते समाज में 'पतनशील' सामाजिक मानदंडों को बहाल करने की कोशिश था। उनके विचार से प्राचीन भारतीय समाज आदर्श समाज था। उसके अंतर्विरोधों और तनावों को उन्होंने नहीं देखा। ''उन्होंने भारोपीय लोगों तथा संस्कृत और यूनानी सभ्यताओं के एक पूर्वज होने का सिद्धांत विकसित किया। आर्यों को संबंधित भाषा बोलने वाले लोगों के समूह के रूप में नहीं बल्कि एक जाति के रूप में देखा गया। भारत की आर्य संस्कृति और यूनान के गति विज्ञान में संबंध क़ायम करने की कोशिश की गई।'' (थापर 1994 : 2) प्राचीन भारतीय समाज को आदर्श के रूप में रखने की यह बात पुरातनपंथी हिंदुओं की इच्छा के अनुसार थी। इसलिए उन्होंने इस विचार का पूरा समर्थन किया। मैक्समूलर ने यह सिद्धांत भी दिया कि ''इन आर्यों ने उत्तर पश्चिमी भारत पर हमला किया। उन्होंने दास बनाए और भारत में बस गए। वे अपने साथ सभ्यता, संस्कृत भाषा, संस्कृति, वैदिक धर्म आदि लेकर आए। मैक्समूलर इसे सभ्य बनाने के अभियान के रूप में देखते हैं। दास जंगली थे, अविकसित थे। आर्य उन्हें सभ्य बनाने के लिए आए। भारत में उच्च जाति जिन्हें कभी-कभी द्विज (दो बार जन्मी जातियाँ) वर्ण व्यवस्था में ब्राह्मण, क्षत्रिय और वैश्य सभी आर्यों के वंशज हैं। इसलिए उन्हें नीची जातियों से अलग रखा जाता है।'' (थापर 1996)

इसकी प्रतिक्रिया में ईसाई मिशनरियों ने लिखा कि उच्च जाति आर्यों ने नीची जातियों का दमन किया। एक अन्य प्रतिक्रिया हिंदुत्व विचारकों की ओर से आई। उनके अनुसार सभी सवर्ण हिंदू आर्य हैं। उन्होंने हिंदू आर्य शब्द गढ़ा। उन्होंने आगे कहा कि कोई आक्रमण नहीं हुआ क्योंकि वे स्वदेशी लोग हैं। भारत उनकी पितृभूमि और पवित्रभूमि है। भारत से वे पूरे एशिया और यूरोप में फैल गए। नवीनतम पुरातत्त्वीय निष्कर्षों और भाषिक व्याख्याओं के आधार पर कहा जा सकता है कि भारत की संस्कृति 6000 ई. पू. में अस्तित्व में आई। इसका सबसे पहला स्पष्ट आविर्भाव सिंधु घाटी सभ्यता है जोकि इस क्षेत्र की विशिष्ट तथा समझी जा सकने वाली सभ्यता है। उसका दो हजार ई. पू. में पतन हो गया और वह 1500 ई. पू. में पूरी तरह से छिन्न-भिन्न हो गई। इसी समय आर्यों ने भारत के उत्तर-पश्चिम में प्रवेश किया। ''आर्य या भारोपीयों के भारत-आर्य वंशज कुछ समय के लिए बैक्ट्रिया और उत्तर भारतीय पठार में रहे। लेकिन 1500 ई. पू. में वे हिंदुकुश पर्वत के दर्रों से गुजरकर उत्तर भारत में आ गए। शुरू में वे चरागाहों की तलाश में पंजाब के मैदानों में भटकते रहे क्योंकि ये लोग मुख्य रूप से मवेशी पालने वाले लोग थे। अंततः ये लोग जंगलों में छोटे-छोटे गाँव बनाकर रहने लगे और खेती करने लगे।'' इसके बाद उन्होंने ऋग्वेद तथा दूसरे वेद लिखे।

संप्रदायवादियों के दावे के विपरीत वैदिक समाज भारतीय सभ्यता का आधार नहीं है क्योंकि इससे अलग तरह की सिन्धु घाटी सभ्यता यहाँ मौजूद थी। कुछ हिंदुत्व इतिहासकार तर्क देते हैं कि सिंधु सभ्यता और वैदिक आर्य सभ्यता एक जैसी हैं। अब वे वेदों के मूल को सिंधु घाटी सभ्यता के काल तक ले जाना चाहते हैं, यह बताने के लिए सिंधु सभ्यता वैदिक सभ्यता का ही पुरातत्त्वीय प्रतिरूप थी। दूसरी ओर वैदिक पुस्तकों के अनुसार वैदिक सभ्यता प्रमुख रूप से ग्राम्य सभ्यता थी। (ग्रामीण समाज की)। उसमें शहरी सभ्यता का कोई उल्लेख नहीं है। भाषिक विश्लेषण भी इसी ओर संकेत करता है। एक सौ वर्ष पहले जब मैक्समूलर का लेखन चल रहा था तब यही माना जाता था कि वैदिक संस्कृत ही सबसे पुरानी संस्कृत और संस्कृत का शुद्धतम रूप है। उन्होंने कहा कि यह शुद्धतम आर्य भाषा है। आज इसके व्याकरण को देखकर कहा जा सकता है कि यह शुद्ध नहीं है। पूर्व द्रविड व्याकरण के कुछ तत्त्व वैदिक संस्कृत में स्पष्ट हैं। आर्यों के आने से भाषा में मिश्रण हुआ। ऐसे बहुत से शब्द आए जो मूल रूप से इंडो आर्य हैं। (उदाहरण के लिए केंद्रीय भारतीय जनजाति क्षेत्रों में बोली जाने वाली पूर्व द्रविड या मुंदारी भाषा का पंगला शब्द संस्कृत में है।) इस प्रकार अलग-अलग तरह के लोग साथ-साथ रहते थे। थापर (1996) ने बड़ी अच्छी शैली में पूरी बहस का सारांश दिया है : "भाषा बाहर से, ईरान से आई है। शायद छोटे समूहों में लोग इसे लाए। इस बारे में पुरातत्त्वीय साक्ष्य उपलब्ध है। ये प्रवासी आमतौर पर चरवाहे या छोटे किसान थे जो सैकड़ों सालों के दौरान नई भाषा लेकर आए। इस दौरान यह भाषा भी बदलती रही। जब वे भारत में बस गए तो भारतीय संपर्कों के कारण भाषा भी बदल गई। इसलिए हमारा तर्क है शायद हमला नहीं हुआ। मैक्समूलर का कहना है कि भारी पैमाने पर हमला हुआ। लेकिन इस बारे में कोई पुरातत्त्वीय साक्ष्य मौजूद नहीं है। अनेकों बार लोग आए। लोगों के समूहों में आने के बारे में पुरातत्त्व में साक्ष्य उपलब्ध हैं। इसलिए यह कहने का कोई महत्त्व नहीं है कि 'हम स्वदेशी हैं' क्योंकि इसे हम कभी सिद्ध नहीं कर सकते। वास्तव में हम मिश्रण हैं। आर्य कोई जाति नहीं है। हम आर्य जाति, द्रविड़ जाति की बात करते हैं। इन शब्दों का ताल्लुक जातियों से नहीं बोली जाने वाली भाषाओं से है।"

भाषा और जाति का घालमेल कर दिए जाने के कारण आर्य जाति का मिथक खड़ा हुआ। मैक्समूलर का कहना है कि आर्य भाषाएँ (भारत में संस्कृत, ईरान में ईरानी, ग्रीक, लेटिन, सैलटिक आदि) बोलने वाले एक ही जाति के थे। एक पूर्वजवाद के सिद्धांत के अनुसार पाँचों भाषाओं का उत्स भारोपीय में ढूँढ़ लिया गया। जीववैज्ञानिक जाति के बारे में वर्षों तक अनुसंधान हुआ है। इससे स्पष्ट है कि उत्पत्ति, विभिन्न समूहों में संबंधों की दृष्टि से उत्तरी भारत में बहुत किस्म के लोगों की जातियाँ रहती हैं। यहाँ एकमात्र जाति की बात नहीं कही जा सकती। अतः यह कहना पूरी तरह

से गलत है कि किसी समय एक शुद्ध आर्य जाति थी और एक विशेष भाषा बोलने वालों का ताल्लुक उस जाति से था। ये (आर्य, द्रविड़) जातियाँ नहीं हैं, ये जीव वैज्ञानिक जातियाँ नहीं हैं, ये भाषा सूचक शब्द हैं।

मिथक : प्राचीन हिंदू आर्य काल में स्त्रियों को बहुत सम्मानजनक स्थान प्राप्त था। प्राचीन भारत में स्त्रियों की पूजा होती थी। भारतीय स्त्रियों को स्त्री मुक्ति आंदोलन के जरिए बराबरी के लिए संघर्ष करने की जरूरत नहीं थी क्योंकि हिंदू काल में उन्हें अच्छा दर्जा मिला हुआ था। मुसलमानों के हमले के बाद स्त्रियों का दर्जा गिरने लगा।

तथ्य : प्राचीन भारत में स्त्रियों के वास्तविक दर्जे को देखते हुए ये कथन बिल्कुल गलत है। यह कहा जाता है कि हिंदुओं में पितृसत्तात्मक प्रवृत्तियाँ बाहरी हमलों और चुनौतियों के कारण आईं। यह 'चतुरचाल' हिंदुओं की दमनकारी प्रवृत्तियों को छिपाने के लिए चली गई है। "समस्या को बाहर से बताकर हिंदू समाज कहे जाने वाले समाज के भीतर मौजूद टकरावों से निजात मिल जाती है। ऐसा कहकर इन टकरावों को असंगत और नुकसानदायक बताया जा सकता है। इससे पितृसत्ताजनक दमन के विरोधियों को भी पलायन का मौका मिल जाता है। उन्हें कई रूपों में अपने ही बीच मौजूद शत्रु से टकराने की असुविधा और बेचैनी से छुटकारा मिल जाता है। इसके बजाय वे पूरे जोश के साथ के (बाहरी श़त्रु पर बगैर किसी अपराध बोध के)" आघात कर सकते हैं। (राय 1995 : 12) वैदिक युग में भी स्त्री का दर्जा और उसकी दशा मातहत जैसी थी। विधवा को अपने पति की मृत्यु पर प्रतीकात्मक आत्मदाह करना पड़ता था। शायद यही सती का मूल था। बाद की शताब्दियों में इस प्रथा के अंतर्गत स्त्री अपने पति की चिता पर वास्तव में जल जाती थी।

दूसरी-तीसरी शताब्दी ई. में लिखी गई मनुस्मृति के प्राचीन भारत में स्त्री की दशा और उसके प्रति व्यवहार का पूरा खुलासा हो जाता है। इस संहिता के तहत स्त्रियों (और शूद्र) के लिए पवित्र पुस्तकें पढ़ने से मनाही थी। इसके बदले में उनसे कहा गया कि वे विवाह करके पति की सेवा करें। स्त्रियों के मामले में घर में काम करना पवित्र अग्नि की पूजा करने जैसा माना जाता था। इस प्रकार घर के काम में फँसा रहना स्त्रियों का दायरा था। अपने जीवन के चरण के अनुसार वे पिता, पति और पुत्र के नियंत्रण में रहती थीं। अपने घर में भी वह अपनी मर्जी से कुछ नहीं कर सकती थीं। उसे अपने रक्षकों की 'संपत्ति' माना जाता था। पति जैसा भी हो उसे उसकी सेवा करनी पड़ती थी। दूसरी ओर पुरुष उसे बीमार होने या दूसरा कोई बहाना बनाकर जब चाहे छोड़ सकता था।

उस समय मौजूद कानून संहिता मनुस्मृति में कोख की तुलना खेत से की गई है। इसमें पुरुष बीज बोते हैं। चूँकि 'पुरुष खेत का मालिक है।' इसलिए 'उत्पाद'

भी उसी का है। "वैदिक परंपराओं और मनुस्मृति से यह बात उभर कर सामने आती है कि पुरुषों और स्त्रियों के बीच असमानता का संबंध था।" (रॉय 1995 : 18) स्त्रियों को धार्मिक अनुष्ठानों में हिस्सा लेने दिया जाता था। लेकिन 'मातहतों' के रूप में पुरुष यजमान ही पुजारी को अनुष्ठान के लिए बुलाता था। यजमान का कोई 'स्त्री लिंग' नहीं है। पत्नी द्वारा अनुष्ठान में भाग लिए जाने की आवश्यकता होती थी लेकिन उसके बगैर भी अनुष्ठान किए जा सकते थे। इसके लिए पुरुष दूसरी पत्नी ला सकता था। रॉय ने आगे लिखा है कि अनुष्ठानों में उनकी भागीदारी यह संदेश देने के लिए कराई जाती थी कि "स्त्रियाँ प्रजनन में सहायक हैं उसकी नियंत्रक नहीं, वे स्वामी नहीं, धरोहर रखने वाली हैं। उनकी अधीनता देव आज्ञा है।"

हिंदुत्व विचारधारा स्त्रियों को 'मातृत्व के आदर्श' के रूप में देखती है। 'आदर्श आज्ञाकारी पत्नी' का यह विचार मनुस्मृति (एम एस) में बड़े व्यवस्थित तरीके से विकसित किया गया है। पत्नी से यह अपेक्षा की गई है कि वह किफायती हो। (एम एस, V, 149) जीवन और मृत्य में पति की आज्ञा माने, भले ही उसमें कोई गुण न हो (एम एस, V, 151, 154) और उसकी मृत्यु के बाद पतिव्रता बनी रहे। (एम एस, IX, 6-12), आज्ञा न मानने वाली स्त्रियों को धमकी दी गई है कि उन्हें इस जन्म और अगले जन्मों में भयंकर परिणाम भुगतने होंगे (एम एस, V, 164) पति को अपनी पत्नी को पीटने का बेरोकटोक अधिकार दिया गया है (एम एस, VIII, 371)। अब हम तथाकथित 'स्वर्णयुग' अर्थात गुप्तकाल (300-700 ई.) में स्त्रियों की दशा पर ध्यान दें और हिंदुत्ववादियों के दावे पर विचार करें। इस युग में उच्च जाति स्त्रियों को सीमित शिक्षा की अनुमति थी ताकि वे बुद्धिमत्तापूर्वक बात कर सकें, जन जीवन में भाग लेने के लिए नहीं। स्त्री अध्यापक और दार्शनिक अपवाद स्वरूप ही थीं। शीघ्र, वयःसंधि से पहले विवाह की पैरवी की जाती थी। पति की मृत्यु के बाद स्त्रियों को कठोर पातिव्रत्य के साथ रहना पड़ता था।

इस प्रकार वैदिक युग में भी स्त्रियों की अधीनस्थता मानदंड थी। मनुस्मृति के संहिताबद्ध होने तक उनकी दशा और भी खराब हो गई। ऐसा उस समय से काफी पहले हो गया था जब तथाकथित 'विदेशी हमलावरों' ने 'हिंदू पुरुषों' को उन्हें चारदीवारी में बंद करने के लिए बाध्य कर दिया। यह सही है कि 'कुछ' स्त्री मनीषियों ने प्राचीन धर्म ग्रंथों में अपना योगदान किया। लेकिन उनकी संख्या नगण्य है। कुल मिलाकर स्त्रियों की दशा बहुत खराब थी। सामाजिक व्यवस्था में उनका स्थान बहुत नीचे था और पुरुषों द्वारा उनका बहुत दमन किया जाता था। हिंदू दक्षिणपंथियों द्वारा की गई यह व्याख्या एक मिथक को तैयार करने के लिए की गई है। यह व्याख्या एक साथ कई मनसूबे पूरे करना चाहती है। ये हैं :

1. हिंदुत्व विचारधारा पुनर्जागरणवाद पर आधारित है। पुनर्जागरण का औचित्य स्थापित करने के लिए अतीत को बड़े चुनिंदा तरीके से अपनाया जाता

है ताकि स्त्रियों की एकरूप, सुविधाजनक और ऐतिहासिक पहचान निर्मित की जा सके। यह बनावटी कथन इस तथ्य को आधार बनाता है कि गार्गी जैसी कुछ स्त्री दार्शनिकों ने प्राचीन ज्ञान में अपना योगदान किया। इन अपवादों का इस्तेमाल स्त्रियों की वर्तमान दशा का औचित्य स्थापित करने के लिए किया जाता है।

2. स्त्रियों की दुर्दशा के लिए विदेशी हमलावरों को दोषी ठहराकर, वे समस्या का बाह्यकरण कर देते हैं। उनके विचार से संबंधों में आंतरिक परिवर्तनों की दरकार नहीं है और यह समस्या उस स्थिति पर विचार करके दूर की जा सकती है जो विदेशी हमलावरों–मुसलमानों–को इस देश में रहने की अनुमति देती है।
3. पितृसत्तात्मक मूल्यों को चुनौती देने वाले स्त्री मुक्ति आंदोलन का 'खतरा' वास्तविक है। प्राचीन भ्रमपूर्ण अतीत का महिमामंडन करके आंदोलन के सिद्धांतों को दरकिनार कर दिया जाता है। और बहस को स्त्रियों के जीवन के 'वास्तविक' मुद्दों से दूर हटा दिया जाता है। संघ परिवार विचारकों का रवैया जर्मन नाजियों और कट्टरपंथियों के रवैये से मिलता है जो 'भव्य अतीत' का गुणगान करते हैं और स्त्रियों के लिए 'सुखद पितृसत्तात्मक' सुरक्षा के गुणों का बखान करते हैं। लेकिन वास्तव में वे उन्हें पितृसत्ता की बेड़ियों में जकड़े रहना चाहते हैं।

मिथक : प्राचीन भारत की संस्कृति स्वभाव से ही आध्यात्मिक थी और प्राचीन भारत का समाज भव्य था दयालु राजाओं का शासन था जहाँ हर कोई पूरे मेल के साथ रहता था।

तथ्य : फासीवाद, नाजीवाद, रूढ़िवाद और संप्रदायवाद जैसी अत्यंत निरंकुश राष्ट्रवादी प्रवृत्तियाँ शानदार अतीत में जाकर उसके साथ अपनी पहचान बनाती हैं। इस प्रक्रिया में वे इसके बारे में मिथक तैयार करती हैं। इतालवी फासीवाद ने रोमन साम्राज्य के साथ अपनी पहचान कायम की और जर्मन नाजीवाद ने हैप्सबर्ग साम्राज्य के साथ। हिंदू दक्षिणपंथियों का राष्ट्रवाद अतीत और अतीत के बारे में काल्पनिक दावों से लिया गया है। वे प्राचीन समाज को शानदार, आध्यात्मिक और तनाव से मुक्त समाज के रूप में प्रस्तुत करते हैं। अतीत के राजाओं को भव्य व्यक्तियों के रूप में पेश किया जाता है। दूसरे आर एस एस प्रमुख गोलवलकर इन दावों को विसंगत ऊँचाइयों तक ले जाते हैं। उनके विचार से ''केवल हिंदू ही विश्व अभियानों के लिए सक्षम होते हैं, हिंदू ही पहले विचारदाता हैं, आदि।''

इस मिथकीकरण की शुरुआत भारत के उपनिवेशीकरण और अंग्रेजों द्वारा यहाँ अपना शासन मजबूत करने के साथ हुई। उन्होंने कहा कि भारत मूल रूप से आध्यात्मिक देश है। इस चापलूसी का मकसद भारतीयों को सिविल और राजनीतिक

मामलों से दूर ले जाना था। जिन पर अंग्रेज अपना स्वच्छंद आधिपत्य कायम करना चाहते थे। ब्राह्मण, जो स्वयं को इस आध्यात्मिकता का वाहक मानते थे और सतयुग का विचार वापस लाना चाहते थे, ने इस बात को पकड़ लिया और कहा कि अतीत, वर्तमान कलयुग से कितना अच्छा था। इस मिथकीय सतयुग में लोग बड़ी शांति, भोलेपन, सरलता के साथ रहते थे और धरतीमाता प्रचुर मात्रा में चीजें पैदा करती थी।

दुर्भाग्य से ''बाद के कवियों और पुजारियों की कल्पना के बाहर कोई स्वर्णयुग नहीं था।'' (कोसांबी 1992 : 26)। कोसांबी ने पुरातत्त्वीय साक्ष्य और इतिहास के स्रोतों का विश्लेषण किया तथा कहा, ''लुप्त स्वर्णयुग, प्राचीन भव्यता का कहीं कोई साक्ष्य नहीं मिला। मनुष्य ने एक समान या निरंतर प्रगति नहीं की। उसने कुल मिलाकर लगभग पशु से लेकर औजार बनाने वाले और औजार प्रयुक्त कर पूरी धरती पर आधिपत्य कायम करने वाले जीव के रूप में प्रगति की। पहले का आदमी हमसे ज्यादा स्वस्थ नहीं था। वह जीवनकाल छोटा कर देने वाले परजीवियों और बीमारियों से पीड़ित था।''

मिथकीय मान्यताओं को बड़ी आसानी से सांप्रदायिक विचारों में बदल दिया जाता है। उदाहरण के लिए भारतीय संस्कृति की अंतर्निहित आध्यात्मिकता को लिया जा सकता है जिसे अन्य से श्रेष्ठ तत्त्व के रूप में प्रस्तुत किया जाता है। इस मिथक का प्रादुर्भाव 19वीं शताब्दी में ब्रिटिश इतिहासकारों के लेखन से हुआ। कुछ भारतीय लेखकों ने ब्रिटिश लेखकों द्वारा की गई पहल को पकड़ लिया और फिजूल का यह सिद्धांत दे दिया कि भारतीयों का सरोकार केवल तत्त्वमीमांसा और दार्शनिक ऊहापोह से रहा है। जीवन की छोटी-मोटी चीजों से उन्हें कुछ लेना-देना नहीं है। भारतीय लेखक प्राचीन भारतीय व्यवस्था में यूटोपिया पाने की इच्छा से इस दिशा में प्रेरित हुए। अंग्रेजों के लिए यह उद्योगीकरण, तकनीकी प्रगति और विदेशी शासन से मुक्ति जैसे महत्त्वपूर्ण सामाजिक मामलों से भारतीयों के ध्यान हटाने का प्रभावी तरीका था। भारतीय लेखकों के लिए यह विदेशी सत्ता के गुलाम होने की बेइज्जती का 'आदर्श' जवाब था।

तत्त्वमीमांसा संबंधी विचारों में जाने की आजादी केवल यहीं नहीं बल्कि सभी सभ्यता में इलीट वर्ग का 'वर्चस्व' रही है। समाज का अधिकांश वर्ग रोटी, कपड़ा और छत की जद्दोजहद में फँसा रहता था। जो लोग बगैर कोई श्रम किए जीवन के मजे लेते थे वे ही 'आध्यात्मिक' विचारों में लीन होते थे। इसके विपरीत ''वैदिक साहित्य से संकेत मिलता है कि समुदाय सांसारिक चीजों में उलझा रहता था। भारतीय आध्यात्मिकता के बारे में सर्वाधिक प्रामाणिक टिप्पणी संभवतः स्वयं हिंदू परंपरा से ही मिलती है जहाँ धर्म, अर्थ, काम, मोक्ष के रूप में मनुष्य के चार लक्ष्य बताए गए हैं।'' (थापर 1994 : 2)

मिथक : तीसरी-चौथी शताब्दी ई. पू. से 1200 ई. तक की अवधि भारत के इतिहास का हिंदूकाल है।

तथ्य : ब्रिटिश इतिहासकार मिल ने अपनी पुस्तक हिस्ट्री ऑफ ब्रिटिश इंडिया लिखते समय पहली बार हिंदू, मुस्लिम और ब्रिटिश काल के रूप में भारत में भारत के इतिहास का वर्गीकरण किया। यह पुस्तक भारत में तैनात ब्रिटिश अधिकारियों के लिए थी। इस पुस्तक में उसने यह सिद्धांत रखा कि भारत के इतिहास को तीन सभ्यता युगों में बाँटा जा सकता है : (क) हिंदू सभ्यता (ख) मुस्लिम सभ्यता और (ग) ब्रिटिश सभ्यता। ध्यान देने की बात है कि (क) और (ख) वर्गों में युगों का आधार धर्म को बनाया गया है जबकि (ग) में इसका आधार धर्म न होकर देश का नाम है। इसे ईसाई युग नहीं कहा गया। (क) और (ख) के नामों की तर्ज पर यही 'तार्किक' नाम होता। भारत के इतिहास के कालों का यह वर्गीकरण मुख्य रूप से शासकों और वंशों के धर्मों के आधार पर किया गया है। यहाँ समाज के इतिहास को शासक के धर्म के समतुल्य बना दिया गया है। यही इन कालों के इतिहास को समझने की सीमा है। भारत के इतिहास के बारे में मिल की पुस्तक, इस विषय पर पहली मान्यता प्राप्त पाठ्य पुस्तक है। इसका सभी स्तरों पर व्यापक रूप से इस्तेमाल हुआ। भारत के इतिहास के कालों के वर्गीकरण के इस बुनियादी सिद्धांत को बगैर किसी आलोचना के व्यापक मान्यता मिली। इन विचारों को और व्यापक बनाया गया और वे प्राचीन (हिंदू), मध्ययुगीन (मुस्लिम) और आधुनिक (ब्रिटिश) कालों के पर्याय बन गए। विडंबना की बात है कि भारत के इतिहास के बारे में इस गलत विचार का सांप्रदायिक विचारधारा के प्रवर्तकों ने इस्तेमाल किया। आइए, अब हम तथाकथित हिंदू युग पर नजर डालें।

1000 ई. पू. से 1200 ई. तक के काल को हिंदू युग माना जाता है क्योंकि शासक वंश हिंदू थे। सबसे पहले यह नोट किया जाना चाहिए कि हिंदू शब्द का प्रादुर्भाव बहुत बाद 6वीं और 10वीं शताब्दी ई. में मुख्य रूप से तब शुरू हुआ जब अरबों ने सिंधु नदी के आसपास रहने वाले सभी को हिंदू कहना शुरू किया। वंश इतिहास की दृष्टि से भी इसे हिंदू युग कहना गलत है क्योंकि इस युग के बहुत से वंशों को हिंदू नहीं कहा जा सकता जैसे कि मौर्य, इंडो-ग्रीक, शक और कुषान। बहुत से राजा बुद्धधर्म के अनुयायी थे, विशेष रूप से 500 ई. पू. से 300 ई. के दौरान। इसके अतिरिक्त यह बात इंडो गैंगेटिक इलाके के बारे में है। भिन्न-भिन्न धर्मों और पंथों से जुड़े शासक दक्षिणी एशिया के विभिन्न भागों में शासन करते थे। ''आज जिसे हम हिंदू कहते हैं उसे प्राचीन काल में कोई नहीं पहचानता। पहचाने जा सकने वाला हिंदू काल गुप्त युग के बाद 5वीं शताब्दी ई. में शुरू हुआ। प्राचीन युग से ऐसा बहुत-सा साक्ष्य है जिससे पता चलता है कि इस्लाम से पहले के भारत

में ऐसे बहुत से धार्मिक पंथ और समूह थे जो हिंदू और एक धर्म के रूप में खुद को नहीं पहचानते थे।'' (थापर 1992 : 30)

मिथक : गुप्त राजाओं का 'स्वर्ण युर्ग' समुद्रगुप्त के शासनकाल में पराकाष्ठा पर पहुँचा।

तथ्य : इस मिथक को सरल-सा यह तथ्य धराशायी कर देता है कि इस काल की बड़ी कलात्मक उपलब्धियाँ बुद्धवादी मूर्तियाँ और चित्र हैं। हिंदू पुनर्जागरणवादी इस अवधि को हिंदू पुनरुद्धार काल के रूप में देखते हैं। इस काल में वैज्ञानिक उपलब्धियों में गतिवान परिवर्तन हुए जो आंशिक रूप से स्वदेशी और आंशिक रूप में विश्वव्यापी थे। ये परिवर्तन चार्वाक और शुशरूला तथा आर्य भट्ट की पहले की परंपरा तथा इसके कुछ अवधि बाद वराहमिहिर की परंपरा में देखे जा सकते हैं। ''सर्वोत्तम हिंदू परंपराओं में अहिंसा पर बहुत बल दिया जाता है, लेकिन समुद्रगुप्त का महिमामंडन अधिकांश रूप में उसके सैनिक विजेता होने के आधार पर किया जाता है।'' (थापर 1992 : 29)

बहरहाल, हिंदू पुनर्जागरणवादियों द्वारा इस काल को स्वर्णकाल करार दिये जाने के कुछ 'कारण' हैं। इस काल में उच्च जातियों का जीवन स्तर अपनी चरमसीमा तक ऊँचा उठा। इस समय तक हिंदू संस्कृति और ब्राह्मणों का 'उच्च स्तर' स्थापित हो गया। लेकिन यह सब विंध्याचल के उत्तर तक ही सीमित रहा। दक्षिणी राज्यों में यह स्थिति बहुत बाद में आई। इस समय तक आते-आते ब्राह्मणों की उत्कृष्टता वाली आर्यों की बात पूरी तरह से स्थापित हो गई। इस काल में ब्राह्मण बहुत शक्तिशाली और अग्रणी बन गए। ''ब्राह्मणों ने इस मान्यता के आधार पर अपनी स्थिति को बरकरार रखा कि वे ही आर्य परंपरा के अनिवार्य रूप से उत्तराधिकारी हैं। इसके लिए उन्होंने शिक्षा व्यवस्था पर अपना एकाधिपत्य जमा लिया। इस एकाधिपत्य को उन्होंने सत्ता के अतिरिक्त स्रोत के रूप में इस्तेमाल किया।'' (थापर 1992 : 166) इसके अतिरिक्त पितृसत्तात्मक समाज एक मानदंड बन गया। ''स्त्रियों के निचले दर्जे ने सामाजिक प्रथाओं में अपनी जड़ें जमा लीं। इसी मूल्य व्यवस्था को राजनीतिक हिंदू समाज पर लादना चाहते थे। यही कारण है कि इस काल को वे स्वर्णिम अतीत के रूप में पेश करते हैं।'' (वही)

अध्याय—2

मध्ययुगीन भारत : अन्धकारमय युग या समन्वयवाद की आधारशिलाएँ

आज अल्पसंख्यकों के खिलाफ पूर्वाग्रहों के कारण सामाजिक वातावरण बहुत दूषित हो गया है। ये पूर्वाग्रह अतीत की घटनाओं के पक्षपातपूर्ण वर्णन और वर्तमान को गलत तरीके से पेश करके पैदा किए गए हैं। इसकी वजह से भारी मात्रा में सांप्रदायिकता का जहर फैला है।

इतिहास के मिथकीय प्रस्तुतीकरण के कारण यह जहर लगातार फैल रहा है। आज 'दूसरे' समुदाय के खिलाफ सांप्रदायिक हिंसा फैलाने के लिए इतिहास का घोर दुरुपयोग हो रहा है। वास्तव में यह धर्म के आधार पर अपनी राजनीति चलाने वाले लोगों के हाथों में बहुत बड़ा हथियार है। राष्ट्रवादी ताकतों के विपरीत मुस्लिम और हिंदू सांप्रदायिक ताकतों ने इतिहास की सांप्रदायिक व्याख्या की। "ऐसा लगता है कि हमारा अतीत हमारे वर्तमान और भविष्य के लिए इतना महत्त्वपूर्ण कभी नहीं था जितना आज है। इतिहास—अतीत की छवि का राजनीतिक मिथक निर्माण के लिए बड़ी आसानी के साथ अंधाधुंध प्रयोग किया जा रहा है। 'अच्छे' ब्रिटिश शासन और 'बुरे' मुस्लिम शासन में तुलना की जा रही है।" (हबीब 1994) यह अलग बात है उस समय कि मुस्लिम शासक समुदाय स्थानीय भद्र लोगों के साथ घुलमिल कर रहा और एक समन्वयवादी संस्कृति का प्रादुर्भाव हुआ। इसके विपरीत अंग्रेज सामाजिक स्तर पर यहाँ के निवासियों से अलग-थलग रहे। न ही मुसलमान शासक अंग्रेजी शासकों की तरह इस देश की दौलत को अपने साथ ले गए।

चूँकि दो विरोधी सांप्रदायिक धाराएँ हिंदू और मुसलमान समुदाय से ताल्लुक रखती हैं। इसलिए मध्ययुगीन काल को इस घोर दुरुपयोग का विषय बनाया गया है। उस समय देश के बड़े हिस्से पर मुग़लों का शासन था। इतिहास की इस अवधि की दो विरोधी तरीकों से व्याख्या की जाती है। मुस्लिम सांप्रदायिक इतिहासकार इसका महिमामंडन करते हैं जबकि हिंदू सांप्रदायिक इतिहासकार और साम्राज्यवादी इतिहासकार

इसे मुसलमानों द्वारा हिंदुओं पर शासन के युग के रूप में पेश करते हैं। मुस्लिम सांप्रदायिक इतिहासकारों के अनुसार औरंगजेब सबसे महान मुस्लिम शासक था जिसने इस्लाम के मूल्यों का आदर किया। हिंदू सांप्रदायिक इतिहासकार मुसलमान राजाओं को भारत के इतिहास के सबसे धर्मांध तथा निर्दयी शासक के रूप में देखते हैं। इस बारे में चोसलकर (1995 : 66) ने बहुत अच्छी टिप्पणी की है : ''सांप्रदायवादी इतिहास को लोगों में अफीम की तरह इस्तेमाल करते हैं। वे महान अतीत का भ्रम खड़ा करते हैं।'' इसी प्रकार प्रो. अर्जुन देव ने भी कहा है : ''दो विरोधी सांप्रदायिक प्रवृत्तियाँ एक-दूसरे की पूरक थीं। दोनों में अपनी-अपनी सांप्रदायिकता के लिए औरंगजेब में औचित्य ढूँढ़ा है। हिंदू संप्रदायवादी कहते हैं कि औरंगजेब का कट्टरपन इस बात का सबूत है कि हिंदू और मुसलमान कभी एक नहीं हो सकते। मुस्लिम संप्रदायवादियों ने उसमें एक नेक मुसलमान ढूँढ़ा जिसने एक तरह से पाकिस्तान की आधारशिला रखी।'' (चोसलकर 1995)

सामान्य रूप से इतिहास की सही और पूर्ण व्याख्या तथा गलत ढंग से पेश की गई कुछ घटनाओं की फिर से व्याख्या द्वारा समुदायों को नजदीक लाकर समाज के कमजोर वर्गों के मानवाधिकारों में सुधार लाया जाता सकता है। अतीत में हुई घटनाओं का आज बदला लेने संबंधी तर्क एक गलत समझ पर आधारित है। अतीत की राजनीति को अतीत तक ही सीमित रखा जाना चाहिए भले ही उसकी कोई भी व्याख्या हो। वर्तमान किसी भी रूप में अतीत की गलतियों को नहीं सुधार सकता। सांप्रदायिक राजनीतिक ताकतें कल के विरोध को अपने सामाजिक आधार को बढ़ाने के लिए इस्तेमाल करती हैं। इसके लिए ये मिथक फैलाए जाते हैं कि मुसलमान शासकों ने हिंदू मंदिरों को नष्ट किया या फिर यह बात फैला दी जाती है कि ताजमहल के स्थान पर भगवान शिव का मंदिर था जिसे शाहजहाँ ने हड़प लिया और उसे अपनी प्रिय बेगम की याद में मकबरे के रूप में बदल दिया। राणा प्रताप और शिवाजी के बारे में गर्वीली बातें कही जाती हैं कि किस प्रकार उन्होंने मुसलमान शासकों से लोहा लिया। ऐसा करके लोगों में लड़ने की भावना पैदा की जाती है। इस इतिहास की समझ की जड़ें इस गलत मान्यता पर आधारित हैं कि भारतीय समाज में बहुत से धार्मिक समुदाय हैं जो एक-दूसरे से लड़ते रहते हैं। यह भी मान लिया जाता है कि एक धार्मिक समुदाय के हितों में समानता है। इस अपारदर्शी प्रिज्म के माध्यम से राजनीति को विभिन्न धार्मिक समुदायों के बीच अंतःक्रिया के रूप में देखा जाता है।

इतिहास के सांप्रदायिक विचार में कई कमियाँ हैं क्योंकि यह शासक के धर्म को ही उस समय की राजनीति के एक मात्र निर्धारक के रूप में देखता है। यह धर्म के स्थिर रूप को देखता है क्योंकि इसके अनुसार लोगों में अंतःक्रिया के बावजूद धर्म में परिवर्तन नहीं होता। यह धार्मिक समुदाय को एकरूप समूह के रूप में देखता है तथा इस बात को भुला देता है कि उसको मानने वाले लोगों के सामाजिक, आर्थिक स्तर में बहुत अंतर होता है। वास्तव में उन्हें इतिहास को ''समाज की एक विकास

अवस्था से दूसरी विकास अवस्थाओं में यात्रा के रूप में लेना चाहिए अर्थात् समाज की उत्पादन प्रणाली और सामाजिक संगठन आदि में परिवर्तन।" (मुखिया 1994 : 18)

बॉक्स 2.1

काशी विश्वनाथ मंदिर का विध्वंस

बनारस के विश्वनाथ मंदिर को ढाए जाने के बारे में औरंगज़ेब के आदेश के विषय में बहुत कुछ कहा गया है लेकिन नए दस्तावेजी साक्ष्य से पूरी घटना के बारे में एक नई तस्वीर उभरती है...जब बंगाल जाने के लिए औरंगज़ेब वाराणसी से गुजर रहा था तो उसके लश्कर में हिंदू राजाओं ने अनुरोध किया कि यदि वहाँ पड़ाव डाल दिया जाए तो रानियाँ वाराणसी जा सकेंगी और गंगा में स्नान करके भगवान विश्वनाथ की आराधना कर सकेंगी। औरंगज़ेब ने यह बात मान ली और वाराणसी के पाँच मील लंबे रास्ते में सेना की टुकड़ियाँ बैठा दी गईं। रानियों ने पालकियों में बैठ कर यात्रा की। उन्होंने गंगा में स्नान किया और आराधना के लिए मन्दिर गईं। पूजा के बाद कच्छ की महारानी के अलावा सभी रानियाँ लौट आईं। मंदिर परिसर की पूरी खोज की गई लेकिन रानी का कहीं पता नहीं चला। जब औरंगज़ेब को इसका पता चला तो वह बहुत नाराज हुआ। उसने अपने वरिष्ठ अधिकारियों को रानी की खोज के लिए भेजा। अंततः यह पाया गया कि दीवार में लगी गणेश की मूर्ति को खिसकाया जा सकता है। जब इस मूर्ति को खिसकाया गया तो वे तहखाने में जाने के लिए बनी सीढ़ियों को देखकर हैरान रह गए। उन्होंने इसी तहखाने में निर्वस्त्र रानी को रोते हुए देखा। वह तहखाना भगवान विश्वनाथ के आसन के ठीक नीचे था। राजाओं ने इसका कड़ा विरोध किया। यह बहुत बर्बर अपराध था इसलिए राजाओं ने सबक सिखाने वाले दंड की माँग की। औरंगज़ेब ने आदेश दिया कि पवित्र परिसर को अपवित्र कर दिया गया है इसलिए भगवान विश्वनाथ की मूर्ति को कहीं और ले जाया जाना चाहिए। मंदिर को ढहा दिया जाना चाहिए और महंत को गिरफ्तार करके दंड दिया जाना चाहिए। इतिहास के इस साक्ष्य की पुष्टि पटना संग्रहालय के पूर्व संग्रहपाल डॉ. पी. एल. गुप्ता ने भी की है।

संदर्भ–डॉ. पट्टाभि सीतारमैया, फेदर्स एंड स्टोन

मध्ययुगीन इतिहास के विकृतिकरण का एक दूसरा पहलू भी है जिसके अंतर्गत ब्रिटिश इतिहासकारों ने चुने हुए स्रोतों का उपयोग करके केवल संघर्ष को ही उजागर किया है। मिल और मैकाले की परंपरा में इलियट और डॉसन ने भी यही कार्य किया। इलियट ने बड़ी बेबाकी के साथ स्वीकार किया है कि उसकी आठ खंडों वाली पुस्तक 'हिस्ट्री ऑफ़ इंडिया एज़ टोल्ड बाई हर ओन हिस्टोरियन्स' का मकसद लोगों को सांप्रदायिक गुटों में बाँटना है। (चोसलकर 1995 : 66) वे अपने मकसद में कामयाब रहे क्योंकि दरबार के इतिहासकारों द्वारा दिया गया विवरण बहुत पुरानी शैली में होता था जिसमें शासक की प्रशंसा की जाती थी और उसके कार्यों को लालच नहीं

बल्कि पवित्र मकसद से प्रेरित बताया जाता था। ब्रिटिश इतिहासकारों ने इसका तुरंत प्रयोग किया।

मिथक : भारतीय संस्कृति हिंदू संस्कृति है। इसलिए सांस्कृतिक राष्ट्रवाद की जरूरत है। भारत हिंदू राष्ट्र है। "भारत की राष्ट्रीय संस्कृति हिंदू संस्कृति है।" (चटर्जी 1995 : 15)। ईसाई तथा इस्लाम जैसी 'विदेशी संस्कृतियों' ने हमारी संस्कृति पर हमला किया है। इसलिए 'हिंदू संस्कृति को बहाल करने' की जरूरत है। "हिंदू और केवल हिंदू अपने समाज और संस्कृति के एकमात्र निर्माता हैं।" (बसु 1993 : 37)

तथ्य : इसके विपरीत हम देखेंगे कि भारतीय संस्कृति अनेकत्ववादी है। उसने देश की विविधता को अपने भीतर समेटा हुआ है। उसने उन सभी लोगों से भारी मात्रा में तत्त्व ग्रहण किया है जो यहाँ आकर बस गए हैं। हिंदुओं में भी बहुत से पंथ है और उनकी संस्कृति एकरूप नहीं है। दलितों की संस्कृति को बाहर निकालकर केवल इलीट वर्ग की संस्कृति को हिंदू संस्कृति के रूप में पेश किया जा रहा है। आइए देखें कैसे :

मालाबार तट और अरबों के बीच भारी भात्रा में व्यापार होता था। वास्तव में अरब व्यापारियों के जरिए ही इस्लाम भारत में पहली बार आया। तटवर्ती राजाओं ने बहुत-सी मस्जिदें बनवाई थीं ताकि यहाँ अरब व्यापारी और उनके संपर्क से अस्तित्व में आए स्थानीय मुसलमान इबादत कर सकें। मुगलों के आने के बाद राजनीतिक परिदृश्य में बहुत से बदलाव आए। दूसरे शासकों की तरह मुगल बेरहम शोषक थे। शासन करने के लिए उन्होंने जोर जबर्दस्ती तथा विचारधारात्मक उठापटक का इस्तेमाल किया। इस्लाम के प्रभाव तथा मुगलों की संस्कृति के कारण संश्लेषण हुआ। संगीत, मूर्तिकला, वास्तुकला, साहित्य, ललित कला सभी क्षेत्रों में हिंदुस्तानी संस्कृति का प्रादुर्भाव हुआ। धार्मिक स्तर पर इस्लाम और स्थानीय हिंदू परंपराओं की अंतःक्रिया हुई और उन्होंने एक-दूसरे को मजबूत बनाया। सूफी संत और भक्ति संप्रदाय मातहत लोगों में बहुत लोकप्रिय थे।

सूफियों का झुकाव इस्लाम के आध्यात्मिक पक्ष की ओर था। उन्हें इस्लाम के पुरातनपंथी उलेमा (इस्लामी विचारधारा के ज्ञानी) का विरोध करना पड़ा। उलेमा समाज की इलीट तथा सत्ता केन्द्र के नजदीक थे। सूफी ईसाई तथा यहूदी रहस्यवादियों और कुछ हिंदू पंथों की आध्यात्मिकता के नजदीक थे। मोइनुद्दीन इब्न अरबी ने वहादत अल वजूद (जीवों की एकता) का सिद्धांत रखा। इसने जाति तथा वंश के बंधन तोड़कर आध्यात्मिक सार्वभौमिकता को बढ़ावा दिया। उन्होंने उपदेश दिया कि वास्तविक सत्ता एक है। हम सब उसकी अभिव्यक्ति हैं। पंजाब के बाबा फरीद ने अपनी कविता पंजाबी में लिखी। उनके पद्यों को गुरु नानक ने आदि ग्रंथ (ग्रंथ साहेब) में उद्धृत किया।

शेख मोइनुद्दीन चिश्ती महान सूफी संत थे। दोनों ही समुदायों से उनके भारी संख्या में अनुयायी थे। उलेमा और ब्राह्मण पूजा की दूसरों की विधियों से नफरत करते थे। लेकिन सूफी और भक्ति संतों ने इन विधियों में संशोधन करके तथा उन्हें मिलाकर एक नई संश्लेषित अभिव्यक्ति दी। वे दूसरों की आध्यात्मिक प्रथाओं का सम्मान करते थे। और सत्ता केंद्रों से दूर थे। दाराशिकोह बहुत बड़ा विद्वान था। उसने मजामा उल बहारें (दो महासागरों—हिंदूधर्म और इस्लाम का मिलन) लिखा।

मिथक : केवल हिंदुओं ने भारतीय संस्कृति में योगदान किया है।

तथ्य : इस विचार का वास्तविकता से कोई वास्ता नहीं है।

मध्ययुग में साहित्य में संश्लेषण हुआ। बाबा फरीद ने पंजाबी में लिखा। वे पंजाबी कविता के आधार स्तंभ थे। शेख मोहम्मद ने मराठी में कविता लिखी। गुरु रामदास (शिवाजी के गुरु) ने शेख मोहम्मद की बहुत तारीफ की। उन्होंने लिखा : "शेख मोहम्मद महान है। आपने विश्व के रहस्य को ऐसी शैली में उद्घाटित किया है जो आम आदमी समझ सकता है। आपने पूरे विश्व की बुनियादी एकता और पहचान की सही बात कही है।" मलिक मुहम्मद जायसी अवधी के महान कवि थे जिन्होंने पद्मावत महाकाव्य लिखा। अब्दुल रहीम खानखाना अकबर के दरबार में हिंदी के कवि थे। उनके एक दोहे से साहित्य के विकास की दिशा का पता चलता है :

तै रहीम मन आपुनो, कीन्हों चारु चकोर
निसि वासर लाग्यो रहे, कृष्णचन्द्र की ओर

रहिमन यहि संसार में, सब सों मिलिए धाइ
ना जैने कोहि रूप में, नारायण मिल जाइ

—रहीम

इसी प्रकार रसखान ने हिंदी कविता में योगदान दिया। मजहर ए जाने जाना ने लिखा कि वेद ईश्वर की परिचायक पुस्तक है। राम और कृष्ण ईश्वर के अवतार हैं। रामानंद ने भक्ति आंदोलन का सूत्रपात किया। वे राम के भक्त थे। उन्होंने सभी जातियों, धर्मों और यहाँ तक कि मुसलमानों के लिए अपने द्वार खोले हुए थे। तुलसीदास राम के परम भक्त थे, शायद सभी युगों में सबसे बड़े राम भक्त। उन्होंने संस्कृत में नहीं बल्कि लोकभाषा अवधी में लिखा ताकि सब लोग उसे पढ़ सकें। उस समय के धर्मगुरु उन्हें स्वीकार नहीं करते थे। वे अयोध्या में एक मस्जिद में रहते थे। तुलसीदास की एक कविता :

तुलसी सरनाम गुलाम है राम को
जाको रुचै सो कहे वोहू

माँग के खयिबो, मस्जिद मां रहिबो
लेबैं का एक न देबे का दोऊ

(तुलसीदास, कवितावली)

मिथक : मध्ययुग में हिंदू और मुसलमान एक-दूसरे के दुश्मन थे।

तथ्य : यह सही नहीं है। समुदायों के इलीट अपने निहित स्वार्थों के कारण दूसरे समुदायों और धर्मों को हेय दृष्टि से जरूर देखते थे। लेकिन दोनों समुदायों के गरीब लोग सूफी और भक्ति संतों को मानते थे।

कबीर के मुसलमान और हिंदू समुदायों में से बहुत से गरीब अनुयायी थे। उन्होंने उलेमा और ब्राह्मणों की पुरातनपंथी की कड़ी आलोचना की और कहा कि राम, रहीम, अल्लाह और हरि एक ही आध्यात्मिक शक्ति के नूर हैं। जिस प्रकार एक सोने से अलग-अलग तरह के आभूषण बनाए जा सकते हैं उसी प्रकार ये धर्मात्मा उसी अलौकिक शक्ति के नूर हैं। गुरु नानक ने नया धार्मिक आंदोलन चलाया, उन्होंने एक ईश्वर की इस्लामी अवधारणा तथा पुनर्जन्म और नैतिक तथा आध्यात्मिक सुधार के हिंदू विश्वास को एक साथ जोड़ा। अबुल फज़ल ने अपनी आईने अकबरी में लिखा है कि शासक धार्मिक मतभेदों से ऊपर होना चाहिए और धार्मिक विचार उसके कर्तव्य में आड़े नहीं आने चाहिए। उसके साये में सभी को शांति और खुशी के साथ रहना चाहिए ताकि ईश्वर की छत्रछाया में सभी को लाभ मिले।

मिथक : उर्दू विदेशी भाषा है और सभी मुस्लिम आक्रमणकारियों ने या तो उर्दू या फारसी का प्रयोग किया। उर्दू भाषा आक्रमणकर्ताओं के साथ आई इसलिए उसको दूसरी भाषा के रूप में दिया गया दर्जा समाप्त होना चाहिए।

तथ्य : इस कथन के विपरीत उर्दू भाषा फारसी और हिन्दी में अन्तःक्रिया, मेलजोल के फलस्वरूप अस्तित्व में आई। यह भाषा 13वीं शताब्दी में फारसी बोली तथा दिल्ली के आसपास पश्चिम में बोली जाने वाली हिंदी के मिश्रण से अस्तित्व में आई। पहले इस बोली को हिंदवी, हिंदी या हिंदुस्तानी कहा जाता था बाद में इसे उर्दू कहा जाने लगा। अकबर के वित्त मंत्री राजा टोडरमल ने आदेश दे रखा था कि सभी बही खाते और पत्र व्यवहार फारसी में होना चाहिए। मुल्ला अब्दुल कादिर बदायूँनी ने हिंदू पुजारियों के सहयोग से अथर्ववेद और रामायण का फारसी में अनुवाद किया। मध्ययुगीन भारत में अबुल फज़ल महान फारसी लेखक थे। औरंगज़ेब, मुंशी हरकराम, चन्द्रभान ब्राह्मण, मुंशी माधवराम आदि। मुगल काल में फारसी सरकारी कार्यालयों में इस्तेमाल की जाती थी जहाँ हिंदू भारी संख्या में मुलाजिम थे। उस समय साहित्य कौशल विभाग, दार-उल-इंशा (सचिवालय) में मुख्य रूप से हिंदू काम करते थे। मुंशी शब्द का अर्थ है वह हिंदू जो अच्छी फारसी लिख सके।

वास्तुकला के क्षेत्र में भी अन्तःक्रिया के कारण विकास हुआ। मुग़ल शैली फारसी और हिंदू शैलियों का मिश्रण है। फतहपुर सीकरी में जामा मस्जिद के द्वार

और गुम्बद जैन शैली में बनाए गए। माउंटआबू में मस्जिद भी जैन शैली में बनाई गई है। यह मुगल व हिंदुस्तानी शैली छतरपुर के राजा के महलों, रणजीत सिंह के स्मारकों (लाहौर) और अलवर में महाराजा बखतावर सिंह के महल में देखी जा सकती है।

मिथक : लोगों ने आतंक के कारण इस्लाम अपनाया। इसे तलवार की नोक पर फैलाया गया। "हमसे भारत के इतिहास को संश्लिष्ट रूप में देखने के लिए कहा जाता है। हमसे कहा जाता है कि हम उस बर्बर आतंक को भूल जाएँ जो इस्लाम को हमारे गले से नीचे उतारने के लिए फैलाया गया। वह भयानक तकलीफ, लूटपाट, गुंडागर्दी, हत्याकांड सबकुछ भूल जाने के लिए कहा जाता है।" (चटर्जी 1995 : 13)

तथ्य : धर्म परिवर्तन कभी भी राजाओं (अशोक के सिवाय) का लक्ष्य नहीं रहा। मुसलमान समुदाय चरणबद्ध तरीके से अस्तित्व में आया। इसकी शुरुआत मालाबार तट पर हुई। जहाँ 7वीं शताब्दी में अरब व्यापारी पहुँचे। उन्होंने अपने धर्म का प्रभाव डाला और बहुत से लोगों ने इस्लाम को अपना लिया। 8वीं शताब्दी के शुरू में अरब सेना ने सिंध जीत लिया लेकिन धर्म परिवर्तन की दृष्टि से इसका उस समय के समाज पर बहुत कम प्रभाव पड़ा। 11वीं और 12वीं शताब्दी के दौरान तुर्क आक्रमण के फलस्वरूप इस्लाम का बहुत प्रभाव पड़ा। इस दौरान मुस्लिम सेना सामन्त अस्तित्व में आए लेकिन धर्म का प्रचार अधिक नहीं हुआ। धर्म परिवर्तन करने वाले लोग हिंदू ऊँची जातियों से भी आए। उन्होंने या तो किसी विश्वास या मुस्लिम शासकों से कृपा पाने के लिए धर्म बदला।

लेकिन मुख्य रूप से धर्म परिवर्तन नीची जाति के अछूतों ने किया जो हिंदुओं का औपचारिक हिस्सा तो थे लेकिन उच्च जाति ब्राह्मणों के दमन का शिकार थे। विवेकानन्द के अनुसार "भारत के गरीबों में से ज्यादा मुसलमान क्यों हैं? यह कहना बकवास है कि उन्होंने तलवार की नोक पर धर्म बदला। वास्तव में यह जमींदारों और पुजारियों के अत्याचार से छुटकारा पाने के लिए था।" बाद में सूफी संतों के प्रभाव से भारी संख्या में धर्म परिवर्तन हुआ। ये लोग इस्लाम के मानवतावादी पहलुओं को उजागर करने के लिए स्थानीय रीति रिवाजों और अनुष्ठानों का प्रयोग करते थे।

मिथक : विहिप के अशोक सिंघल ने अपने इंटरव्यू (संडे आब्जर्वर : 30 जुलाई, 1995) में छुआछूत के कारणों का निष्कर्ष इन शब्दों में दिया है : "इस्लामी और ईसाई शासन आने तक सभी समुदाय समान थे और सबके बराबर अधिकार थे। देश पर इस्लामी हमले के बाद लोगों को बेइज्जत किया जाने लगा। विभिन्न समुदायों में इस्लामी आक्रमणकारियों द्वारा दमन का विरोध किया गया तथा इस्लाम धर्म अपनाने से इनकार कर दिया। इसकी वजह से उन्हें बहुत बेइज्जती और उत्पीड़न का सामना

करना पड़ा आक्रमणकारियों की अवहेलना करने के कारण वे अपने घरों से उजड़ गए लेकिन उन्होंने अपना धर्म नहीं छोड़ा। ये लोग ही गरीब होकर अछूत बन गए।''

तथ्य : सच्चाई कुछ और है। यह सच्चाई ब्राह्मण विचारधारा की बर्बरता को उजागर कर देती है। यही विचारधारा हिंदुत्व राजनीति के मर्म में है। सबसे पहली बात तो यह है कि छुआछूत पहली शताब्दी ईस्वी के आसपास 'जाति' प्रथा का हिस्सा बन गई। मुस्लिम आक्रमणकर्ताओं के यहाँ आने से बहुत पहले छुआछूत धार्मिक प्रथा थी। मनुस्मृति दूसरी और तीसरी शताब्दी ईस्वी में संहिताबद्ध हुई। इससे जाहिर है कि ऊँची जातियाँ कमजोर तथा नीची जातियों के साथ कैसा निंदनीय व्यवहार करती थीं। इस उप महाद्वीप में मुस्लिम आगमन 11वीं शताब्दी में हुआ। यह बात एकदम बेतुकी है कि मुसलमानों ने छुआछूत की प्रथा शुरू की।

ऋग्वेद के एक श्लोक में जातियों की शुरुआत का संकेत मिलता है। ''जब देवताओं ने मानव की बलि दी और उसे हिस्सों में बाँटा तो उसके कितने टुकड़े किए गए? उसका मुँह क्या था, उसकी बाजुएँ क्या थीं, उसकी जंघाएँ क्या थीं और उसके पैरों को क्या कहा जाता था? ब्राह्मण उसके मुख थे, उसकी भुजाएँ क्षत्रिय थे, उसकी जंघाएँ वैश्य थे और उसके पैर शूद्र थे।

जाति व्यवस्था इसलिए जारी रही क्योंकि वह वंशगत थी। इसने लोगों की श्रेणियाँ बना दीं और यह तय कर दिया कि कौन एक साथ खा सकता है। विवाह की सीमाएँ भी तय कर दी गईं। धीरे-धीरे जाति पर आधारित श्रेणियाँ कड़ी होती गईं। शूद्रों को सामुदायिक भोजों से बाहर कर दिया गया। वे ब्राह्मणों द्वारा तय किए गए 'शुद्ध-अशुद्ध' मानदंड के शिकार बन गए और उन्हें अछूत कहा जाने लगा। इन सबकी मनु के कठोर सिद्धांतों में स्पष्ट झलक है। उनके मानव धर्मशास्त्र में इन प्रथाओं को कानून बना दिया गया है। गोलवलकर के अनुसार मनु सबसे बड़े कानून निर्माता हैं, अपने युग के ही नहीं आनेवाले सभी युगों के। जाति व्यवस्था के अत्याचारों से बचने के लिए बाद में हुए संघर्षों को अंबेडकर ने क्रांति और प्रतिक्रांति के रूप में पेश किया है। उन्होंने मुस्लिम-पूर्व काल को तीन चरणों में बाँटा है : (क) ब्राह्मणवाद (ख) जाति असमानता को नकारने वाला क्रांतिकारी बुद्धधर्म और (ग) हिंदूधर्म या प्रतिक्रांति जिसने ब्राह्मणी वर्चस्व और जाति श्रेणियों को सुदृढ़ बनाया। (ओमवेदृत 1995 : 50)

मुसलमान बादशाहों के आक्रमण से बहुत पहले शूद्रों को अछूत माना जाता था और वे समाज के सबसे अधिक दलित और शोषित वर्ग थे। वैदिकोत्तर से लेकर गुप्त युग तक जाति व्यवस्था तथा छुआछूत बहुत प्रचंड होती गई। मुस्लिम शासन के आने के बाद भक्ति जैसे आंदोलनों ने प्रत्यक्ष रूप से और सूफी आंदोलन ने अप्रत्यक्ष रूप से जाति दमन और छुआछूत की तीव्रता को कम किया। बाद में जब ईसाई मिशनरियाँ आईं तो उच्च जाति संगठनों को लगा कि उनकी 'नीची जातियों' पर

पकड़ ढीली पड़ जाएगी। इसके उत्तर में उन्होंने जाति कठोरताओं को शिथिल कर दिया और दिखावे के लिए जाति व्यवस्था का विरोध करने लगे। जाति व्यवस्था का उनका विरोध उपदेश के रूप में आता है। जाति व्यवस्था और छुआछूत के उन्मूलन के बारे में दृष्टिकोणों में अंतर, इस विषय पर अंबेडकर और गोलवलकर के विचारों में अंतर के रूप में देखा जा सकता है। अंबेडकर ने मनुस्मृति को जाति व्यवस्था का पोषक बताया है। उन्होंने इसे जलाने के लिए सामाजिक आंदोलन शुरू किया। लगभग इसी समय गोलवलकर ने मनु और उनके द्वारा प्रदत्त विधि व्यवस्था का यशगान किया।

मिथक : मुसलमान बादशाहों ने हिंदू धर्म का अपमान करने के लिए तथा इस्लाम को फैलाने के लिए हिंदू मंदिरों को तोड़ा।

तथ्य : वास्तविकता यह है कि सभी धर्मों के शासकों ने मन्दिरों को लूटा। कई मन्दिरों में धन का अंबार होता था। उन्हें अपवित्र करने के लिए धर्म से विचारधारा का बहाना ढूँढ़ लिया जाता था। टीपू की सल्तनत में मराठों ने मंदिरों को लूटा। श्रीरंगपट्टनम मंदिर को मराठा सेनाओं ने नष्ट किया। इसकी मरम्मत टीपू सुल्तान ने कराई। मंदिर पर हमला दूसरे राजाओं को बेइज्जत करने का एक तरीका भी था।

सोमनाथ के विख्यात मंदिर को मोहम्मद गजनी ने लूटा। उसका मकसद मंदिर में भारी मात्रा में रखे सोने को लूटना था। सोमनाथ के रास्ते, उसे पहले मोहम्मद फथ दाउद से लड़ना पड़ा। इस लड़ाई में मुल्तान की मस्जिद क्षतिग्रस्त हो गई। इसके बाद मंदिर पर हमला करने से पहले उसने थानेश्वर के राजा अनंदपाल से दोस्ती की। उसके बहुत से सेनापति (तिलक, सोंधी, राय, हिंद और हरजान) हिंदू थे और उसकी सेना में बहुत से हिंदू सिपाही थे। बाद में उसके पुत्र मसूद ने मध्य एशिया में एक मस्जिद को तोड़ने के लिए सेना भेजी।

11वीं शताब्दी में कश्मीर के राजा हर्ष ने मंदिर तोड़े। इसका उल्लेख कल्हण की राजतरंगिणी में है। इसमें कहा गया है कि उसने मंदिरों में सोने की मूर्तियाँ उखाड़ने के लिए विशेष अधिकारी नियुक्त किया। इस अधिकारी को देवोत्पतन नायक कहते थे। परमार राजा (शुभातवर्मन 1193-1210 ई.) ने कैम्बे और डभाई में जैन मंदिर तोड़े। इसके अतिरिक्त उसने अपने राज्य में ही मन्दिर लूटे। इसी प्रकार औरंगज़ेब ने केवल मंदिर और मस्जिद तोड़े ही नहीं उसने कुछ मंदिरों को जागीरें भी दीं। दूसरे शासकों की तरह पूजा स्थलों के बारे में मुगल शासकों की नीति राजनीतिक जरूरतों के अनुसार तय की जाती थी। इस बात की ओर ध्यान नहीं दिया जाता था कि वे किसी धर्म या पंथ से जुड़े हैं। उदाहरण के लिए औरंगज़ेब सहित सभी मुगल शासकों की मथुरा-वृंदावन, जहाँ बहुत से तीर्थ स्थल हैं, के प्रति बहुत उदार नीति थी। वृंदावन अनुसंधान केंद्र के पास उपलब्ध प्रलेखों से स्पष्ट है कि अकबर, जहाँगीर और शाहजहाँ ने इन मंदिरों को बहुत-सी जागीरें दे रखी थीं।

इस विश्वास का कोई औचित्य नहीं है कि मुसलमान बादशाहों ने हिंदुओं को मुसलमान बनाने के लिए मंदिर तोड़े। "इस बात की कल्पना कैसे की जा सकती है कि लोगों के दिलों को जीतने के लिए उनके मंदिरों को तोड़ा जाए?...ध्यान देने की बात है कि उन्हें तब तक नहीं तोड़ा जाता था जब तक कि वे साजिश का केन्द्र न बन गए।" (मुखिया 1994 : 26)

मिथक : मध्ययुग में हिंदू और मुसलमान शासक एक-दूसरे के दुश्मन थे। भारत के इस युग का इतिहास मुसलमान और हिंदू राजाओं के बीच लड़ाइयों से भरा पड़ा है। अधिकांश हिंदू राजा हिंदू राष्ट्र के लिए लड़े और वे भारतीय राष्ट्र के प्रतीक हैं।

तथ्य : मुगल बादशाहों ने सामाजिक ढाँचे को बहुत ज्यादा नहीं छेड़ा। उनके दरबारों में दोनों ही धर्मों के बहुत से दरबारी राजा और जमींदार थे। जो भी हिंदू राजा अपने 'राज्यों' के लिए मुगलों से लड़े उन्हें 'राष्ट्रीय वीरों' के रूप में प्रस्तुत किया जाता है जैसे राणा प्रताप, गुरु गोविन्द सिंह। इनमें से बहुत ने या उनके उत्तराधिकारियों ने मुगलों के साथ दोस्ती की। राणा प्रताप के पुत्र अमरसिंह ने जहाँगीर से दोस्ती की। बाद में गुरु गोविन्द सिंह ने मुगल शासन से संधि की। उनका मकसद अपने राज्य में अपनी सत्ता बरकरार रखना था, भारत राष्ट्र का निर्माण नहीं। इसके लिए प्रक्रिया बहुत बाद में शुरू हुई।

मिथक : भारत के इतिहास का काल विभाजन हिंदू (प्राचीन), अंधकारमय मुस्लिम युग और आधुनिक ब्रिटिश युग (1947 तक) के रूप में किया जा सकता है।

तालिका 2.1 हिंदू शासकों द्वारा मुगलों के साथ मैत्री

मैत्री	किसके खिलाफ
अकबर और मानसिंह	राणाप्रताप और हकीम सुर
औरंगज़ेब और मिर्जा राजा जयसिंह	शिवाजी और सिद्दी संबल
बाबर और राणासांगा	इब्राहिम लोदी

तथ्य : अंग्रेजों का आगमन मुगल साम्राज्य की पहले से ही पतनशील केंद्रीय सत्ता के लिए बहुत बड़ा झटका था। अंग्रेजों ने स्थानीय नवाबों और राजाओं को हराकर अपने साम्राज्य को मजबूत बनाया। मुगल शासकों का भारतीय उपमहाद्वीप के बहुत बड़े हिस्से पर नियंत्रण था लेकिन पूरे दक्षिण एशिया तक वह कभी नहीं फैला। अंग्रेजों ने अपनी सुविधा के लिए दक्षिण एशिया के इतिहास को धर्म के अनुसार श्रेणियों में बाँटा। उन्हें अपनी जनता में पूर्व राज्यों के प्रति निष्ठा को भी अपनी तरफ करना था। इसलिए उन्होंने इस विचार का प्रचार किया कि ब्रिटिश शासन ने भारतीयों को मुगल साम्राज्य के अत्याचारों से मुक्त किया। इसलिए वह उनके लिए (ईश्वर द्वारा भेजी गई) मुक्ति है।

मुगल साम्राज्य को मुस्लिम युग के समतुल्य नहीं माना जा सकता। हालाँकि मुगल बादशाह मुसलमान थे लेकिन उन्होंने प्रशासन के ढाँचे को नहीं बदला। जमींदार, राजा और जागीरदार के पुराने संबंध के साथ ज्यादा छेड़छाड़ नहीं की गई। शासन के उच्च अधिकारी मुसलमान और हिंदू दोनों थे। हिंदू जमींदारों और राजाओं के पास काफी सामाजिक और राजनीतिक सत्ता थी। इन बादशाहों के दरबार में हिंदू पदाधिकारियों की संख्या बहुत थी। धर्मांध माने जाने वाले औरंगज़ेब के दरबार में भारी संख्या में हिंदू राजा थे। सभी मुसलमान शासक वंश से नहीं थे। धर्म परिवर्तन से पहले इनमें से बहुत से निम्न जाति के शूद्र थे। गरीब हिंदुओं की तरह उनकी दशा भी बहुत खराब थी। इस प्रकार जिस तरह से प्रशासन के उच्च स्तर पर हिंदू और मुसलमान थे, उसी तरह से समाज के निम्न स्तर पर भी ये दोनों थे। इसलिए इसे इतिहास का मध्ययुगीन मुस्लिम काल कहना गलत है। इस तरह का पहला श्रेणीकरण जे एस मिल ने अपनी पुस्तक में किया। यह पुस्तक भारत में प्रशासक के पद हेतु तैयार किए जाने वाले प्रशिक्षणार्थियों के लिए प्रवेशिका जैसी थी।

बॉक्स 2.2

बाबर की वसीयत

पुत्र इस हिंदुस्तान देश में बहुत से धर्म हैं। यह साम्राज्य हमें देने के लिए हम अल्लाह के आभारी हैं। हमें अपने दिल से सभी भेदों को मिटा देना चाहिए और हर समुदाय के साथ उसके रिवाजों के अनुसार न्याय करना चाहिए। इन धरती के लोगों को जीतने के लिए और प्रशासन में उन्हें भागीदार बनाने के लिए गौ हत्या से बचो। हमारे शासन की सीमाओं में पूजा स्थलों और मंदिरों को नुकसान मत पहुँचाना। शासन की ऐसी विधि बनाओ जिसमें राज्य के सभी लोग बादशाह से खुश हों और बादशाह अवाम से खुश हो। इस्लाम अच्छे कार्यों से ही प्रगति करेगा, आतंक से नहीं। शिया और सुन्नी के मतभेदों की उपेक्षा करो क्योंकि यह इस्लाम की कमज़ोरी है। विभिन्न रिवाजों को मानने वाले लोगों को एक बनाकर रखो ताकि इस राज्य रूपी देह का कोई अंग बीमार न रहे।

(राष्ट्रीय संग्रहालय में मूल का अनुवाद)

मिथक : शिवाजी ऐसे महान हिंदू राजा थे जिन्होंने हिंदू राष्ट्र की आधारशिला रखी और जो इस्लाम और मुसलमान शासकों के खिलाफ थे।

तथ्य : शिवाजी ने अपने प्रशासन में मानवीय नीति को अपनाया। इसका आधार धर्म नहीं था। उनकी सेना और नौसेना में सिपाहियों और अफसरों की भर्ती का आधार धर्म नहीं था क्योंकि उनकी सेना में एक तिहाई मुसलमान थे। उनकी नौसेना के सर्वोच्च कमांडर सिद्दी संबल थे और उसमें भारी संख्या में सिद्दी थे। दिलचस्प बात यह है कि उनकी ज्यादातर लड़ाइयाँ औरंगज़ेब की ओर से आनेवाले मिर्जा राजा

जयसिंह के नेतृत्व में राजपूत सेना से हुई। जब वह आगरा के किले में कैदी थे तो जिन दो लोगों की मदद से वह निकल भागे उनमें से एक मुसलमान राजकुमार मदारी मेहतर था। उनका गोपनीय सचिव मौलाना हैदर अली था तथा तोप विभाग का मुखिया इब्राहिम गार्दी था।

अन्य धर्मों के प्रति उनका सम्मान स्पष्ट था। वह धर्मात्माओं का सम्मान करते थे जैसे कि हजरत बाबा बहुत थोरवाले जिन्हें उन्होंने आजीवन पेंशन दी और फादर अम्ब्रोस जिनका चर्च गुजरात में खतरे में था। रायगढ़ में अपनी राजधानी में उन्होंने अपने महल के सामने मुसलमान उपासकों के लिए एक मस्जिद बनवाई बिल्कुल उसी तरह जैसे कि उन्होंने अपनी दैनिक उपासना के लिए जगदीश्वर मंदिर बनवाया था।

''अपने सैनिक अभियानों के दौरान शिवाजी अपने सैनिकों और अधिकारियों को स्पष्ट रूप से आदेश देते थे कि मुसलमान स्त्रियों और बच्चों के साथ किसी तरह का दुर्व्यवहार न किया जाए। मस्जिदों और दरगाहों को समुचित सुरक्षा दी जाती थी।'' (जकारिया 2000) बसीन के नवाब की पुत्रवधू के सामने सिर झुकाने की उनकी कहानी विख्यात है। जब उसे लूट के हिस्से के रूप में उनके लिए लाया गया तो उन्होंने उससे बड़े सम्मान के साथ क्षमा माँगी और अपने सिपाहियों से उसे वहीं छोड़ आने के लिए कहा, जहाँ से उसका अपहरण किया गया था। 'न्यू हिस्ट्री ऑफ़ मराठाज़' नाम की अपनी पुस्तक में सरदेसाई ने लिखा है, ''एक बात बिल्कुल साफ है कि हिंदू धर्म की रक्षा करते समय शिवाजी कभी एक पंथ के रूप में मुसलमानों या उनके धर्म के प्रति घृणा की ओर प्रवृत्त नहीं हुए...वह मुसलमान संतों, जैसे कि केलसी के बाबा याकूत, का सम्मान करते थे, जिनके धर्मस्थल के लिए उन्होंने अनुदान दिया...'' इस सबसे ज़ाहिर है कि शिवाजी सांप्रदायिक सद्भाव के मूल्यों में विश्वास करते थे। उनका मुख्य लक्ष्य अधिक से अधिक क्षेत्रों में अपना राज्य स्थापित करना था। उन्हें मुसलमान या इस्लाम विरोधी कहना तथ्य के विपरीत है।

मिथक : शिवाजी के अलावा राणा प्रताप को महान हिंदू राष्ट्रवादी राजा के रूप में वर्णित किया गया है। नाथूराम गोडसे ने राणा प्रताप, शिवाजी और गुरु गोविंद के राष्ट्रवाद की तुलना गांधी के राष्ट्रवाद से की है। ''यह आश्चर्य की बात है कि... उनके (गांधी के) अनुयायी, अंधे को भी साफ दिखाई देने वाली बात, नहीं देखते कि महात्मा, शिवाजी, राणाप्रताप और गुरु गोविन्द के सामने बौने थे।'' ये राजा मुसलमान विरोधी थे और वे भारतीय राष्ट्रवाद के प्रतीक थे।

तथ्य : राणा प्रताप बहुत वीर और आत्मसम्मान रखने वाले राजपूत राजा थे। वह दूसरे राजपूत राजाओं की तरह मुगल साम्राज्य के मातहत नहीं बनना चाहते थे। उन्होंने समझौते के संदेशों को ठुकरा दिया जिसकी वजह से उनके अकबर बादशाह के खिलाफ युद्ध हुए। अकबर की ओर से एक अन्य राजपूत राजा मानसिंह ने हल्दी घाटी की लड़ाई में राणा प्रताप का मुकाबला किया। मानसिंह की ओर राजपूत सिपाही

थे जबकि राणा प्रताप की सेना मिश्रित थी और उसका नेतृत्व हकीम खान सूर की अफगान टुकड़ी ने किया। हकीम खान सूर का स्मारक अभी भी हल्दीघाटी में है। उनकी बरसी पर उनकी याद में समारोह होता है। जिसमें सामान्यतः राजपूत हिस्सा लेते हैं। लड़ाई में हार के बाद राणा प्रताप ने गुरिल्ला युद्ध शुरू किया जबकि अधिकांश राजपूत राजा मुगल प्रशासन में शामिल होने के लिए सहमत हो गए। राणा की मृत्यु के बाद उसका पुत्र अमरसिंह मुगल बादशाह जहाँगीर का मित्र बन गया जिसे उसने बहुत सम्मान दिया।

महाराणा प्रताप या राजा शिवाजी की बहादुरी का बख़ान करने के लिए शब्द अपर्याप्त हो सकते हैं लेकिन उन्हें मुसलमान विरोधी या इस्लाम विरोधी नहीं कहा जा सकता। साथ ही उन्हें भारतीय राष्ट्रवाद का प्रतीक नहीं कहा जा सकता क्योंकि वे अपने राज्यों के लिए ही लड़ रहे थे, भारतीय राष्ट्रवाद के लिए नहीं। भारतीय राष्ट्रवाद आधुनिक अवधारणा है जो कि 18वीं शताब्दी के अन्त में उद्योगीकरण की प्रक्रिया से अस्तित्व में आई। बादशाहतें जमींदारों और जागीरदारों के इर्द-गिर्द बनी थीं और वही मुगल प्रशासन के आधार थे।

मिथक : अप्रैल 2000 में अमृतसर में राष्ट्रीय सिख संगत में आर एस एस प्रमुख सुदर्शन ने सिखधर्म को हिंदूधर्म का एक पंथ बताकर उसकी भूमिका और स्थिति का सही बखान किया। खालसा हिंदूधर्म की मुख्यधारा का हिस्सा है और उसे हिंदूधर्म को मुगल अत्याचार से बचाने के लिए खड़ा किया गया। इस प्रकार सिखधर्म अलग धर्म नहीं है। यह हिंदूधर्म का पंथ है और उसे हिंदू धर्म को मुसलमानों के हमले से बचाने के लिए खड़ा किया गया।

तथ्य : इस सबको समझने के लिए हमें यह देखना होगा कि सिख धर्म कैसे अस्तित्व में आया। 17वीं शताब्दी में गुरु नानक के उपदेश ब्राह्मण वर्चस्व और सूफी तथा भक्त संतों की वाणियों की पृष्ठभूमि में अस्तित्व में आए। नानक ने ब्राह्मणवादी मूल्यों और जाति वर्चस्व को नकार दिया और यह निष्कर्ष निकाला कि भक्ति और सूफी संतों के उपदेशों का केवल रूप ही अलग है, लेकिन उनकी विषयवस्तु एक है। गुरु नानक को मुस्लिम सूफियों (मुख्य रूप से शेख फरीद) और संत कबीर से प्रेरणा मिली। उन्होंने एकेश्वरवाद तथा ईश्वर को शांत समर्पण का संदेश दिया। उन्होंने अपने पद (गीत) विभिन्न स्रोतों से लिए। नानक के उपदेशों से एक विशिष्ट इतिहास और प्रादुर्भाव वाला धार्मिक समुदाय अस्तित्व में आया। यह समुदाय हिंदू और मुस्लिम धर्मों से अलग था। लेकिन उसने दोनों से समतावादी तत्त्व ग्रहण किए। नानक ने इस्लाम व हिंदूधर्म के रूढ़िवादी प्रचारकों का विरोध किया और इन दोनों के जनहितवादी रूपों के आधार पर जीवंत विभिन्न समुदाय संबंधों पर बल दिया। एक स्तर पर उनके उपदेश दोनों धर्मों के मूल्यों का मिश्रण हैं। उन्होंने पुनर्जन्म तथा कर्म का सिद्धांत हिंदूधर्म से तथा ईश्वर के एकत्व और सामूहिक आराधना की बात इस्लाम से ली।

नानक के बाद नौ गुरु आए। पाँचवें गुरु अर्जनदेव के आने के बाद से सिखधर्म अलग धार्मिक प्रणाली के रूप में स्थापित हो गया। उन्होंने अपने पूर्वगामियों तथा अपने और हिंदू एवं मुसलमान संतों के लेखन को आदि ग्रंथ में एकत्रित किया। यह ग्रंथ सिख धर्म का पथ प्रदर्शक है। इसी बीच गुरुओं के प्रयासों के फलस्वरूप अमृतसर धार्मिक और राजनीतिक केन्द्र के रूप में उभरा। उल्लेखनीय है कि सूफी संत मियाँ मीर को स्वर्ण मंदिर की आधारशिला रखने का अनुरोध किया गया। यह वही समय था जब राजनीतिक प्रक्रिया के रूप में सिख समुदाय के संगठन का काम चल रहा था और मुगल सल्तनत के साथ उसके संबंध जटिल हो रहे थे। गुरु अर्जन महत्त्वपूर्ण धार्मिक और राजनीतिक नेता बन गए थे। सामाजिक तौर पर वह मियाँ मीर के बहुत नजदीक थे। जबकि उनका मुख्य विरोध एक हिंदू अर्थात लाहौर के मुसलमान गवर्नर के वित्त मंत्री से था। 17वीं शताब्दी में यह समुदाय सैनिक सत्ता बन गया। सिख गुरु मुगल राजनीति में घुस गए और उन्होंने स्वयं को उत्तराधिकार की लड़ाई में जीते गुटों के विरोध में खड़ा पाया। प्रारंभ में गुरु अर्जन ने खुसरो से संपर्क किया। 1706 में जब शहजादे खुसरो ने अपने पिता जहाँगीर के खिलाफ बगावत की तो गुरु अर्जन पर खुसरो का समर्थन करने का शक किया गया। उन्हें इस आरोप में गिरफ्तार कर लिया गया।

एक अन्य गुरु हरि रॉय ने शाहजहाँ के विद्रोही पुत्र दाराशिकोह के साथ मैत्री की। अपने भाई औरंगज़ेब के हाथों दाराशिकोह की शिकस्त के बाद इस गुरु ने स्वयं को मुगल परिवार के सत्ता समीकरण में गलत ओर पाया। इसलिए क्षमा के लिए उन्हें अपने पुत्र को दिल्ली भेजना पड़ा। मुगल शासकों के साथ संघर्ष का क्रम चलता रहा और दसवें गुरु गोविंद सिंह के जमाने में अपनी चरमसीमा पर पहुँच गया। गुरु गोविंद सिंह अपना राज्य स्थापित करना चाहते थे जबकि औरंगज़ेब अपनी सल्तनत के खिलाफ सभी विद्रोहों को बेदर्दी के साथ कुचल रहा था। गुरु गोविंद सिंह का प्रत्यक्ष झगड़ा बिलासपुर के राजा के साथ था जिसे उन्होंने कोई भी कर देने से इनकार कर दिया। इसके परिणामस्वरूप लड़ाई हुई जिसमें बिलासपुर का राजा हार गया। इससे पर्वत राज्यों के राजाओं के साथ गुरु गोविंद सिंह की शत्रुता हो गई। मैदानों में भी उनके मित्र थे। उनमें प्रमुख था सधुरा का पीर। औरंगज़ेब ने मैदानों के हिंदू राजाओं की मदद से लड़ाई में गुरु गोविंद सिंह को आनंदपुर से खदेड़ दिया। उनके बच्चों को पकड़कर यातनाएँ दी गईं। बाद में औरंगज़ेब की ओर से संधि का प्रस्ताव आया। गुरु को उससे मिलने के लिए दक्षिण आने का निमंत्रण दिया गया। गुरु गोविंद उनसे मिलने के लिए जा रहे थे। इसी बीच औरंगज़ेब की मृत्यु हो गई। बाद में उसके पुत्र बहादुरशाह से गोविंद सिंह ने संधि की।

सिखों और मुगल बादशाहों के बीच लड़ाई के दौरान समझौतों की दिशा बार-बार धुँधली पड़ती रही। मुगलों का हिंदू राजाओं के साथ संपर्क हुआ और गुरुओं के

मुसलमान शासकों और पीरों के साथ समझौते हुए। यह राजनीतिक लड़ाई थी जिसमें धार्मिक तत्त्व घुलमिल गए। गुरु गोविंद सिंह की औरंगज़ेब के साथ शत्रुता थी लेकिन उन्होंने उसके पुत्र बहादुरशाह ज़फर के साथ मित्रता कर ली।

आर एस एस का एक ही लक्ष्य है–हिंदू राष्ट्र का निर्माण। अपने एजेंडे को आगे बढ़ाने के लिए इसने तर्क दिया है कि हिंदू पहचान पर बल देकर ही लोगों को इकट्ठा किया जा सकता है। यही कारण है कि उसके दावे के अनुसार उप महाद्वीप में उद्भूत सभी धर्म–चाहे वह बुद्धधर्म हो या सिखधर्म–पूरे धर्म न होकर हिंदूधर्म के पंथ मात्र हैं। कैसी विडंबना है कि हिंदूधर्म का आर एस एस सम्मत रूप वही संभ्रांत ब्राह्मणवादी व्यवस्था है जिसका इन धर्मों के प्रचारकों ने विरोध किया। आर एस एस का विरोध करने वालों को आधिपत्य जमाने के उसके इरादों की जानकारी है। आर एस एस और भाजपा के नेतृत्व में वर्तमान सरकार इसी दिशा में कार्य कर रही है। वे आर एस एस के मत का प्रचार करने में अपनी ताकत और संसाधनों का प्रयोग कर रहे हैं। क्या इसका यह मतलब है कि आर एस एस के दावे के अनुसार भारतीयों को हिंदुओं के रूप में एक राष्ट्र में इकट्ठा रखा जा सकता है? ऐसा नहीं है। भारतीय अपनी राष्ट्रीय पहचान के बल पर एक हैं। इस बुनियादी पहचान से हिंदू पहचान को अलग काटने के आर एस एस के प्रयास न केवल अल्पसंख्यकों और समाज के कमजोर वर्गों बल्कि सिखधर्म या बुद्धधर्म मानने वालों के लिए खतरे से भरे पड़े हैं। यही कारण है कि आर एस एस के साथी सिखधर्म को हिंदूधर्म का एक पंथ बनाए जाने का विरोध सभी सिख संगठनों द्वारा किया गया है।

मुगल साम्राज्य के खिलाफ गुरु गोविंद के संघर्ष को चुनिंदा तरीके से उजागर करके तथा इन्हीं शासकों के साथ बाद में मैत्री को छिपाकर मुस्लिम विरोधी एजेंडे को आगे बढ़ाया गया है। इसी प्रकार हिंदू राजाओं के खिलाफ उनकी लड़ाइयों को जनस्मृति से बाहर निकाला गया है। हिंदू राष्ट्रवाद की सेवा में चुनिंदा इतिहास लेखन का यह एक और उदाहरण है।

मिथक : ताजमहल की जगह पहले एक शिव मंदिर या हिंदू राजा का महल था जिसे शाहजहाँ ने कब्जे में कर लिया और अपनी पत्नी के मकबरे में बदल दिया। शाहजहाँ की आत्मकथा बादशाहनामा के विकृत अध्ययन के बाद श्री ओक ने सिद्ध किया कि इस जगह को मानसिंह के पौत्र मिर्जा राजा जयसिंह से लिया गया। साथ ही श्री ओक का मानना है कि ताजमहल तेजो महालय का विकृत रूप है जिसका अर्थ है शिव मंदिर।

तथ्य : शाहजहाँ की प्रिय पत्नी मुमताज महल का प्रसव के दौरान देहांत हो गया। बादशाह का दिल टूट गया। पत्नी से किए गए वायदे के अनुसार उसने इस भव्य इमारत के निर्माण का हुक्म दिया। दरबारी इतिहासकार अब्दुल हमीद लाहौरी

ने बादशाहनामा में निर्माण का विस्तृत विवरण, इस पर आए खर्च और देखरेख का ब्यौरा दिया है। उसके द्वारा दिए गए विवरण की पुष्टि पीटर मुंडी, टेवरनियर, निकोलाई मनुसी, फ्रांसिस बर्नियर ने की है। जिन्होंने उस समय आगरे का दौरा किया।

यह बहुत बड़ा काम था। बहुत बड़ी इमारत खड़ी की जानी थी। बाग और मकबरा बनाया जाना था। जमीन मिर्जा राजा जयसिंह ने मुआवजा लेकर दी। इसकी पुष्टि शाहजहाँ के दो फरमानों से होती है। इस बात को जानबूझकर गलत ढंग से प्रस्तुत किया गया है कि ढाँचा ही प्राप्त किया गया। निर्माण प्रक्रिया के विवरण से इस विषय में कोई संदेह नहीं रह जाता कि इसे किसने बनवाया। बादशाह के खजाने से नियमित व्यय का विवरण भी उपलब्ध है। निर्माण कार्य जिस समय शुरू हुआ उस समय आगरा आने वाले यूरोपीय सैलानियों ने उसे रिकार्ड किया। पीटर मुंडी (1631-32) ने लिखा है : "बादशाह अब अपनी मृत बेगम ताजे महल (ताजमहल) जिसे वह बहुत प्यार करता था के लिए मकबरा बनवा रहा है ...उसका इरादा है कि वह बाकी सबसे श्रेष्ठ हो...इमारत बहुत बड़ी है और इसे बनाने में बहुत मजदूर लगे हैं...(नाथ 1989) एक फ्रांसीसी जौहरी टेवरनियर 1640-41 में पहली बार आगरा आया। उस समय ताज का निर्माण चल रहा था। उसने पुष्टि की है कि बादशाह शाहजहाँ अपनी प्रिय बेगम के लिए भव्य मकबरा बनवा रहा है। (वही) दरवाजों की लकड़ी की कार्बन डेंटिंग से यह पता नहीं चल सकता कि इमारत कितनी पुरानी है क्योंकि कार्बन डेंटिंग नष्ट न होने वाली वस्तुओं की की जाती है और लकड़ी इस श्रेणी में नहीं आती। इसके अलावा दरवाजों को बदला जा सकता है और लकड़ी इसी समय की नहीं भी हो सकती है जिस समय इमारत बनी। तेजो महालय शिव का नाम नहीं हो सकता। सबसे बड़ी बात यह है कि मानसिंह का वंश वैष्णव था शैव नहीं। ताजमहल का ढाँचा ही मंदिर वाली बात के खिलाफ जाता है। मंदिरों का एक खास वास्तुशिल्प होता है और ताज उससे मेल नहीं खाता।

यही एक हास्यास्पद दावा नहीं है। ऐसी बहुत-सी फिजूल की बातें हैं जैसे कि हिंदू सभ्यता ही न केवल भारत बल्कि पूरी दुनिया के लिए संस्कृति और ज्ञान लेकर आई तथा क्रिश्चनिटी और कुछ नहीं कृष्ण नीति है, रोम शब्द राम से लिया गया है, इत्यादि।

मिथक : सभी मुसलमान बादशाहों में औरंगज़ेब सर्वाधिक कट्टर और हिंदू विरोधी था।

तथ्य : कुछ ऐसी ही लेकिन उलटे मिथक मुस्लिम सांप्रदायिक इतिहासकारों द्वारा फैलाए जाते हैं। उनका दावा है कि औरंगज़ेब भारत का महानतम बादशाह था क्योंकि वह भारत में इस्लाम को फैलाना चाहता था और इसे दार उल इस्लाम में बदलना चाहता था।

सच्चाई यह है कि औरंगजेब ने लगभग 50 वर्ष तक भारत पर शासन किया

और वह स्थिति की आवश्यकताओं के अनुसार अपनी नीतियों को बदलता रहा। उसका प्राथमिक लक्ष्य हर समय अपने साम्राज्य को बढ़ाते रहना था। वास्तविकता यह है कि उसके बाद के शासन के दौरान उसकी सेवा में हिंदू अधिक थे। यह तथ्य इस मिथक को गलत साबित कर देता है। मुस्लिम बादशाह की सेवा में हिंदुओं की संख्या, जोकि शाहजहाँ के शासन के दौरान 24 प्रतिशत थी, वह औरंगजेब के शासन के दौरान बढ़कर 33 प्रतिशत हो गई।

यह सही है कि इस्लाम की अपनी समझ के अनुसार उसने नए मंदिरों के निर्माण पर रोक लगा दी थी लेकिन पुराने मंदिरों की मरम्मत और रखरखाव की अनुमति थी। अवाम की सहानुभूति जीतने के लिए उसने मंदिरों को खुले दिल से जागीरें दीं। विख्यात इतिहासकार डॉ. पांडे ने बहुत से फरमान (बादशाह औरंगज़ेब के फरमान) इकट्ठे किए हैं। इन फरमानों में महाकालेश्वर (उज्जैन), बालाजी मंदिर (चित्रकूट) उमानंद मंदिर (गुवाहाटी) और शत्रुंजय के जैन मंदिरों के लिए फरमान शामिल हैं। उत्तर भारत में मंदिरों और गुरुद्वारों की सहायता के लिए भी फरमान जारी किए गए।

इसके अतिरिक्त गैर-मुस्लिम धर्मों के अनुयायियों पर लगाया जाने वाला कर जजिया उसके शासनकाल में बहुत कम समय के लिए लगाया गया। उस दौरान भी ब्राह्मण, वृद्ध और अपंग इस भुगतान से मुक्त थे। यह मान्यता सही नहीं है कि इस कर ने इस्लाम के प्रसार में मदद की। दक्षिण में अकाल के दौरान उसने यह कर माफ कर दिया। ध्यान रहे कि इस्लाम के मानने वालों पर, एक कर, ज़कात नियमित रूप से लगाया जाता था। अधिक से अधिक इसे सल्तनत के लिए समानांतर राजस्व स्रोत के रूप में देखा जा सकता है। 14 वीं शताब्दी के एक सैलानी इब्नबतूता के अनुसार दक्षिण भारत के एक हिंदू राजा द्वारा अपनी यहूदी प्रजा से जजिया वसूल किया जाता था...यदि यह बात मान ली जाए कि जजिया निश्चित रूप से धार्मिक कर था तो क्या हिंदू अपने धर्म को इतना सस्ता मानते थे जिसे एक छूट के बदले में न्योछावर कर दिया जाए। (वास्तव में यह छूट वाली बात नहीं थी क्योंकि मुसलमान भी ज़कात का भुगतान करते थे।) (मुखिया 1994 : 25)।

मिथक : टीपू हिंदू विरोधी राजा था और उसका मिशन हिंदुओं का बलपूर्वक धर्म परिवर्तन था।

तथ्य : टीपू उन बहादुर राजाओं में से था जिसने अंग्रेजों की ताकत का साहस के साथ सामना किया। अंग्रेजों को सर्वाधिक गंभीर विरोध हैदरअली और उसके पुत्र टीपू से ही मिला। वह ऐसे गिने-चुने भारतीय राजाओं में से है जो अंग्रेजों के साथ लड़ाई के दौरान मैदान में ही शहीद हुआ। अंग्रेजों द्वारा बढ़ावा मिलने के कारण निजाम और मराठों ने यह सोचा कि वे ही मुगल साम्राज्य के उत्तराधिकारी हैं। टीपू की सेना इन दोनों राजाओं से लड़ी। हतोत्साहित होकर अंग्रेजों ने हिंदू और मुसलमानों

के बीच खाई पैदा करने की कोशिश की और प्रचार किया कि टीपू ने न केवल हजारों हिंदुओं और ईसाइयों की हत्या की है बल्कि दर्जनों हिंदू मंदिर भी नष्ट किए हैं।

दक्षिण में ऐसे बहुत से मंदिर हैं जिनके रख-रखाव के लिए टीपू ने जागीरें दीं। एक लड़ाई के दौरान मराठों ने सुल्तान की राजधानी श्रीरंगपट्टनम पर घेरा डाल दिया। लेकिन पासा पलट गया और मराठे हार गए। वापस लौटने से पहले उन्होंने न केवल बसावट वाले उपनगरों को तहस-नहस किया बल्कि कावेरी नदी के किनारों पर नगर के पास विख्यात रंगा मंदिर को लूटा और उसे नष्ट कर दिया। टीपू ने न केवल मंदिर की मरम्मत कराई बल्कि मंदिर से मराठा सेना द्वारा लूटी गई संपत्ति भी लौटा दी। उसकी ज्यादातर लड़ाइयाँ अंग्रेजों तथा मराठों, हैदराबाद के निजाम तथा आरकोट के नवाब के साथ हुईं। ये लड़ाइयाँ निश्चित रूप से राज्य की सीमाओं को बढ़ाने के लिए लड़ी गई थीं लेकिन उन्हें धार्मिक रंग दे दिया गया है।

अपने अधिकांश अभियानों पर जाने से पहले टीपू शृंगेरी मठ के शंकराचार्य से आशीर्वाद लेता था। उसने शृंगेरी मंदिर में देवी शारदा की प्रतिमा बनाने तथा दूसरे मंदिरों के लिए धन दिया। उसने इन मंदिरों के लिए नियमित रूप से उपहार भी दिए। श्रीरंगनाथ का विख्यात मंदिर उसके महल से कुछेक गज दूर था।

वास्तव में धर्म परिवर्तन, खेती के तरीके में परिवर्तन और दासता के उन्मूलन के कारण हुए। इसी कारण से नीची जाति के बहुत से लोगों ने इस्लाम को कबूल किया। मालाबार तट पर इस्लाम के रूप में धर्म परिवर्तन टीपू के हमले के दौरान नहीं बल्कि 1843-1850 के दौरान हुए। ये परिवर्तन अंग्रेजों द्वारा दासता के उन्मूलन के कारण हुए। नीची जाति के बहुत से लोग जो ऊँची जाति हिंदुओं के बंधुआ मजदूर थे; उन्होंने इस्लाम को अपना लिया। ऐसा उन्होंने समाज में बराबरी का दर्जा प्राप्त करने की आशा में किया। पिछली कुछ शताब्दियों में हुए धर्म परिवर्तन का स्पष्ट ताल्लुक बेड़ियाँ तोड़ने संबंधी कानूनों के साथ स्पष्ट रूप से देखा जा सकता है। ये कानून बनने के बाद लोगों ने इस्लाम या ईसाइयत को अपनाया।

सांप्रदायिकता के खिलाफ इतिहास का संदेश

प्रश्न 1. खंडवा की लड़ाई में जब राणा सांगा का बाबर के साथ मुकाबला हुआ तो उसकी सहायता किसने की?

उत्तर–हसनखान मेवाती ने इस महत्त्वपूर्ण लड़ाई में राणा की सहायता की भरसक कोशिश की।

प्रश्न 2. अपने पुत्र हुमायूँ के लिए बाबर ने क्या अंतिम संदेश छोड़ा?

उत्तर–बाबर ने उससे कहा कि वह जिस धरती पर आए हैं उसके धर्म (हिंदूधर्म) का सम्मान करे तथा उनके मंदिरों और गायों को इज्जत दे।

प्रश्न 3. बाबर ने अपने संस्मरणों में कुछ स्मारकों की विशेष रूप से प्रशंसा

की है, वे कौन से हैं?

उत्तर–उसने ग्वालियर तथा निकटवर्ती क्षेत्रों के मंदिरों की प्रशंसा की।

प्रश्न 4. प्रश्न संख्या एक से तीन को देखते हुए क्या ऐसा लगता है कि बाबर ने अयोध्या में महत्त्वपूर्ण मंदिर के विध्वंस की अनुमति दी होगी?

उत्तर–इसकी बिल्कुल भी संभावना नहीं लगती।

प्रश्न 5. क्या यह सही है कि भारी संख्या में शिक्षित और जाने-माने इतिहासकारों ने यह दृढ़ मत व्यक्त किया है कि अध्योध्या में बाबर द्वारा मंदिर के ध्वस्त किए जाने संबंधी अफवाहों का कोई आधार नहीं है?

उत्तर–हाँ, इन इतिहासकारों ने अपने लेखन में तथा सार्वजनिक भाषणों में इस बारे में दृढ़ मत व्यक्त किए हैं।

प्रश्न 6. यदि ऐसा है तो इस मुद्दे को सबसे पहले किसने हवा दी?

उत्तर–उपनिवेशवादी इतिहासकारों ने ब्रिटिश शासन के दौरान इसे उछाला।

प्रश्न 7. क्या यह सही है कि उपनिवेशवादी इतिहासकार उन विषयों को बार-बार उछालते रहे ताकि हिंदुओं और मुसलमानों के बीच शत्रुता बनी रहे।

उत्तर–हाँ, इसके बारे में उनकी स्पष्ट योजना थी। विदेशी सचिव ने 1857 में लार्ड एलगिन को लिखा कि हम, लोगों को आपस में लड़ाकर अपनी सत्ता बरकरार रख सके हैं, और हम ऐसा करते रहेंगे।

प्रश्न 8. क्या मुगल शासन के दौरान हिंदू ताकतें मुसलमान ताकतों से लड़ती रहीं या ये लड़ाइयाँ मिली-जुली होती थीं?

उत्तर–मुगल बादशाह और दूसरे राजाओं के हिंदू सेनापति और सिपाही होते थे। औरंगज़ेब को सबसे अधिक कट्टर मुसलमान बादशाह माना जाता है लेकिन उसकी बहुत-सी लड़ाइयाँ हिंदू सेनापतियों ने लड़ीं। शिवाजी को हिंदू वीर के रूप में मानते हैं लेकिन उसकी सेना में महत्त्वपूर्ण पदों पर मुसलमान थे।

प्रश्न 9. जब बीकानेर के हिंदू राजा को मारवाड़ के राजा ने हराया तो उसके परिवार के सदस्यों को किसने पनाह दी?

उत्तर–शेरशाह सूरी ने।

प्रश्न 10. जब हुमायूँ को शेरशाह सूरी ने हराया तो उसने कहाँ शरण ली?

उत्तर–अमरकोट के हिंदू राजा के पास। अकबर का जन्म यहीं हुआ।

प्रश्न 11. राणा प्रताप की ओर से वीरतापूर्वक लड़ते हुए एक सेनापति मारा गया, इस योद्धा को आज भी राजस्थान में याद किया जाता है, उसका क्या नाम है?

उत्तर–इस सेनापति का नाम हकीम खान सूर है, वह राणा प्रताप की ओर से अपने अफगान सिपाहियों के साथ अकबर की सेना के खिलाफ बड़ी बहादुरी से लड़ा।

प्रश्न 12. उन दो राजाओं के नाम बताएँ जिन्होंने अपने महलों के पास दूसरे धर्म के स्थलों का निर्माण कराया?

उत्तर–शिवाजी ने अपने महल के पास मस्जिद बनवाई, जबकि टीपू सुल्तान ने अपने महल के पास मंदिर बनवाया।

प्रश्न 13. मंदिरों के प्रति अवध के नवाब का क्या रुख था?

उत्तर–उन्होंने कई मंदिरों के लिए सहायता की तथा भूमि के रूप में अनुदान दिए। इस संदर्भ में नवाब सफदरजंग और दीवान आसफुद्दौला के नाम लिए जा सकते हैं।

प्रश्न 14. नवाब सफदरजंग का एक वरिष्ठ विश्वासपात्र उसके लिए लड़ते हुए मारा गया वह कौन था?

उत्तर–नवल राय नाम का एक हिंदू।

प्रश्न 15. पलासी के युद्ध में बहुत से लोगों ने नवाब सिराजुद्दौला के साथ दग़ा की लेकिन उसका एक विश्वासपात्र उसके लिए बड़ी बहादुरी से लड़ा, उसका क्या नाम है?

उत्तर–मोहनलाल नाम का एक हिंदू।

प्रश्न 16. जब कुछ कश्मीरी आतंकित होकर भाग रहे थे तो क्या एक मुसलमान कश्मीरी शासक ने उन्हें वापस लाने के लिए पहल की?

उत्तर–हाँ, जियाउल अबेदीन ने यह महान प्रयास किया।

प्रश्न 17. क्या 1857 के मुसलमान स्वतंत्रता सेनानियों ने हिंदुओं के प्रति विशेष स्नेह दिखाया?

उत्तर–हाँ, उन्होंने अंग्रेजों से छीने गए कुछ इलाकों में गौ-हत्या पर रोक लगा दी।

प्रश्न 18. रानी झाँसी की उन सहेलियों के नाम बताएँ जो अंत तक उसके साथ लड़ती रहीं?

उत्तर–जूही और मोतीबाई।

प्रश्न 19. झाँसी के किले की रक्षा करने के लिए रानी को सबसे अधिक सहायता किससे मिली?

उत्तर–साहसी बंदूकची कुंवर गुलाम गौस खान जो झाँसी की रक्षा करते हुए मारा गया।

(ये प्रश्न उत्तर सांप्रदायिक सद्भाव के बारे में भरत डोगरा के एक पोस्टर से लिए गए हैं)

अध्याय–3

गाँधी और गोडसे : राष्ट्रवाद, हिंदुत्व और स्वतंत्रता संघर्ष

समाज के विभिन्न वर्गों ने भारतीय समाज के लिए गाँधी के योगदान को विभिन्न रूपों में प्रस्तुत किया है। समाज पर गाँधीवादी दर्शन के प्रभाव में जबर्दस्त परिवर्तन आया है लेकिन उनका करिश्मा कम नहीं हुआ है। यही कारण है कि कुछ वर्ग उनके नाम का इस्तेमाल संकीर्ण पंथीय स्वार्थों के लिए करते हैं। संघ परिवार के नेताओं का गाँधी के प्रति ढुलमुल रवैया रहा है। एक ओर वे उनके नाम को अपनाना चाहते हैं और दूसरी ओर उन्हें 'राष्ट्रपिता' मानने से इनकार करते हैं। एक स्तर पर उनमें से कइयों ने हिंदुत्व के कट्टर समर्थक नाथूराम गोडसे द्वारा महात्मा गाँधी की हत्या को उचित बताया है।

यह जटिल रणनीति एक सोची समझी योजना का हिस्सा है। जब अप्रैल 1998 में वाजपेयी प्रधानमंत्री बने और उन्होंने टेलीविजन पर राष्ट्र को संबोधित किया तो उनकी पृष्ठभूमि में गाँधी का चित्र लटक रहा था। अत्यधिक उत्तेजनापूर्ण अयोध्या अभियान जो कि बाबरी मस्जिद के विध्वंस का कारण बना, के दौरान संघ परिवार के नेताओं ने कहा कि महात्मा गाँधी ने भी मरते समय 'हे राम' कहा। एक विकृत तर्क द्वारा गाँधी के नाम को इस अनुचित विवाद में घसीटा गया और एक हिंदू धर्मांध द्वारा उनको गोली मारे जाने के बाद उन्होंने क्या कहा, उसके बारे में अप्रामाणिक कहानी को राम के कथित जन्म स्थल पर उनका भव्य मंदिर बनाने की आवश्यकता के औचित्य के रूप में इस्तेमाल किया। हिंदी दैनिक जनसत्ता को अपने एक इंटरव्यू (7 जून, 1998) में लालकृष्ण आडवाणी ने दावा किया कि विभाजन से पहले गाँधी और भारतीय राष्ट्रीय कांग्रेस में कुछ नेताओं द्वारा प्रस्तुत सांस्कृतिक राष्ट्रवाद के केवल वे ही वारिस हैं। इसी तरह से एक गंभीर स्वर में मलकानी (1998) ने कहा कि कांग्रेस चुनाव राजनीति में इसलिए हारी क्योंकि उसने देश और धर्म को उस

समय त्याग दिया जब भारत अपने मूल की ओर लौट रहा था। उन्होंने फ्रांसीसी लेखक आमौरी के इस कथन का समर्थन किया, "भारतीय अवाम उस पार्टी का दिल से साथ देंगे जो शाश्वत हिंदूधर्म के कुछ पहलुओं से उद्भूत होगी। कल यह गाँधीवाद के रूप में थी आगे यह आर एस एस के रूप में होगी।"

गाँधी की विरासत और गाँधीवादी राजनीति का एकमात्र प्रतिनिधि होने का यह दावा बहुत गंभीर है। लेकिन संघ परिवार के अनुयायी कभी भी गाँधी को राष्ट्रपिता के रूप में संबोधित नहीं करते जो कि वह हैं। वे (संघ परिवार के विचारक और नेता) केवल स्वतंत्रता संघर्ष में उनके योगदान को स्वीकार करेंगे। उनमें से अधिकांश गोडसे के समर्थक हैं लेकिन कोई भी महत्त्वपूर्ण या स्थापित नेता खुलकर ऐसा नहीं कहेगा। कानाफूसी के सुविकसित तकनीक द्वारा वे नाथूराम की 'विरासत' को जिंदा रखना चाहते हैं। "गोडसे के इरादे अच्छे थे..." (सिंह : 1998) जैसे बयानों से इस बात की पुष्टि होती है। इस बहुरूपी दृष्टिकोण से बहस का दायरा बढ़ जाता है। अब सवाल गोडसे के तरीकों या गाँधी को राष्ट्रपिता कहने या न कहने का नहीं है बल्कि राष्ट्रवाद संबंधी दो विचारों का है—भारतीय राष्ट्रवाद बनाम सांप्रदायिक राजनीति, धर्मनिरपेक्ष भारत बनाम हिंदू राष्ट्र।

मिथक : भारत 5000 वर्ष पुराना हिंदू राष्ट्र है। "हिंदू और मुसलमानों को जोड़कर एक राष्ट्र की बात बिल्कुल झूठी है।" (चटर्जी 1995 : 19) टाइम्स पत्रिका की अनिता प्रताप को बाल ठाकरे के विख्यात इंटरव्यू में भी भारत के हिंदू राष्ट्र होने पर बल दिया गया है।

तथ्य : संघ परिवार के विचारकों के इस दावे की निकट से जाँच के लिए यह देखना जरूरी है कि इतिहास में राष्ट्रों के निर्माण की प्रक्रिया कैसे चली। भारत के 5000 वर्ष पुराने राष्ट्र होने के बारे में दावा बादशाहत और राष्ट्र के बीच अंतर और समाज के सामाजिक, आर्थिक और राजनीतिक संगठन में परिवर्तन के प्रति जानबूझकर दिखाई गई अज्ञानता पर आधारित है।

राष्ट्र देशों का प्रादुर्भाव

पहले के राज्य साम्राज्य प्रमुख रूप से कृषि उत्पादन व्यवस्थाओं के इर्द-गिर्द निर्मित किए गए थे। इन व्यवस्थाओं में राजा सामंतों के जरिए राज्य कमाई को हड़प लेता था। इस व्यवस्था को धर्मगुरुओं ने वैध बना दिया। उनका समाज में बहुत ऊँचा स्थान था। प्रमुख उत्पादन प्रक्रिया में परिवर्तन (कृषि से उद्योग) के कारण समाज के राजनीतिक ढाँचे में बहुत परिवर्तन हुआ। राष्ट्र देश के लिए कोई एक मॉडल देना मुश्किल है, लेकिन मोटे तौर पर यह कहा जा सकता है कि इससे मध्य वर्ग का आकार बढ़ता है यह भौगोलिक क्षेत्र में लोगों को जोड़ता है, क्षेत्र में बाज़ारों का एकीकरण करता है, प्रशासन में पारदर्शिता बढ़ती है, लोकतांत्रिक प्रतिनिधित्व

की शुरुआत होती है, स्वतंत्रता, समानता और भाईचारा विभिन्न रूपों में लोकप्रिय होता है और उसका कार्यान्वयन किया जाता है।

बॉक्स 3.1

गाँधी की हत्या पर सरदार पटेल के विचार

''आर एस एस और हिंदू महासभा का जहाँ तक प्रश्न है गाँधी जी की हत्या का मामला न्यायालय में है; इसलिए इन संगठनों की भागीदारी के विषय में मैं कुछ नहीं कहूँगा। लेकिन हमारी रिपोर्टों से इस बात की पुष्टि होती है कि इन दो निकायों, विशेषकर आर एस एस, के कारण देश में ऐसा वातावरण बन गया जिसकी वजह से यह नृशंस त्रासदी संभव हो सकी। मुझे इसमें कोई शक नहीं है कि हिंदू महासभा का उग्रवादी वर्ग इस साजिश में संलिप्त था। आर एस एस की गतिविधियाँ सरकार और शासन के लिए स्पष्ट खतरा है।'' –वल्लभ भाई पटेल 18 जुलाई, 1948

(डॉ. श्यामा प्रसाद मुखर्जी को पत्र से, सरदार पटेल का पत्राचार, वॉल्यूम : 323, नवजीवन, 1973)

बादशाहतों और साम्राज्यों में उच्चवर्ण के रूप में सत्ता का आधार होता था संकीर्ण और शिल्पियों की वस्तुओं के लिए बाज़ार बिखरा होता था। बादशाह का 'कथन' 'संविधान' होता था। राजाओं की धर्मगुरुओं के साथ साँठ-गाँठ होती थी। वे राजाओं के नियमों को वैध बनाते थे और राजा को 'ईश्वर का पुत्र' या दैवी आदेश द्वारा बना शासक बताकर किसानों और शिल्पियों के शोषण में भागीदार बनते थे। उद्योगों में वृद्धि और नई तकनीक के प्रयोग के कारण सामाजिक गतिविज्ञान बहुत बदल गया। उद्योगों को श्रम की जरूरत थी जो कि जमीन से बँधा था। उभरते उद्योगपति समूहों को और अधिक राजनीतिक सत्ता की जरूरत थी। उन्हें सामंतों को सत्ता से हटाना था तथा सामंतों और राजाओं के शासन को वैध बनाने वाले धर्मगुरुओं को हटाना था। इससे व्यापक सामाजिक-राजनीतिक परिवर्तनों की नींव रखी गई। यूरोपीय देशों में यह 'बुर्जुवा क्रांति' के रूप में शुरू हुआ। यह सब 18वीं शताब्दी के अंत में यूरोप में हुआ और इसने भिन्न-भिन्न देशों में भिन्न-भिन्न रूप लिया। इन परिवर्तनों ने 'आधुनिक राष्ट्र देशों' की आधारशिला रखी, औद्योगिक-वाणिज्यिक समूह सत्ता में आए तथा सामाजिक संबंधों को शासित करने के लिए नए समीकरण बने। 'व्यक्ति' के समाज के केंद्र में होने तथा सामाजिक बराबरी की आधारशिलाएँ रखी गईं। ये दोनों ही 'आधुनिक राष्ट्र देशों' की पहचान हैं। यह राष्ट्र निर्माण की प्रक्रिया के 'मर्म' का सामान्य प्रस्तुतिकरण है। फ्रांस और ब्रिटेन को छोड़कर यूरोपीय देशों में भी यह प्रक्रिया अनेक रूपों में चली।

राष्ट्र देशों के उदय के बाद विचारधारा के रूप में राष्ट्रवाद ने उद्योगपतियों

और कारोबारियों में नहीं बल्कि गरीब किसानों, मध्य और निम्न वर्गों तथा व्यावसायिक बुद्धिजीवियों में अपनी जड़ें जमानी शुरू कर दीं। जैसे-जैसे लोग गाँव छोड़कर शहरों की ओर आने लगे तथा सामाजिक संपर्क बढ़ा वैसे-वैसे बहुत पुरानी 'परंपरागत' स्थानीय पहचान की जगह राष्ट्रीय पहचान ने लेनी शुरू कर दी। लोग अपनी जगहों से विस्थापित हुए तथा यात्रा एवं संचार के अच्छे साधनों के कारण अपने स्थान से निकलकर देश के शेष हिस्सों को देखा जिससे उनका दृष्टिकोण व्यापक बना। खुद के बारे में भी लोगों का विचार बदला। स्थानीय 'सामंत', राजा और धार्मिक नेताओं के प्रति 'निष्ठा' का स्थान व्यापक राष्ट्रीय निष्ठा और पहचान ने ले लिया। आज यह कल्पना करना मुश्किल है कि आज जो 'राष्ट्रवाद' पूरी दुनिया में फैला हुआ है कुछ शताब्दी पहले अस्तित्व में नहीं था। उस समय लोगों में राष्ट्रीयता की भावना नहीं थी। वे सिर्फ यह जानते थे कि वे केवल एक खास नगर, जाति, समूह या शासकों के हैं। लेकिन यहाँ यह भी कहा जाना चाहिए कि "सभी राष्ट्र देशों की कोई एक विशेषता या पहचान तत्त्व नहीं है।" (विनायक 1997 : 31)

भारत में राष्ट्र देश का उदय

अंग्रेजों के आने से पहले देश के बड़े हिस्से पर मुग़लों का शासन था। लेकिन दक्षिण और पूर्व की कई बादशाहतों में मुग़लों की सत्ता नहीं चलती थी। मुग़ल प्रशासन छोटे राजाओं, सामंतों, जमींदारों और उनके जैसे लोगों पर टिका था। अपने इलाकों को बढ़ाने के लिए राजाओं में लड़ाइयाँ होती रहती थीं। मुगल साम्राज्य को भी स्थानीय बादशाहों से विद्रोहों का सामना करना पड़ा। ईस्ट इंडिया कंपनी ने अधिकाधिक बादशाहतों को अपने कब्जे में ले लिया। 1857 के विद्रोह के बाद भारत ब्रिटेन का सीधा उपनिवेश बन गया। अंग्रेजों का प्राथमिक उद्देश्य ऐसे बाजारों की तलाश था जहाँ वे अपने उद्योगों द्वारा निर्मित उत्पादों को बेच सकें और उनके लिए कच्चे माल को लूट सकें। कुछेक स्थानों, जहाँ पर पुर्तगालियों, डचों और फ्रांसीसियों का नियंत्रण था, को छोड़कर पूरे भारत पर अंग्रेजों का शासन हो गया।

अंग्रेजों की लूट ने भारत में उत्पादन के आधार को नष्ट कर दिया। उन्होंने भारत में नये कृषि, वाणिज्यिक और औद्योगिक इजारे स्थापित किए। इन इजारों में भारतीयों ने पहले मातहतों के रूप में कार्य किया लेकिन धीरे-धीरे उन्होंने आधुनिक तक्नोलोजी को सीखा। इसके फलस्वरूप बैंकरों, व्यापारियों, उद्योगपतियों, बागान मालिकों और दलालों के एक नये वर्ग का उदय हुआ। 1835 में अंग्रेजी शिक्षा के माध्यम के रूप में शुरू हुई। इसकी शुरुआत करने वाले मैकाले ने घोषणा की कि इसका उद्देश्य भारत में लोगों का एक ऐसा वर्ग खड़ा करना है जो देखने में ही भारतीय लगेंगे लेकिन उनकी रुचियाँ, विचार और हित अंग्रेजों के जैसे होंगे। परंतु यह काम इतने सीधे तरीके से नहीं हुआ। इसमें बहुत बड़ा पेच छिपा था। सामान्य भाषा की शुरुआत होने से विचारकों के आदान-प्रदान में आसानी हुई और नए विचार तथा

अवधारणाएँ सामने आईं जिससे 'राष्ट्रवाद' के नए तत्त्व का उदय हुआ।

प्रारंभ में राष्ट्रवाद की भावना राज के पक्ष में थी, अंग्रेजों के खिलाफ नहीं थी। उसने कई सुधार आंदोलन शुरू किए और पश्चिम की तर्ज पर आर्थिक, सामाजिक और राजनीतिक संघ बनाए गए। ब्रिटिश शिक्षा नीति में कई कमियाँ थीं और उसका प्राथमिक उद्देश्य अंग्रेजों के लिए प्रशासन तैयार करना था। लेकिन उसने आधुनिक भारतीय राष्ट्रवाद की आधारशिला रखने में मदद की। क्लर्क के रूप में भर्ती किए गए शिक्षित लोग आगे चलकर अपने क्लर्क वाले काम से असंतुष्ट हो गए और प्रशासनिक अफसर बनने की इच्छा करने लगे। बुद्धिजीवी मताधिकार को व्यापक बनाने, भारतीय सिविल सेवा के लिए भारत में भी परीक्षा आयोजित करने और सेवाओं का भारतीयकरण करने की माँग करने लगे। अंग्रेजों द्वारा की गई जनगणना में धर्म को बहुत बड़ी श्रेणी बनाया गया और विभिन्न वर्गों पर बहुसंख्यक और अल्पसंख्यक का लेबल लगाया गया। राजाओं के पिछले शासनों में ऐसा कभी नहीं हुआ था।

इसी बीच प्रशासन के निचले स्तरों और आधुनिक कारोबार में भारतीयों की भागीदारी में जबर्दस्त वृद्धि हुई। गाँवों में भी परिवर्तनों की प्रक्रिया शुरू हुई। नए रोजगार की तलाश में वहाँ से भूमिहीन और गरीब किसान शहर आने लगे। इन नई आर्थिक और सामाजिक प्रक्रियाओं और उन्नत संचार ने नए भारतीय राष्ट्रवाद की आधारशिला रखी। "विदेशी शासन के नकारात्मक और सकारात्मक तत्त्वों जैसे कि नई शिक्षा, साम्राज्यवादी एकता, पश्चिमी उदारवाद, (स्वतंत्र) प्रेस, आधुनिक संचार प्रणाली तथा अंग्रेजों की जातीय उद्दंडता, अंग्रेजों की सांस्कृतिक उत्कृष्टता के आग्रह ने भारतीयों के मन में राष्ट्रीयता की नई चेतना भर दी। ब्रिटिश शासन और उसकी प्रक्रियाओं में हमेशा विरोधी तत्त्व रहते थे। अंग्रेजों द्वारा शुरू किए गए नए संचार माध्यमों जैसे कि डाक प्रणाली, रेलवे, स्वतंत्र प्रेस ने राष्ट्रीय चेतना तैयार करने और राष्ट्रवाद को बढ़ावा देने में महत्त्वपूर्ण भूमिका अदा की। एक सकारात्मक पहलू यह था कि भारत में अंग्रेजी समाचारपत्र अभिव्यक्ति की स्वतंत्रता में विश्वास करते थे और सरकारी नीतियों की आलोचना करते थे। इससे भी भारतीय दृष्टिकोण विकसित करने में मदद मिली।

अंग्रेजों द्वारा प्रचारित 'श्वेत जातियों की उत्कृष्टता' 'श्वेत व्यक्ति का महत्त्व' जैसे विचारों के बावजूद भारतीय लोग आधुनिक शिक्षा द्वारा शुरू की गई वैज्ञानिक जाँच और विवेक की भावना का विकास कर सके। जातीय उत्कृष्टता की भावना और उद्दंडता की एक लंबी प्रतिक्रिया शुरू हुई। भारतीय राजनीतिक दासता के प्रति जाग्रत हुए और उनमें राष्ट्रीयता की भावना आई। 1857 के विद्रोह के बाद ब्रिटिश नौकरशाही की उद्दंडता अपनी चरम-सीमा पर पहुँच गई। वे अपनी भारतीय प्रजा का तिरस्कार करने लगे। नौकरशाही ने फूट डालो और राज करो की नीति को अपनाया। उन्होंने हिंदुओं को मुसलमानों, राजाओं को आम आदमियों और शिक्षितों को अशिक्षितों से लड़ाया।

भारत में राष्ट्रवाद : राजनीतिक युद्धभूमि

भारत में अंग्रेजों ने जमींदारों और राजाओं से गठजोड़ किया हुआ था। उन्हें अपने राज्यों पर शासन करने की स्वायत्तता थी। नए सामाजिक वर्गों जैसे कि उद्योगपति, आधुनिक कारोबारी, नौकरशाह, आधुनिक व्यवसायी और बुद्धिजीवी वर्गों के उदय से राष्ट्रीयता की भावना को बढ़ावा मिला। इसकी प्रारंभिक अभिव्यक्ति स्थानीय स्तरों पर संघों के निर्माण के रूप में हुई जो कि अंततः भारतीय राष्ट्रीय कांग्रेस के रूप में परिणित हुए। शुरू में इन समूहों में बहुत दृढ़ धार्मिक उत्साह और जातीय भाईचारे की भावना थी।

बाद में इसकी जगह धर्मनिरपेक्ष विचारों ने ली। ऐसे कुछ संगठन थे, बांबे एसोसिएशन, मद्रास नेटिव एसोसिएशन, पूना सार्वजनिक सभा, मद्रास महाजन सभा आदि। यहाँ से, इनके सदस्यों ने राष्ट्रीय संघ के बारे में सोचना शुरू कर दिया। इन समूहों का एक बड़ा राष्ट्रीय सम्मेलन 1883 में कलकत्ता में हुआ। इसे उन्होंने राष्ट्रीय संसद की दिशा में पहला कदम बताया। वास्तव में यह कांग्रेस के गठन की पूर्व सूचना थी। भारतीय राष्ट्रवाद से प्रेरित इस राजनीतिक संघ का उद्देश्य एक धर्मनिरपेक्ष और लोकतांत्रिक आंदोलन की शुरुआत करना था। उनकी मुख्य माँगें थीं वयस्क मताधिकार, भारत में भी सिविल सेवा परीक्षाएँ आयोजित करना और देश के औद्योगिक विकास को बढ़ावा देने के लिए अधिक सुविधाएँ। उल्लेखनीय है कि स्थानीय संघों में अधिकांश का प्रतिनिधित्व कांग्रेस में हुआ। कांग्रेस की माँगें उद्योगों के विकास तथा प्रशासनिक परिवर्तनों के फलस्वरूप समाज में नए उभरे वर्गों के बारे में थीं। ये माँगें सामंतों और पुरोहित वर्ग के हित के खिलाफ थीं क्योंकि इन लोगों के हित जमींदारों से जुड़े हुए थे। इन हितों तथा परिवर्तन के विरोध को मुसलमान और हिंदू दोनों की सांप्रदायिक राजनीति ने अभिव्यक्त करना शुरू कर दिया। आगे चलकर ये दोनों अलग-अलग राजनीतिक ताकतें बन गईं क्योंकि ब्रिटिश शासकों ने 'फूट डालो और राज करो' की अपनी नीति के अनुसार इन लोगों को भीतर ही भीतर प्रोत्साहित किया। इस बारे में अगले अध्याय में चर्चा की जाएगी। मोटे तौर पर सांप्रदायिक राजनीति ने समाज में जमींदारों, ब्राह्मणों और बनियों के हितों की रक्षा के लिए 'धर्म' का प्रयोग राजनीति में किया। जनाधार खो जाने के कारण अंग्रेजों ने उन्हें तुरंत संरक्षण दिया।

इस सामाजिक और राजनीतिक गतिविज्ञान के मद्देनजर सुरेंद्र नाथ बनर्जी और बाल गंगाधर तिलक जैसे लोगों ने कहा कि 'भारत उभरता हुआ राष्ट्र है।'

मिथक : गाँधी राष्ट्रपिता नहीं हैं। भाजपा के एक शीर्षस्थ नेता प्रमोद महाजन ने ठीक ही कहा है कि हम महात्मा गाँधी को राष्ट्रपिता नहीं मानते क्योंकि 5000 वर्ष पुराने राष्ट्र को किसी पिता की जरूरत नहीं है। (दि टाइम्स ऑफ इंडिया : 14 जनवरी, 1997)

तथ्य : ब्रिटिश साम्राज्यवादियों के पंजों से भारत का छुटकारा बहुत से आंदोलनों और ताकतों का परिणाम था। इनमें सबसे ऊपर भारतीय राष्ट्रीय कांग्रेस थी जो कि एक तरह से भारतीय राष्ट्रवाद की प्रतीक थी। इस राष्ट्रवाद का प्रतिनिधित्व करने वाले सबसे बड़े व्यक्ति महात्मा गाँधी थे जो कि न केवल स्वतंत्रता संघर्ष में अपने योगदान बल्कि सबसे ताकतवर साम्राज्य के खिलाफ संघर्ष में नई विधियों के प्रयोग के कारण अपने जीवनकाल में ही एक विभूति बन गए। महात्मा गाँधी और भारतीय राष्ट्रीय कांग्रेस द्वारा शुरू किया गया संघर्ष बहुत लंबे समय तक चला और लोकप्रिय हुआ। उन्होंने अंग्रेजों द्वारा दिए गए संवैधानिक अवसर का सफलतापूर्वक प्रयोग किया। साथ ही उन्होंने सहयोग भी नहीं किया। "उन्होंने इस अवसर को पूरी तरह से नहीं नकारा क्योंकि लोकतांत्रिक समाज में इसे नकारने की भारी कीमत चुकानी पड़ती है। और नकारने वाला व्यक्ति अलग-थलग पड़ जाता है। उन्होंने इसे स्वीकार किया तथा मौजूदा तंत्र को उतार फेंकने के लिए गैरसंवैधानिक संघर्ष के साथ इसका प्रयोग किया।" (चन्द्रा 1988 : 13) यह बहुत बड़ा आंदोलन था जिसमें तरह-तरह के विचार समाविष्ट थे। यह आंदोलन भारत देश के लोकतांत्रिक नागरिक स्वतंत्रता और धर्मनिरपेक्ष दृष्टिकोण पर आधारित था। आगे चलकर कांग्रेस एक व्यापक मंच बन गई। जिसमें एक ओर समाजवादी थे और दूसरी ओर हिंदू तत्त्वों के समर्थक दकियानूस, पुरातन पंथी लोग थे। लेकिन कुल मिलाकर इस पर धर्मनिरपेक्ष राष्ट्रवाद की राजनीति का प्रभुत्व था।

इसकी कार्यसूची का मुख्य फोकस उद्योगीकरण, भूमि सुधार और धर्मनिरपेक्ष लोकतंत्र पर था। लेकिन चूँकि कंजरवेटिव, सामंती तत्त्व भी इस बड़े मंच के अंग थे इसलिए इनमें से किसी को भी पूरी तरह लागू नहीं किया जा सका। कांग्रेस भारत में लोकतांत्रिक संस्थाओं के विचारों को लोकप्रिय बनाती रही जिसमें वयस्क मताधिकार के जरिए चुनी गई प्रतिनिधित्व सरकार होगी। आंदोलन का आधार यह विश्वास था कि देश उद्योगीकरण के जरिए विकास करेगा। बाद में कृषि सुधार को भी इसका एजेंडा बना दिया गया। (यह मुस्लिम लीग या हिंदू महासभा के एजेंडे के विपरीत था। वे इस तरह के सुधारों के खिलाफ थे।) उल्लेखनीय बात यह है कि इनमें से कोई भी नीति धार्मिक आग्रहों पर आधारित नहीं थी। (यह भी मुस्लिम लीग और हिंदू महासभा के दृष्टिकोणों के विपरीत था क्योंकि उनका मुख्य आग्रह धर्म पर आधारित समुदाय पर था।) इस आंदोलन की सबसे बड़ी कमी यह थी कि इसने वर्ग तथा जाति मामलों को दुय्यम महत्त्व दिया। इसे साम्राज्यवाद विरोधी संघर्ष के पीछे रखा गया। इसकी वजह से सामाजिक समस्याएँ केवल आंशिक तौर पर ही हल हुईं। यह स्थिति आज भी है।

अब हम भारतीय स्वतंत्रता आंदोलन की मुख्य विशेषताओं पर एक नजर डालेंगे। सबसे पहले तो भारतीय राष्ट्रीय कांग्रेस के नेतृत्व में हुआ आंदोलन मुख्य धारा का आंदोलन था। बाद के समय में यह आंदोलन महात्मा गाँधी के नेतृत्व पर अत्यधिक

आश्रित हो गया। भारत के विभाजन और उसके बाद सांप्रदायिक जहर के बावजूद यह आंदोलन स्वतंत्र भारत के संविधान में धर्म-निरपेक्षता को समाविष्ट करा सका। इसने स्वयं में समाज के विभिन्न वर्गों को समेट लिया, जैसे कि उभरते हुए उद्योगपति, आधुनिक कारोबारी, उभरते हुए मध्य वर्ग के लोग तथा भारी संख्या में किसान। 'याचिका राजनीति' के पहले चरण के बाद जब गाँधी मंच पर आए तो उन्होंने इसे बहुत बड़े जन आंदोलन में बदल दिया। विभिन्न तरह के आंदोलन शुरू किए गए जिसके फलस्वरूप ब्रिटिश शासन से आजादी मिली। इस जन आंदोलन की कुछ दूसरे आंदोलनों ने पूर्ति की जिससे उपनिवेशवादी शासन का सामाजिक आधार कम हुआ। ये जमींदारी विरोधी आंदोलन थे और डॉ. अंबेडकर ने अछूतों के अधिकारों के लिए आंदोलन शुरू किया, जिसने उपनिवेशवादी शासन के आधार को खत्म किया। शुरू में नारायण मेघाजी लोखंडे और कॉमरेड सिंगारवेलू के नेतृत्व में मजदूरों ने आंदोलन किए, बाद में कम्युनिस्ट पार्टी के नेतृत्व में ये आंदोलन चले। इन आंदोलनों ने ब्रिटिश साम्राज्य की जड़ें हिला दीं। भगत सिंह 'हिंदुस्तान सोशलिस्ट रिपब्लिकन आर्मी' और चन्द्रशेखर आजाद, अशफाक़ उल्लाह, सूर्यसेन तथा अन्य क्रांतिकारियों ने अंग्रेजों के आधिपत्य को चुनौती देकर स्वतंत्रता संघर्ष में अपना योगदान दिया। इनके सामने अंग्रेजों की ताकत थी जिसे मुस्लिम और हिंदू संप्रदायवादियों ने सहायता दी। स्वतंत्रता संघर्ष में इन लोगों ने अंग्रेजों के भरोसेमंद साथियों के रूप में योगदान दिया। स्वतंत्रता संघर्ष में इनका 'योगदान' हर अवस्था में इसकी आलोचना तथा उसका विरोध करना था।

यह विस्तार से बताने की जरूरत नहीं है कि गाँधी राष्ट्रवादी आंदोलन के केंद्र में थे और उन्होंने इस आंदोलन को बहुत मजबूत बनाया। लोगों की इसमें भागीदारी को सुनिश्चित करने के लिए उन्होंने अद्भुत और नए तरीके अपनाए। इस बात को ध्यान में रखकर उनके इन तरीकों के महत्त्व को समझा जाना चाहिए। उन्होंने बहुत जल्दी यह बात समझ ली कि समाज धार्मिक रूढ़िवादिता में फँसा हुआ है। धर्म द्वारा प्रेरित इस अपंगता से लोगों को निकालने के लिए उन्होंने धर्म की नई व्याख्या की। उन्होंने धर्म के मानवतावादी पहलुओं पर बल दिया, क्योंकि मानवतावादी बातें सभी धर्मों में हैं। इसके फलस्वरूप उन्हें लोगों से जबरदस्त समर्थन मिला।

किसानों के तरीकों और संस्कृति को अपना लेने के कारण उन्हें भारतीय राष्ट्रीय आंदोलन का नेतृत्व मिला। संप्रदायवादियों के विपरीत वे अपने नेतृत्व के अंतर्गत लाखों लोगों को ला सके। उनके ढंग की राजनीति को आगे बढ़ाने वाले विचार, नैतिक और आध्यात्मिक भाषा में होते थे, जिन्हें लोग तुरंत स्वीकार कर लेते थे। उनकी देशभक्ति ब्रिटिश विरोधी थी और वह किसी एक धर्म तक सीमित नहीं थी। दूसरी ओर संप्रदायवादियों ने ब्रिटिश विरोधी संघर्ष की निंदा की। ''ब्रिटिश विरोधी होने को देशभक्ति और राष्ट्रवाद के समतुल्य रखा गया। इस प्रतिक्रियावादी विचार का पूरे स्वतंत्रता संघर्ष, उसके नेताओं और आम जनता पर बड़ा नुकसानदायक प्रभाव

पड़ा।'' इस आलोचना के बावजूद गाँधी ने राष्ट्रीय स्वतंत्रता संघर्ष के प्रति अपने धर्मनिरपेक्ष दृष्टिकोण को जारी रखा और पूरे उत्साह के साथ सभी धर्मों के लोगों को राष्ट्रीय आंदोलन से जोड़ा।

यहाँ हमें नोट करना चाहिए कि भारतीय राष्ट्रीय आंदोलन में अपनी बुलंद भूमिका के लिए गाँधी को राष्ट्रपिता कहा गया। उनके नेतृत्व के कारण ही 'याचिका राजनीति' 'जन राजनीति' में तब्दील हुई, ऐसी राजनीति जिसने ब्रिटिश साम्राज्य के अभी तक के अभेद्य कवच को तोड़ा और भारत को आजादी दिलाई। यह उनका 'जादू' ही था कि सभी क्षेत्रों और धर्मों, सभी जातियों के स्त्री-पुरुष स्वतंत्र भारत के निर्माण के लिए उनके साथ आकर खड़े हो गए। उनको राष्ट्रपिता का सम्मान किसी नेता द्वारा दी गई खैरात नहीं थी बल्कि भारत राष्ट्र को आजादी की ओर ले जाने में उनके योगदान और महत्त्वपूर्ण भूमिका के लिए उनका अभिनंदन था। जो लोग यह आग्रह करते हैं कि यह राष्ट्र 5000 वर्ष पुराना है और इसे किसी पिता की जरूरत नहीं है, वे जानबूझकर स्वतंत्रता, समानता और भाईचारे पर आधारित आधुनिक राष्ट्र और मध्यकालीन सामंतशाही के बीच अंतर को लेकर भ्रम खड़ा करते हैं।

मिथक : गाँधी का राष्ट्रवाद धर्म पर आधारित था।

तथ्य : गाँधी के लिए धर्म का अर्थ था धर्म के नैतिक मूल्य। उनका कर्मकांडों या पूजा स्थलों से कोई सरोकार नहीं था। उन्होंने सामाजिक मानदंडों और मूल्यों के मर्म को ग्रहण किया, जो सभी धर्मों में मौजूद है। ''मैं अच्छे हिंदू की तरह खुद को अच्छा मुसलमान और साथ ही अच्छा ईसाई या पारसी मानता हूँ।'' (गाँधी 1994 : 6) उनके इस कथन को उनके अकसर उद्धरित किए जाने वाले दो अन्य कथनों से मिलाकर देखा जाना चाहिए। ''मेरे लिए धर्म-विहीन राजनीति कोरी गंदगी है जिससे बचा जाना चाहिए।'' और ''धर्म से रहित राजनीति शव की तरह से है जिसे केवल जलाया जाना चाहिए।'' एक बात समझ ली जानी चाहिए कि उनकी धार्मिकता मौजूदा 'धार्मिक संस्थाओं' की सीमाओं से परे है। उनका धर्म समावेशवादी है। वह पूरी मानवता को अपने में समा लेता है तथा दूसरे धर्मों के मानने वालों को अपना शत्रु नहीं समझता। उसमें 'हम' और 'वे' के विचार के लिए कोई स्थान नहीं है।

गाँधी के राष्ट्रवाद ने उभरते हुए राष्ट्र को प्रस्तुत किया। इसे धार्मिक भाषा में प्रस्तुत किया गया। लेकिन वह किसी एक धर्म से नहीं बँधा था। उन्होंने भारत को धर्मनिरपेक्ष देश के रूप में देखा जहाँ सामाजिक स्तर पर सब धर्मों का सम्मान होगा और कोई भी धर्म देश के पथप्रदर्शक होने का दावा नहीं करेगा। कुछेक उद्धरणों से देश और शासन के बारे में गाँधी के विचारों का खुलासा हो जाएगा। ''जिस भारत को रूप देने के लिए मैंने पूरी जिंदगी काम किया है उसमें हर धर्म के मानने वाले को बराबर स्थान होगा। देश पूरी तरह से धर्मनिरपेक्ष होगा।'' (गाँधी 1994 : 88) ''धर्म राष्ट्रीयता की कसौटी नहीं है, बल्कि व्यक्ति और भगवान के बीच निजी संबंध

है।" (वही 90) उन्होंने कहा है : "शासन धर्म में मेरा विश्वास नहीं है, भले ही पूरा समुदाय एक धर्म का हो। शासन में धर्म का हस्तक्षेप कभी स्वीकार नहीं किया जाना चाहिए। धर्म पूरी तरह से निजी मामला है और अंत में 'धर्म और शासन' अलग होंगे। मैं कसम खाकर कहता हूँ कि मैं इसके लिए अपनी जान दे दूँगा। लेकिन यह मेरा निजी मामला है। शासन को इससे कुछ लेना देना नहीं है। शासन आपके धर्मनिरपेक्ष कल्याण, स्वास्थ्य, संचार, विदेशी मामलों, मुद्रा आदि को देखेगा, आपके मेरे धर्म को नहीं। यह हर व्यक्ति का निजी मामला है।" इन्हीं विचारों पर भारत राष्ट्र का निर्माण हुआ।

मिथक : धर्म पर आधारित राष्ट्रवाद के नेता 'राष्ट्र निर्माण' में लगे हैं और हिंदुत्व विचारधारा के अनुयायियों ने स्वतंत्रता संघर्ष और राष्ट्र निर्माण में केंद्रीय तथा बड़ी भूमिका अदा की।

तथ्य : हिंदू सांप्रदायिक राजनीति 1920 के दशक में सामने आई। उस समय कांग्रेस को महात्मा गाँधी का नेतृत्व मिल गया था, जिनके लिए धार्मिक पहचान 'दूसरों से प्यार करो' के सिद्धांत पर आधारित थी। यह संप्रदायवादियों की विचारधारा 'दूसरों से घृणा करो' के विपरीत थी। गाँधी के साथ उनकी अनबन विभिन्न समुदायों को कांग्रेस के दायरे में लाने में उनकी जबरदस्त सफलता के बाद अपनी चरमसीमा पर पहुँच गई। कांग्रेस में धर्मनिरपेक्षता के गहराई से पैठ जाने के बाद हिंदू सांप्रदायिक राजनीति के समर्थकों ने हिंदू महासभा और इसके बाद आर एस एस को मजबूत बनाना शुरू कर दिया।

1923 के बाद से हिंदू महासभा की राजनीति का सावरकर ने मुख्य रूप से नेतृत्व किया। जैसा कि ऊपर कहा जा चुका है। सावरकर ने अपनी गतिविधियों और विचारधारात्मक योगदान द्वारा इस तरह की राजनीति को आगे बढ़ाया। सावरकर ने इंग्लैंड में 'फ्री इंडियन सोसाइटी' का गठन किया जो कि भारत से ब्रिटिश शासन को उतार फेंकने के लिए प्रतिबद्ध थी। उस समय वह इंग्लैंड में कानून पढ़ने के लिए गए थे लेकिन ब्रिटिश विरोधी रवैये के कारण उन्हें बार में दाखिला नहीं मिला। उन्होंने अंग्रेजों की इस शर्त को नामंजूर कर दिया कि वह राजनीति में हिस्सा नहीं लेंगे। उनके दल ने पेरिस में एक रूसी क्रांतिकारी से बम बनाने की शिक्षा ली। उनके दल के एक सदस्य ने भारत कार्यालय (लंदन) में एक उच्च स्तर के अधिकारी की हत्या कर दी और उसे मौत की सजा मिली। इस वजह से तथा भारतीय न्यायालयों में दूसरे आरोपों के कारण सावरकर को गिरफ्तार कर लिया गया और उन्हें आजीवन कैद की सजा सुनाई गई। उन्हें इंग्लैंड से बाहर भेज दिया गया। उनको ले जा रहा जहाज मारसिलीज में रुका जहाँ वह समुद्र में कूद पड़े और तैर कर फ्रांसीसी भूमि में शरण ली। उन्हें पकड़ लिया गया और आजीवन सजा के लिए अंडमान भेज दिया गया। जेल के हालात ने उनका हौसला तोड़ दिया। कांग्रेस, सावरकर की बिना शर्त

रिहाई की माँग कर रही थी लेकिन न जाने क्यों सावरकर का हृदय परिवर्तन हो गया और उन्होंने लिखित में वचन दिया जो कि एक तरह से पूरा आत्मसमर्पण था। "मैं स्वीकार करता हूँ कि मुझ पर चलाया गया मुकदमा सही था और मुझे सही सजा मिली। मैंने अतीत में हिंसा के जो तरीके अपनाए उनसे मैं दिल से घृणा करता हूँ और अब मेरा यह कर्तव्य है कि मैं अपनी पूरी शक्ति के साथ ब्रिटिश कानून और संविधान का पालन करूँ। यदि मुझे मौका मिले तो मैं सुधारों (मर्लो मिंटो) की कामयाबी के लिए भविष्य में पूरी कोशिश करूँगा।" (ब्रिटिश प्राधिकारियों को सावरकर के पत्र की फोटो प्रति, फ्रंटलाइन, 7 अप्रैल 1995 : 94) यहाँ जिन सुधारों की बात हो रही है वह मांटेग्यू चैम्सफोर्ड प्रस्ताव 1919 है जिसे राष्ट्रवादी आंदोलन ने ठुकरा दिया था।

इसके बदले में ब्रिटिश सरकार ने इस शर्त पर सावरकर को छोड़ दिया कि वह बंबई प्रांत में रत्नागिरि जिले में रहेंगे और जिले को छोड़ने से पहले सरकार से अनुमति लेंगे। इनको यह निर्देश भी दिया गया कि वे सरकार की अनुमति के बगैर किसी सार्वजनिक या निजी राजनीतिक गतिविधि में हिस्सा नहीं लेंगे। ये शर्तें 1937 तक लागू रहीं जब कांग्रेस मंत्रिमंडल को शपथ दिलाई गई। इसके बाद सावरकर ने हिंदू महासभा के अध्यक्ष का पद सँभाल लिया।

अब हिंदुत्व ब्रिगेड सावरकर के अंग्रेजों के सामने आत्मसमर्पण के मामले में घालमेल करना चाहती है। वह उन्हें 'वीर सावरकर' का नाम दे रही है। ब्रिटिश सरकार ने सावरकर को क्यों छोड़ा? अपनी रिहाई के बाद तथा हिंदू राष्ट्र के विचारक का काम सँभालने के बाद उनकी राजनीतिक दिशा पूरी तरह क्यों बदल गई? अपनी रिहाई के बाद उन्होंने कोई भी ब्रिटिश विरोधी आंदोलन क्यों नहीं चलाया? उन्होंने उस समय के बड़े आंदोलनों जैसे कि भारत छोड़ो आंदोलन में हिस्सा क्यों नहीं लिया? स्वतंत्रता संघर्ष का अंग होने की बजाय वह सेना के लिए भारतीयों की भर्ती में अंग्रेजों की मदद क्यों करते रहे? इन सब सवालों के हर व्यक्ति उत्तर ढूँढ़ सकता है। लेकिन यह सही है कि सावरकर हिंदू महासभा के निर्विवाद नेता के रूप में उभरे। अंग्रेजों द्वारा उनकी रिहाई उस समय सही साबित हो गई जब उन्होंने ब्रिटिश समर्थक और गाँधी विरोधी रवैया अपनाया। वह ब्रिटिश उपनिवेशवादियों की फूट डालो और राज करो नीति का हिस्सा बन गए। दुबे और रामाकृष्णन ने इस बारे में यह कहा है (वही फ्रंट लाइन) "क्या यह संभव है कि ब्रिटिश सरकार कांग्रेस विरोधी संगठन खड़ा करने के लिए सावरकर का इस्तेमाल कर रही थी और उन्हें अपनी फूट डालो और राज करो की नीति के प्रभावी कार्यान्वयन के लिए एक हिंदू जिन्नाह मिल गया था। कांग्रेस और भारतीय अवाम ने 1920 और 1930 के दशकों में गाँधी के निर्विवाद नेता होने पर सवाल नहीं खड़े किए हैं, जो सावरकर का मुख्य लक्ष्य रहा है।"

बॉक्स 3.2

आर एस एस के बारे में गाँधी के विचार

1934 में आर एस एस के बारे में गाँधी के विचार निर्दिष्ट नहीं थे लेकिन कुछ वर्षों बाद इस संगठन को पूरी तरह से नकारने के बारे में उनके विचारों को देखा जाना चाहिए। ये विचार उनके सचिव प्यारेलाल ने दर्ज किए हैं। 1946 के दंगों के मद्देनजर गाँधी जी के दल के एक सदस्य ने वाधा में आर एस एस द्वारा दिखाई गई सक्षमता, अनुशासन, साहस और कठिन परिश्रम की प्रशंसा की। यहाँ पर पंजाब के शरणार्थियों के लिए एक बहुत बड़ा शिविर लगाया गया था। इस बारे में गाँधी ने कहा कि "यह मत भूलो कि हिटलर के नाजियों और मुसोलिनी के फासीवादियों ने भी यही किया था।" उन्होंने आर एस एस को पूरी तरह से "तानाशाही रवैया रखने वाला सांप्रदायिक संगठन बताया।" गाँधी ने बहुत स्पष्ट रूप से कहा कि "(राष्ट्र की आजादी) अखाड़ों के जरिए नहीं आएगी...यदि उनका मकसद हिंदू मुस्लिम संघर्ष में आत्मरक्षा की तैयारी है, तो उनकी विफलता तय है। मुसलमान भी ऐसा ही खेल खेल सकते हैं। इस तरह की तैयारी से संदेह और तकलीफ होती है। यह कोई हल नहीं है।"

(जी डी तेंदुलकर महात्मा वाल्यूम III, बंबई, 1945 : 130-34)

(बसु एट एल, खाकी शॉर्ट्स सेफरन फ्लेग्स, ओरियंट लांगमैन से उद्धृत 1993 : 22-23)

1937 के बाद उनकी राजनीति गाँधी के नेतृत्व में राष्ट्रीय आंदोलन की उलटी दिशा में चल पड़ी 'कांग्रेस को कोई समर्थन नहीं' उनका मूल मंत्र बन गया। इसका अच्छा उदाहरण 1942 के भारत छोड़ो आंदोलन से मिल जाता है। गाँधी ने लोगों का आह्वान किया कि वे सरकारी पद त्याग दें। इस बारे में सावरकर ने आदेश निकाला "मैं यह निश्चित हिदायत दे रहा हूँ, कि सभी हिंदू संगठनवादी, सरकारी सेवा में अपने पद को न छोड़ें, वे उससे जुड़े रहें और नियमित रूप से अपनी ड्यूटी करते रहें।" (नूरानी फ्रंट लाइन, 1 दिसम्बर, 1995) हिंदू महासभा ने भी 31 अगस्त, 1942 को एक संकल्प पारित करके सभी महासभाइयों से अपनी नौकरियों पर बने रहने के लिए कहा।

संघ परिवार का दावा है कि 'राष्ट्र निर्माण' में आर एस एस ने बहुत योगदान किया। जिन राज्यों में भाजपा सरकारें सत्ता में हैं वहाँ पर स्कूलों में लगाई गई इतिहास की पाठ्य पुस्तकों में बताया गया है कि उनके विचारकों ने राष्ट्रीय आंदोलन में कितना बड़ा योगदान दिया। उदाहरण के लिए उनकी दलील है कि स्वतंत्रता संघर्ष में स्वयं डॉ. हेडगेवार को सजा हुई। सचाई यह है कि हेडगेवार ने बहुत कम समय के लिए सत्याग्रह आंदोलन में हिस्सा लिया और उन्हें थोड़े समय के लिए सजा हुई। कुल मिलाकर आर एस एस ने स्वतंत्रता के लिए हुए संघर्षों से खुद को दूर रखा।

लाजपतराय के अनुसार एक संगठन के रूप में आर एस एस कभी भी ब्रिटिश विरोधी आंदोलन का हिस्सा नहीं रही। 1931 के बाद हेडगेवार ने खुद को भी इससे

अलग कर लिया। इसके बाद से डॉ. हेडगेवार विचारधारा के स्तर पर राष्ट्रीय आंदोलन से बिल्कुल अलग हो गए और आजादी के आंदोलन से दूर रहे। (दि टाइम्स ऑफ़ इंडिया : 18 जनवरी, 1994 को एक पत्र में) आंदोलन में हिस्सेदारी न होने का विचारधारात्मक औचित्य आर एस एस के गुरुजी गोलवलकर ने दिया। उनका विचार था कि अंग्रेजों के खिलाफ लड़ाई प्रतिक्रियावादी है और उन्होंने कांग्रेस पर आरोप लगाया कि वह राष्ट्रीय संघर्ष को 'मात्र' ब्रिटिश विरोधी आंदोलन में बना रही है। गोलवलकर लिखते हैं कि "ब्रिटिश विरोधी होने को देशभक्ति और राष्ट्रवाद के समतुल्य रखा गया। इस प्रतिक्रियावादी विचार का पूरे स्वतन्त्रता संघर्ष उसके नेताओं और आम आदमियों पर भयंकर प्रभाव पड़ा।" ज़ाहिर है कि इस तरह की विचारधारा के चलते संघ परिवार अंग्रेजों के खिलाफ नहीं लड़ सकता था और न ही उसने ऐसा किया। राष्ट्रवाद के बारे में आर एस एस का ब्रांड मुसलमानों के खिलाफ था। इसलिए वह 'मुस्लिमों के तुष्टिकरण' के लिए राष्ट्रीय नेतृत्व की हमेशा आलोचना करती है। हिंदू महासभा और संघ परिवार ने 1946 के नौसेना विद्रोह से भी खुद को अलग रखा, क्योंकि उन्होंने (विद्रोहियों ने) अंग्रेजों के खिलाफ बंदूकों का इस्तेमाल किया और संघ परिवार अंग्रेजों के खिलाफ संघर्ष को 'आत्मघाती' और 'प्रतिक्रियावादी' बताता था। (रॉय 1994)

एंडरसन एंड दामले (ब्रदरहुड इन सेफरन) का कहना है, "गोलवलकर का मानना था कि अंग्रेजों को आर एस एस पर प्रतिबंध लगाने का कोई बहाना नहीं दिया जाना चाहिए। 29 अप्रैल, 1943 को गोलवलकर ने एक सरकुलर बाँटा जिसमें कहा गया है कि अपनी गतिविधियों को कानून के दायरे में रखने के लिए हमने मिल्ट्रीड्रिल और यूनिफॉर्म के बारे में सरकार के आदेश के अनुसार इसे बंद कर दिया है। कानून को मानने वाली हर संस्था को ऐसा करना चाहिए..."

आर एस एस और स्वतंत्रता संघर्ष के बारे में यह बहुत संक्षेप में कहा गया है क्योंकि जो बात है ही नहीं उसके बारे में कितना कहा जा सकता है। आर एस एस ने खुद को न केवल स्वतंत्रता आंदोलन से अलग किया बल्कि विभिन्न आंदोलनों (विशेष रूप से भारत छोड़ो आंदोलन) का विरोध किया। सांप्रदायिक निकाय के रूप में सक्रिय रहकर उसने मुस्लिम संप्रदायवाद को बढ़ावा दिया, इससे दो समुदायों के बीच खाई पैदा हुई। इस प्रकार हिंदू और मुस्लिम संप्रदायवाद ने एक-दूसरे को मजबूत किया।

भारत छोड़ो आंदोलन में भाजपा के नेतृत्व वाली मौजूदा सरकार के प्रधानमंत्री श्री अटल बिहारी वाजपेयी की 'भागीदारी' के विषय में बहुत कुछ कहा गया है। यह उस समय की बात है जब युवक वाजपेयी आर एस एस के रंगरूट थे। 'दि संघ इज़ माई सोल' नाम के एक लेख, जिसे इंटरनेट पर जगह मिली, (यह लेख समाचार पत्रों में भी छपा) और जो संघ परिवार की मदद के लिए अनिवासी भारतीयों

के लिए था, में उन्होंने कहा है "जब मैंने 'हिंदू तनमन, हिंदू जीवन' लिखा तो उस समय मैं दसवीं कक्षा का छात्र था। 1947 तक मैंने शाखा स्तर पर आर एस एस के लिए कार्य किया...मैंने 1942 के भारत छोड़ो आंदोलन में भी हिस्सा लिया और मुझे जेल हुई। उस समय मैं इंटर की परीक्षा के लिए पढ़ाई कर रहा था। मुझे आगरा जिले में मेरे गाँव बटेश्वर से गिरफ्तार किया गया।" वाजेपयी के इस दावे की व्यापक जाँच की गई है और इसके निष्कर्ष 20 फरवरी, 1998 के फ्रंट लाइन में छपे हैं। (चटर्जी और रामचंद्रन) इस जाँच से 1942 के भारत छोड़ो आंदोलन में वाजपेयी की भागीदारी की कलई खुल जाती है। बटेश्वर घटना में उनकी भूमिका के बारे में विवाद यहाँ स्पष्ट हो जाता है। उन्होंने न्यायालय में एक इकबालिया बयान दिया था जिससे जेल से रिहाई में उन्हें मदद मिली। इस बयान में उन्होंने कहा कि वे केवल दर्शक मात्र थे उन्होंने सरकारी संपत्ति को नुकसान नहीं पहुँचाया। जैसा कि ऊपर कहा गया है कि वह आर एस एस के समर्पित और सक्रिय सदस्य थे। उनके अपने इकबालिया बयान के अनुसार उन्होंने आंदोलन में हिस्सा नहीं लिया और थोड़ी देर के लिए उस भीड़ के पीछे चल रहे थे जिसने कानून तोड़ा। ब्रिटिश सरकार प्रदर्शनकारियों से बहुत सख्ती से पेश आती थी इसलिए यदि वह इकबालिया बयान न देते तो भारतीय दंड संहिता की धारा 149 के तहत उन पर मुकदमा चलता। अपने बयान में वाजपेयी सक्रिय भागीदारी से बच निकलते हैं। "मैं अपने भाई के साथ भीड़ के पीछे चल रहा था मैंने कोई नुकसान नहीं पहुँचाया। सरकारी भवनों को तोड़ने में मैंने कोई सहायता नहीं की।" इनके बयान में घटना का बिल्कुल सही ब्यौरा दिया। जिस पर अभियोजन अपना पक्ष खड़ा कर सकता था। उन्होंने विरोध प्रदर्शकों के दो नेताओं, ककुआ बनाम लीलाधर और महुअन के नाम भी लिए जिन पर बाद में मुकदमा चला। लीलाधर के अनुसार अटल बिहारी का इकबालिया बयान न्यायालय में उस साक्ष्य का हिस्सा नहीं था, जिसके आधार पर सजा दी गई, लेकिन जाँच अवस्था में अभियोजन पक्ष को तैयार करने में इससे मदद जरूर मिली। आरोपी पक्ष ने अटल बिहारी के बयान से मदद ली। तो यह था 'हिंदू तनमन, हिंदू जीवन' के 'देशभक्त' लेखक का स्वतंत्रता संघर्ष में योगदान।

मिथक : गोडसे ने गाँधी की हत्या इसलिए की क्योंकि राष्ट्रपिता ने पाकिस्तान की माँग स्वीकार कर ली और भारतीय राजकोष से पाकिस्तान को 55 करोड़ रुपए देने पर जोर दिया।

तथ्य : अभी हमने देखा कि आर एस एस और हिंदू महासभा के अनुयायी स्वतंत्रता संघर्ष से दूर रहे और सभी नाजुक अवसरों पर उन्होंने अंग्रेजों का साथ दिया। हिंदू राष्ट्र के अनुयायी, हिंदू महासभा, जो कि हिंदू सांप्रदायिक राजनीति में तुरंत भाग लेना चाहते थे और आर एस एस, जो कि एक स्वयंसेवकों को बनाकर सही समय पर हस्तक्षेप की तैयारी कर रही थी, के बीच बँटे थे। उसने कर्मचारियों

को भी अपने घेरे में ले लिया जो कि बाद में हिंदुत्व राजनीति के कार्यान्वयन का काम करते। वास्तव में वे उस संघर्ष की तैयारी कर रहे थे जो अंग्रेजों के जाने के बाद शुरू करना था। उन्होंने सांप्रदायिक जहर फैलाया लेकिन हिंदुत्व राजनीति के इन दोनों ही घटकों का एक सामान्य लक्ष्य था हिंदू राष्ट्र का निर्माण—इस दिशा में हिंदू महासभा राजनीतिक स्तर पर तुरंत कार्य कर रही थी जबकि आर एस एस दीर्घकालिक आक्रमण के लिए तैयारी कर रही थी। उनके लक्ष्य एक थे, उनका सामाजिक आधार एक था, उनकी पुस्तकें एक थीं लेकिन उनके तरीके अलग-अलग थे। महात्मा गाँधी के हत्यारे नाथूराम गोडसे को इन दोनों ही प्रवृत्तियों का 'अद्‌भुत' मिश्रण कहा जा सकता है।

गाँधी की हत्या के बाद आर एस एस ने आधिकारिक स्तर पर कहा कि उसे गोडसे से कुछ लेना-देना नहीं है और न ही वह आर एस एस का सदस्य है। वे ऐसा इसलिए कर सके क्योंकि आर एस एस के सदस्यों का कोई आधिकारिक रेकार्ड नहीं है और कानूनी स्तर पर वे गोडसे से पल्ला झाड़ सकते थे। गोडसे 1930 में आर एस एस में आया और बहुत जल्दी ही उसका बौद्धिक प्रचारक बन गया। वह, अखण्ड भारत जिसमें आज का पाकिस्तान, बंगलादेश और मियामार शामिल है का कट्‌टर समर्थक था। "हिंदुओं के उत्थान के लिए कार्य कर चुकने के बाद मैंने हिंदुओं के सही अधिकारों की रक्षा के लिए देश में राजनीतिक गतिविधियों में भाग लेना आवश्यंक समझा। इसलिए मैंने संघ छोड़ दिया तथा हिंदू महासभा में शामिल हो गया।" (गोडसे 1993 : 102) कट्‌टर हिंदुत्ववादी होने के नाते वह गाँधी की अहिंसा तथा उनके द्वारा चलाये जा रहे आंदोलनों का कट्टर विरोधी था। गाँधी के बारे में उसकी राय बहुत घटिया थी। गाँधी की हैसियत को मापने के उसके मानदंड भी निराले थे। "उसके अनुयायी वह भी नहीं देखते जो कि अंधे को भी दिखाई देता है और वह यह कि शिवाजी, राणा प्रताप और गुरु गोविन्द के सामने गाँधी बौने थे।" (वही : 40) उसने यह भी लिखा, "स्वराज और आजादी पाने में महात्मा का योगदान नगण्य है।" (वही : 87)

बॉक्स 3.3

'जब जहर की जीत हुई...'

"संघ नेताओं के भाषण जहरीले हैं, इस जहर के कारण ही महात्मा गाँधी की हत्या हुई। संघ के अनुयायियों ने गाँधी की हत्या पर मिठाई बाँट कर जश्न मनाया।" (आर एस एस, कल, आज और कल 1983 : 77)

वह मुसलमानों के तुष्टिकरण और इसके फलस्वरूप पाकिस्तान के निर्माण के लिए महात्मा को उत्तरदायी मानता था। वह हिंदुओं की एकमात्र राजनीतिक पार्टी हिंदू महासभा में शामिल हो गया और उसकी पूना शाखा का महासचिव बन गया।

आगे चलकर उसने 'अग्रणी' या 'हिंदू राष्ट्र' नाम का समाचार पत्र शुरू किया। अपनी पुस्तक 'महात्मयाची आखेर' में जगन फडनीस ने तर्क दिया है कि गाँधी की हत्या हिंदुत्व ब्रिगेड द्वारा लगाए गए आरोपों (विभाजन और पाकिस्तान को राजकोष से 55 करोड़ रुपये देने पर जोर।) के कारण नहीं हुई बल्कि गाँधी और हिंदू राष्ट्र के अनुयायियों के बीच सामाजिक-राजनीतिक अंतर के कारण हुई। ये दो कारण तो केवल बहाना हैं। इसी प्रकार विख्यात गाँधीवादी चुन्नी भाई वैद्य ने अपनी पुस्तक 'स्पीटिंग एट दि सन' में तर्क दिया है : "वास्तव में वे मौके की तलाश में थे। गाँधी की हत्या के लिए कोई भी बहाना काफी था और इसं बहाने को गढ़ने में उसने कोई कसर नहीं छोड़ी।" उन्होंने बाद में लिखा है कि गाँधी की हत्या का खेल उस समय ही शुरू हो गया था जब पाकिस्तान के निर्माण की बात दूर-दूर तक किसी के दिमाग में नहीं थी। जहाँ तक 55 करोड़ रुपए का सवाल है हिंसा और घृणा से घायल समाज में शांति और प्यार बहाल करने को देखते हुए यह रकम कुछ भी नहीं थी।" (वैद्य 2000 : 31)

बॉक्स 3.4

गाँधी की हत्या के बाद आर एस एस पर प्रतिबंध

"सरकार ने अत्यधिक खेद के साथ यह नोट किया है कि संघ के सदस्यों द्वारा अवांछित और खतरनाक गतिविधियाँ की गई हैं।"

"यह पाया गया है कि देश के विभिन्न हिस्सों में आर एस एस के सदस्यों ने आगजनी, लूट, हत्या जैसे हिंसक कार्य किए और अवैध हथियार इकट्ठा किया। उन्होंने लोगों में परचे बाँटे तथा सरकार के खिलाफ संघर्ष करने के लिए उन्हें आतंकवादी गतिविधियाँ अपनाने तथा पिस्तौल इकट्ठे करने के लिए उकसाया...।"

"ये गतिविधियाँ चुपके-चुपके चलाई गईं और सरकार ने समय-समय पर यह सोचा है कि संघ से निपटने के लिए कार्रवाई की जाए..."

"इन परिस्थितियों में सरकार की यह ड्यूटी बन जाती है कि बहुत जहरीले रूप में हिंसा के फिर से सिर उठाने को दबाने के लिए प्रभावी उपाय किए जाएँ और उन्होंने संघ को एक अवैध संगठन घोषित करने का निर्णय किया है।"

(दि स्टेट्समैन, दिल्ली, 15 फरवरी, 1948)

दि टाइम्स ऑफ इंडिया (25 जनवरी, 1998) में दिए गए एक इंटरव्यू में उसके भाई गोपाल गोडसे जो कि हत्या में शामिल था ने प्रत्यक्ष कारणों और नाथूराम की आर एस एस की सदस्यता के बारे में बताया है। "उनके द्वारा अपनाई गई तुष्टिकरण की नीति तथा उसे सभी कांग्रेस सरकारों पर लादने से मुसलमान अलगाववादी प्रवृत्तियाँ बढ़ीं जिसके कारण अंततः पाकिस्तान बना।" तकनीकी तथा सैद्धांतिक रूप में वह (नाथूराम) (आर एस एस) का सदस्य था लेकिन बाद में उसने इसके लिए काम

करना बन्द कर दिया। उसने न्यायालय में बयान दिया कि आर एस एस उसने इसलिए छोड़ी कि कहीं हत्या के बाद आर एस एस के कार्यकर्ता जेल न भेज दिए जाएँ। जब उसे बताया गया कि उसके ऐसा करने से उनको (आर एस एस के कार्यकर्ताओं को) लाभ मिलेगा तो उसने खुशी-खुशी इसके लिए रजामंदी जता दी।

बॉक्स 3.5

घृणा विचारधारा जिसने गाँधी की हत्या की

''मैंने गाँधी को गोली मारी, मैंने उनके ऊपर गोलियों की बौछार कर दी। मुझे कोई खेद नहीं है। ये मेरा ख्याल है कि मुझे यही करना चाहिए था।''

—नाथूराम गोडसे (कम्युनलिज्म कॉम्बैट, फरवरी, 1998)

''हमारा उद्देश्य सरकार को कब्जे में लेना नहीं था...हम केवल ऐसे व्यक्ति से राष्ट्र को छुटकारा दिलाना चाहते थे जो उसे बहुत नुकसान पहुँचा रहा था। उन्होंने बार-बार हिंदू राष्ट्र का अपमान किया और अहिंसा के सिद्धांत द्वारा इसे कमजोर बनाया। अपने हर उपवास में उन्होंने मुसलमानों के पक्ष में सभी तरह की शर्तें लगाईं...उन्होंने मुस्लिम कट्टरपंथियों के लिए कुछ नहीं कहा। हम भारतीयों को यह दिखाना चाहते थे कि ऐसे भारतीय मौजूद हैं जो बेइज्जती बर्दाश्त नहीं कर सकते—हिंदुओं में भी अभी मर्द बचे हैं।''

गोपाल गोडसे हत्यारे नाथूराम गोडसे का भाई तथा हत्या की साजिश में शामिल, 13 मई 1969 को पुणे में दिए गए एक इंटरव्यू में।

''गाँधी की मृत्यु के समाचार से कोई दुःख नहीं हुआ। मामूली देशभक्तों ने भी पाकिस्तान के मामले पर उनके रवैये तथा जम्मू व कश्मीर पर उसके हमले के बावजूद उसे 55 करोड़ रुपये के भुगतान का विरोध करना शुरू कर दिया था। गाँधी जी के प्रति इस मोहभंग के कारण ही उनकी हत्या हुई।''

—विक्रम सावरकर, वीर सावरकर का पौत्र, हिंदू महासभा।

''गोडसे अखण्ड भारत (के दर्शन) से प्रभावित था। उसका इरादा सही था लेकिन उसने गलत तरीका अपनाया।''

आर एस एस प्रमुख, राजेन्द्र सिंह के महात्मा गाँधी के हत्यारे नाथूराम गोडसे के बारे में विचार

—कम्युनलिज्म कॉम्बैट, फरवरी, 1998 से

गाँधी की हत्या के औचित्य के बारे में हिंदुत्व राजनीति की दोनों धाराएँ—आर एस एस और हिंदू महासभा आश्वस्त हैं। इस बात के भी संकेत मिल जाते हैं, कि नाथूराम गोडसे ने हिंदू राष्ट्र नाम के एक समाचार पत्र का संपादन किया इस हत्या के लिए हिंदू महासभा और आर एस एस के अनुयायियों की सहमति थी क्योंकि उन्होंने महात्मा की हत्या का मिठाई बाँटकर जश्न मनाया। ''उनके (आर एस एस के) सभी नेताओं के भाषण जहर से भरे होते थे। इस विषाक्त वातावरण के कारण

ऐसे हालात बन गए जिनमें यह नृशंस त्रासदी (गाँधी की हत्या) संभव हो सकी। गाँधी की हत्या के बाद आर एस एस के लोगों ने खुशी जताई और मिठाई बाँटी।'' (गोलवलकर और मुखर्जी को सरदार पटेल के पत्रों से उद्धरण, आउटलुक, 27 अप्रैल, 1998)

एक तरह से देखा जाए तो गोडसे सनकी नहीं था, जिस तरह से हिंदू संप्रदायवादी गाँधी के खिलाफ जहर उगल रहे थे, उसे देखते हुए उनकी राजनीति का यही परिणाम होना था। गोडसे को आर एस एस और हिंदू महासभा दोनों से ही शिक्षा का 'लाभ' मिला था इसलिए वह इस कार्य को सरअंजाम देने के लिए सही आदमी था। उनकी हत्या के लिए उन्होंने वध शब्द का इस्तेमाल किया है, जिसका प्रयोग समाज को नुकसान पहुँचाने वाले किसी राक्षस की हत्या के लिए किया जाता है। एक तरह से गाँधी की हत्या, भारतीय राष्ट्रवाद पर हिंदुत्व राजनीति का बहुत बड़ा हमला था। यह इस बात का संकेत था कि हिंदुत्व राजनीति आगे चलकर क्या करने वाली है।

हालाँकि संघ परिवार आधिकारिक तौर पर गोडसे द्वारा गाँधी की हत्या से पल्ला झाड़ लेती है लेकिन निजी रूप में उसके बहुत से सदस्य न केवल इस कायरतापूर्ण कार्य का समर्थन करते हैं बल्कि वे गाँधी के महत्त्व को कम करने तथा गोडसे के लिए 'सहानुभूति' जुटाने में कामयाब रहे हैं। एक साथ दो भाषाएँ बोलने वाले तथा कई सिर वाले संगठन ही ऐसा जटिल कार्य कर सकते हैं।

तालिका 3.1

हिंदू राष्ट्र बनाम धर्मनिरपेक्ष लोकतांत्रिक भारत

हिंदू राष्ट्र	धर्मनिरपेक्ष लोकतांत्रिक भारत
यह विचार आर एस एस और हिंदू महासभा, जो कि स्वतंत्रता संघर्ष का हिस्सा नहीं थे, के लक्ष्य के रूप में शुरू हुआ।	यह विचार भारतीय राष्ट्रीय कांग्रेस के नेतृत्व में स्वतंत्रता संघर्ष का हिस्सा था। भगत सिंह, सुभाष चन्द्र बोस जैसे क्रांतिकारियों तथा बाबा साहब अम्बेडकर के नेतृत्व वाली धाराओं ने इसी विचार को स्वीकार किया।
पूर्व में इस विचार के समर्थक थे ब्राह्मण, बनिया, जमींदार। अब इसे ऊँची जाति तथा उच्च मध्य वर्ग हिंदुओं का समर्थन मिलता है।	इसके समर्थक हैं गरीब किसान, मजदूर, दलित और उद्योगपतियों का एक वर्ग।
यह विचार हिंदुत्व विचारकों सावरकर, गोलवलकर आदि ने दिया।	यह विचार भारत के संविधान जिसे संविधान सभा ने तैयार किया में सन्निहित है और भारतीय लोगों की इच्छा का प्रतिनिधित्व करता है।

यह राष्ट्रवाद, जाति, धर्म तथा जाति या धर्म के आधार पर, 'दूसरों' के प्रति घृणा पर आधारित है।	यह विचार सामाजिक, भौगोलिक और राजनीतिक विविधता की मान्यता पर आधारित है।
संभ्रांत लोगों को विशेष दर्जा दिया गया है।	सभी की बराबरी पर आधारित है।
जाति, लिंग और वर्ग की 'यथास्थिति' को दृढ़ बनाता है।	उदारता के लिए स्थान, दलितों के अधिकारों के लिए संघर्ष।
इस समाज में हिंदू पंडित (महंत, आचार्य) पथप्रदर्शक होंगे।	सामाजिक जीवन लोगों और समुदायों के बीच परस्पर अंतःक्रिया से पनपेगा।
समाज पर एकरूपी मूल्यों और संस्कृति को लादता है।	अनेकत्व के लिए जगह। विविधता का सम्मान।
मताधिकार इलीट तथा 'हिंदू समाज' के 'स्वयंभू' नेताओं अर्थात् संघ परिवार के नेताओं द्वारा तय किया जाएगा।	सबको मताधिकार, कानून की नजर में सब बराबर हैं भले ही उनकी कोई जाति, वर्ग या लिंग हो।
ब्राह्मणवादी मानदंड और इलीट संस्कृत मूल्य 'आधिकारिक', 'मुख्यधारा' कानून होंगे।	भारत का संविधान सामाजिक और राजनीतिक जीवन का पथप्रदर्शक होगा।
हरेक को 'हिंदू' (ब्राह्मणवादी) संस्कृति को स्वीकार करना होगा।	सभी संप्रदाय अपनी-अपनी संस्कृति अपनाने के लिए स्वतंत्र हैं।
यह विचार मुसोलिनी के इटली, हिटलर के जर्मनी, खुमैनी के ईरान और तालिबान के अफगानिस्तान के नजदीक हैं।	इसका लक्ष्य है लोकतंत्र। सभी के लिए स्वतंत्रता, समानता और भाईचारे के मूल्य। उदारता के लिए आग्रह।
हिंदू इलीट और उसके द्वारा अपनाए गए 'दूसरे' इलीट शर्तें तय करेंगे।	राजनीतिक प्रक्रिया में सभी के शामिल होने की संभावना।

(ये विचार एकदम विपरीत हैं, आर एस एस के एक विचारक श्री सूर्यनारायण राव ने अपने लेख (व्हाई हिंदू राष्ट्र, भारतीय विचार साधना, पुणे, 1992 : 2) में कहा है "हिंदू शब्द जीवन की भारतीय विधि का द्योतक है। यह हिंदू राष्ट्रवाद का पर्याय है।" (मूल मराठी का अनुवाद)

अध्याय–4

विभाजन : जिम्मेदार कौन?

भारत की आजादी इस उपमहाद्वीप की सबसे बड़ी विपत्ति अर्थात् पाकिस्तान (पश्चिमी और पूर्वी) के रूप में देश के विभाजन के साथ आई। उपनिवेशवाद विरोधी संघर्ष तथा उसकी सफलता की कथा विभाजन और उसके बाद की दर्द भरी कथा से मिल गई। विभाजन आज भी मौन पीड़ा बना हुआ है जिसके परिणाम हमारी सामूहिक अवचेतना में मौजूद हैं। भारत में राजनीतिक विषमता जरूर है लेकिन उसकी संस्कृति मिश्रित परंपराओं से ओतप्रोत है। विभाजन 'धर्म' के विचित्र आधार पर हुआ। लाखों लोगों की जानें गईं और वे अपने घरों से उखड़ गए। 15 अगस्त, 1947 की रात को पूर्वी और पश्चिमी पंजाब, उत्तर पश्चिमी सीमांत प्रांत, उत्तरी भारत और सिंध हिंसा की चपेट में आ गए, जो कि महीनों तक चलती रही; हिंसा की काली छाया में भारी संख्या में भारत से मुसलमान पाकिस्तान और पाकिस्तान से भारी संख्या में हिंदू भारत चले गए। अभूतपूर्व हिंसा ने दोनों ही समुदायों को भीतर तक हिला दिया।

पूरे उत्तर भारत में छः भयानक सप्ताहों तक हत्या, लूट और बलात्कार का नंगा नाच चलता रहा। इस विध्वंस में लगभग 5,00,000 लोग मारे गए और 55,00,000 लोगों को अपना घर छोड़ना पड़ा। संप्रदायीकृत माहौल में मुसलमान-सिख और हिंदू-मुसलमान जनसंख्या जो कि सद्भाव के साथ रह रही थी, की सहन शक्ति खत्म हो गई। "शवों को लेकर जब रेलगाड़ी" दिल्ली पहुँची तो स्थानीय लोगों को सीमा के उस पार बर्बर 'हत्याकांड की दास्तानें' सुनने को मिलीं जिससे स्थिति और भी खराब हो गई। जिन लोगों के परिवार खत्म हो गए और संपत्ति लुट गई वे अपने साथ गुस्सा और कड़वाहट लेकर आए। यहाँ उन्होंने अपने इलाकों में दूसरे समुदाय की मौजूदगी पर सवाल खड़े किए। "हमें खदेड़ दिया गया है, ये लोग यहाँ क्या कर रहे हैं?" इसका उदाहरण शेखपुरा है। यहाँ पहले लोग शांति और सद्भाव के साथ रहते थे। जब भारत से मुसलमान शरणार्थी यहाँ आए और बेकसूर मुसलमानों

की हत्या की कहानियाँ तथा अफवाहें फैलीं तो कुछ ही घंटों में पंजाब का यह शांत शहर खून से लथपथ हो गया।

बॉक्स 4.1

सुबह ए आजादी

ये दाग दाग उजाला ये शबगाजिदाह सहर
वो इंतज़ार था जिसका ये वे शहर तो नहीं
ये वो सहर तो नहीं जिसकी आरजू लेकर
चले थे यार कि मिल जाएगी कहीं न कहीं
फलक के दश्त में तारों की आख़िरी मंज़िल
कहीं तो होगा सब ऐ सुस्त मौज का साहिल
कहीं तो जाकर रुकेगा फसीना ए गम ए दिल
जवान लहू की . पुर असर शहराहों से
चले जो यार तो दामन पर कितने हाथ पड़े
यार ए हुस्न की बेसब्र खाबगाहों में
पुकारती रहीं बाँहें बदन बुलाते रहे
बहुत अजीज थी लेकिन रुख ए सहर की लगन
बहुत करीन था हसीनां ए नूर का दामन
सुबुक सुबुक थी तमन्ना दबी दबी थी थकन
सुना है हो भी चुका है फ़िराक ए जुलत ओ नूर
सुना है हो भी चुका है बिसाल ए मंज़िल ओ गम
बदल चुका है बहुत एहले दर्द का दस्तूर
निशाते ए वस्ल हलल ओ अजब ए हिज्र हरन
जिगर की आग, नजर की उमंग, दिल की जलन
किसी पे चारा ए हिज्र का कुछ असर ही नहीं
कहीं से आई निगार ए सबा किधर को गई
अभी चराग ए सर ए राह को कुछ खबर ही नहीं
अभी गिरानी ए शब में कमी नहीं आई
चले चलो कि वो मंज़िल अभी नहीं आई

फ़ैज़ अहमद फ़ैज़

विभाजन से उत्पन्न हिंसा में स्त्रियों और उनके शवों को सांप्रदायिक पहचान के मार्कर के रूप में इस्तेमाल किया गया। बलात्कार और अपहरण भारी पैमाने पर हुए। ऐसी रिपोर्ट है कि उन्मत्त भीड़ ने उनके स्तन काट दिए। कुछ लोगों ने परिवार के सम्मान की रक्षा के लिए खुद अपनी स्त्रियों को मार डाला। ''सांप्रदायिक संबंधों

के इतिहास में 1946-47 का वर्ष भारत के लगभग सभी हिस्सों में अविश्वास, कटुता, उन्मत्त लड़ाई का समय है। मुसलमानों और गैर मुसलमान समुदायों के बीच तनाव उस समय तक बढ़ता गया जब तक उनको जोड़ने वाले धागे टूट नहीं गए और वे अलग-अलग नहीं जा पड़े—ऐसा लगता था कि यह कभी खत्म नहीं होगा। इसके बाद कलकत्ता, नोआखाली, बिहार और थोड़े विराम के बाद पंजाब, उत्तर पश्चिमी सीमा प्रांत और सिंध की भयानक घटनाएँ सामने आईं।" (गोपाल दास खोसला)

विभाजन से क्या मिला? 'सांप्रदायिक राजनीति जिसे विभाजन के तले दब जाना चाहिए था उसने सभी तीन देशों (भारत, पाकिस्तान और बंगलादेश) में और भी अधिक खतरनाक रूप अख्तियार कर लिया है। पूर्ववर्ती पाकिस्तान के दो हिस्सों, पाकिस्तान और बंगलादेश में बँट जाने के बाद 'दो राष्ट्रों का सिद्धांत' पाकिस्तान द्वारा बंगलादेश के दमन और 1971 के भारत-पाक युद्ध से लगे शवों के अम्बार तले दब गया है। बंगलादेश भारत की दृढ़ सहायता और समर्थन से अस्तित्व में आया, उसके साथ भी संबंध विशेष रूप से 'दोस्ताना' नहीं हैं। गाँधी को विश्वास था कि विभाजन एक अस्थायी तत्त्व है और आगे चलकर अंग्रेजों के चले जाने के बाद पुराने संबंध फिर बहाल हो जाएँगे। लेकिन यह अभी सपना ही बना हुआ है। 'भारत-पाक' संघ बनाने के लोहिया के विचार को दोनों ही तरफ से सांप्रदायिक ताकतों ने नामंजूर कर दिया है। पाकिस्तान सेना और मुल्लाओं की गिरफ्त में फँस गया है, अल्पसंख्यकों पर अत्याचार हो रहे हैं और लोकतांत्रिक मानदंडों को धराशायी कर दिया गया है। वास्तविक समस्याओं से लोगों का ध्यान हटाने के लिए कश्मीर मसले का प्रयोग किया जाता है। इस्लाम के नाम पर उसने अंधाधुंध आतंकवाद को प्रोत्साहित किया है तथा उसका समर्थन किया है जिससे दक्षिण एशिया में शांति भंग हो गई है। हिंदू सांप्रदायिक राजनीति ने 'शत्रु' देश पाकिस्तान का खूब लाभ उठाया है। उसे बलि का बकरा बनाकर भारत की हर समस्या (कश्मीरी उग्रवादी, बम धमाकों के बाद बंबई में सांप्रदायिक दंगे आदि) उसके मत्थे मढ़ दी है। देश के विभाजन से सांप्रदायिक राजनीति का अंत नहीं हुआ। भारत और पाकिस्तान के बीच तीन युद्ध हुए जिसमें जान-माल की भारी क्षति हुई। 'धर्म का देश का आधार होने संबंधी भ्रम' 1971 के भारत-पाक युद्ध के बाद अंततः खत्म हो गया। इस युद्ध के बाद पूर्वी बंगाल अर्थात् मुस्लिम बहुल बंगलादेश एक अन्य मुस्लिम बहुल देश पश्चिमी पाकिस्तान से अलग होकर अस्तित्व में आया। भारत और पाकिस्तान के लोगों में बहुत कुछ कॉमन एक जैसा है, लेकिन वे हमेशा 'अर्धयुद्ध' की दशा में रहते हैं। एक घृणा की स्थिति पैदा हो गई है जिसे दोनों पक्ष बढ़ाते रहते हैं। दोनों ही देशों के शासक इलीट ने दोनों देशों के लोगों को एक-दूसरे से अलग रखने के भरसक प्रयास किए हैं और अपनी-अपनी आंतरिक समस्याओं के लिए एक-दूसरे को दोषी ठहराया है। उन्होंने लोगों को सीमा पार जाने और एक-दूसरे के नजदीक

आने से रोका है। आपसी लाभ के लिए व्यापार की बहुत संभावना है लेकिन उसका भी गला घोंट दिया गया है। विभाजन के बाद बर्बर घटनाओं की त्रासदी का अंत नहीं हो रहा है। अपने सभी भयंकर रूपों में सांप्रदायिक हिंसा बराबर बढ़ रही है जो कि संघ परिवार द्वारा बाबरी मस्जिद के सुनियोजित ध्वंस के बाद अपनी चरमसीमा पर पहुँच गई। सीमा पार पाकिस्तान में संघ समूह की समतुल्य जमात ए इस्लाम पाकिस्तानी समाज में इसी तरह का जहर फैला रही है। ये दोनों ही संगठन, विभाजन, जो कि 'दो राष्ट्रों के सिद्धांत का कारण और परिणाम' था, से जीवन पा रहे हैं। इन दोनों संगठनों के नेतृत्व में मारकाट समाज के उदार चरित्र को नष्ट कर रही है और कमजोर तथा दलित वर्गों को आतंकित कर रही है।

समाज में सांप्रदायिक घृणा का जारी रहना उसके पिछड़ेपन का द्योतक है। इससे निहित स्वार्थों के प्रभुत्व तथा शोषित और वंचित लोगों को असह्य तकलीफें हैं। इस तरह का वातावरण लोकतांत्रिक मानदंडों और संस्कृति को फलने फूलने नहीं देता।

मिथक : मुसलमान भारत के विभाजन के लिए उत्तरदायी हैं। उनके प्रतिनिधियों, मुस्लिम लीग और इसके नेतृत्व, विशेष रूप से मोहम्मद अली जिन्नाह द्वारा 'दो राष्ट्रों के सिद्धांत' के प्रचार के कारण ही पाकिस्तान बना।

तथ्य : इस मिथक के अधिकांश घटक समाज की बहुत सीधी समझ के कारण पैदा हुए। सबसे पहले यह समझ लेना चाहिए कि 'मुसलमान' एक सम रूपी समाज नहीं हैं। उसमें अलग-अलग उप समुदाय हैं जैसे कि भूमिहीन किसान, शिल्पी, व्यापारी, जमींदार आदि। इसके अलावा मुस्लिम लीग सभी मुसलमानों की एकमात्र प्रतिनिधि नहीं थी और पाकिस्तान सांप्रदायिक राजनीति और मुस्लिम लीग तथा कांग्रेस के नेताओं में बातचीत की विफलता के कारण अस्तित्व में आया। अब हम इन पहलुओं को एक-एक करके उठाएँगे।

मुस्लिम समुदाय

मुस्लिम समुदाय का गठन कई चरणों में हुआ। प्रारंभ में यह मालाबार तट पर अस्तित्व में आया। यहाँ 7वीं शताब्दी ई. में अरब व्यापारी आए। जैसा कि हमने अध्याय–2 में देखा है मुस्लिम समुदाय एक रूप नहीं है। इसमें आर्थिक दृष्टि से अलग-अलग वर्ग हैं। ज्यादातर निम्न जाति के गरीब किसान हैं, इसके अलावा व्यापारियों और जमींदारों का छोटा वर्ग है। इलीट और गरीब मुसलमानों के हितों में बहुत भेद था। इलीटों के अलग सांस्कृतिक मूल्य थे, वे अधिक से अधिक पद चाहते थे और अपनी सामाजिक तथा आर्थिक आकांक्षाओं को पूरा करने के लिए सत्ता वर्ग के साथ समझौता करना चाहते थे। उच्च मध्य वर्ग की आकांक्षाएँ, जो कि उपनिवेशवाद के अनुरूप थीं, सर सैयद अहमद और जिन्नाह जैसे लोगों के माध्यम से मुखर हुईं। निम्न जातियों

की आकांक्षाएँ साम्राज्यवाद विरोधी थीं जिन्हें बदरुद्दीन तैयब जी, खान अब्दुल गफ्फार खान और मौलाना आजाद जैसे व्यक्तियों ने अभिव्यक्ति दी। मताधिकार समुदाय के 10 प्रतिशत इलीट (जिनके पास संपत्ति थी या उच्च शिक्षा थी) को ही उपलब्ध था। 1945 के चुनाव जो कि विभाजन का आधार बने, में मात्र 4 प्रतिशत से कम मुस्लिम इलीट ने देश का भाग्य तय कर दिया। "वोट डालने का अधिकार रखने वाले 10 प्रतिशत में से केवल 60 प्रतिशत ने वोट डाला और इस 60 प्रतिशत में से भी 40 प्रतिशत ने मुस्लिम लीग के खिलाफ वोट दी। इस प्रकार कुल मिलाकर 4 प्रतिशत से कम मुसलमानों ने विभाजन के लिए वोट डाला। भारत के भविष्य के निर्धारण में 96 प्रतिशत मुसलमानों ने कोई भूमिका अदा नहीं की या तो उनके पास वोट देने का अधिकार नहीं था या उन्होंने मुस्लिम लीग के खिलाफ वोट डाला।" (इंजिनियर 1996 ए)

सांप्रदायिक राजनीति की पृष्ठभूमि

उपनिवेशवादी अर्थव्यवस्था के शुरू होने से राजनीति में कई तरह की प्रवृत्तियाँ उभरीं। सरकार के अनुसार "पिछली शताब्दियों में हिंदू और मुसलमानों के बीच स्थानीय संघर्षों के कुछ उदाहरण मिल सकते हैं बिल्कुल उसी तरह जैसे कि शिया-सुन्नी झड़पों और जातीय लड़ाइयों के मिलते हैं। लेकिन 1880 के दशक तक सांप्रदायिक दंगे विरले ही हुआ करते थे। भारी पैमाने पर संप्रदायवाद, नौकरियों और राजनीतिक खैरातों के लिए इलीट संघर्ष के बाद पैदा हुआ, यह एक सचाई है..." (1996 : 59) जमींदारों और मध्य वर्गों ने मुस्लिम लीग और हिंदू महासभा जैसे संगठन खड़े कर दिए जबकि धर्मनिरपेक्ष राष्ट्रवाद में उभरते हुए उद्योगपतियों कारोबारियों के एक वर्ग, गरीब किसानों के बड़े वर्ग और समाज के वंचित वर्गों का समावेश हुआ। सामंती ढाँचे में खैरात और पुरस्कार सामाजिक दर्जे के हिसाब से दिए जाते थे लेकिन उपनिवेशवादी अर्थव्यवस्था नौकरियों और दूसरे लाभों के लिए प्रतिस्पर्धा पर आधारित है। इसने बहुत-सी प्रक्रियाएँ शुरू कीं जिससे उद्योगीकरण (धर्मनिरपेक्ष राष्ट्रवाद) की नींव रखी गई। लेकिन साथ ही सीमित साधनों और नौकरियों के लिए इसने धर्म पर आधारित पहचानों को भी मजबूत बनाया। अक्सर विशुद्ध रूप से आर्थिक संघर्षों को सांप्रदायिक रंग दे दिया जाता है। केरल में गरीब मुसलमान किसानों और हिंदू जमींदारों के बीच संघर्ष को हिंदू विरोधी संघर्ष के रूप में देखा गया है। पंजाब में गरीब हिंदू किसानों का अमीर मुसलमान जमींदारों से संघर्ष मुस्लिम विरोधी संघर्ष मान लिया गया। प्रारंभिक चरण में व्यापारी साहूकारों जो कि प्रमुख रूप से हिंदू थे, ने सांप्रदायिक राजनीति पर अपना प्रभुत्व जमाया। संयोगवश उभरती हुई नौकरशाही में अधिकांशतः हिंदू थे। इसकी वजह यह है कि हिंदू समुदाय आधुनिक शिक्षा का अधिक लाभ ले सका। 1857 के विद्रोह जिसका कारण मुस्लिम नेतृत्व माना गया है के कारण अंग्रेज मुसलमानों के खिलाफ हो गए।

बॉक्स 4.2

हिंदू और मुसलमान संप्रदायवाद की सामान्यताएँ

* ब्रिटिश शासन के खिलाफ कोई संघर्ष नहीं।
* 'दूसरे' समुदाय के खिलाफ घृणा के आधार पर 'अपने' समुदाय को संगठित किया।
* उनका विकास एक-दूसरे के समानांतर हुआ लेकिन उन्होंने हमेशा यह दिखाया कि वे 'दूसरे' के संप्रदायवाद का ही जवाब दे रहे हैं।
* उनका सामाजिक आधार एक जैसा था : जमींदार और साहूकार।
* दोनों ही दो-राष्ट्रों के सिद्धांत में विश्वास रखते थे। हिंदू संप्रदायवादियों का मानना था कि राष्ट्र हिंदुओं का है और मुसलमान हमारे दास बनकर रहें। मुस्लिम संप्रदायवादियों का मानना था कि मुसलमानों को अलग राष्ट्र की जरूरत है इसलिए पाकिस्तान की माँग खड़ी हुई। (हिंदू संप्रदायवाद : मुख्य रूप से हिंदू महासभा, राष्ट्रीय स्वयं सेवक संघ के जरिए मुखरित हुआ। मुस्लिम संप्रदायवाद : मुस्लिम लीग के माध्यम से अभिव्यक्त हुआ)

बॉक्स 4.2.1

* 11 सौ वर्षों के साझे इतिहास ने भारत को साझी उपलब्धियों द्वारा समृद्ध किया है। हमारी भाषा, हमारी कविता, हमारा साहित्य, हमारी संस्कृति, हमारी कला, हमारी पोशाक, शिष्टाचार और रिवाज़ तथा दैनिक जीवन में असंख्य घटनाएँ इस जुड़ाव की पहचान हैं। सब कुछ हमारा संयुक्त प्रयास था। जीवन का कोई भी पहलू इसकी छाप से अछूता नहीं रहा...यदि हमारे बीच कुछ ऐसे हिंदू हैं जो हिंदू जीवन को एक हजार वर्षों से भी पीछे ले जाना चाहते हैं तो वे दिवास्वप्न ही देख रहे हैं। इसी प्रकार यदि कुछ ऐसे मुसलमान हैं जो अपने अतीत की सभ्यता और संस्कृति जिसे वे हजार साल पहले ईरान और मध्य एशिया से लेकर आए थे उसे लाना चाहते हैं तो वे भी सपने देख रहे हैं और इस सपने को वे जितनी जल्दी छोड़ दें उतना ही अच्छा है। मैं यह मानता हूँ कि धर्म में पुनरुद्धार आवश्यक है लेकिन सामाजिक मामलों में यह प्रगति में रोड़ा अटकाता है।
* (मौलाना अबुल कलाम आजाद : कांग्रेस अध्यक्षीय भाषण (शंकर घोष द्वारा संपादित) अखिल भारतीय कांग्रेस समिति, दूसरा संस्करण, 1975 : 362)।

सर सैयद अहमद ने मुसलमानों को सलाह दी कि वे अंग्रेजों के प्रति निष्ठा रखें, आधुनिक शिक्षा का लाभ उठाएँ और कांग्रेस की राजनीति से दूर रहें। उनके मुख्य तर्क ने मुस्लिम संप्रदायवाद की आधारशिला रखी। उन्होंने तर्क दिया कि बहुसंख्यक होने के नाते हिंदू मुसलमानों पर आधिपत्य जमाएँगे और अल्पसंख्यक समुदाय के हितों की अनदेखी करेंगे। इसलिए अल्पसंख्यकों के हितों की रक्षा के लिए ब्रिटिश शासकों का होना जरूरी है। इस विचारधारा के फलस्वरूप 1906 में मुस्लिम लीग की स्थापना हुई जिसमें मुख्य रूप से, रजवाड़ों के नवाब, बड़े जमींदार, पूर्व नौकरशाह और उच्च जाति के दूसरे मुसलमान थे। इसी समय हिंदू संप्रदायवाद

भी सामने आ गया। 1870 के दशक से हिंदू जमींदारों, साहूकारों और बिचौलिए व्यवसायियों के एक वर्ग ने मुस्लिम विरोधी भावनाएँ भड़कानी शुरू कर दीं। उन्होंने मध्ययुग में मुसलमान बादशाहों के 'अत्याचारी शासन' और 'अंग्रेज शासकों की मुक्तिकारी भूमिका' की बात करनी शुरू कर दी। भाषा (हिंदी बनाम उर्दू) के मामले को उन्होंने सांप्रदायिक रंग दे दिया। उन्होंने गौ हत्या विरोधी अभियान चला दिया जिसका लक्ष्य मूल रूप से मुसलमान थे। इसी के चलते आगे चलकर 1909 में पंजाब हिंदू सभा बनी। इसके नेतृत्व ने भारतीयों को 'एक राष्ट्र' में जोड़ने की कोशिश और मुसलमानों के तुष्टीकरण के लिए हिंदुओं के हितों की बलि चढ़ाने के लिए कांग्रेस की निंदा की। मुस्लिम संप्रदायवादियों की तरह उन्होंने भी मुसलमान दुश्मनों से लड़ने के लिए सरकार के संरक्षण के लिए कहा। हिंदू महासभा बनने से हिंदू सांप्रदायिक राजनीति और भी स्पष्ट हो गई। इसका पहला अधिवेशन 1915 में हुआ।

हम ब्रिटिश उपनिवेशवादियों की भूमिका में नहीं जाएँगे, जिनकी नीति फूट डालो और राज करो थी। स्वतंत्रता संघर्ष की अधिकांश अवस्थाओं में ब्रिटिश शासकों ने यह समझ लिया कि वे यहाँ अपने शासन को उपनिवेशवाद विरोधी आंदोलन में फूट डालकर ही जारी रख सकते हैं। अपनी नीतियों के अंतर्गत उन्होंने हमेशा मुस्लिम संप्रदायवादियों को मुस्लिम संप्रदाय के प्रतिनिधियों के रूप में स्वीकार किया। मुस्लिम समुदाय के दूसरे लोगों को मान्यता देने के बजाय उन्होंने मुस्लिम 'इलीटों' को सभी मुसलमानों के प्रतिनिधि के रूप में मंजूर कर लिया। उन्होंने कांग्रेस के 'व्यापक' धर्मनिरपेक्ष स्वरूप की अवहेलना की। उन्होंने कांग्रेस के भीतर मौजूद-मुस्लिम नेताओं की हमेशा उपेक्षा की। यह उनके हितों के अनुरूप था और उन्होंने मुस्लिम लीग को अनावश्यक महत्त्व दिया। इस प्रकार विभाजन की त्रासदी में वास्तव में तीन जिम्मेदार थे—मुस्लिम लीग, हिंदू सम्प्रदायवादी जिन्होंने कांग्रेस नीतियों पर भी प्रभाव डाला और ब्रिटिश उपनिवेशवादी शक्तियाँ।

बॉक्स 4.3

सिद्धांत खूनी सच्चाई में तब्दील हुआ

"यदि प्रचार ने माहौल को नफरत और अविश्वास से न भरा होता तो हिंदू, मुसलमान और सिख गाँव में खुशी-खुशी रहते जैसे कि वे सैकड़ों सालों से रह रहे थे..." हम ऐसे मुसलमानों से मिले जो कि पीढ़ियों से अपनी वंशावली ब्राह्मणों के पास रख रहे थे और अपनी जन्म पत्रियाँ उनसे बनवा रहे थे। हम मुसलमान और सिख या हिंदू और मुसलमान की मिल्कियत वाले गाँवों से गुजरे, इनके पूर्वज एक थे। हमें एक गाँव ऐसा भी मिला जहाँ हिंदू-मुसलमान और सिख एक ही जाति के थे। पड़ोसीपन की भावना के बगैर ग्रामीण जीवन में कोई चैन नहीं हो सकता। लेकिन अफसोस इस वहशीपन-मारकाट और हत्याकांड में जिन्नाह के दो राष्ट्र के सिद्धांत को खूनी सचाई में तब्दील कर दिया है।

—लेरीकोलिंस और डॉमिनीक लेपियर, कम्युनलिज्म कंबैट, अगस्त 1996 : 14-15 से उद्धृत

सांप्रदायिक राजनीति का विकास

1905 में लार्ड कर्जन ने बंगाल को मुस्लिम बहुल पूर्व बंगाल तथा हिंदू बहुल पश्चिम बंगाल के रूप में विभाजित कर दिया। दिखाने के लिए यह कार्य प्रशासनिक सुविधा के लिए किया गया था। इस कदम की हिंदू संप्रदायवादियों और यहाँ तक कि कांग्रेस ने विरोध किया। अपने हितों की रक्षा के लिए मुसलमानों ने अलग इलेक्टोरेट, चुनाव क्षेत्र, की माँग की जिसे अंग्रेजों ने मंजूर कर लिया। इसी बीच दूसरे समुदायों के विपरीत मुसलमानों के दावों को सामने रखने के लिए मुस्लिम इलीट ने दिसम्बर 1906 में मुस्लिम लीग का गठन कर दिया। इसी प्रकार हिंदुओं के लिए ऐसे ही लक्ष्यों की प्राप्ति के लिए 1909 में पंजाब हिंदू सभा और 1915 में हिंदू महासभा बना दी गई। 1919 में मांटेग्यू चैम्सफोर्ड सुधारों के फलस्वरूप दो-स्तरीय प्रशासन अस्तित्व में आया। विषयों को हस्तांतरणीय और अहस्तांतरणीय श्रेणियों में बाँट दिया गया। हस्तांतरणीय विषय भारतीयों को दे दिए गए। मुसलमान कांग्रेस के साथ मिलकर परिषद के चुनाव लड़ना चाहते थे लेकिन उसने इस प्रस्ताव को नामंजूर कर दिया। इसी बीच युद्ध में टर्की द्वारा जर्मनों का साथ दिए जाने के फलस्वरूप मुसलमान अंग्रेजों से दूर हो गए। तिलक ने इसका लाभ उठाया और मुसलमानों को कांग्रेस में आने के लिए प्रेरित किया। खिलाफत आंदोलन के फलस्वरूप बहुत से मुसलमान ब्रिटिश विरोधी संघर्ष में शामिल हो गए, 'असहयोग' (अंग्रेजों के साथ) शुरू हो गया। परिषद सीटों के लिए आरक्षण तथा राजनीतिक मतभेदों के कारण 1920 के दशक के प्रारंभ में जबरदस्त सांप्रदायिक दंगे हुए। आज़ाद और अंसारी ने बीच-बचाव की कोशिश की। इसी बीच लाला लाजपत राय ने ट्रिब्यून में 13 लेख लिखे जिसमें बंगाल और पंजाब के विभाजन की माँग की तथा यह तर्क दिया कि हिंदू और मुसलमान एक साथ नहीं रह सकते।

एक अन्य बड़ा मतभेद जिसका अलगाववाद पर प्रभाव पड़ा वह था साइमन आयोग के संदर्भ में भारत के संविधान के निर्माण को लेकर। मुसलमान नेताओं ने अलग सिंध प्रांत, दूसरे प्रांतों के साथ उत्तर-पश्चिमी सीमाप्रांत की समरूपता केंद्रीय विधायिका में मुसलमानों के लिए दो-तिहाई प्रतिनिधित्व और पंजाब तथा बंगाल विधानसभाओं में आनुपातिक प्रतिनिधित्व की माँग की। कांग्रेस के प्रस्ताव (मोतीलाल) नेहरू रिपोर्ट के रूप में सामने आए जिसमें सिफारिश की गई थी कि भारत भाषाई प्रांतों, प्रांतीय स्वायत्तता पर आधारित हो तथा चुनाव संयुक्त इलेक्टोरेटों के आधार पर कराए जाएँ तथा अल्पसंख्यकों के लिए उनकी जनसंख्या के अनुपात में केंद्रीय तथा प्रांतीय विधायिकाओं में सीटें आरक्षित रखी जाएँ। इस रिपोर्ट में अलग सिंध प्रांत और उत्तर-पश्चिमी सीमाप्रांत में सुधार के बारे में मुसलमानों की माँग स्वीकार कर ली गई थी।

इस समय जिन्नाह ने अलग इलेक्टोरेट की माँग वापस लेने के लिए सहमति दी बशर्ते कि दूसरी माँगें स्वीकार कर ली जाएँ। लेकिन हिंदू महासभा और कांग्रेस के हिंदू सांप्रदायिक नेताओं के दबाव में आकर नेहरू समिति द्वारा स्वीकार की गई दो माँगें वापस ले ली गईं। जिन्नाह अपनी माँगें नामंजूर कर दिए जाने से बहुत दुखी हुआ और उसने कहा कि "मुसलमानों को यह भरोसा दिलाया जाना चाहिए कि बहुसंख्यकों द्वारा किए जाने वाले किसी भी दमन के मद्देनजर वे सुरक्षित रहेंगे। उन्हें यह नहीं सोचना चाहिए कि राष्ट्रीय सरकार के विकास से पहले संक्रमणकाल के दौरान बहुसंख्यक अल्पसंख्यकों का दमन और उनपर अत्याचार नहीं करेंगे, जैसा कि दूसरे देशों में बहुसंख्यकों ने किया है।" (मित्रा 1927 : 37) मुस्लिम लीग सभी मुसलमानों का प्रतिनिधित्व करती है, इस गलत धारणा के आधार पर जिन्नाह ने मुसलमानों की 25 प्रतिशत आबादी के लिए एक-तिहाई प्रतिनिधित्व की माँग की ताकि ऐसा कोई कानून न बन सके जो मुसलमानों के हितों के खिलाफ हो, किसी भी बड़े कानून को पास करने के लिए दो-तिहाई बहुमत की आवश्यकता होती थी। जाहिर है कि हिंदू और मुसलमान दोनों ही पक्षों के इलीटों द्वारा अड़ियल रवैया अपना लिए जाने के कारण दो समुदायों के बीच खाई बढ़ती गई। जिन्नाह द्वारा पेश की गई माँगें मुसलमान जमींदारों और व्यापारियों के हितों से जुड़ी थीं। जिन्नाह ने अपनी माँगों को चार से बढ़ाकर चौदह कर दिया। यह हिंदू मुस्लिम एकता के लिए बहुत बड़ा धक्का था। गोलमेज सम्मेलन 1931-32 में मुस्लिम शिष्टमंडल के नेता आगा खान ने बातचीत का विस्तृत विवरण दिया है, उसने बताया है कि किस प्रकार मुस्लिम नेताओं के साथ समझौता करने के महात्मा गाँधी के प्रस्तावों को, बी एस मुंजे और मदन मोहन मालवीय जैसे हिंदू नेताओं ने विफल कर दिया। सर तेगबहादुर ने इसे ब्रिटिश भारतीय काल का 'सबसे काला' अध्याय बताया है। सर रामसे मेकडोनाल्ड का 'कम्युनल अवार्ड' इसके बाद आया। कांग्रेस इस अवार्ड के प्रति तटस्थ बनी रही।

गहराता अविश्वास

1937 का विधान सभा चुनाव एक अन्य बड़ी घटना है जिसने हिंदू-मुसलमान संबंधों में 'स्थायी' रुकावट डाल दी। चुनाव लड़ने के लिए जिन्नाह ने मुस्लिम लीग और कांग्रेस के संयुक्त मोर्चे का प्रस्ताव रखा। कांग्रेस ने इसे नामंजूर कर दिया। इसके फलस्वरूप मुस्लिम लीग के उम्मीदवार बुरी तरह से परास्त हुए। चुनाव के बाद उत्तर प्रदेश मुस्लिम लीग ने सहयोग का प्रस्ताव किया और कांग्रेस से कहा कि उसे मंत्रिमंडल में ले ले। कांग्रेस ने इस प्रस्ताव को नामंजूर कर दिया। राजनीति में यह एक और बहुत बड़ा पड़ाव था जो पाकिस्तान के निर्माण का कारण बना। नैयर का कथन है कि "1937 हिंदू-मुसलमान संबंधों में बहुत बड़ा पड़ाव है। अभी तक दो समुदायों

में मतभेद पूर्वाग्रह और सामाजिक रवैये के कारण थे जो कि इसके बाद संस्थागत बन गए..." (1996) नेहरू ने इस प्रस्ताव को नामंजूर कर दिया। वह उत्तर प्रदेश में भूमि सुधार लागू करना चाहते थे, मुस्लिम लीग के मंत्रिमंडल में आने से इसमें बाधा पैदा होती। मौलाना अबुल कलाम आजाद (1998 : 174) ने विस्तार से बताया है कि किस प्रकार गाँधी ने संयुक्त सरकार बनाने के प्रयास का समर्थन किया और नेहरू, पटेल ने विरोध किया जिससे कि यह प्रयास विफल हो गया। जिन्नाह के लिए यह अंतिम कटु आघात था। इसके बाद से उसके मन में यह बात गहराई से बैठ गई कि उसके साथ दगा किया गया है। उसने कहा कि कांग्रेस नेताओं का कभी भी विश्वास नहीं किया जा सकता।

बॉक्स 4.4

जिन्नाह और कांग्रेस छल

जिन्नाह के जीवन के अध्ययन के बारे में 63 पेजों के पढ़ते-पढ़ते यह महसूस होता है कि राजमोहन गाँधी ने कांग्रेस और मुस्लिम लीग को बराबर-बराबर रखा है। उसने हिंदू-मुस्लिम समस्या का राष्ट्रवादी समाधान खोजने के लिए जिन्नाह द्वारा गाँधी से की गई अपील को महात्मा गाँधी द्वारा अस्वीकार कर दिए जाने के लिए उनकी आलोचना करने में हिचकिचाहट नहीं दिखाई है। इससे आगे जिन्नाह का समर्थन करते हुए राजमोहन गाँधी ने कहा "...मिशन योजना पर कांग्रेस को जिन्नाह ने कपटी बताया। उसने पैथिक लॉरेंस और क्रिप्स की कांग्रेस के साथ मिलीभगत पर भी सही आरोप लगाया।"

—एच एम सिरवई (लिजेंड एंड रियलिटी : 1989 : VIII); राजमोहन गाँधी की पुस्तक एट लाइव्ज : ए स्टडी ऑफ हिंदू-मुस्लिम एनकाउंटर पर टिप्पणी करते हुए।

इसी प्रकार हितों और भविष्य के बारे में अलग अवधारणा के कारण कांग्रेस ने अर्ध-स्वायत्त फैडरल देश के बारे में क्रिप्स के प्रस्ताव को नामंजूर कर दिया जबकि मुसलमान इसे स्वीकार करना चाहते थे। दूसरे विश्व युद्ध की समाप्ति पर 'केबिनेट मिशन' भारत आया। प्रारंभ में इसके प्रस्ताव दोनों ही दलों को मंजूर थे। लेकिन बातचीत के दौरान शीघ्र ही बाधा पैदा हो गई। केबिनेट मिशन योजना को प्रारंभ में स्वीकार कर लेने के बाद कांग्रेस इससे पीछे हट गई। इसी समय नेहरू ने मौलाना आजाद की जगह कांग्रेस अध्यक्ष का पद सँभाल लिया और घोषणा की कि केबिनेट मिशन योजना के अंतर्गत गठित 'संविधान सभा' अंतिम प्राधिकारी होगी और वह केबिनेट मिशन योजना में 'स्वायत्त प्रांत' या दूसरे किसी प्रस्ताव को नामंजूर कर सकती है। जिन्नाह आश्चर्यचकित हो गया, उसने महसूस किया कि उसके साथ धोखा हुआ है और कहा कि अंग्रेजों के चले जाने के बाद कांग्रेस अपने वायदों से मुकर सकती है।

पाकिस्तान के निर्माण की प्रशासनिक जड़ें

माउंटबेटन ने लार्ड बेवल की जगह वायसराय का पद सँभाला। उसे और अधिक अधिकार दिये गए थे। जब माउंटबेटन आया उस समय तक यह निष्कर्ष निकाला जा चुका था कि विभाजन के सिवाय और कोई चारा नहीं है। नेहरू और पटेल ने माउंटबेटन के साथ सहमति जताई। इसके बाद जिन्नाह भी सहमत हो गया। सिरवई ने अपनी उत्कृष्ट कृति, 'दि लिजेंड एंड रिएलिटी' में नेताओं की उन सूक्ष्म नीतियों के बारे में बताया है जो विभाजन का कारण बनी। ब्रिटिश सरकार से उपलब्ध दस्तावेजों (जिन्हें विभाजन के काफी बाद जनसाधारण को उपलब्ध कराया गया) और मौलाना अबुल कलाम आजाद की आत्मकथा के 30 पृष्ठों जिन्हें 1988 में सार्वजनिक किया गया, के आधार पर उसने बताया है कि नेहरू, गाँधी और पटेल भी विभाजन के लिए उतने ही जिम्मेदार थे। उसके द्वारा दिए गए साक्ष्य से स्पष्ट है कि जिन्नाह की राजनीति के बजाय कांग्रेस नेतृत्व का अड़ियलपन तथा मनमानी विभाजन की त्रासदी के लिए ज्यादा जिम्मेदार है।

केबिनेट मिशन योजना जो कि अधिकांशतः आजाद की योजना पर आधारित थी निश्चित रूप से विभाजन को रोक सकती थी। लेकिन कांग्रेस नेतृत्व द्वारा अपने पहले के करार से मुकर जाने के कारण 'संयुक्त भारत' की अवधारणा ध्वस्त हो गई। इस योजना में प्रान्तों के तीन वर्गों में समूहन का सुझाव दिया गया था। मुस्लिम लीग भी यही चाहती थी। आजाद का कथन है...''कांग्रेस और लीग दोनों ही इस करार से सहमत थीं। केंद्र, प्रांतों के बीच विभाजन तथा समूहों के आधार पर लीग ने योजना को स्वीकार कर लिया था। इसके बारे में संदेह खड़े करके कांग्रेस ने बुद्धिमत्ता नहीं दिखाई और न ही वह सही थी उसे बगैर किसी शर्त के योजना को स्वीकार कर लेना चाहिए था।'' इस बारे में अनिश्चय के कारण संयुक्त भारत का स्वप्न रूपी दरवाजा पूरी तरह से बंद हो गया। सिरवई ने क्षोभ के साथ लिखा है। ''मैंने कहा है कि केबिनेट मिशन की योजना को अस्वीकार करके गाँधी और नेहरू भारत के विभाजन तथा विभाजन के बाद की विपत्ति के भागीदार बन गए।'' आजाद की इंडिया विन्स फ्रीडम के 30 पृष्ठों पर अपने लेख 'शैटर्ड ड्रिम्स' में उसने लिखा है, ''अपनी पोस्ट स्क्रिप्ट II को मैंने शैटर्ड ड्रिम्स इसलिए कहा है क्योंकि मुझे ऐसा लगता है कि कांग्रेस, हिंदू-मुस्लिम एकता और भारत की विखंडता के लिए आजाद ने जो भी सपना देखा वह टूटकर उनके सामने ही गिर पड़ा। अपने सपने की इस असफलता के बावजूद वह न तो कांग्रेस से अलग हुए और न ही भारत की नीति से उनका विश्वास डोला।'' बाद में संविधान सभा के स्वरूप और प्रांतों की स्वायत्तता के बारे में मतभेद पैदा हो गया। जिन्नाह प्रांतों के लिए स्वायत्तता चाहता था और नेहरू, पटेल मजबूत केंद्र के पक्ष में थे। हिंदुओं की भारी बहुसंख्या को देखते हुए जिन्नाह एक ऐसी सत्ता सुनिश्चित करना चाहता था कि इस सत्ता में मुस्लिम इलीट की भागीदारी

हो। कांग्रेस के साथ मिलकर चुनाव लड़ने तथा विधानसभाओं में सत्ता में शामिल होने संबंधी प्रस्तावों के नामंजूर हो जाने के बाद उसका अड़ियलपन बढ़ गया। मौलाना अबुल कलाम आजाद (इंडिया विन्स फ्रीडम) के अनुसार उत्तर प्रदेश में 1937 के चुनावों के बाद मुस्लिम लीग के साथ सत्ता बाँटने से इनकार करके कांग्रेस नेताओं ने बहुत बड़ी गलती की। इसने दो राष्ट्रों के सिद्धांत की उस समय प्रचलित सिद्धांत को सुदृढ़ बनाया और देश का अंततः बँटवारा कर दिया गया। जिन्नाह की माँगों को कांग्रेस ने नामंजूर किया। सबसे पहले तो कांग्रेस स्वयं को समाज के सभी वर्गों का प्रतिनिधि मानती थी और उसमें मुस्लिम नेतृत्व का काफी प्रतिनिधित्व था। इस पूरी अस्पष्टता और भ्रम के बीच सबसे पहले गाँधी ने संयुक्त सरकार के लिए दबाव डाला लेकिन उन्हें गंभीरता से नहीं लिया गया। यहाँ हमें यह नोट करना चाहिए कि उपमहाद्वीप के महत्त्वपूर्ण उलेमा जैसे कि मौलाना हुसैन अहमद मदानी, मौलाना हिफाजुररहमान तथा दूसरों ने जिन्नाह के 'दो राष्ट्रों के सिद्धांत' का कड़ा विरोध किया। उलेमा संयुक्त राष्ट्रवाद के पक्ष में थे। उन्होंने भारत में धर्मनिरपेक्ष, संयुक्त राष्ट्रवाद के निर्माण का समर्थन किया। यह (संविधान सभा के स्वरूप और प्रांतों की स्वायत्तता को लेकर मतभेद) संयुक्त भारत की संभावना के लिए आखिरी आघात था। इस सबकी वजह से जिन्नाह आधे-अधूरे पाकिस्तान के लिए सहमत हो गया और शीघ्र ही नेहरू तथा पटेल कमजोर फैडरल देश की जगह विभाजन के लिए सहमत हो गए।

सारांश

1. मुस्लिम लीग सभी मुसलमानों की प्रतिनिधि नहीं थी। अधिक से अधिक वह 10 प्रतिशत मुसलमानों का प्रतिनिधित्व करती थी।
2. मुस्लिम नेतृत्व की दूसरी धाराएँ कांग्रेस तथा दूसरे धर्मनिरपेक्ष संगठनों की हिस्सा थीं, उन्होंने पाकिस्तान के निर्माण का विरोध किया। उपमहाद्वीप के महत्त्वपूर्ण उलेमा धर्मनिरपेक्ष संयुक्त भारत के पक्ष में थे। मुस्लिम लीग और कांग्रेस के नेता (प्रमुख रूप से हिंदू महासभा तथा दूसरे सांप्रदायिक तत्त्वों के दबाव के कारण) तथा ब्रिटिश शासक बातचीत के विफल हो जाने के लिए बराबर जिम्मेदार थे। इस बातचीत से विभाजन रुक सकता था।
3. महत्त्वपूर्ण अवसरों पर महात्मा गाँधी के समझौते वाले प्रस्ताव नामंजूर कर दिए गए।
4. इलीट वर्ग के अनुसार पाकिस्तान में ही उन्हें विशेषाधिकार तथा सत्ता मिल सकती है।

मिथक : महात्मा गाँधी द्वारा 'मुस्लिम तुष्टिकरण' ने मुसलमानों के हौसले बढ़ा दिए और उन्होंने पाकिस्तान के निर्माण की माँग की।

तथ्य : महात्मा गाँधी ने राजनीतिक परिदृश्य में शामिल होकर सामाजिक राजनीतिक गति को आगे बढ़ाया। उनका बुनियादी तथा मुख्य सरोकार उपनिवेशवादी शक्तियों से स्वतंत्रता प्राप्त करना था। भारतीय राजनीतिक परिदृश्य में उनके शामिल होने से पहले इस पर मुस्लिम लीग, हिंदू महासभा और कांग्रेस अपने-अपने एजेंडे के साथ सक्रिय थे। जन आंदोलन जैसी कोई बात, जो ब्रिटिश शासन के विरोध में लोगों को खड़ा करने के लिए प्रेरित कर सके, नहीं थी। राजनीति इलीट वर्ग तक सीमित थी और उसमें केवल याचिकाएँ की जाती थीं। आजादी के लिए निरंतर संघर्ष की बात कहकर गाँधी ने अवाम का ध्यान खींचा। इसके लिए उन्होंने पहले राजनीतिक संकेतवाद और राजनीतिक मुद्दों का इस्तेमाल किया जो कि अवाम को अच्छे लगे। राजनीतिक ताकतें बिखरी पड़ी थीं और वे उसे एकजुट राजनीतिक ताकत के रूप में परिणत करना चाहते थे। मुस्लिमों को इकट्ठा करने के लिए उन्होंने खिलाफत आंदोलन तथा हिंदू जनसंख्या के एक वर्ग को इकट्ठा करने के लिए छुआछूत विरोधी अभियान चलाए। उनमें गजब की धार्मिक सहिष्णुता थी। हालाँकि वे खुद हिंदू थे लेकिन दूसरे धर्मों को भी बराबर सम्मान देते थे। उनके खिलाफ उपर्युक्त मिथक हिंदू संप्रदायवादियों ने खड़ा किया जिनका मानना था कि यह देश हिंदुओं का है और अन्य समुदाय उनके पिछलग्गू बनकर रहें। इसके विपरीत गाँधी ने सभी धर्मों के लोगों के लिए बराबर अधिकारों की वकालत की। मुसलमान नेतृत्व में विभिन्न व्यक्तित्वों के साथ उन्होंने विभिन्न किस्म का व्यवहार किया। वह मुस्लिम लीग के नेताओं के साथ समझौता करना चाहते थे। साथ ही उनकी राजनीति के कारण मौलाना अबुल कलाम आजाद, खान अब्दुल गफ्फार खान, रफी अहमद किदवई धर्मनिरपेक्ष राजनीतिक आंदोलन में शामिल हो गए और ब्रिटिश विरोधी संघर्षों में तहेदिल से साथ दिया। हिंदू संप्रदायवादी मुस्लिम लीग से समझौते और मुसलमान अवाम को सामाजिक-राजनीतिक आंदोलन की मुख्य धारा में लाने के विचार से नफरत करते थे। यह गाँधी का नेतृत्व ही था कि देश के बहुसंख्यक गरीब, चाहे किसी भी धर्म के हों, ब्रिटिश विरोधी संघर्ष में शामिल हो गए। हमने ऊपर देखा कि पाकिस्तान का निर्माण संप्रदायवादियों के दबाव के कारण हुआ। मुस्लिम लीग और कांग्रेस में समझौता नहीं हो सका, इसमें ब्रिटिश शासकों तथा हिंदू संप्रदायवादियों की निश्चित भूमिका थी। कई अवसरों पर गाँधी मुस्लिम लीग का बहुसंख्यक पार्टी अर्थात् कांग्रेस में विश्वास जमाने के लिए रियायतें देने को तैयार थे। यही कारण है कि वे चाहते थे कि कांग्रेस 1937 के उपरांत मंत्रिमंडलों में मुस्लिम लीग को शामिल करे। लेकिन जब बातचीत विफल हो गई और दोनों ही शिविरों के राजनीतिक इलीटों ने देखा कि अलग देश ही 'उनके' हितों को आगे बढ़ा सकता है तो पाकिस्तान की माँग मान ली गई।

हिंदू संप्रदायवादियों का एक वर्ग इस आलोचना से संतुष्ट नहीं हुआ और हिंदू

राष्ट्र के समर्थकों ने महात्मा को मारने की साजिश की। उनकी वास्तविक धर्मनिरपेक्षता के लिए वे उनसे नफरत करते थे और उनकी हत्या का तात्कालिक कारण उनका यह रवैया था जिसके अंतर्गत उन्होंने राजकोष में से पाकिस्तान के हिस्से 55 करोड़ रुपये देने की सही बात को स्वीकार किया। हिंदू संप्रदायवादी इस आधार पर मुसलमानों को मातहत बनाना चाहते थे कि यह हिंदू राष्ट्र है जबकि महात्मा गाँधी धर्मनिरपेक्ष सिद्धांतों और मुसलमानों को बराबर मानने पर जोर देते थे। यह बात हिंदू संप्रदायवादी ताकतों को मंजूर नहीं थी। इसलिए गाँधी की कटु आलोचना की गई और उनकी नीतियों को लेकर मिथक खड़े किए गए।

मिथक : सभी मुसलमान पाकिस्तान जाएँ क्योंकि सभी मुसलमानों के लिए यह देश बना। भारत केवल हिंदुओं के लिए है।

तथ्य : जैसा कि स्पष्ट है पाकिस्तान कुछ मुस्लिम बहुसंख्यक प्रांतों को लेकर बना। यह सांप्रदायिक राजनीति की तार्किक परिणति थी जिसमें सभी—मुस्लिम लीग, कांग्रेस, हिंदू महासभा ने बराबर योगदान दिया। मुसलमानों के लिए पाकिस्तान बनाने की मुस्लिम लीग की माँग विचार के रूप में ही गलत थी क्योंकि मुस्लिम जनसंख्या का एक बहुत बड़ा प्रतिशत पूरे देश में फैला हुआ था। इसके अतिरिक्त मुस्लिम लीग सभी मुसलमानों की प्रतिनिधि नहीं थी। भारी संख्या में मुसलमानों के प्रतिनिधि कांग्रेस के समर्थन में थे जैसे कि मौलाना अबुल कलाम आजाद, खान अब्दुल गफ्फार खान और रफी अहमद किदवई थे। उपमहाद्वीप के प्रख्यात उलेमा जैसे कि मौलाना हुसैन अहमद मदानी और मौलाना हिफाजुर रहमान 'धर्म आधारित राष्ट्रवाद' और 'दो राष्ट्रों के सिद्धांत' के विरोधी थे। वे पाकिस्तान के विचार के खिलाफ भी थे।

जमींदारों, व्यापारियों और नौकरशाहों के एक वर्ग ने ही पाकिस्तान का समर्थन किया क्योंकि वहीं पर उन्हें हिंदू इलीट से बगैर किसी प्रतिस्पर्धा के सत्ता और विशेष अधिकार पाने की संभावना नजर आई। पाकिस्तान बन जाने के बाद भी इलीट का कुछेक वर्ग ही पाकिस्तान गया। पाकिस्तान बनने के तुरंत बाद मोहम्मद अली जिन्नाह ने संविधान सभा में घोषणा की कि पाकिस्तान धर्मनिरपेक्ष देश है और यहाँ मुसलमान और गैरमुसलमान बराबर अधिकारों के साथ नागरिक के रूप में यहाँ रह सकते हैं तथा धर्म प्रत्येक व्यक्ति का निजी मामला होगा जिससे देश के प्रशासन को कुछ लेना-देना नहीं है।

भारत में रहने वाले मुसलमानों ने पाकिस्तान के निर्माण का स्वागत किया लेकिन साथ ही यहाँ पर निष्ठावान नागरिक के रूप में रहने की शपथ ली। जो मुस्लिम इलीट इस भ्रम में पाकिस्तान चले गए कि "पाकिस्तान मुसलमानों के लिए है।" वे वहाँ के राजनीतिक ढाँचे में समानता के साथ शामिल नहीं किए गए। शुरू-शुरू में उनमें से कुछ को नौकरशाही में अच्छे पद मिल गए लेकिन शीघ्र ही जो लोग यहाँ से (पश्चिमी) पाकिस्तान गए उनके साथ भेदभाव होने लगा। आज ये मुसलमान

बॉक्स 4.5

विवेक के स्वर

क. इन दिनों राष्ट्र, देशों अर्थात् भूगोलीय सीमाओं पर आधारित है, धर्म पर नहीं।
—मौलाना हुसैन अहमद मदानी, वाइस चांसलर,
इंटरनेशनल इस्लामिक सेमीनरी देवबंद, 1937

ख. ''भारत की आजादी के लिए मैं अपनी आत्मा को बेच दूँगा और मैं यदि मुसलमानों से दोस्ती चाहता हूँ तो यह मेरे अपने लिए नहीं है बल्कि देश के लिए है।''
—महात्मा गाँधी

ग. ''मेरे बच्चे, नहीं, तुम पहले भारतीय हो और बाद में मुसलमान।'' यह बात मोहम्मद अली जिन्नाह ने 1925 में एक युवा मुसलमान से कही, जो कहता था कि वह मुसलमान पहले है।

हताश हो चुके हैं। और उन्होंने मुजाहिर कौमी मूवमेंट चलाया है जो पाकिस्तानी समाज में रियायतों और सम्मान के लिए संघर्ष कर रहा है।

इसी प्रकार 'दो राष्ट्र के सिद्धांत' के ताबूत में सबसे बड़ी कील उस समय ठुकी जब पूर्वी पाकिस्तान (अब बंगलादेश) पश्चिमी पाकिस्तान (अब पाकिस्तान) से अलग हो गया। बंगाली मुसलमानों ने यह बात समझी कि एक धर्म का होने से अधिक शक्तिशाली सहधर्मियों द्वारा दमन और शोषण से नहीं बचा जा सकता। भारतीय सेना की सहायता से ये पाकिस्तान से अलग हो गए और अलग देश बनाया। यह भी एक भ्रम है कि भारत केवल हिंदुओं के लिए है। धर्म का ध्यान किए बगैर समाज के सभी वर्गों ने कांग्रेस के नेतृत्व और महात्मा गाँधी के संरक्षण में स्वतंत्रता संघर्ष में हिस्सा लिया। भारत के संविधान में यह बात बिल्कुल साफ कर दी गई है कि धर्म के आधार पर किसी भी नागरिक के साथ भेदभाव नहीं किया जाएगा और सभी धर्मों के अनुयायी कानून की नजर में बराबर होंगे। संघ परिवार के नेतृत्व में हिंदू संप्रदायवादियों ने ही सांप्रदायिक राजनीति को चलाया है। हिंदू इलीट 'ब्राह्मण', व्यापारी, छोटे उद्योगपति तथा नौकरशाहों का एक वर्ग हिंदू राष्ट्र के आंदोलन को चला रहा है और 'मुसलमान का एक ही स्थान : पाकिस्तान या कब्रिस्तान' या 'बाबर की संतान जाओ पाकिस्तान' जैसे बेहूदा नारे लगा रहा है।

मिथक : पाकिस्तान 'शत्रु राष्ट्र' है और भारतीय तथा पाकिस्तानी अवाम के हित एक-दूसरे के खिलाफ हैं।

तथ्य : विभाजन के बाद भारत और पाकिस्तान में तीन युद्ध हो चुके हैं जिनसे सामाजिक संपत्ति और जानों की भारी क्षति हुई है। सांप्रदायिक राजनीति दोनों ही संप्रदायों के गरीब मजदूरों, छोटे किसानों और स्त्रियों पर जुर्म ढा चुकी है। विभाजन

का लाभ पाकिस्तान में एक छोटे मुस्लिम इलीट और भारत में इलीट के एक वर्ग को मिला है। इनको छोड़कर दोनों ही तरफ के अधिकांश लोगों ने विभाजन के कारण मुसीबतें उठाई हैं।

विभिन्न देशों की भौगोलिक सच्चाई अर्थात् उनके सटे होने को नकारा नहीं जा सकता। सरकारी नीतियों के बावजूद लोग गैरकानूनी व्यापार करते हैं। लोगों के हित देश के सामाजिक-आर्थिक विकास से जुड़े हैं, जो कि व्यापार और तक्नोलॉजी के विनिमय पर आधारित हैं। क्षेत्र के लोगों के सांस्कृतिक हित भी एक जैसे हैं "एक क्षेत्र के देश एक साथ विकसित होते हैं।" इस संबंध में यूरोप और दक्षिण पूर्वी एशिया के देशों के उदाहरण लिए जा सकते हैं जहाँ पड़ोसी देशों ने जीवन के सभी क्षेत्रों में परस्पर सहयोग किया, इसके लाभ सबके सामने हैं। इस प्रकार ये हित एक-दूसरे के विरोधी नहीं हैं बल्कि एक समान हैं तथा काफी हद तक एक-दूसरे की पूर्ति करते हैं।

बॉक्स 4.6

गीत और पीर बाबा

प्रख्यात पाकिस्तानी लोक गायिका रेशमा भारत की प्रधानमंत्री इंदिरा गाँधी से कुछ वर्ष पहले मिलने आईं। बातचीत के दौरान श्रीमती गाँधी ने कहा, "मैं तुम्हारे लिए क्या कर सकती हूँ।" रेशमा ने तुरंत कहा, "मैडम कृपया बॉर्डर हटा दें, हम सीमा के उस पार चले गए हैं जबकि 'पीर बाबा' सीमा के इस ओर हैं। सेना के लोग हमें मजार पर नहीं जाने देते। जब पीर बाबा हमारा गाना नहीं सुन सकते तो गाने का क्या फायदा है।"—मोहन (1994)

मिथक : 'पाकिस्तान के निर्माण' की गलती को 'अखण्ड भारत का निर्माण' करके तथा दूसरे इलाकों को भारतीय नियंत्रण में लाकर ठीक किया जा सकता है।

तथ्य : ऐतिहासिक 'गलतियाँ' ताकत द्वारा 'ठीक' नहीं की जा सकतीं। बल प्रयोग करने से दूसरी तरफ से भी बल लगाया जाता है जिससे जान-माल की क्षति होती है।

दक्षिणी एशिया में लोगों के हित एक-दूसरे से जुड़े हुए हैं। इसलिए सही रास्ता 'व्यापक सहयोग' है। जिससे विभिन्न देशों में व्यापार तथा सांस्कृतिक आदान-प्रदान को बढ़ावा मिले। सार्क द्वारा की गई कोशिशों को सहयोग द्वारा आगे बढ़ाने की जरूरत है। क्षेत्र के जिन लोगों ने सहयोग के इस तरह के प्रयास किए उन्हें क्षेत्र में शांति और समृद्धि के रूप में अच्छे परिणाम मिले हैं। हमें यूरोपीय देशों और दक्षिण पूर्वी एशियाई देशों से सबक लेना होगा जो अपने-अपने क्षेत्र में सुदृढ़ कार्य कर चुके हैं। संप्रदायवादी कट्टर संगठन इस तरह के प्रयासों के खिलाफ हैं क्योंकि

वे दूसरे देशों को अपने प्रभुत्व के अंतर्गत लाना चाहते हैं और इस प्रकार नफरत और अव्यवस्था को बढ़ावा देते हैं। तरक्की और विकास के लिए हमें 'अखंड भारत' की जरूरत नहीं है। इसके विपरीत हमें सार्क प्रयोग से आगे बढ़कर क्षेत्रीय देशों के 'फैडरेशन' के निर्माण की ओर बढ़ना चाहिए।

मिथक : भारत में तोड़-फोड़ की सभी गतिविधियों के लिए पाकिस्तान जिम्मेदार हैं। कश्मीर और बंबई धमाकों में उसकी भूमिका देखी जा सकती है।

तथ्य : देशों की भौगोलिक समीपता कई तरह की समस्याएँ खड़ी करती है, यदि उनके शासन गरीबी, भूख, बीमारी और बेरोजगारी को लेकर अवाम की समस्याएँ हल न कर पाएँ। अवाम के एक बड़े वर्ग में असंतोष के मद्देनजर शासन और राजनीतिक इलीट वर्ग अपने देश की सभी समस्याओं के लिए पड़ोसी देश को जिम्मेदार बताकर उसके विरुद्ध लोगों में उन्माद पैदा करता है। यह बात भारत और पाकिस्तान दोनों के शासकों पर लागू होती है। जिस प्रकार हम यह मानते हैं कि कश्मीर में आतंकवाद और बंबई धमाकों के लिए पाकिस्तान जिम्मेदार है, वैसे ही पाकिस्तान का विश्वास है कि भारत ने अविभाजित पाकिस्तान के टुकड़े करके पाकिस्तान और बंगलादेश बनाए और भारत ही मुजाहिर कौमी मूवमेंट (एम क्यू एम) के लिए जिम्मेदार है।

मूल रूप से कश्मीर, बंबई धमाकों, बंगलादेश के निर्माण और एम क्यू एम की समस्याएँ देश विशेष के राजनीतिक गतिविज्ञान की आंतरिक समस्याएँ हैं। जब तक जनसंख्या के बड़े वर्ग में कोई मूल समस्या या असंतोष हो तब तक पड़ोसी देश आंदोलन शुरू नहीं कर सकता, वह उसमें सहायता जरूर कर सकता है। कश्मीर में शासन ने स्थानीय 'कश्मीरीयत' का दमन करने की कोशिश की जिससे आतंकवादी समूह पैदा हुए। बाद में इन्हें पाकिस्तान से सहायता मिली। पंजाबी पाकिस्तानी इलीट वर्ग द्वारा पूर्वी पाकिस्तान में शोषण और दमन के कारण वहाँ बंगलादेश के निर्माण के लिए आंदोलन चला जिसे भारत से सहायता मिली। एम क्यू एम प्रवासी बिहारी मुसलमानों और दूसरे लोगों में असंतोष के कारण इन लोगों को सामाजिक संसाधनों से दूर रखा गया। इसी प्रकार बंबई धमाके बाबरी मस्जिद के ध्वंस और मुस्लिम विरोधी हत्याकांडों के कारण हुए।

बॉक्स 4.7

तुम आओ गुलशन ए लाहौर से चमन बरदोश

तुम आओ गुलशन ए लाहौर से चमन बरदोश
हम आएँ सुबेह बनारस की रोशनी लेकर
हिमालय की हवाओं की ताजगी लेकर
फिर उसके बाद यह पूछें कि कौन दुश्मन है।

—सरदार जाफ़री (मुशिरूल हसन, इनवेंटिंग बाउंड्रीज, ऑक्सफ़ोर्ड, 2000 : 40)

इसलिए हमारे लिए यह जरूरी है कि हम पड़ोसी देश पर उँगली उठाने की बजाय अपने घरों को ठीक करें, सांप्रदायिकता (जो बहुत-सी समस्याओं की वास्तविक जड़ है) को सामाजिक ताने-बाने से निकाल फेंकें और आंतरिक समस्याओं को लोकतांत्रिक तरीके से दूर करें।

मिथक : भारत के मुसलमान पाकिस्तान के प्रति अधिक निष्ठावान हैं। पाकिस्तान की क्रिकेट टीम जब भारत को हराती है तो कितना जश्न मनाया जाता है।

तथ्य : यह मिथक उस समय विशेष रूप से फैलाया जाता है जब कुछ मुसलमान पाकिस्तान की जीत का जश्न मनाते हैं। यह सही है कुछ कुंठित युवक पाकिस्तान की क्रिकेट टीम की जीत पर पटाखे चलाते हैं। लेकिन पूरे मुस्लिम समुदाय के लिए यह बात नहीं कही जा सकती। 'क्रिकेट राष्ट्रवाद' बड़ा जटिल और अद्भुत तत्त्व है। दक्षिणी अफ्रीका, अमेरिका, इंग्लैंड और दूसरे देशों में जाकर बसे तथा वहाँ की नागरिकता लेने वाले भारत के लोग वहाँ भारत की क्रिकेट की टीम की जीत पर जश्न मनाते हैं। वास्तविकता यह है कि आजादी के 50 वर्षों में मुश्किल से ही कोई मुसलमान पाकिस्तान के लिए जासूसी करता हुआ पकड़ा गया है। अधिकांश मुसलमान दूसरे नागरिकों की तरह रह रहे हैं।

अब्दुल हमीद जैसे लोगों ने पाकिस्तान के खिलाफ युद्ध में ख्याति अर्जित की और ए पी जे अब्दुल कलाम जैसे लोगों ने भारत की रक्षा जरूरतों को पूरा करने में योगदान दिया। पाकिस्तान की क्रिकेट टीम की जीत का कुछ मुसलमानों द्वारा जश्न मनाए जाने से पूरे मुस्लिम समुदाय की देशभक्ति को मापने के लिए यंत्र के रूप में इस्तेमाल नहीं किया जाना चाहिए। हाल ही में मालवानी बंबई में शिव सैनिकों ने कुछ मुसलमान लोगों को पीटा। ये लोग क्रिकेट में पाकिस्तान पर भारत की जीत का जश्न मनाना चाहते थे। इंग्लैंड, अमेरिका और दक्षिणी अफ्रीका में ऐसे भारतीय हैं जो कि वहाँ के नागरिक हैं लेकिन अपने देशों पर भारत की जीत का जश्न मनाते हैं। किसी एक खेल टीम से अपनी पहचान देशभक्ति या उसके अभाव की पर्याय नहीं है। हमें पूरे समुदाय के व्यापक रवैये और सामाजिक-आर्थिक जीवन में उसके योगदान को देखना चाहिए और समाज के संप्रदायीकृत वर्ग की शक्ति के आधार पर उनके खिलाफ फैसला सुनाने की बजाय वंचित अल्पसंख्यकों की समस्याओं को दूर करने की कोशिश करनी चाहिए।

सौभाग्य से दोनों ही ओर भारी मात्रा में जनमत, शांति और सद्भाव के पक्ष में है। अत्यधिक तकलीफ के बाद मन शांत हुआ है तथा बाधाओं के बावजूद लोगों के एक वर्ग ने समझा है कि विभाजन की त्रासदी और सांप्रदायिक ताकतों द्वारा इसका दुरुपयोग दोनों ही समाजों के लिए घातक है। निकट संपर्क तथा एक-दूसरे की समस्याओं की अधिक समझ विकसित करने के लिए अवाम स्तर पर वास्तविक

बॉक्स 4.8

आगे रास्ता

संलिप्त मुद्दों की संवेदनशीलता और जटिलता के मद्देनजर हमें सावधानी से आगे बढ़ना चाहिए। दोनों देशों के बीच अत्यधिक तनाव उपमहाद्वीप में तबाही मचा देने वाले युद्ध में परिणत हो सकता है। इसलिए उसे समाप्त करने तथा विवादपूर्ण मुद्दों का हल खोजने की आवश्यकता है। इस लक्ष्य की प्राप्ति के लिए दोनों के अवामों में परस्पर संबंध को बाधा के रूप में नहीं देखा जाना चाहिए। इससे मदद ही मिल सकती है।

—दि फ्रंटियर पोस्ट, 27 फरवरी : 1995, कम्युनलिज्म कॉम्बैट, अगस्त 1996

प्रयास किए जा रहे हैं। पाकिस्तान-इंडिया पीपुल्स फोरम फॉर पीस एंड डेमोक्रेसी ऐसा ही एक मंच है। सार्क के अनुभव ने पूरे क्षेत्र में अनुपूरक विकास की संभावना हमारे सामने खोली है। इसने हमें बताया है कि हम 'परस्पर नफरत' के अतिरिक्त और कुछ भी बाँट सकते हैं। संस्कृति की एकता की व्यापक अंतर्धारा को पोषित किया जाना चाहिए। सांप्रदायिकता के पिशाच को हमेशा के लिए दफन कर दिया जाना चाहिए। मुठभेड़ की राजनीति से भारत और पाकिस्तान के अवाम को कुछ नहीं मिलेगा। अब यह बात अधिकाधिक महसूस की जा रही है कि दोनों देशों के बीच शांति से समाज में सांप्रदायिक तनाव कम होगा और शांति के फलस्वरूप क्षेत्र का आर्थिक विकास होगा।

तालिका 4.1

पाकिस्तान के निर्माण का कारण बनी घटनाओं का मार्ग

मुस्लिम सांप्रदायिक राजनीति	हिंदू सांप्रदायिक राजनीति
1860 : सर सैयद अहमद ने मुसलमानों के लिए आधुनिक शिक्षा और नौकरियों की माँग मुखरित की।	हिंदू जमींदारों और इलीट ने विधायिका में सीटों के हिस्से की माँग की और गौ हत्या पर प्रतिबंध का आह्वान किया। 1909 पंजाब हिंदू सभा का गठन। 1915 हिंदू महासभा का गठन।
1906 : हिंदू बहुसंख्यकों का डर दिखाकर मुस्लिम लीग का गठन। यह मुख्य रूप से मुस्लिम इलीट का मत था।	1920 का दशक : लाला लाजपत राय ने 13 लेख लिखे जिनमें कहा गया कि हिंदू और मुसलमान साथ नहीं रह सकते। बंगाल और पंजाब का विभाजन किया जाना चाहिए। 1925 : राष्ट्रीय स्वयं सेवक संघ गठित, नेहरू कमेटी रिपोर्ट 1928।
मुस्लिम लीग का 4 सूत्री माँग चार्टर, नेहरू कमेटी द्वारा माँगें नामंजूर।	हिंदू महसभा के दबाव में नेहरू समिति ने मुस्लिम लीग की चार सूत्री माँग नामंजूर की।

शायर इकबाल ने उत्तर पश्चिमी मुसलमानों के लिए अलग क्षेत्र की माँग की।

चौधरी रहमत अली ने पाकिस्तान शब्द गढ़ा : पी पंजाब के लिए, ए अफगान (पठान) के लिए, एस सिंध के लिए स्तान फारसी परसर्ग जिसका मतलब है जमीन।

1932 : मैकडोनाल्ड का सांप्रदायिक अवार्ड।

कांग्रेस ने चुनाव एक साथ लड़ने और फिर सरकार में शामिल होने के लिए मुस्लिम लीग की माँग नामंजूर की।

पाकिस्तान की माँग का यह पहला आधार बना।

1930 : लाला लालपतराय ने महात्मा गाँधी को पत्र में देश के विभाजन की माँग की।

1933 : मुसलमानों से निपटने के लिए हिंदू महासभा के अध्यक्ष भाई परमानंद ने अंग्रेजों के साथ सहयोग का आह्वान किया।

1937 : हिंदू महासभा : अजमेर सत्र संकल्प में कहा गया कि हिंदू और मुसलमान अलग राष्ट्र हैं।

1938 : भाई परमानंद : "श्री जिन्नाह का तर्क है कि इस देश में दो राष्ट्र हैं। यदि श्री जिन्नाह सही हैं, और मैं यह मानता हूँ कि वह सही है, तो एक राष्ट्र बनाने का कांग्रेस का सिद्धांत धराशायी हो जाता है। इस स्थिति के दो समाधान हैं। एक है दो हिस्सों में देश का विभाजन और दूसरा है हिंदू देश में मुस्लिम देश को कुछ जगह देना।

केबिनेट मिशन योजना (1945) राज्यों की स्वायत्तता। कांग्रेस को नामंजूर। नेहरू के इस मत ने एकता प्रयासों को अंतिम आघात पहुँचाया कि आने वाली संविधान सभा पहले के करारों को बदल सकती है। माउंटबेटन ने विभाजन का प्रस्ताव किया। कांग्रेस और मुस्लिम लीग दोनों ने इसे मंजूर कर लिया।

अध्याय—5

कश्मीर उलझन : घाटी कितनी हरी है?

एक बहुत बड़ी समस्या जो भारत-पाक संबंधों को प्रभावित कर रही है, और सांप्रदायिक पूर्वाग्रहों के लिए खाद का काम कर रही है, वह भारत में कश्मीर के विलय से ताल्लुक रखती है। कुछ समय तक शांत रहने के बाद यह समस्या उस समय फिर खड़ी हो गई जब राज्य विधान सभा ने 2000 के शुरू में कश्मीर स्वायत्तता का विधेयक पास कर दिया। एक दशक से ज्यादा समय से कश्मीर गलत कारणों से भारत और पाकिस्तान के अखबारों में सुर्खियों का विषय रहा है। ये विषय हैं : आतंकवाद में जबर्दस्त वृद्धि और फिजूल की हिंसा जिसमें सैकड़ों बेकसूर जानें चली गई हैं। कश्मीर में दहशत और संदेह का वातावरण बना रहता है। यहाँ प्रत्येक छह कश्मीरियों के पीछे एक सैनिक तैनात है। पाकिस्तान में प्रशिक्षित आतंकवादियों के दल यहाँ नियमित रूप से आतंकवादी चोरी-छिपे आते रहते हैं। दुनिया के सबसे बदतर दंगाग्रस्त, इस इलाके में, हिंदू और मुसलमान दोनों ही हत्याकांड का शिकार बनते रहते हैं। इसके फलस्वरूप भारी संख्या में कश्मीरी पंडित यहाँ से निकलकर देश के विभिन्न हिस्सों में चले गए हैं, जहाँ वे शरणार्थी शिविरों में रह रहे हैं। बहुत से कश्मीरी मुसलमानों को भी घाटी से भागना पड़ा है और उन्होंने कश्मीर के बाहर शरण ली है।

पाकिस्तानी सैनिक-शासकों और नागरिक शासकों (वे सेना के बहुत दबाव में रहते हैं) ने सामान्यतः उग्र रुख अपनाया है और विभिन्न अंतर्राष्ट्रीय मंचों पर कश्मीर का मुद्दा उठाया है। वे बातचीत में तीसरे पक्ष को शामिल करने की कोशिश करते हैं। दूसरी ओर भारत सरकार का यह रुख है कि कश्मीर भारत का अभिन्न अंग है इसलिए किसी तीसरे पक्ष द्वारा मध्यस्थता का सवाल ही नहीं है। साथ ही आपसी बातचीत तब तक नहीं हो सकती जब तक कि पाकिस्तान इस इलाके में आतंकवादी भेजना बंद नहीं करता। पोखरन (भारत) धमाकों और चगाई (पाकिस्तान) परमाणु परीक्षणों के बीच की छोटी अवधि के दौरान भारत के उच्चस्थ मंत्रियों ने कश्मीर समस्या के परमाणु हल की अप्रत्यक्ष धमकी दी। उन्होंने पाकिस्तान को चेतावनी

दी कि भारत परमाणु शक्ति बन गया है और बदली भू-राजनीतिक परिस्थितियों में पाकिस्तान 'सही तरीके से पेश आए'। दक्षिण एशिया में अंधी परमाणु दौड़ में पाकिस्तान के भी शामिल होने के बाद यह सनकी डींग बंद हो गई।

कश्मीरी समूहों की अलग-अलग विचारधारा, अलग-अलग आदेश और एजेंडे हैं। लेकिन आम जनता ही उनकी चपेट में आ रही है। वह मिलिटेंटों के कायरतापूर्ण कार्यों और भारतीय सेना, जिसे कश्मीरी कब्जा करने वाली सेना मानते हैं, की ज्यादतियों का शिकार बन रहे हैं। पर्यटन कश्मीरी लोगों की आय का प्रमुख साधन है। उस पर इस माहौल का बेहद बुरा असर पड़ा है। इसलिए यहाँ की जनता राजनीतिक तकलीफ के साथ-साथ आर्थिक परेशानी भी उठा रही है।

स्थानीय सांप्रदायिक समूहों के दो बड़े समुदायों में नफरत फैलाने के लिए इस स्थिति का फायदा उठाया है। वे मुस्लिम अलगाववाद और इस्लामिक कट्टरपन चरम सीमा तक बढ़ाने की कोशिश कर रहे हैं। असली समस्या दरकिनार कर दी गई है। वे कश्मीर समस्या के इर्द-गिर्द मिथक गढ़ रहे हैं जिसकी वजह से कश्मीरी लोगों की आशाओं और आकांक्षाओं पर काली छाया पड़ गई है। दो विपरीत स्थितियों के हल की कोई संभावना नहीं है। भारत का दावा है कि कश्मीर भारत देश का अभिन्न अंग है। पाकिस्तान ने भी ऐसा ही दावा किया है। हाल ही में अमरीका के दबाव से शांति प्रयासों में तेजी आई है। (जनवरी 2001 में) युद्ध विराम इस दिशा में स्वागत योग्य कदम है। इस समय पाकिस्तान, कश्मीर और भारत की नीति कश्मीरी लोगों के भविष्य को बना भी सकती है या बिगाड़ भी सकती है। बाद में नवंबर 2001 में दोनों देश लगभग युद्ध के कगार पर पहुँच गए लेकिन सौभाग्य से ऐन वक्त पर सद्बुद्धि आ गई।

मिथक : मुस्लिम अलगाववाद कश्मीरी समस्या में फिर नजर आ रहा है। पाकिस्तान और पाकिस्तान प्रेरित आतंकवाद के प्रति मुसलमानों की निष्ठा निरंतर बनी हुई है, यही कश्मीर समस्या का मूल कारण है।

तथ्य : हमें समस्या को शुरू से ही देखना चाहिए क्योंकि विभाजन की त्रासदी और भारत में कश्मीर के विलय के साथ बहुत से बेसुलझे मुद्दे जुड़े हुए हैं।

कश्मीर एक रजवाड़ा था जो कि अंग्रेजों के सीधे शासन के अंतर्गत नहीं था। कश्मीर समस्या को जन्म देने वाली घटनाओं के सूत्र मुस्लिम लीग के रूप में मुस्लिम सांप्रदायिक राजनीति और हिंदू महासभा तथा आर एस एस के इर्द-गिर्द निर्मित हिंदू सांप्रदायिकता में देखे जा सकते हैं। अंग्रेजों ने इन सामंती तत्त्वों का लाभ उठाया तथा फूट डालो और राज करो की अपनी नीति को लागू किया। डोगरा वंश के राजा हरिसिंह का कश्मीर पर शासन था। उसने केबिनेट मिशन योजना के अंतर्गत संविधान सभा में शामिल होने से इनकार कर दिया। कश्मीर की अस्सी प्रतिशत आबादी मुस्लिम थी। महाराजा के पास दो विकल्प थे, स्वतंत्र रहना अथवा भारत

या पाकिस्तान में विलय। महाराजा स्वतंत्र रहना चाहता था। जम्मू के हिंदू नेताओं ने महाराजा का समर्थन किया। जम्मू कश्मीर के हिंदू सभा के नेताओं ने भी उसका समर्थन किया। इनमें से एक नेता वर्तमान-भाजपा की पूर्ववर्ती पार्टी भारतीय जनसंघ में शामिल हुआ। "उस समय जम्मू-कश्मीर के नेताओं ने इसका समर्थन किया और तर्क दिया कि जम्मू व कश्मीर हिंदू राज्य है। वह अपने अस्तित्व को धर्मनिरपेक्ष भारत में कैसे विलीन कर सकता है।" (पुरी 1993 : 5) बाद में उन्होंने अपना रुख बदल लिया और महाराजा से यह माँग करने लगे कि वह भारत में विलय के पक्ष में निर्णय ले।

जम्मू व कश्मीर मुस्लिम कॉन्फ्रेंस भी यही चाहती थी कि कश्मीर नए संविधान के साथ स्वतंत्र रहे। दिलचस्प बात यह है कि कश्मीर के विख्यात पत्रकार बलराज पुरी जैसे लोगों ने जब भारत समर्थक नारा लगाया तो उसे हिंदू विरोधी गद्दार करार दे दिया गया। कांग्रेस सभी प्रांतों से आग्रह कर रही थी कि वे विभाजन के बाद बनने वाले किसी न किसी राज्य में शामिल हो जाएँ। लॉर्ड माउंटबेटन ने भी यही रुख अपनाया और रजवाड़ों से एक या दूसरे राज्य में शामिल होने का आग्रह किया। लेकिन जिन्नाह ने कहा कि यदि कोई रजवाड़ा स्वतंत्र रहना चाहे तो वह ऐसा कर सकता है।

महाराजा को डर था कि यदि कश्मीर का भारत में विलय हो गया तो उसके अधिकार छिन जाएँगे। इसलिए उसने स्वतंत्र रहने का निर्णय लिया और कहा कि वह कश्मीर को पूर्व का स्विटजरलैंड बनाना चाहता है। चूंकि राज्य की जनता पर्यटन पर आश्रित थी, इसलिए कश्मीर के लिए स्वतंत्र रहना ही श्रेयस्कर होगा ताकि सभी देशों से लोग आसानी से यहाँ आ सकें। उसनें भारत और पाकिस्तान दोनों को 'यथास्थिति' करार भेजा। भारत ने इसे नामंजूर कर दिया लेकिन पाकिस्तान ने इसे स्वीकार कर लिया। इस करार के अंतर्गत लाहौर सर्किल में आने वाले प्रांत के केंद्रीय विभाग पाकिस्तान के क्षेत्राधिकार के भीतर आएँगे। "तदनुसार पूरे प्रांत में डाक व तार विभागों के कार्यालयों पर पाकिस्तानी झंडे फहराने लगे।" (पुरी 1993 : 6) भारत ने करार के पहले, पूर्व-बातचीत पर बल दिया। इसलिए कोई करार नहीं हो सका।

विभाजन के परिणामस्वरूप अक्तूबर 1947 में कश्मीर में सांप्रदायिक दंगे भड़क उठे। प्रांत का प्रशासन स्थिति से निपटने के लिए नाकाफी था। महाराजा ने जम्मू व कश्मीर का संविधान बनाने के लिए बख्शी टेकचंद को नियुक्त किया। इसी समय के आसपास पाकिस्तान ने पठान कबायली हमलावरों को श्रीनगर के लिए कूच करने को प्रेरित किया।

महाराजा, निजी सुरक्षा के लिए श्रीनगर से भाग गया और कश्मीर की सुरक्षा की जिम्मेदारी नेशनल कॉन्फ्रेंस और उसके नेता शेख अब्दुल्ला पर आ गई। हमलावरों का स्वागत नहीं हुआ। क्योंकि कश्मीरी मन सांप्रदायिक नहीं था। उसमें कश्मीरीयत के मूल्य गहरे पैठे थे। कश्मीरियों के लिए, धर्म निर्धारक तत्त्व नहीं हो सकता था। इसी में ही कश्मीर की विशिष्टता थी। "कश्मीर विचारकों और संस्कृतियों के लिए

मंथन की जगह रही है। इसने हर नए मत को विवेक के साथ ग्रहण किया और पहले अर्जित मतों को फेंके बगैर उसे अपने योगदान से समृद्ध बनाया।" (पुरी 1993 : 9) अपने विशाल कार्य 'कशीर' में सूफी का कथन है, "बुद्धमत, वेदांत शिक्षाओं, इस्लामी रहस्यवाद को कश्मीर में एक के बाद एक जगह मिली।" (सूफी 1974 : 19) इस के कारण दूर-दर से आए लोग संस्कृति, सभ्यता, विवाहों के जरिए कश्मीरी मुस्लिमों में घुलमिल गए। उनके जीवन में गैरकश्मीरी चिह्न धुँधले पड़ गए। कश्मीर में बादशाह अबकर द्वारा कश्मीर को अपने साम्राज्य में मिला देने के साथ विदेशी शासन, शुरू हुआ। विभिन्न वंशों से गुजरते हुए कश्मीर का शासन अंततः डोगरा शासक राजा हरिसिंह के हाथों में आया जो कि गैरकश्मीरी और गैरमुस्लिम था। भारतीय राष्ट्रीय कांग्रेस द्वारा चलाए गए ब्रिटिश विरोधी संघर्ष के समानांतर नेशनल कॉन्फ्रेंस ने राजा के खिलाफ आंदोलन शुरू किया जो कश्मीर छोड़ो आंदोलन में परिणित हो गया।

जिन्नाह का मत था कि प्रभुसत्ता महाराजा के पास है। इसके विपरीत गाँधी और नेहरू के विचार से प्रभुसत्ता अवाम के पास थी। जिन्नाह के विचार और पाकिस्तान की करतूतें, गाँधी और नेहरू के धर्मनिरपेक्ष लोकतांत्रिक विचारों से बिल्कुल भिन्न थी। गाँधी और नेहरू के विचार कश्मीरी लोगों और नेशनल कॉन्फ्रेंस और शेख अब्दुल्ला के रूप में उनके नेताओं के विचारों के ज्यादा नजदीक थे। महाराजा दबाव में था और कश्मीर को पाकिस्तानी हमले से नहीं बचा सकता था। इसलिए उसने भारत सरकार से बचाव के लिए अनुरोध किया। भारत सरकार चाहती थी कि प्रांत के भारत में विलय के बाद ही पाकिस्तानी हमले का जवाब देने के लिए सेना भेजी जा सकती है। अनुच्छेद 370 के प्रावधान के साथ अधिमिलन की संधि पर हस्ताक्षर किए गए। यह विलय नहीं था। भारत को रक्षा, मुद्रा, विदेशी मामलों और संचार को देखना था। जबकि कश्मीर का अपना संविधान, ध्वज, सदर ए रियासत और प्रधानमंत्री होना था। 'दो प्रधान दो विधान' इस संधि का आधार था।

2 नवंबर 1947 को राष्ट्र के नाम अपने संबोधन में इस कार्रवाई को उचित बताते हुए पंडित नेहरू ने कहा "...कश्मीर सरकार और नेशनल कॉन्फ्रेंस दोनों ने ही हमसे इस अधिमिलन को स्वीकार करने तथा विमान द्वारा सेना भेजने के लिए दबाव डाला। लेकिन यह शर्त लगाई कि शांति और व्यवस्था बहाल हो जाने पर कश्मीर की जनता इस अधिमिलन पर विचार करेगी..." भारत ने संयुक्त राष्ट्र से अनुरोध किया कि वह हमले के कारण हुए कब्जे को हटाए और जनमत संग्रह की प्रक्रिया का निरीक्षण करे। कब्जा खाली कराने तथा जनमत संग्रह को एक साथ जोड़ने के कारण समस्या खड़ी हो गई और जनमत संग्रह अनिश्चित काल के लिए टल गया।

कश्मीर बहु-जातीय प्रांत था, इसमें 5 क्षेत्र थे। हालाँकि आपस में काफी कुछ सामान्य था लेकिन हर क्षेत्र की अपनी कुछ विशेषताएँ थीं। गिलगिट और बल्टीस्तान के बहुत बड़े क्षेत्र में अब इस्लामाबाद द्वारा प्रत्यक्ष शासन चलाया जाता है। पंजाबी

मुस्लमानों की पश्चिम दिशा में पट्टी है जिसे पाकिस्तान के कब्जे वाला कश्मीर कहा जाता है। लद्दाख का बहुत बड़ा क्षेत्र है जिस पर तिब्बती और केंद्रीय एशियाई संस्कृतियों का असर है। एक क्षेत्र जम्मू है और अंत में कश्मीर घाटी है जिसकी अद्वितीय सांस्कृतिक और ऐतिहासिक विरासत है। इन पाँच क्षेत्रों में दो क्षेत्र लगभग आधी शताब्दी से पाकिस्तान के नियंत्रण में हैं।

इस अधिमिलन का कश्मीरी अवाम द्वारा अनुमोदन किया जाना था। यह मामला शांतिपूर्ण समाधान के लिए संयुक्त राष्ट्र सुरक्षा परिषद को भेजा गया। भारत के गवर्नर जनरल लॉर्ड माउंबेटन ने लिखा : "अधिमिलन का मामला विवादग्रस्त है। अतः नीति के अनुसार अधिमिलन का मामला प्रांत के अवाम की इच्छा के बगैर सुलझाया जाएगा। यह मेरी सरकार की इच्छा है, जैसे ही कानून और व्यवस्था कश्मीर में बहाल हो और यह जमीन हमलावरों से खाली हो जाए, इस प्रांत का मामला लोगों की इच्छानुसार निपटा दिया जाएगा।" (माउंटबेटन : 1948) शेख अब्दुल्ला के नेतृत्व में कश्मीर में इमरजेंसी सरकार गठित कर दी गई। इस मामले में संयुक्त राष्ट्र से संपर्क किया गया, उसने जनमत संग्रह का प्रस्ताव करते हुए संकल्प पारित किया पर यह जनमत संग्रह पाकिस्तान के अड़ियल रवैये के कारण नहीं हो सका, क्योंकि उसने कब्जा खाली करने से इनकार कर दिया। 1951 में कश्मीर के भारतीय हिस्से में चुनाव कराए गए और नेशनल कॉन्फ्रेंस सत्ता में आई। जैसा कि अधिमिलन संधि में बताया गया था, जम्मू व कश्मीर को संविधान के अनुच्छेद 370 के तहत विशेष दर्जा मिला। इस संबंध में एक और बात नोट की जानी चाहिए कि 1952 में नेहरू और शेख अब्दुल्ला के बीच बातचीत के दौरान कश्मीर के भीतर विभिन्न क्षेत्रों को स्वायत्तता देने का प्रस्ताव आया था जिसे कभी भी कार्यान्वित नहीं किया गया। इस बीच भाजपा की पूर्ववर्ती जनसंघ की एक निकट साथी प्रजा परिषद ने भारत में कश्मीर के पूर्ण विलय का प्रस्ताव किया।

भारत से कश्मीर के परायेपन के लिए महत्त्वपूर्ण प्रक्रिया उस समय शुरू हो गई जब जनसंघ के समर्थन तथा कांग्रेस के कुछ बड़े नेताओं के समर्थन से जनसंघ अध्यक्ष श्यामा प्रसाद मुखर्जी ने कश्मीर के भारत में पूर्ण विलय का आग्रह करना शुरू कर दिया। इस समय पंडित नेहरू पर जनसंघ की ओर से बाह्य तथा केबिनेट में अपनी साथियों की ओर से भीतरी दबाव पड़ रहा था कि कश्मीर का भारत में पूरी तरह से विलय कर दिया जाए। नेहरू ने यह विचार व्यक्त किया : "हमें दूरदृष्टि रखने वाला व्यक्ति बनना चाहिए। वास्तव में विलय के लिए व्यापक स्वीकृति होनी चाहिए। कोई भी सही विलय दिल से आता है, लादे गए कानूनी प्रावधान से नहीं।" अपने इस विश्वास के बावजूद नेहरू लोकप्रिय कश्मीरी नेतृत्व में विश्वास की नीति को जारी नहीं रख सके। इस गलती के बाद कश्मीरी लोगों का परायापन बढ़ता गया। इंजीनियर (2000 : 17) ने कश्मीरी लोगों के परायेपन की प्रक्रिया शुरू होने

का इस प्रकार सारांश दिया है। "मूल गलती पंडित जवाहरलाल नेहरू के प्रधानमंत्रित्व में कांग्रेस सरकार ने की। नेहरू कश्मीर के साथ भावनात्मक रूप से जुड़े हुए थे। यह कहना मुश्किल है कि वह वास्तव में ही अनुच्छेद 370 के तहत कश्मीर को स्वायत्तता देना चाहते थे। शेख अब्दुल्ला की गिरफ्तारी के बाद केन्द्र, कश्मीर की स्वायत्तता की बात को कमजोर बनाना चाहता था और वह कश्मीर पर अपनी पकड़ को बनाए रखना चाहता था। शेख के बाद आए आज्ञाकारी मुख्यमंत्रियों को देखते हुए यह कोई मुश्किल काम नहीं था। स्वायत्तता का धीरे-धीरे त्याग करने के लिए कश्मीर विधान सभा में संकल्प पारित किया। सबसे पहले उसने सदर ए रियासत तथा प्रधानमंत्री के पद समाप्त किए और इसकी जगह राज्यपाल तथा मुख्यमंत्री ने ले ली। इसके बाद सर्वोच्च न्यायालय का अधिकार क्षेत्र राज्य तक बढ़ाने के लिए कहा गया। शेख अब्दुल्ला की रिहाई के समय तक स्वायत्तता के ये उपाय राज्य विधानसभा ने धीरे-धीरे स्वेच्छा से त्याग दिए..."

श्यामाप्रसाद मुखर्जी के निधन के बाद राज्य-केंद्र संबंधों का विरोध करने वाले ये तत्त्व और भी अधिक शक्तिशाली बन गए। अभी तक शेख अब्दुल्ला को देशभक्त कहा जाता था, अब उन्हें गद्दार और मुस्लिम संप्रदायवादी कहा जाने लगा। अभी तक शेख का भी मानना था कि कश्मीरी पहचान के लिए खतरा पाकिस्तान से है। अब उन्होंने यह सोचना शुरू कर दिया कि भारत कश्मीरियत को दबाने की कोशिश कर रहा है। "जन भावना के अनुरूप उन्होंने अधिनियम के मुद्दे पर टालमटोल शुरू कर दी। कुछ और कारणों से स्थिति खराब हो गई जिसके परिणामस्वरूप उन्हें सत्ता से बर्खास्त कर दिया गया और 9 अगस्त 1953 को नजरबंद कर दिया गया। इस प्रकार 1953 का वर्ष कश्मीर के शेष भारत से भावनात्मक रूप से अलग हो जाने का सूचक है।" (पुरी 2000 : 11) अब्दुल्ला भारत में कश्मीर के अधिमिलन के सूत्रधार थे। वह ही आगे चलकर पराएपन के वृक्ष का बीज बने। नेहरू युग के बाद भारतीय संविधान के अधिक से अधिक प्रावधानों को कश्मीर पर लागू करने के कारण उसका परायापन बहुत बढ़ गया। इससे कश्मीरी राष्ट्रवादियों में शत्रुता और गुस्से की भावना भड़क उठी। कश्मीरी पहचान के लिए इस नए खतरे के फलस्वरूप पाकिस्तान ने हजारों की संख्या में सशस्त्र घुसपैठिए राज्य में भेजे। भारत विरोधी होने के बावजूद कश्मीरी लोगों ने उनका कोई साथ नहीं दिया क्योंकि पाक 'मुक्तिदाताओं' में उनका ज्यादा विश्वास नहीं था।

1971 के युद्ध और पाकिस्तान के टूट जाने के बाद अब्दुल्ला और भारतीय नेताओं में नए सिरे से बातचीत शुरू हुई। राज्य को 1953 से पहले का दर्जा दिए जाने की माँग पूरी हो जाने के बाद अब्दुल्ला सत्ता में आए। इसके बदले में उन्होंने क्षेत्र की स्वायत्तता के अधिकार को छोड़ दिया। कश्मीर में हुए अब तक के सबसे निष्पक्ष चुनाव में शेख ने अपनी लोकप्रियता दिखा दी और चुनाव में उनकी भारी

जीत हुई। 1983 में शेख के पुत्र फारुख अब्दुल्ला जिसने नेशनल कॉन्फ्रेंस का नेतृत्व सँभाला ने चुनाव जीत लिया लेकिन राजीव गाँधी ने गैरकानूनी तरीके से उनकी सरकार को भंग कर दिया। 1986 में जब वह काँग्रेस के साथ सत्ता बाँटने के लिए राजी हो गए तो उन्हें फिर मुख्यमंत्री बना दिया गया। इससे विपक्ष में शून्य पैदा हो गया। इस शून्य को मुस्लिम युनाइटेड फ्रंट ने धीरे-धीरे भरना शुरू कर दिया। जिस पार्टी ने बेइज्जती करके उनकी सरकार को बर्खास्त किया उसी के साथ फारुख के समझौते का उसने लाभ उठाया। "1987 के चुनाव में उन्होंने हेराफेरी की और असंतोष को लोकतांत्रिक तथा धर्मनिरपेक्ष तरीके से अभिव्यक्त किए जाने को रोक दिया। हताश होकर चुनाव के कुछ उम्मीदवारों सहित लोगों तथा पोलिंग एजेंटों ने बंदूक सँभाल ली।" (पुरी 2000 : 11) इस सबके फलस्वरूप कश्मीर की मुक्ति को जिहाद बताने का अच्छा अवसर पाकिस्तान को मिल गया, उसने जम्मू एंड कश्मीर लिब्रेशन फ्रंट के अंतर्गत स्वयं सेवकों को व्यवस्थित तरीके से प्रशिक्षण देना शुरू कर दिया। भारत देश से स्थानीय लोगों के पराएपन का लाभ उठाते हुए पाकिस्तान ने धीरे-धीरे आतंकवादियों को प्रशिक्षण देना शुरू कर दिया। कश्मीरी लोगों की भारत विरोधी भावनाओं को देखते हुए पाकिस्तान सरकार ने स्वतंत्र कश्मीर का विकल्प छोड़ दिया और पाकिस्तान समर्थक विकल्प अपना लिया। इससे स्थानीय लोगों का मोहभंग हो गया। इसलिए पाकिस्तान ने बाहरी आतंकवादियों को भर्ती करना शुरू कर दिया, जिन्होंने हिंदू और मुसलमान दोनों के जीवन और संपत्ति को बेरहमी के साथ नष्ट करना शुरू कर दिया।

पड़ोसी देशों विशेषकर पाकिस्तान से भर्ती किए गए तथा प्रशिक्षित आतंकवादियों ने सांप्रदायिक सद्भाव को सबसे ज्यादा नुकसान पहुँचाया। अभी तक स्थानीय आतंकवादियों ने हिंदू-मुसलमान विभाजन की बात सोची तक नहीं थी क्योंकि ये दोनों कश्मीरियों के रूप में एक साथ रहते थे। ध्यान देने की बात है कि नेशनल कॉन्फ्रेंस ने 1996 के चुनाव भारत राष्ट्र के भीतर रहते हुए स्वायत्तता और राज्य के भीतर क्षेत्रों की स्वायत्तता के आधार पर लड़े और एक को छोड़कर उसने सभी सीटें जीतीं। फारुख केंद्र में सत्ताधारी पार्टी के हिसाब से अपनी निष्ठाएँ बदलते रहे जिससे यह संदेश दिया गया कि केंद्र में सत्ताधारी सरकार के विरोध के अलावा उसके पास और कोई चारा नहीं है और वह केंद्र का उपनिवेश मात्र है।

भारत के संविधान में सन्निहित कानूनों को कश्मीर में लागू करने के लिए वहाँ लोकतांत्रिक सरकारों को एक के बाद एक बर्खास्त किया गया। ऐसे हर प्रयास ने भारत और कश्मीर के लोगों में खाई को गहरा बना दिया है। शांति बहाल करने तथा स्वायत्तता को रोकने के लिए ऐसे चार बड़े प्रयास हुए।

(क) 1952 : शेख और नेहरू के बीच में करार—भारत सरकार भारत के भीतर स्वायत्तता देने के लिए सहमत हुई।

(ख) 1974 : पार्थसारथी (इंदिरा गाँधी के दूत) और अफजल बेग के बीच समझौता हुआ कि राज्य संविधान में उल्लिखित विषयों पर अपने कानून बनाने का जम्मू व कश्मीर को अधिकार होगा।

(ग) 1995 : नरसिंहराव ने घोषणा की कि भारतीय संविधान के भीतर रहकर आजादी के अलावा 'सब कुछ' दिया जा सकता है।

(घ) देवगौड़ा ने वायदा किया कि जम्मू व कश्मीर को 'अधिक से अधिक स्वायत्तता' दी जाएगी क्योंकि यह विशेष राज्य है और उसके साथ विशेष व्यवहार किया जाना चाहिए। (आउटलुक : 10 जुलाई, 2000)

संघर्ष का कालक्रम

1. 1987-89 : शांतिपूर्ण विरोध कुचल दिया गया।
2. 1989 : सशस्त्र आतंकवाद शुरू।
3. मार्च 1990 के बाद : युवकों का पाकिस्तान के कब्जे वाले कश्मीर को पलायन।
4. 1992 : जेकेएलएफ को खत्म करना।
5. 1992-93 : हिजबुल मुजाहिदीन का उदय।
6. 1995 : विदेशी आतंकवादियों की शुरुआत

जम्मू-कश्मीर में लोकतांत्रिक तरीके से चुनी गई सरकारें कई बार बर्खास्त की गई हैं। लगभग हर मुख्यमंत्री का कम से कम एक बार और कुछ का तो एक से अधिक बार ऐसा ही हश्र हुआ है। इससे जम्मू कश्मीर में लोकतांत्रिक प्रक्रिया के प्रति केंद्र सरकार के रवैये का पता चलता है।

एक तरह से देखा जाए तो कश्मीर के लोगों को सबसे बड़ा आघात 1984 में पहुँचा जब राज्यपाल जगमोहन ने चुनी गई फारुख सरकार को बर्खास्त कर दिया। इससे राज्य के लोगों को स्पष्ट संकेत मिल गया कि भारत से अलग होने के कश्मीर के अधिकार को स्वीकृत करना मुश्किल है। वह अपनी लोकतांत्रिक ढंग से चुनी गई सरकार को भी बरकरार नहीं रख सकता। इससे परायापन चरमसीमा पर तथा कभी न लौटने वाली अवस्था में पहुँच गया। कश्मीरी पहचान को धीरे-धीरे नष्ट करने तथा पराएपन ने कश्मीर के लोगों को अपनी मुस्लिम पहचान पर जोर देने के लिए बाध्य कर दिया। निहित स्वार्थों ने बड़ी आसानी से लोगों के असंतोष का लाभ उठाया तथा उसे भारत विरोधी बना दिया।

मिथक : जम्मू व कश्मीर का मामला हिंदू-मुस्लिम समस्या है क्योंकि वहाँ पर मुस्लिम बहुसंख्यकों ने अपने धर्म पर जोर देना शुरू कर दिया है।

तथ्य : धर्मनिरपेक्ष नेतृत्व के कारण शुरू से ही कश्मीरी अवाम की सहानुभूति भारत के साथ थी। कई कारणों से प्रत्यक्ष मुस्लिम देश पाकिस्तान, कश्मीरी मन को

नहीं भाता था। सबसे पहले तो कश्मीर में ही शेख अब्दुल्ला के नेतृत्व में नेशनल कॉन्फ्रेंस द्वारा चलाया गया आंदोलन धर्मनिरपेक्ष सिद्धांतों पर आधारित था और उसके जम्मू तथा कश्मीर घाटी में भारी संख्या में अनुयायी थे। लोकतांत्रिक प्रक्रिया की अनदेखी करके राज्य को भारत संघ में मिलाने के लिए भारत की उतावली के कारण लोगों का परायापन धीरे-धीरे बढ़ता गया। कश्मीरी पहचान के दमन के कारण आगे चलकर मुस्लिम पहचान उभरी। मुस्लिम पहचान के उदय के बावजूद कश्मीरी पहचान की दृढ़ता के कारण कोई सांप्रदायिक कलह नहीं हुआ। जिस समय पाकिस्तान ने कश्मीरी लोगों के पराएपन का लाभ उठाना शुरू किया, तो उसने अलग-अलग तरीके से हिंदू और मुसलमानों को निशाना बनाना शुरू कर दिया। लेकिन कश्मीरी लोगों के मन में हिंदुओं का नाम कश्मीरियत की भाषा और संस्कृति में लिखा है जिसे पाकिस्तान प्रेरित आतंकवादियों की गंदी साजिशें भी नहीं मिटा सकतीं। पंडित नेहरू ने 5 मार्च, 1948 को संविधान सभा में बोलते हुए इसे स्पष्ट कर दिया कि... "यदि हमें कश्मीर के प्रतिनिधियों से निमंत्रण नहीं मिलता तो हम महाराजा कश्मीर के निमंत्रण के बावजूद वहाँ (कश्मीर में) नहीं गए होते..." महाराजा को सत्ता के लुभावने प्रस्ताव तथा मुस्लिम जनसंख्या के बाहुल्य जो कि पाकिस्तान में शामिल होने के लिए स्वतंत्र थी के बावजूद उन्होंने ऐसा नहीं किया क्योंकि वे धर्मनिरपेक्ष समन्वयवादी मूल्यों को बरकरार रखना चाहते थे।

कश्मीरियत तथा कश्मीरी जातीय पहचान के क्षय के कारण इसने हिंदू मुसलमान समस्या का रूप लिया। इसके फलस्वरूप जो शून्य पैदा हुआ उसको इस्लाम ने भरा। पाकिस्तानी सेना तथा मुल्लाओं को इसे सांप्रदायिक रंग देने का अच्छा मौका मिल गया। लोकप्रिय नेतृत्व के प्रति अविश्वास से इस सबको सहायता मिली।

मिथक : कश्मीर की संस्कृति मुस्लिम है, यह हिंदू-मुस्लिम मसला है और कश्मीरी पाकिस्तान के समर्थक हैं।

तथ्य : कश्मीर के लोगों के पास पाकिस्तान में विलय के पर्याप्त अवसर थे। जिन्नाह ने महाराजा के लिए अधिक अधिकारों का प्रस्ताव किया था और वह उसकी प्रभुसत्ता स्वीकार करने के लिए भी तैयार थे। कुछ समय के लिए महाराजा ने पाकिस्तान के प्रति झुकाव भी दिखाया। डाक व तार विभागों के भवनों पर पाकिस्तानी झंडे लहराने लगे। लेकिन मुस्लिम बहुल कश्मीर के अवाम कभी भी पाकिस्तान का हिस्सा नहीं बनना चाहते थे। उन्होंने सैनिक हमले सहित पाकिस्तान के हर इरादे को ठुकरा दिया और पाकिस्तान में कश्मीर के विलय का विरोध किया।

भारतीय शासकों द्वारा उनकी जातीय आकांक्षाएँ दबा दिए जाने तथा भारत सरकार द्वारा यहाँ की लोकप्रिय सरकारों को बार-बार बर्खास्त किए जाने से उत्पन्न पराएपन के बावजूद आज भी कश्मीर के लोग पाकिस्तान को विकल्प के रूप में नहीं देखते हैं। उनकी मुख्य माँग यह है कि अधिमिलन संधि में किए गए वायदे

के अनुसार उनकी स्वायत्तता को सुरक्षित रखा जाए। उनकी मुख्य आकांक्षा यह है कि उनका जातीय चरित्र सुरक्षित रहे और पाकिस्तानी हस्तक्षेप तथा भारतीय शासन की रोकटोक के बीच में फँसे बगैर वे अपना जीवन चलाते रहें। आउटलुक द्वारा हाल ही में कराए गए जनमत (16 अक्तूबर 2000) से स्पष्ट है कि यह मिथक बेबुनियाद है। जनमत से स्पष्ट है कि 74 प्रतिशत उत्तरदाता कश्मीर के लिए अलग पहचान चाहते हैं 16 प्रतिशत ने और अधिक स्वायत्तता की बात की और केवल 2 प्रतिशत पाकिस्तान में विलय चाहते थे। महत्त्वपूर्ण बात यह है कि 39 प्रतिशत का अभी भी यह मत है कि भारत के संविधान के दायरे में कोई समाधान खोजा जा सकता है।

मिथक : मुस्लिम आतंकवादियों ने कश्मीरी पंडितों को कश्मीर घाटी से खदेड़ दिया और यह कश्मीर को मुस्लिम बहुल बनाने का कार्य था।

तथ्य : आतंकवादियों की गतिविधि में अत्यधिक वृद्धि 1990 से शुरू हुई। आतंकवादियों द्वारा कश्मीर में संपत्ति नष्ट किए जाने तथा हताहत लोगों की संख्या के बारे में आँकड़ों पर हम एक नजर डालेंगे।

कश्मीरी पंडितों की जटिल समस्या आने से पहले हम यह समझ लें कि कश्मीर घाटी से हजारों की संख्या में मुसलमान रोजगार की तलाश में पड़ोसी राज्य हिमाचल प्रदेश चले गए हैं। लगभग 40 हजार नई दिल्ली में शरणार्थी शिविर में रह रहे हैं। वे पड़ोसी राज्य में कुली जैसे काम कर रहे हैं। सरकारी आँकड़ों पर आधारित दि टाइम्स ऑफ इंडिया की रिपोर्ट (5 फरवरी 1992) में सूचित किया गया है कि जनवरी 1990 और अक्तूबर 1992 के बीच आतंकवादियों ने कुल 1585 स्त्री पुरुष मारे जिनमें 982 मुसलमान, 218 हिंदू, 23 सिख और 363 सुरक्षाकर्मी थे।

घाटी से भारी संख्या में पंडितों का पलायन घाटी की परम्परा के लिए बहुत बड़ा आघात है। जैसा कि ऊपर दिए गए आँकड़ों से स्पष्ट है। आतंकवादियों ने दोनों ही समुदायों को निशाना बनाया है। केवल हिंदुओं को नहीं। पहले पहल 1986 में पंडितों ने पलायन का विचार बनाया था लेकिन अनेकवादी संस्कृति से ओत-प्रोत जाने-माने कश्मीरियों के सद्भावना मिशन द्वारा की गई अपील के बाद इसे मुल्तवी कर दिया गया। 1990 में आतंकवाद बढ़ गया। उस समय भाजपा के वर्तमान मंत्री जगमोहन कश्मीर के राज्यपाल थे और उन्होंने टीम के एक पंडित सदस्य को जम्मू के लिए पलायन करवा के सद्भावना मिशन को भंग करा दिया। (पुरी 2000 : 65) मार्च 1990 में बलराज पुरी ने लिखा कि "मुझे पंडितों के खिलाफ कश्मीर के मुसलमानों में कोई दुश्मनी नजर नहीं आती और सुरक्षा बलों द्वारा मानवाधिकारों के घोर उल्लंघन की जाँच की जानी चाहिए।" (पुरी 2000 : 66) इसी समय पंडितों में भय और आतंक फैलाने की जिम्मेदारी हिंदू सांप्रदायिक ताकतों ने ले ली। "जम्मू और दिल्ली में भारी मात्रा में गलत सूचना फैलाई जा रही है कि कश्मीर में हिंदू मंदिरों तथा दूसरे धर्म स्थलों को दर्जनों की संख्या में अपवित्र किया जा रहा है। यह एकदम गलत है और

बड़े आश्चर्य की बात है कि सरकार ने दूरदर्शन से यह कहना उचित नहीं समझा है कि वह कश्मीर में मंदिरों के बारे में कार्यक्रम दिखाए ताकि लोगों को पता चल सके कि उन्हें कोई क्षति नहीं पहुँची है।'' (प्रेस काउंसिल ऑफ इंडिया, 1991) इस प्रकार पंडितों के पलायन की समस्या आतंकवाद से उत्पन्न क़श्मीरी लोगों के पराएपन, हिंदू सांप्रदायिक संगठनों द्वारा भय की मनःस्थिति तैयार कर दिए जाने तथा राज्यपाल जगमोहन के दबाव के कारण पैदा हुई, हिंदू-मुस्लिम दुश्मनी के कारण नहीं।

मिथक : स्वायत्तता की माँग अलग हो जाने जैसी है और राष्ट्रीयता विरोधी है।

तथ्य : जैसा कि हमने ऊपर देखा भारत में कश्मीर का अधिमिलन एक संधि के तहत हुआ जिसके अंतर्गत कश्मीर का अपना संविधान, अपना प्रधानमंत्री और अपना सदर-ए-रियासत होना था। भारत को सुरक्षा, विदेशी मामलों, संचार और मुद्रा को देखना था। अनुच्छेद 370 में यही प्रावधान किया गया है। एक के बाद एक सरकारों ने इस अनुच्छेद के प्रावधानों को खत्म किया है और अब जो बचा है उसका भी भाजपा बड़े आक्रामक तरीके से विरोध कर रही है। स्वायत्तता का मतलब भारत देश से अलग होना नहीं है, इसका उद्देश्य केवल यह है कि अधिमिलन संधि जिसके अंतर्गत कश्मीर भारत में अधिमिलित़ हुआ था, (भारत से विलय नहीं) के प्रावधानों का सम्मान किया जाए। कश्मीर में हुए अधिकांश निष्पक्ष चुनावों में उस पार्टी (नेशनल कॉन्फ्रेंस) की विजय हुई है जिसने स्वायत्तता का पक्ष लिया है। इससे जाहिर हो जाता है कि लोगों की आकांक्षाएँ क्या हैं। एक के बाद एक भारत सरकारों के रवैये से कश्मीरी लोगों में आए पराएपन के कारण कुछ लोग आजादी की माँग करने लगे हैं। अभी भी ऐसे लोग हैं जो अच्छी स्वायत्तता, अधिकार और जनशक्तिकरण के साथ भारत के साथ रहना चाहते हैं।

मिथक : कश्मीर समस्या को कश्मीर के–मुस्लिम बहुल घाटी, हिंदू बहुल जम्मू और बुद्धवादी बहुल लद्दाख के रूप में तीन टुकड़े करके हल किया जा सकता है।

तथ्य : हाल ही में संघ परिवार के विभिन्न संगठन कश्मीर की जटिल समस्या के लिए इस तरह के हल सुझा रहे हैं। हालाँकि इन तीनों ही क्षेत्रों में किसी एक समुदाय का बाहुल्य है लेकिन वहाँ दूसरे समुदायों के लोग भी हैं और किसी भी क्षेत्र को जातीय एकरूपता के रूप में नहीं देखा जा सकता। लद्दाख में अच्छी संख्या में मुसलमान हैं, घाटी में अच्छी संख्या में हिंदू हैं और जम्मू में अच्छी संख्या में मुसलमान हैं। इस तरह का सांप्रदायिक 'समाधान' कश्मीर मामले के सद्‌भावपूर्ण समाधान का दरवाजा हमेशा के लिए बंद कर देगा। इस समाधान से ''राज्य में हिंसा होगी, सबकुछ ठप्प हो जाएगा, सांप्रदायिक ध्रुवीकरण हो जाएगा, जो न केवल राज्य के सांस्कृतिक और सामाजिक ताने-बाने को हमेशा के लिए नष्ट कर देगा, बल्कि शेष भारत के लिए सांप्रदायिक संबंधी दुष्परिणाम लेकर आएगा। इससे राज्य में अनेकत्ववादी परंपराओं और सांप्रदायिक सद्‌भाव को कायम करने की संभावनाएँ खत्म हो जाएँगी

जो कि किसी समय भारत के विचार का प्रतीक हुआ करती थीं।'' (मट्टो, दि टाइम्स ऑफ़ इंडिया : 6 अक्तूबर, 2000) तीन टुकड़ों में बँटवारा राज्य की सामासिक पहचान को हमेशा के लिए नष्ट कर देगा।

पोस्टस्क्रिप्ट

कश्मीर समस्या के लिए यह समाधान कैसे खोजें। इस 'समस्या' के कई हल सुझाए गए हैं। लेकिन कुछ पार्टियाँ इससे सहमत नहीं हैं और मामला जहाँ का तहाँ है।

(क) भारत सरकार कहती है कि कश्मीर भारत का अभिन्न अंग है इसलिए कोई भी समाधान भारत के संविधान के दायरे में होना चाहिए। तीसरे पक्ष की मध्यस्थता स्वीकार्य नहीं है।

(ख) ऊपर से दिखाने के लिए पाकिस्तान ने अपने बलात कब्जे वाले कश्मीर को आजाद कश्मीर का दर्जा दे रखा है। उसका कहना है कि कश्मीर के लोग भारत में नहीं रहना चाहते इसलिए कश्मीर के दोनों हिस्सों को मिलाकर एक करने तथा आजाद कश्मीर बनाने की अनुमति दी जाए। पाकिस्तान तीसरे पक्ष की मध्यस्थता चाहता है।

(ग) कश्मीर का कुछ हिस्सा पाकिस्तान ने चीन को दे दिया है जिसे उसने अपना क्षेत्र घोषित कर दिया है।

(घ) कश्मीर सरकार 1953 से पहले के दर्जे के अनुसार अधिक स्वायत्तता चाहती है। हालाँकि निष्पक्ष और सही चुनाव कभी-कभार ही हुए हैं। लेकिन अधिकांश राज्य सरकारों ने बार-बार अधिक स्वायत्तता की माँग की है।

(ङ) स्थानीय और बाहर से आए कश्मीरी आतंकवादियों के इस मुद्दे पर अलग-अलग रुख हैं। लेकिन इनमें से अधिकांश आजाद कश्मीर अर्थात् 1947 में कश्मीर के भारत में अधिमिलन से पहले की स्थिति लाना चाहते हैं।

यह बहुत जटिल समस्या है। यदि हम एक ही मत पर अड़े रहें तो समस्या का कोई हल नहीं खोजा जा सकता। इस बारे में केंद्रीय चिंतन यही रहा है कि कश्मीरी लोगों में पराएपन की भावना को खत्म किया जाए और बगैर किसी शर्त के पाकिस्तान के साथ बातचीत शुरू की जाए। कश्मीर में लोकतांत्रिक प्रक्रिया बहाल किया जाना एक शुरुआत मात्र है। किसी एक पक्ष को लेने से समस्या हल नहीं होगी। यह सुनिश्चित किया जाना चाहिए कि समाधान को सांप्रदायिक राजनीति जिसने इस समस्या को धर्म से जोड़ दिया है के दायरे से बाहर रखा जाए। आतंकवादियों के घोर अत्याचारों को निस्सहाय मुसलमानों ने भी झेला है। कश्मीर पंडित जिन समस्याओं का सामना कर रहे हैं वह विभिन्न पक्षों द्वारा मुद्दों के संप्रदायीकरण

के कारण पैदा हुई है। संक्षेप में कश्मीरियों के लोकतांत्रिक मत, बातचीत में पाकिस्तान की भागीदारी और अधिमिलन संधि पर हस्ताक्षर के समय किए गए वायदों का सम्मान स्थायी समाधान का आधार बन सकते हैं।

कश्मीर : महत्त्वपूर्ण तारीखें और घटनाएँ

12 अगस्त 1947 : महाराजा की सरकार ने भारत और पाकिस्तान को यथास्थिति का प्रस्ताव किया।

14 अगस्त 1947 : भारत का विभाजन हुआ और पाकिस्तान के नाम से एक धर्म देश बना।

14 अगस्त 1947 : आधी रात के समय भारत को आजादी मिली और पाकिस्तान ने यथास्थिति करार को स्वीकार कर लिया।

22 अक्तूबर 1947 : पाकिस्तानी सेनाओं की मदद से सशस्त्र कबाइली कश्मीर के क्षेत्र में घुस गए।

26 अक्तूबर 1947 : महाराजा हरिसिंह ने भारत के साथ अधिमिलन के दस्तावेज पर हस्ताक्षर किए।

27 अक्तूबर 1947 : गवर्नर जनरल लॉर्ड माउंटबेटन ने अधिमिलन के दस्तावेज को स्वीकार किया और फर्स्ट सिख रेजिमेंट के रूप में भारतीय सेना की पहली टुकड़ी श्रीनगर हवाई अड्डे पर उतरी।

30 अक्तूबर 1947 : महाराजा हरिसिंह ने शेख अब्दुल्ला को आपात प्रशासन के मुखिया के रूप में नियुक्त किया।

5 मार्च 1948 : महाराजा ने अंतरिम सरकार के गठन की घोषणा की और शेख अब्दुल्ला इसके प्रधानमंत्री बने।

5 जनवरी 1949 : संयुक्त राष्ट्र ने जनमत कराने संबंधी संकल्प पारित किया।

1 मई 1951 : राज्य संविधान सभा के गठन के बारे में घोषणा जारी की गई।

24 जुलाई 1952 : प्रधानमंत्री नेहरू ने जम्मू व कश्मीर के लिए विशेष स्थिति की घोषणा की। संसद को बताया गया कि भारत में कश्मीर का अधिमिलन कानून तथा तथ्य की दृष्टि से पूरा हो गया है।

26 जनवरी 1957 : राज्य का संविधान अस्तित्व में आया।

10 फरवरी 1972 : शेख मोहम्मद अब्दुल्ला ने कहा, ''भारत सरकार के साथ हमारी लड़ाई अधिमिलन के बारे में नहीं बल्कि स्वायत्तता की मात्रा के बारे में है।''

13 मार्च 1975 : संसद ने इंदिरा-शेख समझौते का अनुमोदन किया।

अध्याय–6

बाबरी मस्जिद-राम जन्मभूमि

विवाद : राम का घर या अल्लाह का मकान?

हमारा देश गरीबी, बीमारी, बेकारी, भूख, निरक्षरता और बहुत बड़ी जनसंख्या के लिए चिकित्सा सुविधाओं के अभाव से ग्रस्त है। उसे अजीब स्थिति देखने को मिल रही है। राजनीतिक नेतृत्व ऐसे संघर्षों और मुद्दों में फँसा हुआ है जिनका भूखे, अशिक्षित या बेरोजगार लोगों से कोई ताल्लुक नहीं है। वे फुटपाथों पर रहने वाले लोगों–जिनकी छत आसमान है और जो बड़े शहरों में कुल आबादी का 40 से 60 प्रतिशत हैं की समस्याओं की ओर कोई ध्यान नहीं देते हैं। यह बड़े दुःख की बात है कि आम आदमी से ताल्लुक रखने वाले मुद्दों पर फोकस करने की बजाय राजनीतिक नेतृत्व इस फिजूल की बहस में लगा हुआ है, कि अयोध्या में विवादग्रस्त ढाँचा राम का मकान है या अल्लाह का घर। यह एक ऐसा मुद्दा है जिसने विभाजन के घाव कुरेद दिए हैं और रोजाना अखबारों की सुर्खियों में आता है।

6 दिसम्बर, 1992 को जिस 'विवादित ढाँचे' का विध्वंस किया गया था उसे कुछ साल पहले बाबरी मस्जिद कहा जाता था। हिंदू कट्टरपंथियों ने इसको गिराए जाने को यह कहकर उचित बताया है कि यहीं पर भगवान राम पैदा हुए थे। यह दावा किया जाता है कि इसे मुगल हमलावर बाबर ने हिंदुओं का अपमान करने के लिए बनाया और यह देश के सम्मान के लिए शर्म का प्रतीक है। बाबरी मस्जिद का विध्वंस पूरे देश के लिए बहुत घातक था। समाज के एक वर्ग (जिसका ताल्लुक संघ परिवार से है) का दावा है कि इसने देश के माथे पर लगा एक धब्बा धो दिया है। इस दिन को शौर्य दिवस, हिंदू नव-निर्माण दिवस आदि नामों से अभिहित किया गया है। इसके विपरीत समाज का एक बहुत बड़ा वर्ग मानता है कि यह देश के लिए अत्यधिक प्रिय, धर्म-निरपेक्ष और लोकतांत्रिक मूल्यों के लिए शर्म की बात है। इसी दिन उन लोगों के सिर शर्म से झुक गए जिनका भारत के स्वतंत्रता संघर्ष से उभरे मूल्यों अर्थात् लोकतंत्र और धर्मनिरपेक्षता के मूल्यों में विश्वास था। यही दिन

था जब इस समूह के लोगों ने महसूस किया कि यह भारत के संविधान में सन्निहित मूल्यों के लिए बहुत बड़ा आघात है।

बॉक्स 6.1

बाबरी मस्जिद-घटनाक्रम

* राम जन्मभूमि-बाबरी मस्जिद विवाद 1984 में सामने आया जब विश्व हिंदू परिषद (विहिप) की धर्म संसद से सर्व सम्मति से एक संकल्प पारित किया जिसमें भगवान राम के जन्म स्थान को 'मुक्ति' करने की माँग की गई। यह मामला 1949 से विस्मृत हो गया था। आगे चलकर महंत अवैद्यनाथ के नेतृत्व में श्री राम जन्मभूमि मुक्ति यज्ञ समिति बनाई गई।
* इसी वर्ष 25 सितंबर को समिति ने एक प्रदर्शन शुरू किया जो बिहार में सीतामढ़ी से शुरू हुआ। इसका मिशन अयोध्या में मंदिर को मुक्त कराना था। यह प्रदर्शन 7 अक्तूबर, 1984 को अयोध्या पहुँचा, एक बहुत बड़े ट्रक में राम और सीता की मूर्तियाँ लाई जा रही थीं और लोग मुख्य रूप से भारत माता की जय का नारा लगा रहे थे।
* 1986 में राम जन्मभूमि न्यास द्वारा गठित यज्ञ समिति के कहने पर एक बहुत बड़ा संत सम्मेलन हुआ जिसमें सरकार से माँग की गई कि वह अयोध्या स्थल का मालिकाना हक अंतरित कर दे ताकि दुनिया का सबसे बड़ा मंदिर बनाया जा सके। इस बीच इस मुद्दे को उठाने के लिए बहुत से अभियान चलाए गए। इसी वर्ष पूजा पर प्रतिबंध हटाने के लिए मुंसिफ के न्यायालय में एक अर्जी दी गई। इस अर्जी को नामंजूर कर दिया गया।
* 11 फरवरी को फैजाबाद के जिला न्यायाधीश ने मस्जिद के ताले खोलने के लिए आदेश दिए। मुस्लिम समुदाय को नमाज अदा करने की अनुमति नहीं दी गई। बाबरी मस्जिद एक्शन कमेटी का गठन किया गया और इसके बाद पूरे देश में मुसलमानों ने शोक मनाया। जिला न्यायाधीश के आदेश के खिलाफ सुन्नी सेंट्रल वक्फ बोर्ड ने एक याचिका दायर की।
* मार्च 1987 में दिल्ली के वोट क्लब पर भारी संख्या में मुसलमान जमा हुए जिन्होंने बाबरी मस्जिद उन्हें सुपुर्द करने की माँग की। हिंदुओं का एक सम्मेलन अयोध्या में हुआ जिसमें राम जन्मभूमि की मुक्ति की माँग की। 1989 में 9 नवंबर को शिलान्यास हुआ और उससे अगले दिन मन्दिर की आधारशिला रखी गई। नींव मस्जिद से 192 फीट दूरी पर खोदी गई। संलग्न संगठनों के आक्रामक अभियान के कारण वातावरण में उत्तेजना आ गई।

'' 'बाबरी मस्जिद-राम जन्मभूमि' विवाद हाल ही में शुरू नहीं हुआ। यह 19वीं शताब्दी में अंग्रेजों की फूट डालो राज करो की नीति के तहत शुरू किया गया।

वास्तव में यह 1857 के स्वतंत्रता संघर्ष से पहले 1855 में शुरू हुआ।" (इंजीनियर : 1995 ए : 74) 22 दिसंबर, 1949 की रात को कुछ शरारती तत्त्व मस्जिद में घुस गए और वहाँ राम लला की मूर्ति रख दी। इससे विवाद के फिर उठाने के बीज बो दिए गए। यह विवाद 1984 में सामने आ गया, जब विश्व हिंदू परिषद (विहिप) की धर्म संसद ने भगवान राम के जन्म स्थल की 'मुक्ति' की माँग की। यह मुद्दा 1949 से विस्मृत पड़ा था। इसके बाद महंत अवैद्यनाथ के नेतृत्व में श्री राम जन्मभूमि मुक्ति यज्ञ समिति बनाई गई। (27 जुलाई, 1984) इस अभियान के बहुत गंभीर परिणाम होने थे। "इसका प्रभाव इसमें भाग लेने वाले वैष्णवों, शैवों और तान्त्रिकों जिनकी हिंसक प्रतिस्पर्धा की एक लंबी परम्परा रही है, के एक ऐसी माता अर्थात् भारत माता के झंडे तले आने के कारण हुआ जिसकी इनमें से कोई भी पूजा नहीं करता।" (जैफरलौट 1996 : 363)

बाद में संघ परिवार के राजनीतिक स्कंध भाजपा ने इसमें पूरे जोर-शोर से भाग लेने का निश्चय किया। तदनुसार लालकृष्ण आडवाणी की सोमनाथ से अयोध्या तक की रथ यात्रा शुरू की गई। यात्रा के फलस्वरूप सांप्रदायिक हिंसा की अनेकों वारदातें हुईं। मंदिर विवाद को लेकर बार-बार अभियानों के कारण हिंदुओं के मन में मुसलमानों के प्रति नफरत भड़काई गई। आडवाणी अपनी यात्रा पूरी नहीं कर सके और उन्हें बीच में ही 25 अक्तूबर, 1990 को गिरफ्तार कर लिया गया। यात्रा रुक गई। इसके बावजूद कुछ कारसेवक बाबरी मस्जिद स्थल के पास जमा हो गए और मस्जिद को नुकसान पहुँचाने की कोशिश की। मुलायम सिंह यादव की सरकार को गोली चलाने के आदेश देने पड़े जिसमें कुछ लोग मारे गए। इसके बाद संघ परिवार नें 6 दिसंबर, 1992 को अयोध्या में विवादित स्थल पर कारसेवा की घोषणा की। कारसेवा के लिए पूरे देश से तीन लाख स्वयं सेवक बुलाए गए। राज्य के भाजपा मुख्यमंत्री ने न्यायालय को लिखित में वचन दिया कि उसकी सरकार मस्जिद की रक्षा करेगी। लेकिन विध्वंस शुरू हुआ, अर्धसैनिक बल वहाँ से पीछे हट गए और कारसेवकों को बगैर किसी रुकावट के ढाँचे को तोड़ने की आजादी मिल गई। मस्जिद साढ़े पाँच घंटे में ढहा दी गई और उसके मलबे को सरयू नदी में फेंक दिया गया। एक दिन के भीतर अस्थायी मंदिर बना दिया गया तथा घोषणा की गई कि यह भविष्य में एक भव्य मंदिर के निर्माण की शुरुआत है। विध्वंस के बाद पूरे देश, विशेषकर मुंबई, सूरत, और भोपाल में भारी दंगे हुए। विध्वंस के फलस्वरूप चार राज्यों में भाजपा सरकारें बर्खास्त कर दी गईं। पूरे देश में वर्कशॉप लगाई गईं तथा कारीगरों ने मंदिर के स्तंभ व दूसरे हिस्से बनाने शुरू कर दिए। तब से संघ परिवार अपने मंदिर एजेंडे के लिए जनसमर्थन जुटा रहा है। आर एस एस से जुड़े दूसरे संगठनों ने इस बात को और आगे बढ़ाते हुए काशी और मथुरा में मस्जिद तोड़कर मंदिर बनाने की आवाज बुलंद करनी शुरू कर दी है।

15 वर्षों की अवधि में यह आंदोलन हमें कहाँ ले आया है? धर्म पर आधारित यह आंदोलन बहुत बड़ा है। और उसका प्रयोग राजनीतिक उद्देश्यों के लिए भारी संख्या में लोगों को जुटाना है। इसके अलावा विहिप ने देश के विभिन्न भागों में मंदिर के लिए स्तंभ व दूसरे हिस्से बनाने शुरू कर दिए हैं, हालाँकि यह मामला अभी भी न्यायालय में है। दिलचस्प बात यह है कि मुस्लिम नेतृत्व के एक हिस्से ने न्यायालय के आदेश का पालन करने का वचन दिया है जबकि संघ परिवार ने कहा है कि न्यायालय का आदेश चाहे जो हो मंदिर तो बनकर रहेगा। भाजपा भी दोमुखी बातें कर रही है, उसका कहना है कि वह न्यायालय के आदेशों का पालन करेगी लेकिन बीच-बीच में यह भी कह दिया जाता है कि ''राम मंदिर का निर्माण राष्ट्र की भावना है जो अभी तक पूरी नहीं हुई है।'' (अटल बिहारी वाजपेयी)

मिथक : यह एक ऐतिहासिक तथा निर्विवाद तथ्य है कि महाराजा विक्रमादित्य के समय में एक प्राचीन मंदिर था लेकिन इस बारे में विवाद है कि किस विक्रमादित्य ने इस स्थल का पुनर्निर्माण कराकर भव्य मंदिर बनाया था। इसमें कस्तूरी के 84 स्तंभ थे, इसमें से कुछ अभी भी मस्जिद में मौजूद हैं और अपनी कहानी बताते हैं। यह मंदिर बाबर की सेना के कमांडर मीर बकी ने बाबर की अयोध्या यात्रा के बाद अपवित्र और नष्ट किए। फकीर फजल अब्बास कलंदर को खुश करने के लिए वहाँ मस्जिद बनाई गई। (पनिकर 1990 : 22)

''बाबरी मस्जिद से पहले वहाँ पर एक पूजा स्थल था, यह इस तथ्य से सिद्ध हो जाता है कि हिंदू वहाँ पर आते रहे। कुछ मुसलमान शासकों ने उन्हें मस्जिद के ठीक बाहर एक चबूतरे पर पूजा करने की अनुमति दी।'' (एलस्ट 1993 : 3)

तथ्य : ये बातें विहिप आदि द्वारा भारत सरकार को दिए गए अधिकांश साहित्य में शामिल की गई हैं। इसी के अनुसार ऐतिहासिक साक्ष्य प्रस्तुत किया गया है। इस बारे में तीन सवाल उठते हैं–

(क) क्या राम बिल्कुल उसी जगह पैदा हुए जहाँ पर मस्जिद थी?

(ख) क्या मस्जिद के निर्माण से पहले मंदिर ढहाया गया?

(ग) राम मंदिर और उसके विध्वंस को लेकर आम विश्वास क्या है?

आइए हम इन मुद्दों को एक-एक करके लें।

1. क्या राम बिल्कुल उसी जगह पैदा हुए जहाँ पर मस्जिद थी?

यह बड़ा जटिल मामला है जिसमें मिथक और तथ्य घुलमिल गए हैं। इसका एक कारण इतिहास/पुराण का वह युग है जिसका उल्लेख किया गया है। यह बहुत प्राचीन काल की बात है और किसी निष्कर्ष पर पहुँचने से पहले स्रोतों की जाँच जरूरी है। बहुत से इतिहासकार राम को पौराणिक चरित्र मानते हैं। जबकि कुछ उन्हें ऐतिहासिक व्यक्ति बताते हैं। विख्यात विद्वान सुनीति कुमार चटर्जी का मानना है कि ''रामायण मूल रूप से एक कवि वाल्मीकि की रचना थी। उसका कोई ऐतिहासिक

आधार नहीं है। भारत के इतिहास का कोई भी विद्वान अब यह नहीं मानता कि रामायण के नायक राम ऐतिहासिक व्यक्ति थे और उनका कोई काल था।" यदि हम यह मान लें कि वे ऐतिहासिक व्यक्ति थे, तो सवाल उठता है कि उनका अयोध्या में जन्म कब हुआ? और यदि उनका जन्म अयोध्या में हुआ तो क्या बिल्कुल उसी स्थान पर जहाँ बाबरी मस्जिद है।

हमें यह बात ध्यान में रखनी चाहिए कि आज भी अयोध्या में ऐसे बहुत से राम मंदिर हैं जो दावा करते हैं कि राम का जन्म वहाँ हुआ। अयोध्या की बात करें तो यह पूछा जा सकता है कि क्या वह राम के जन्म से पहले अस्तित्व में थी? "राम की कहानी की घटनाएँ मूल रूप से राम कथा में दी गई हैं जो मौजूद नहीं हैं। उन्हें वाल्मीकि ने लम्बे महाकाव्य रामायण में लिखा है। कविता होने के कारण यह काल्पनिक हो सकती है। यह कल्पना स्थानों, चरित्रों और घटनाओं के बारे में हो सकती है।" (पनिकर 1990 : 23) एपीग्राफिका इंडिका के अनुसार (वाल्यूम VI, 1990-1991) राम का जन्म त्रेता युग में 3100 ईसा पूर्व में हुआ। इस महाकाव्य में अयोध्या का जो विवरण दिया गया है वह पुरातत्वीय निष्कर्षों से मेल नहीं खाता। एक पुरातत्ववेत्ता लाल ने निष्कर्ष निकाला है कि "जन्म भूमि क्षेत्र पर 7 वीं शताब्दी बी सी में पहली बार बसावट हुई।" इस इलाके का विकास बहुत बाद में हुआ क्योंकि छठी शताब्दी या पाँचवीं शताब्दी के पूर्वार्ध से पहले नहीं हो सकता। इसी समय गंगा के मैदान में बहुत से नगर अस्तित्व में आए। इस मुद्दे के बारे में तथ्य जवाहर लाल नेहरू विश्वविद्यालय के 25 प्रमुख इतिहासकारों की रिपोर्ट में प्रस्तुत किए गए हैं। उन्होंने बढ़ते हुए संप्रदायवाद के मद्देनजर यह रिपोर्ट प्रस्तुत की है। (गोपाल 1989) इन इतिहासकारों का कहना है कि :

1. यह दर्शाने के लिए कोई पुरातत्वीय साक्ष्य नहीं है कि इतने प्राचीन समय में आज की अयोध्या के आसपास के इलाके में बसावट थी। इस जगह सबसे पुरानी बसावट 8 वीं शताब्दी बी सी में हुई। वाल्मीकि की रामायण में जो वर्णन है उसके मुकाबले यहाँ का भौतिक जीवन बहुत सरल था।
2. रामायण में इस नगर में भवनों और महलों का बार-बार उल्लेख है। पुरातत्वीय साक्ष्य से नगर जीवन का यह विवरण मेल नहीं खाता।
3. अयोध्या की स्थिति के बारे में भी विवाद है। शुरू के बुद्धवादी साहित्य में श्रावस्ती और साकेत का उल्लेख है, अयोध्या का नहीं। इन्हें कौशल के बड़े शहर बताया गया है। अयोध्या का भी उल्लेख है लेकिन उसे गंगा के किनारे स्थित बताया गया है। सरयू नदी के किनारे नहीं, जो कि वर्तमान अयोध्या का स्थल है।
4. 5वीं शताब्दी ईस्वी में गुप्त सम्राट स्कंदगुप्त ने साकेत नगर का नाम बदलकर अयोध्या किया। उसने यहाँ अपना निवास स्थान बनाया। इस प्रकार

महाकाव्य में जिस काल्पनिक अयोध्या की बात की गई है वह बहुत बाद में साकेत का नाम बदल कर अस्तित्व में आई। इसका यह मतलब नहीं है कि गुप्त सम्राट राम का भक्त था। साकेत को अयोध्या का नाम देकर वह सूर्य वंशी राजाओं का सम्मान हासिल करना चाहता था। राम इसी सूर्य वंश से ताल्लुक रखने वाले बताए जाते हैं।

इस प्रकार हम यह निष्कर्ष निकाल सकते हैं कि राम की ऐतिहासिकता या 4000 ई. पू., अयोध्या जहाँ राम को पैदा हुआ बताते हैं के अस्तित्व के बारे में कोई निश्चितता नहीं है। अयोध्या की भौगोलिक स्थिति के बारे में निश्चित रूप से कुछ नहीं कहा जा सकता है।

यहाँ यह नोट किया जाना चाहिए कि अयोध्या में राम पंथ काफी देर से शुरू हुआ। अयोध्या कई धर्मों—बुद्धधर्म, जैनधर्म, और हिंदूधर्म का केंद्र रही है। पाँचवीं शताब्दी ईसा पूर्व से भारत में बुद्धवादी समुदाय अयोध्या में रह रहा था। हालाँकि पहली सहस्राब्दी ईस्वी में इस धर्म को बहुत आघात पहुँचा लेकिन इसके अस्तित्व के बहुत से अवशेष बचे रहे। जैन परंपरा के अनुसार अयोध्या पहले और चौथे तीर्थंकर का जन्म स्थान थी। "अयोध्या में हिंदू पूजा के प्रारंभिक स्थान शैव और वैष्णव पंथ से संबंधित थे। राम की विष्णु के अवतार के रूप में पूजा बहुत बाद की घटना है। राम की छवि के बारे में संदर्भ बहुत बाद में छठी शताब्दी की पुस्तकों जैसे वराहमित्र की ब्रह्मसंहिता में मिलते हैं...अयोध्या के वर्तमान स्थल पर दूसरी सहस्राब्दी ईस्वी से पहले राम की पूजा के कोई संकेत नहीं मिलते। पाँचवीं से आठवीं शताब्दी ईस्वी के शिलालेखों पर भी अयोध्या को राम की पूजा के साथ नहीं जोड़ा गया है।" (पनीकर 1990 : 26)

उपलब्ध सामग्री के विस्तृत विश्लेषण के बाद हंस बक्कर ने निष्कर्ष निकाला है कि "राम को सर्वोच्च देव और विष्णु के अवतार के रूप में पूजने की प्रथा 11वीं और 12वीं शताब्दी ई. से पहले अस्तित्व में नहीं आया।" इस प्रकार यह निष्कर्ष निकाला जा सकता है कि रामपंथ 12वीं शताब्दी के बाद ही महत्त्वपूर्ण बना।

2. क्या मस्जिद के निर्माण से पहले मंदिर ढहाया गया?

बाबर के एक सामंत मीर बकी ने 1528 में अयोध्या में मस्जिद बनवाई। उस समय प्रथा के अनुसार ज्यादातर सामंत अपने बादशाह के नाम पर कार्य करते थे। इन बातों के लिए एकमात्र स्रोत मजिस्द पर लिखावट है क्योंकि बाबर की संभावित अयोध्या यात्रा के बारे के पन्ने बाबर की आत्मकथा बाबरनामा से गायब हैं। इसका बाबर के संस्मरणों तज़ाक-ए-बाबरी में भी कोई उल्लेख नहीं है। बाबर ने अपने संस्मरणों में बहुत साफगोई से काम लिया है। उसने बहुत साफ-साफ लिखा है कि ग्वालियर के पास उरवाह घाटी में उसने अश्लीलता के कारण जैन मूर्तियों को तोड़ने-फोड़ने का आदेश दिया। यदि धार्मिक आग्रह के कारण उसने मंदिर तोड़ा होता तो वह उसे साफ-साफ स्वीकार कर लेता।

पानीपत की लड़ाई के बाद वह अवध क्षेत्र में आया था। हालाँकि मीर बकी की धार्मिक भावना कविता में साफ हो जाती है लेकिन विध्वंस का कोई उल्लेख नहीं है। अपने वसीयतनामे में बाबर ने अपने पुत्र हुमायूँ से दूसरे धर्मों विशेषकर अपनी प्रजा हिंदुओं के लिए धर्म के सम्मान की सलाह दी। स्वयं बाबर धर्मांध नहीं था और उसने अपने बाबरनामे में दूसरे धर्मों के सम्मान की बात कही है। उसके शासनकाल में पेशावर में गुरु खत्री धर्मस्थल जहाँ हिंदू अपने केश समर्पित करते थे, कचुआ जहाँ मुसलमान हिंदू योगियों के साथ रहते थे और ग्वालियर में मस्जिद के पास ऊँची मूर्ति बरकरार रहे, यह उसकी धार्मिक सहिष्णुता के द्योतक हैं।

लेकिन उसकी अयोध्या यात्रा के बारे में ही संदेह है। इस घटना के बारे में कोई तत्कालीन विवरण नहीं है। ऐसी स्थिति में केवल इस तथ्य से अंदाजा लगाया जा सकता है कि उस समय के उपलब्ध स्रोतों में कहीं पर भी किसी मंदिर को गिराए जाने का उल्लेख नहीं है। अबुल फ़ज़ल द्वारा 17वीं शताब्दी में लिखे गए आइने अकबरी में अयोध्या का उल्लेख 'एक प्राचीन पवित्र स्थान' के रूप में किया गया है। किसी मंदिर के तोड़े जाने और उस पर मस्जिद बनाए जाने का कोई उल्लेख नहीं है। महान रामभक्त तुलसीदास ने इसका जरूर उल्लेख किया होता। वे बाबर के काल के 25 वर्ष बाद प्रकट हुए और इस बात की कोई संभावना नहीं है कि मात्र 25-50 वर्ष बाद रहने वाले इस मशहूर राम भक्त ने इस घटना का उल्लेख न किया हो।

जो लोग यह दावा करते हैं कि अयोध्या में मंदिर गिराया गया वे उस समय के किसी स्रोत का उल्लेख नहीं करते। रामगोपाल पांडे की 'राम जन्मभूमि का रक्त रंजित इतिहास' में कहा गया है कि मंदिर स्थल को प्राप्त करने के लिए बाबर के शासन काल में बाबरी मस्जिद पर हिंदुओं ने चार बार हमला किया और हुमायूँ के शासनकाल में दस बार तथा अकबर के शासनकाल में बीस बार हमला किया गया। इस लोकप्रिय पुस्तक में भी सूचना का स्रोत नहीं बताया गया है।

3. राम मंदिर और उसके विध्वंस को लेकर आम विश्वास क्या है?

यह कहा गया है कि मस्जिद बनाए जाने के बाद कई बार झगड़े हुए। लेकिन इसके विपरीत बैरागी हिंदुओं और मुसलमानों के बीच 1855 में झगड़ा हुआ। अपनी पुस्तक हदीग अल-शुहादे में मिर्जा जान ने लिखा है कि मुसलमानों ने मस्जिद फिदाई खान पर कब्जा किया और उसे ढहा दिया। मुसलमानों ने इसके उत्तर में बाबरी मस्जिद को अपना आधार बना लिया। इस विवरण में एक बहुत दिलचस्प बात यह कही गई है कि बैरागियों को ब्रिटिश शासकों का अप्रत्यक्ष समर्थन प्राप्त था। घटना से दोनों ओर लोग हताहत हुए। बैरागियों ने बाबरी मस्जिद पर हमला करके उसे कब्जे में ले लिया। उन्होंने मुसलमानों की कब्रें उखाड़ दीं। और वहाँ पर मूर्तियाँ लगा दीं।

जाहिर है कि असली भिड़ंत अंग्रेजों के कहने पर हुई जो कि मुसलमानों और हिंदुओं में खाई पैदा करने में कामयाब हो गए। आगे चलकर काफी कुर्बानी देने के बाद मुसलमानों ने मस्जिद पर कब्जा कर लिया। और उसका कानूनी कब्जा प्राप्त

करने के लिए न्यायालय में मुकदमा दायर किया। 1858 में मुसलमानों ने मस्जिद के पास मिट्टी का चबूतरा बनाए जाने पर शिकायत दायर की। इस चबूतरे पर पूजा की जाने लगी थी। 1860 में बाबरी मस्जिद का समुचित रूप से पंजीकरण कराया गया और यह दिखाने के लिए रिकार्ड उपलब्ध है कि हनुमान गढ़ी के महंत को उसके पास मकान बनाने की अनुमति नहीं दी गई।

राम मंदिर के उपलब्ध होने के बारे में एक और तर्क इस मिथक पर आधारित है कि अधिकांश मुस्लिम शासकों ने मस्जिद बनाने के लिए मंदिरों को तोड़ा। इसलिए मीर बकी ने भी मंदिर जरूर तोड़ा होगा। (मध्ययुगीन इतिहास मिथक) यदि कुछ मुसलमान शासकों ने मंदिर तोड़े तो इससे यह सिद्ध नहीं हो जाता की बाबरी मस्जिद बनाने के लिए राम मंदिर तोड़ा गया। ब्रिटिश इतिहासकारों ने विवाद के बीज बोए (कारमेगी की 'हिस्टोरिकल स्केच ऑफ तहसील फैजाबाद, जिला फैजाबाद', लखनऊ 1870 और एच आर नेविल की फैजाबाद डिस्ट्रिक्ट गजेटियर, इलाहाबाद 1905) ब्रिटिश अधिकारियों के सोच के तरीके का पता बाबर के संस्मरणों के मिसेज बेवरिज के अनुवाद से चल जाता है। उसने फुटनोट में लिखा है कि मुसलमान होने और "प्राचीन हिंदू मंदिर की भव्यता और पवित्रता से प्रभावित होकर बाबर ने उसके एक हिस्से को जरूर हटाया होगा और उस पर मस्जिद बनाई होगी।" (गोपाल : 1989 : 6) इस प्रकार अंग्रेजों की नीति बिल्कुल साफ थी। उन्हें पिछले शासकों से भारतीय जनता की निष्ठा छीननी थी। खुद को नृशंस मुस्लिम शासकों से हिंदुओं के मुक्तिदाता के रूप में प्रस्तुत करना था। इसलिए उन्होंने पूरे इतिहास को सांप्रदायिक नजरिए से पेश किया, इसके लिए मुसलमान शासकों द्वारा मंदिर गिराए जाने के मिथक को हथियार के रूप में इस्तेमाल किया। इस प्रकार यह मान्यता गजटों और दूसरे लेखनों का आधार बन गई और अंग्रेजों द्वारा की गई व्याख्या शासकीय व्याख्या बन गई जिसे समय-समय पर दोहराया गया। एस गोपाल तथा दूसरे लोगों ने यह कहकर बात बिल्कुल साफ कर दी है कि 19वीं शताब्दी में यह कहानी गढ़ी गई और इसे शासकीय अभिलेख का हिस्सा बना दिया गया। दूसरे लोगों ने इस रिकार्ड को इस मामले में ऐतिहासिक साक्ष्य के रूप में पेश किया।

तीसरी बात कि राम का जन्म बिल्कुल उसी स्थान पर हुआ यह बात केवल विश्वास पर आधारित है। इसलिए मन्दिर के उसी स्थान पर निर्माण की माँग का यह एक आधार हो जाता है। इसमें विश्वास इतिहास का आधार नहीं हो सकता ऐसे मामलों में इतिहास के तथ्य ही मार्गदर्शक होने चाहिए। विश्वास को आधार बनाना बहुत खतरनाक खेल हो सकता है। फिर कुछ विश्वास राजनीति से प्रेरित होते हैं जैसा कि इस मामले में हुआ है। ब्रिटिश शासन से पहले इस बारे में कोई विवाद नहीं था, अगर था भी तो वह आजादी के बाद खत्म हो गया। इस पर विश्वास का रंग चढ़ा दिया गया और अपना लक्ष्य प्राप्त करने के लिए ऐसे मुद्दे उठाए गए जिनका धर्म से कोई लेना-देना नहीं है।

जवाहरलाल नेहरू विश्वविद्यालय के 25 प्रख्यात इतिहासकारों ने अपनी टिप्पणियों का सारांश (ए हिस्टोरियन्स रिपोर्ट टू दि नेशन (1994 : 64) इस प्रकार दिया है।

1.1 16वीं शताब्दी (और जाहिर है कि 18वीं शताब्दी) से पहले की पुस्तकों में इस बात का कोई साक्ष्य नहीं है कि राम के जन्म स्थान के रूप में अयोध्या को कोई श्रद्धा दी जाती थी।

1.2 बाबरी मस्जिद राम के जन्म स्थान पर बनी, इस किंवदंती का 18वीं शताब्दी के पूर्वार्ध तक कोई उल्लेख नहीं था। मस्जिद बनाने के लिए मंदिर तोड़ा गया इस बात पर 19वीं शताब्दी के शुरू तक कोई दबाव नहीं डाला गया। इसके बाद पर्यवेक्षकों ने इस कथन पर विश्वास करना शुरू कर दिया।

1.3 राम के जन्मस्थान और सीता की रसोई के स्थान पर मंदिर के विध्वंस की पूरी कहानी 1850 के दशक के अंत में पूरी तरह से सामने आई। उसके बाद से हमें 'विश्वास पर आधारित' 'काल्पनिक इतिहास' में लगातार वृद्धि के दर्शन होते हैं।

मिथक : बाबरी मस्जिद में 14 काले पत्थर के स्तंभ हैं जो कि गैरइस्लामिक मोटिफ के सूचक हैं। ये स्तंभ नष्ट किए गए ढाँचे का अंग थे। ईंट, स्तंभ आधार वाला मंदिर 1528-29 में तोड़ा गया और उसके स्थान पर मस्जिद बनाई गई। विवाद पर बातचीत के दौरान विहिप ने यह बात ठीक ही कही।

तथ्य : ये काले पत्थर के स्तंभ जरूर हैं लेकिन ऐसे ही स्तंभ 3/4 किलोमीटर की दूरी पर कब्रिस्तान में भी मौजूद हैं। इन पर मोटिफों से पता चलता है कि ये नौवीं/दसवीं शताब्दी और कुछ मामलों में दसवीं या ग्यारहवीं शताब्दी में बने इसलिए ये किसी एक ढाँचे के नहीं हैं। स्तंभों पर पाए गए मोटिफ पूर्वी भारत में दूसरे स्थानों पर लगे स्तंभों से मिलते हैं। (बनर्जी 1981) ये स्तंभ काले पत्थर के बने हैं जो कि राजमहल और मिर्जापुर में पाया जाता है। "उद्योगीकृत भारत के पूर्व में भवन निर्माण सामग्री को एक स्थान से दूसरे स्थान पर ले जाने के काफी प्रमाण मौजूद हैं। अशोक के काल के स्तंभ चुनार में खोदकर निकाले गए और उन्हें गोलाकार बनाया गया। यहाँ से इन्हें देश के विभिन्न भागों को भेजा गया। फिरोजशाह तुगलक के शासन काल में मेरठ और टोपला में अशोक स्तंभों को दिल्ली लाया गया।" (ए हिस्टोरियंस रिपोर्ट 1994 : 53) विहिप विशेषज्ञों का दावा है कि स्तंभों पर नक्काशी उनके वैष्णव संबंधों को दर्शाती है। लेकिन वैष्णवों के मूल संकेत जैसे कि शंख, चक्र, गदा और पद्म इन पर नहीं हैं। इसके अतिरिक्त इनकी औसत ऊँचाई 5 फुट है जिससे जाहिर होता है कि ये अ।धार बनने वाले स्तंभ नहीं हैं। ये केवल सजावट के लिए हैं और किसी पूर्व ढाँचे के हिस्से नहीं हैं।

यह ध्यान दिया जाना चाहिए कि ईंट, स्तंभ, आधार ढाँचे के साथ फर्शों के ऊपर तथा बाबरी मस्जिद के सामान्य फर्श के ठीक नीचे खाइयाँ हैं जिनमें ग्लेजवेयर पॉटरी है। इस तरह की पॉटरी का हिंदू मंदिरों में कभी इस्तेमाल नहीं होता था। यह मुसलमान घरों में पाई जाती है। इससे जाहिर है कि ईंट, स्तंभ, ढाँचा पहले ही गिर चुका था और 13 वीं शताब्दी में उस स्थान पर मुसलमान रहते थे। इस तरह की ही ग्लेज टाइलें अयोध्या के मुस्लिम बहुल इलाकों में पाई गई हैं। प्राचीन इतिहास संस्कृति और पुरातत्वीय विभाग (इलाहाबाद विश्वविद्यालय) के मंडल ने विवाद के पुरातत्वीय कोण का इस प्रकार सारांश दिया है। (मंडल 1993 : 63)

1. मस्जिद (अब ध्वस्त) के बारे में जो भी पुरातत्वीय सामग्री प्रकाश में आई है उसमें से मस्जिद के नजदीक खाइयों के बारे में लाल के विवरण को ही प्राथमिक पुरातत्वीय साक्ष्य के रूप में लिया जा सकता है। इस साक्ष्य को भी वस्तुपरक आधार पर न्यूनतम मानकों के अनुसार देखा जाना चाहिए। मस्जिद के निर्माण से पहले वहाँ कोई पत्थर का ढाँचा नहीं पाया गया है बल्कि सब तरफ ईंटें लगी हैं।
2. उपलब्ध स्तर विन्यास के साक्ष्य के अनुसार तथाकथित स्तंभ एक-दूसरे से नहीं मिलते हैं। ये निर्माण के विभिन्न चरणों के सूचक हैं। ये एक ढाँचे के अंग नहीं हो सकते।
3. इस बात के स्पष्ट संकेत हैं कि ईंटों की नींवें विभिन्न चरणों में निर्माण के अवशेष हैं।
4. ईंटों के इस अवशेष से स्पष्ट रूप से पता चलता है कि वहाँ कच्चा निर्माण हुआ था। 'पत्थर के भव्य मंदिर' का सवाल ही नहीं है।
5. कुछ हिस्सों को 'इस्लाम पूर्व' के समय का बताया गया है। लेकिन ऐसा कोई शिल्प तथ्य नहीं दिया गया है जिससे साबित हो कि ऊपर दिया गया विवरण सही है। 'पाई गई' पत्थर की मूर्तियों का कोई स्तर विन्यासीय संदर्भ नहीं है और न ही उनका कोई सांस्कृतिक संदर्भ है। इसलिए उन्हें उस काल का नहीं कहा जा सकता जिसके बारे में दावा किया गया है।
6. इन मूर्तियों को 16वीं शताब्दी में एक गड्ढे में दबा देने का भी कोई साक्ष्य नहीं है। 16वीं शताब्दी का कोई एक शिल्प तथ्य ऐसा नहीं है जो कि उस 'समूह' का द्योतक माना जा सके। इस गड्ढे में बाद में सामान फेंका गया। उस जगह पर पत्थर तराशी का भी कोई साक्ष्य नहीं है।
7. तोड़ी गई या खंडित मूर्तियाँ एक छोटे से स्थान पर हैं और पूरे क्षेत्र में नहीं फैली हैं। यदि यह माना जाए कि तोड़ी गई मूर्तियाँ एक गड्ढे में फेंक दी गईं तो यह कैसे मान लिया जाए कि इतने बड़े मंदिर की सारी मूर्तियाँ एक गड्ढे में समा जाएँ। इसके अलावा पाई गई ये मूर्तियाँ वैज्ञानिक

ढंग से की गई खुदाई के दौरान पाई गई सामग्री से मेल नहीं खातीं जिससे जाहिर होता है कि ये मूर्तियाँ ऊपर के स्तर तक सीमित हैं।

8. व्यवस्थित रूप से की गई खुदाई के दौरान ऐसा कोई शिल्प तथ्य नहीं मिला है जिससे मंदिरों के मौजूद होने का प्रमाण मिलता हो। टूटे 'स्तंभ आधारों' (यदि इन्हें स्तंभ आधार मान भी लिया जाए) और दीवारें 'व्यापक' या 'भारी पैमाने पर विध्वंस का संकेत' नहीं देती हैं।

मंडल ने निष्कर्ष निकाला है कि "उपलब्ध सूचना इस स्पष्ट कथन के समर्थन के लिए काफी है कि मस्जिद के निर्माण से पहले की 3 शताब्दियों (13वीं से 15 वीं शताब्दी) के दौरान वहाँ पत्थर या ईंट या दोनों का कोई ढाँचा मौजूद था।"

मिथक : राम जन्मभूमि आंदोलन का उद्देश्य भगवान राम का मंदिर बनाना मात्र नहीं बल्कि यह राष्ट्र के आत्मसम्मान को जगाने का प्रयास भी है। "...जन्म भूमि आंदोलन केवल धार्मिक एकता के लिए ही नहीं बल्कि राष्ट्रीय एकता के लिए भी है। अयोध्या संघर्ष भारत की अखण्डता और एकता के लिए संघर्ष है।"

तथ्य : जैसा कि ऊपर बताया गया है 19वीं शताब्दी में मुठभेड़ों के बाद यह विवाद खत्म हो गया था। विभाजन के बाद के समय तक यह सवाल नहीं उठा। मुसलमान विरोधी तीव्र भावनाओं का लाभ उठाते हुए मस्जिद को मंदिर में तब्दील करने के प्रयास किए गए। राष्ट्रीय 'जागरण' अर्थात भारत की आजादी और राष्ट्र के निर्माण के लिए स्वतंत्रता आंदोलन के दौरान इस मुद्दे को कभी नहीं उठाया गया। 22-23 दिसंबर, 1949 की रात को रामलला की मूर्तियाँ स्थापित कर देने के बावजूद यह मामला दबा रहा। "उस रात जब मस्जिद में कोई नहीं था तो कुछ हिंदू वहाँ घुस आए और मूर्ति स्थापित कर दी। उस रात 15 लोगों का एक पुलिस दस्ता वहाँ मौजूद था लेकिन उसने जाहिर तौर पर कोई कार्रवाई नहीं की।" (जिलाधीश नैयर का मुख्यमंत्री जी. बी. पंत को तार, इंजीनियर, 1995 ए : 79 में उद्धृत) 1970 के दशक के अंत और 1980 के दशक के शुरू में समाज का भारी पैमाने पर संप्रदायीकरण हुआ जिसका लाभ उठाते हुए मुसलमान कट्टरपंथियों ने शाहबानो निर्णय के विरोध में आंदोलन शुरू कर दिए, जबकि विहिप ने मस्जिद के स्थान पर मंदिर बनाने के लिए माँग करनी शुरू कर दी। मस्जिद में रामलला की मूर्तियाँ लगाने के लिए हिंदुओं के अवैध प्रवेश से नेहरू बहुत नाराज हुए थे। उन्होंने उत्तर प्रदेश के मुख्यमंत्री को बार-बार लिखा कि वहाँ से मूर्तियाँ हटवा दी जाएँ। लेकिन स्थानीय जिलाधीश (नैयर) ने कोई कार्रवाई नहीं की। बाद में उसने इस्तीफा दे दिया और भाजपा की पूर्ववर्ती भारतीय जनसंघ में शामिल हो गया। आगे चलकर वह संसद सदस्य बना। परिसर में ताला लगा रहा और 1986 में उसे हिंदुओं द्वारा पूजा के लिए खोला गया। न्यायपालिका की भूमिका भी बहुत संदिग्ध रही। "न्यायपालिका को शांति भंजक कहा जाएगा।" (न्यायमूर्ति वी. आर. कृष्ण अय्यर) "उसने पागलपन के बढ़ते जाने को नहीं रोका" (सोली सोराबजी) (ये दोनों ही उद्धरण ए ए इंजीनियर

1995 ए : 80 से लिए गए हैं)

कई जटिल तत्त्वों के फलस्वरूप इस मामले ने तूल पकड़ा। आपातकाल के बाद इंदिरा गांधी का हिंदू संप्रदायवाद की ओर झुकाव, स्थानीय भाजपा अधिकारियों का सहानुभूतिपूर्ण रवैया और समाज के बढ़ते हुए संप्रदायीकरण, इन सभी ने समस्या में योगदान किया जो कि बद से बदतर होती गई। मीनाक्षीपुरम में कुछ दलितों द्वारा इस्लाम को अपना लिए जाने के कारण विश्व हिंदू परिषद आक्रामक हो गई। वह दो समुदायों में खाई पैदा करने के लिए एक के बाद एक मुद्दा उठाने लगी। आगे चलकर उसने राम जन्मभूमि का मुद्दा पकड़ लिया। हिंदू कट्टरपंथी राजनीति ने अपना हमला तेज कर दिया। उसने सांप्रदायिक राजनीति का ढोल पीटने के लिए शाहबानो की घटना का इस्तेमाल किया। राजीव गाँधी ने गंभीर सामाजिक मुद्दों को ताश का खेल बना दिया। शाहबानो निर्णय को उलटकर उन्होंने मुस्लिम कार्ड खेला। इसी प्रकार राम भक्तों के लिए मस्जिद के ताले खोलकर उन्होंने हिंदू कार्ड खेला। जोड़-तोड़ की यह राजनीति दोनों ही समुदायों के कट्टरपंथियों के हाथों में हथियार बन गई, जो इस राजनीति को ऊँचाइयों पर ले जाने के लिए किसी बहाने की तलाश में थे।

इसी बीच सैयद शहाबुद्दीन के नेतृत्व में बाबरी मस्जिद एक्शन कमेटी ने 1987 में गणतंत्र दिवस के बहिष्कार का आह्वान किया। इसके लिए उसकी बहुत आलोचना की गई। बाद में उन्होंने ऐसा कोई आह्वान किया था, इस बात से इनकार किया लेकिन तब तक नुकसान हो चुका था। इन सब घटनाओं के कारण सांप्रदायिक दंगों की तीव्रता ऊँचाइयों तक पहुँच गई। विहिप ने राम शिला पूजन और दूसरे कार्यक्रम करके इस मामले को उत्तरी भारत के सभी हिस्सों तक पहुँचा दिया। इन कार्यक्रमों तथा विहिप, आर एस एस आदि द्वारा किए गए भड़काऊ प्रचार के कारण इंदौर, मऊ, रतलाम, कोटा, जयपुर और भागलपुर में भारी पैमाने पर सांप्रदायिक दंगे हुए। राम जन्मभूमि की आधारशिला विहिप और आर एस एस अभियान के सामने झुक जाने वाली राजीव गाँधी सरकार की मिलीभगत से 9 दिसंबर, 1987 को रखी गई। इसके बाद लालकृष्ण आडवाणी की रथ यात्रा हुई जिसके फलस्वरूप अल्पसंख्यकों को इस मामले को उठाने के लिए बाध्य कर दिया गया। अंततः 6 दिसंबर, 1992 को कार सेवा के दौरान मस्जिद को ध्वस्त कर दिया गया और देश के धर्मनिरपेक्ष चरित्र को एक बड़ा धक्का लगा।

राष्ट्रवाद की भावना को आगे बढ़ाने के स्थान पर यह अभियान कुछ असरदार वर्गों तक सिमटकर रह गया। वे समाज के वंचित वर्गों के कुछ हिस्सों को भी अपने साथ लेने में कामयाब हो गए क्योंकि हताशा की स्थिति में वे अपनी कुंठा को व्यक्त करने के लिए किसी भी आंदोलन में शामिल हो जाते हैं। स्वतंत्रता संघर्ष के सिद्धांतों तथा लोकतंत्र और धर्मनिरपेक्षता के सिद्धांतों में विश्वास करने वाले राष्ट्र के बहुतायत

लोग सांप्रदायिक ताकतों के इस खेल से दूर रहे। अयोध्या ने हिंदू दक्षिणपंथियों, संघ परिवार और भाजपा की सांप्रदायिक राजनीति को आगे बढ़ाने के लिए बहुत बड़ी भूमिका अदा की है। "उसने बहुसंख्यक समुदाय के एक वर्ग से राजनीतिक लाभ उठाने के लिए इस मुद्दे को उठाया है। उसने इस समुदाय को यह बताया है कि इतिहास ने उसके साथ बहुत अन्याय किया है। भारत में आम मतदाताओं की भावनाएँ उकसाने के लिए उसने धार्मिक प्रतीकों का दुरुपयोग किया है। साथ ही उसने उन लोगों में पराएपन की भावना पैदा की है जो अभी तक सांप्रदायिक सद्भाव तथा मित्रता के साथ रह रहे थे।" (लुईस 2000 : 236) संघ परिवार ने यह भी कहा है कि शासन राष्ट्र (हिंदू राष्ट्र) के रास्ते में रोड़ा है। राम जन्मभूमि अभियान में भाजपा की रणनीति पर टिप्पणी करते हुए लुईस ने आगे कहा है, "जन्म स्थान संघर्ष की पूरी घटना के दौरान भाजपा ने पिछड़े समुदायों के दलितों, जनजातियों और स्त्रियों के प्रति सवर्ण शासकों के अमानवीय व्यवहार के युद्धों से पल्ला झाड़ने की कोशिश की है।"

मस्जिद के विध्वंस के बाद भाजपा, जिसने धर्म पर आधारित राजनीति को बहुत जोर-शोर से उठाया था, भी चुनाव में हार गई। उसे 25 प्रतिशत से अधिक मत नहीं मिले जिससे साफ जाहिर होता है कि वह बहुसंख्यकों की इच्छा का प्रतिनिधित्व नहीं करती है। एक तरह से उसने लोकतंत्र और धर्मनिरपेक्षता के प्रति राष्ट्रीय भावनाओं की उपेक्षा करके सांप्रदायिक राजनीति को बड़े सुनियोजित तरीके से चलाया है। वह बड़ी चतुराई के साथ समाज के उन तथ्यों को अपने साथ लाई है जिनका भारत के संविधान के मानदंडों स्वतंत्रता, समानता और भाईचारे के सिद्धांतों के प्रति

बॉक्स 6.2

हिंदुत्व का 'प्रतीक'

"एक समय अयोध्या को हिंदू धर्म पर कड़े आघात का प्रतीक माना जाता था। मुसलमानों को बाबर की संतान बताकर पूरे मुस्लिम समुदाय को हिंदू धर्म के खिलाफ कार्य करने वाला बता दिया गया। इस प्रकार अयोध्या हिंदू एकता के निर्माण और मुस्लिम अन्याय का बदला लेने का केंद्र बन गई। इस दोहरी चाल के कारण हिंदुत्व को आगे बढ़ने का मौका मिला।"

–के एन पनीकर

हमारे देश के उपद्रवग्रस्त इतिहास–विदेशी हमले, गृह युद्ध और कड़े दमन की बार-बार होने वाली घटनाएँ, तकलीफ और आर्थिक कष्ट के बावजूद भारतीय संस्कृति की धारा निरंतर बहती रही और हम मानव जाति के इतिहास में सबसे अधिक धनी और विविध संस्कृति दे सके।

सज्जाद जहीर (प्रकाश लुईस, दि इमरजिंग हिंदुत्व फोर्स, आई एस आई, एंड दिल्ली, 2000 से)

कोई सम्मान नहीं है। इसके फलस्वरूप न केवल मस्जिद का विध्वंस हुआ बल्कि अल्पसंख्यक समुदाय के बड़े हिस्से की भावनाएँ आहत हुईं। उसने न केवल समुदायों के बीच बहुत बड़ी खाई पैदा कर दी बल्कि उसने सांप्रदायिक दंगे भी भड़काए जिसके फलस्वरूप बहुत से गरीब और बेकसूर लोग मारे गए तथा करोड़ों रुपए की संपत्ति को नुकसान पहुँचा।

यह एक राजनीतिक आंदोलन है जिसने आर एस एस और उसकी संतानों का सामाजिक तथा चुनावी आधार बढ़ाया है। इस आंदोलन के चलते संघ परिवार से जुड़े संगठन दक्षिण तक भी फैल गए, जहाँ पर उनका अभी तक नगण्य प्रभाव था। उत्तर में उनकी उपस्थिति और भी अधिक दबंग और प्रभावी बन गई।

"भाजपा और उसके अग्रगामी संगठन संघ परिवार ने राजनीतिक लाभ के लिए धार्मिक मुहावरे में यह परियोजना चलाई। 1991 में भाजपा का मुख्य चुनावी मुद्दा अयोध्या में मंदिर की माँग थी। धर्म और राजनीति को इकट्ठा करने के लिए भाजपा को अच्छा 'पुरस्कार' मिला। उसने संसद में 118 सीटें जीतीं और वह मुख्य विरोधी दल के रूप में उभरी। इससे भी महत्त्वपूर्ण बात यह है कि वह उत्तर भारत के चार राज्यों—उत्तर प्रदेश, मध्य प्रदेश, राजस्थान और हिमाचल प्रदेश में सत्ता में आई। दूसरे राज्यों में भी उसका प्रतिनिधित्व बना।" (पनीकर 1993 : 63) पनीकर ने आगे लिखा है कि "अतीत में धार्मिक पार्टियाँ जैसे कि हिंदू महासभा और मुस्लिम लीग धर्मनिरपेक्ष राजतंत्र के दायरे में काम करती थीं। आगे चलकर राजनीतिक लाभ के लिए धर्म के प्रयोग का आग्रह बढ़ा। संविधान के धर्मनिरपेक्ष स्वरूप से यह विलगाव तीन तत्त्वों से जोड़ा जा सकता है। : (1) भारतीय समाज में बढ़ती धार्मिकता (2) भारतीय राष्ट्रीय कांग्रेस से कम होता हुआ लोक आधार (3) शासन की धर्मनिरपेक्षता का ढुलमुल रूप। (वही 64) संघ परिवार द्वारा चलाए गए राजनीतिक आंदोलन ने हिंदुओं और उनके धर्म पर मुसलमानों के हमले की बात हिंदुओं के मन में बैठा दी। "इस प्रकार अयोध्या हिंदू एकता के निर्माण और मुस्लिम अन्याय का बदला लेने का प्रतीक बन गई। इस दोहरे अर्थ के प्रभावी संप्रेषण के कारण हिंदुत्व को आगे बढ़ने का अवसर मिला।" (पनीकर 1993 : 66)

बॉक्स 6.3

भीतरी बीमारी

राम जन्मभूमि, मुद्दा, अयोध्या में मस्जिद के ध्वंस के बारे में आक्रामक हिंदुओं द्वारा की गई माँग और वहाँ पर राम मंदिर के निर्माण की बात ने वह भीतरी बीमारी सामने ला दी है जो 1947 के बाद से इतनी उजागर नहीं हुई थी। इससे हमारे समाज की कुछ बुनियादी कमियों को दूर करने की जरूरत पैदा हो गई है।

एस गोपाल, इंटरोडक्शन टू एनाटॉमी ऑफ कन्फ्रंटेशन, पेंगविन, दिल्ली, 1991

मिथक : मस्जिद बम धमाके के कारण गिरी (आर एस एस नेता सुदर्शन ने यह बात पहले केरल में एक जनसभा में कही और फिर लिब्राहन आयोग के सामने साक्ष्य देते हुए कही) "भाजपा के नेता मस्जिद को बचाने की कोशिश कर रहे थे।" (यह बात विध्वंस मामले में चार्जशीट किए गए तीन भाजपा मंत्रियों के इस्तीफे की विपक्ष की माँग को रद्द करते हुए श्री वाजपेयी ने संसद में कही)

तथ्य : केरल में (6 दिसंबर, 2000 को) एक जनसभा में भाषण करते हुए श्री सुदर्शन ने कहा कि वे श्रोताओं को एक राज की बात बताना चाहते हैं। उन्होंने कहा कि वह स्टेज से मस्जिद ढहाए जाने को देख रहे थे और इससे पहले कि कारसेवकों द्वारा मस्जिद की दीवारों से पलस्तर उखाड़ते समय बहुत बड़ा धमाका हुआ और मस्जिद गिर गई। जब इस बयान के लिए मीडिया में उनकी कड़ी आलोचना हुई तो उन्होंने अपने बयान को थोड़ा बदला और कहा कि विख्यात गाँधीवादी श्रीमती निर्मला देशपांडे जोकि उस समय वहाँ मौजूद थीं उन्होंने ऐसा कहा था। मस्जिद के ध्वंस के बारे में लिब्राहन आयोग के सामने भी उन्होंने यही बात कही। आयोग के सामने अपने साक्ष्य में श्रीमती देशपांडे से ऐसा कहे जाने से इनकार किया। उन्होंने कहा कि वह कारसेवकों द्वारा मस्जिद गिराए जाने की साक्षी हैं।

ध्वंस में उनकी भूमिका तथा उनके खिलाफ न्यायालय में दाखिल आरोप पत्र के संदर्भ में विपक्ष ने श्री आडवाणी, श्री जोशी और सुश्री उमा भारती के इस्तीफे की माँग की। 7 दिसंबर, 2000 को बहस का उत्तर देते हुए प्रधानमंत्री अटल बिहारी वाजपेयी ने अपने साथियों के इस्तीफे की माँग नामंजूर कर दी और कहा कि उनके साथी वास्तव में मस्जिद की रक्षा के लिए गए थे।

सी बी आई ने निम्नलिखित आधार पर श्री आडवाणी के खिलाफ आरोप पत्र दाखिल किया है :

(क) रथ यात्रा शुरू करके उन्होंने मस्जिद के विध्वंस की साजिश में हिस्सा लिया।

(ख) विध्वंस के समय उन्होंने बजरंग दल के प्रमुख विनय कटियार जोकि इस समय (2001में) संसद सदस्य हैं के साथ गुप्त बैठक की और विध्वंस की योजना को अंतिम रूप दिया।

(ग) भाजपा अध्यक्ष के नाते उन्होंने उत्तर प्रदेश के मुख्यमंत्री कल्याण सिंह को सलाह दी कि वह अंतिम गुम्बद गिरने तक इस्तीफा न दें।

(घ) उन्होंने कारसेवकों से कहा कि वे अयोध्या आने वाली सड़कों पर बाधा खड़ी कर दें ताकि केंद्रीय बल विध्वंस को रोकने के लिए न आ सके। श्री जोशी और सुश्री उमा भारती पर उस दिन मंच से भड़काने वाले भाषण देने का आरोप लगाया गया।

यहाँ बाबरी मस्जिद गिराए जाने से पहले हुई कुछ घटनाओं का स्मरण उचित

होगा। समुदाय के एक वर्ग ने संघ परिवार के आह्वान पर कार्रवाई की। संघ परिवार ने रथ यात्राएँ पूरे जोश के साथ शुरू कीं जिसकी परिणति 6 दिसंबर, 1992 को कारसेवा के रूप में हुई। एक के बाद एक अनेक शहरों में कार सेवकों का आह्वान किया गया और संघ परिवार ने 3 लाख कार सेवक इकट्ठे कर लिए। इनमें खाना पकाने तथा सफाई के लिए 20000 कार सेविकाएँ भी थीं। संघ परिवार के नेताओं की आकांक्षाएँ आडवाणी के इस बयान से स्पष्ट हो जाती हैं कि कारसेवा ईंटों और फावड़ों से की जाएगी। विनय कटियार ने बयान दिया कि मस्जिद को गिरा दिया जाएगा और उसके मलबे को सरयू नदी में फेंक दिया जाएगा। इसी समय श्री जोशी ने कहा कि (कारसेवा के बारे में) संतों और महंतों का निर्णय उनके लिए न्यायालय के निर्णय से अधिक महत्त्वपूर्ण है और संतों तथा महंतों की इच्छाओं को कार्यान्वित किया जाएगा। जाहिर है कि संतों और महंतों ने मस्जिद के विध्वंस का आह्वान किया था।

ध्वंस के दिन श्री आडवाणी, श्री जोशी, श्री सुदर्शन, श्री सिंघल और साध्वी ऋतम्भरा तथा उमा भारती मंच पर विराजमान थे। पूरे ध्वंस के दौरान मंच से साध्वियाँ अपने हिंदू भाइयों से आग्रह करती रहीं कि वे हिंदू राष्ट्र पर 'शर्म के निशान' को मिटा दें और बाबर की औलादों को पाकिस्तान के लिए खदेड़ दें। यह भी कहा गया कि यह हिंदू राष्ट्र के निर्माण की दिशा में शुरुआत है। इसे उन्होंने शौर्य दिवस बताया। उन्होंने कहा कि बाबरी के विध्वंस से शुरू हुई राष्ट्र निर्माण की यह कार्रवाई जारी रहेगी तथा काशी और मथुरा में विध्वंस के कार्य पूरे किए जाएँगे। (यह तो केवल झाँकी है, काशी मथुरा बाकी है) विध्वंस की कार्रवाई के दौरान हताहत तथा मृत्यु की घटनाओं के बारे में सूचना उपलब्ध नहीं है। इसका कारण यह है कि विध्वंस के बाद अधिकांश पत्रकारों को पीटा गया और बेकाबू भीड़ ने उनके कैमरे तोड़ डाले। विध्वंस के बाद मलवा सरयू नदी में फेंक दिया गया। विधानसभा चुनावों में प्रारंभिक झटके के बाद तब से भाजपा की चुनावी ताकत बढ़ती गई। साथ ही साथ समाज के एक वर्ग ने संघ परिवार की राजनीति के खतरों को समझना शुरू कर दिया। खुद संघ परिवार ने बहाने ढूँढ़ने शुरू कर दिए और कहानियाँ घड़नी शुरू कर दीं ताकि वह बाबरी विध्वंस के दोष से बच निकले। इस दिशा में पहला प्रयास आर एस एस विचारक श्री मलकानी के एक लोकप्रिय समाचार पत्र में लेख से हुआ। उन्होंने कहा कि विध्वंस आई एस आई की करतूत है—भारत में हर अपराध की जिम्मेदारी आई एस आई के मत्थे मढ़ दी जाती है। श्री सुदर्शन का यह कथन हास्यास्पद है कि कांग्रेस ने विध्वंस की कार्रवाई कराई। लेकिन इसका मतलब कांग्रेस सरकार को दोषमुक्त करना नहीं है। उसने मस्जिद को गिराए जाने से रोकने के लिए कार्रवाई नहीं की। उसने कर्तव्य पालन में लापरवाही बरती। इसलिए वह इस 'अकृत्य' की दोषी है। संघ परिवार और उसके समर्थकों ने मस्जिद पर हमला बोला। उस समय

भाजपा के नेता कल्याण सिंह के नेतृत्व में उत्तर प्रदेश की भाजपा सरकार ने न्यायालय को वचन दिया था कि मस्जिद की रक्षा की जाएगी। उन्होंने राष्ट्रीय एकता परिषद का गठन करने का वचन दिया था, जिसे किसी अनहोनी को रोकने का कार्य करना था। इस सबके बावजूद भाजपा के नेतृत्व वाले यू पी प्रशासन ने कारसेवकों को हर तरह की सुविधाएँ (पानी, बिजली आदि) मुहैया कराईं।

बॉक्स 6.4

6 दिसंबर, 1992 : एक कविता

राम बनवास से लौटकर जब घर में आए
याद जंगल बहुत आया जो नगर में आए
रक्से दीवानगी जो आँगन में देखा होगा
छह दिसंबर को राम ने सोचा होगा
इतने दीवाने कहाँ से मेरे घर में आए

पाँव सरयू में अभी राम ने धोये भी न थे
कि नज़र आए वहाँ खून के धब्बे
पाँव धोए बिना सरयू के किनारे से उठे
राम ये कहते हुए अपने दुआरे से उठे
राजधानी की फजा आई नहीं मुझे रास
छह दिसंबर को मिला मुझे दूसरा वनवास

–कैफी आज़मी

जैसा कि हमने ऊपर देखा विध्वंस के मुख्य सूत्रधार श्री आडवाणी ने अयोध्या के कार सेवकों का नेतृत्व किया। उन्होंने कार सेवकों से कहा कि वे अयोध्या आने वाली सड़कों पर रुकावट खड़ी कर दें ताकि केंद्रीय बल विध्वंस को रोकने के लिए न आ सकें। उन्होंने कल्याण सिंह से कहा कि वह अंतिम गुम्बद गिराए जाने तक त्यागपत्र न दें। विध्वंस के बाद जश्न मनाते हुए उमा भारती ने जोशी जी का आलिंगन किया। उससे अगले दिन श्री वाजपेयी ने विध्वंस के लिए राष्ट्र से क्षमा याचना की। लेकिन इसके एक सप्ताह बाद उन्होंने दूसरा ही रुख अपनाते हुए कहा कि जब बहुसंख्यकों की इच्छा का सम्मान नहीं होता तो ऐसा ही होता है। (पुनियानी 2000 ए : 7)

मिथक : अयोध्या समस्या अयोध्या में राम मंदिर बनाकर ही सुलझाई जा सकती है जैसा कि शासन की सहायता से सोमनाथ मंदिर निर्माण के मामले में हुआ था।

तथ्य : सबसे पहली बात तो यह है कि सोमनाथ मंदिर मस्जिद गिराकर नहीं बनाया गया था। मंदिर टूटी-फूटी दशा में था जिसका एक निजी न्यास ने पुनर्निर्माण

करवाया। कुछ नेता चाहते थे कि शासन पुनर्निर्माण कराए लेकिन सरकार ने इस आधार पर इस अनुरोध को ठुकरा दिया कि धर्मनिरपेक्ष शासन को मंदिर निर्माण के कार्य में नहीं पड़ना चाहिए। पुनर्निर्माण समिति ने इसके उद्‌घाटन के लिए तत्कालीन राष्ट्रपति डॉ. राजेन्द्र प्रसाद को आमंत्रित किया लेकिन मंत्रिमंडल ने यह निर्णय किया कि शासन कर्मचारियों को अपनी शासकीय क्षमता में ऐसे कार्य में नहीं पड़ना चाहिए। यदि वे इस कार्य में शामिल होना चाहते हैं तो देश के नागरिक के रूप में शामिल हों, शासन के प्रतिनिधि के रूप में नहीं। (अय्यर 2000)

आज अयोध्या मामला बहुत उलझ गया है। हमें साहस तथा ईमानदारी से निर्णय लेना चाहिए। सबसे पहले तो न्यायालय के निर्णय का सम्मान किया जाना चाहिए। ऐसे मामलों में श्रद्धा पथप्रदर्शक तत्त्व नहीं होना चाहिए। हम प्रभावशाली अल्पसंख्यकों की राजनीतिक समीचीनता की वेदी पर, ऐतिहासिक तथ्यों की बलि नहीं चढ़ा सकते। धर्म पर आधारित राजनीति के पागलपन से दूर ठंडे दिमाग से अयोध्या समस्या का समाधान खोजा जा सकता है। सभी समुदायों को साथ लेकर चलना होगा और एक समुदाय की बेतुकी बातों को दरकिनार करना होगा।

आडवाणी की रथ यात्रा ने सांप्रदायिक हिंसा भड़काई तथा खून के निशान छोड़े। यात्रा के पूरे मार्ग तथा दूसरे क्षेत्रों में हिंसा भड़की। एक सितंबर से 20 नवंबर के दौरान 116 सांप्रदायिक दंगे हुए जिनमें 564 लोगों की जानें गईं।

जनवरी 1990 के बाद से विहिप विशेष रूप से तथा संघ परिवार मस्जिद में घुसने तथा मंदिर बनाने की धमकी देते रहे। 3 जनवरी, 1990 को इलाहाबाद में एक साधु सम्मेलन में निर्णय लिया गया कि मस्जिद पूरी तरह से हटा दी जाए।

धर्म संसद में 14 फरवरी को मंदिर बनाने की बात कही गई। 7 फरवरी को विहिप ने इसे स्थगित करने की घोषणा की तथा (इस मामले को सुलझाने के लिए) वी. पी. सिंह सरकार को 4 महीने की छूट देने का ऐलान किया। इस तरह से जून 1990 में निर्माण की योजना बनाई गई। इस बीच 'अयोध्या विवाद' पर 70 मिमि की 50000 वीडियो कैसेटें विहिप/भाजपा ने विदेश में वितरित कीं। इस तरह की असंख्य कैसेटें भारत में बाँटी गईं। (इनमें अन्य बातों के साथ-साथ यह दिखाया गया कि 1949 की रात को किस प्रकार राम लला की मूर्ति अपने आप बाबरी मस्जिद में प्रकट हो गई।)

तालिका 6.1

1 सितंबर और 20 नवंबर 1992 के मध्य सांप्रदायिक दंगों और हताहतों की संख्या

क्र. सं.	*राज्य/संघ राज्य*	*दंगों की सं.*	*हताहतों की संख्या*
1.	आंध्र प्रदेश	4	27
2.	आसाम	1	7
3.	बिहार	8	19
4.	दिल्ली	1	8
5.	गुजरात	26	99
6.	कर्नाटक	22	88
7.	केरल	2	3
8.	मध्य प्रदेश	5	21
9.	महाराष्ट्र	3	4
10.	राजस्थान	13	52
11.	तमिलनाडु	1	6
12.	उत्तर प्रदेश	28	224
13.	पश्चिम बंगाल	2	6

(डिवाइडेड वी स्टैंड? दिल्ली मंच, नई दिल्ली 1992)

1 मई, 1990 को द्वारिका के शंकराचार्य संपूर्णानंद सरस्वती को उनके 10 अनुयायियों के साथ (शांति भंग होने की आशंका के कारण) उत्तर प्रदेश के मुख्यमंत्री मुलायम सिंह यादव के आदेश पर भारतीय दंड संहिता की धारा 151 के तहत गिरफ्तार किया गया। इसके विरोध में गुजरात के मंदिरों में बंद रखा गया।

7 मई, 1990 को मंदिर निर्माण के एक और प्रयास को विफल कर दिया गया और अयोध्या में 163 लोगों को गिरफ्तार किया गया। 9 मई को शंकराचार्य को छोड़ दिया गया।

मई के अंत में भाजपा ने अयोध्या के बारे में राष्ट्रीय जनमत की बात कही लेकिन विहिप ने इसे ठुकरा दिया। उस समय तथा जून के मध्य में मुसलमान नेताओं ने वी पी सिंह की मध्यस्थता के प्रस्ताव को अस्वीकार कर दिया क्योंकि विहिप ने मस्जिद के आर्क के नीचे गर्भ-गृह बनाने का आग्रह किया।

16 जून, 1990 को लालकृष्ण आडवाणी ने सोमनाथ से अयोध्या के लिए रथ यात्रा का प्रस्ताव किया। विहिप ने मंदिर के निर्माण के लिए 30 अक्तूबर की तारीख तय की इसी दिन आडवाणी की रथ यात्रा बाबरी मस्जिद के दरवाजों तक पहुँचनी थी। आडवाणी ने जन आंदोलन की धमकी दी और संघ परिवार धर्म युद्ध

की बात करने लगा। इस मामले में पूरी तरह से कूदने के भाजपा के निर्णय के अनुसार लालकृष्ण आडवाणी ने सोमनाथ से अयोध्या के लिए यात्रा शुरू की। यात्रा से सांप्रदायिक हिंसा की अनेकों घटनाएँ हुईं। मंदिर विवाद से जुड़े अभियानों के कारण मुसलमानों के खिलाफ घृणा फैली। आडवाणी अपनी यात्रा पूरी नहीं कर सके क्योंकि उन्हें 25 अक्तूबर, 1990 को गिरफ्तार कर लिया गया। फिर भी कुछ कार सेवक बाबरी मस्जिद के बाहर इकट्ठे हो गए और उन्होंने उसे नुकसान पहुँचाने की कोशिश की। मुलायम सिंह सरकार ने गोली चलाने का आदेश दिया जिसमें 50 लोग मारे गए।

इसके बाद संघ परिवार ने 6 दिसंबर, 1992 को विवादित स्थल पर कार सेवा का आह्वान किया। कार सेवा के लिए पूरे देश से तीन लाख स्वयं सेवक इकट्ठे किए गए। भाजपा के मुख्यमंत्री ने न्यायालय को लिखित में वचन दिया था कि उनकी सरकार मस्जिद की रक्षा करेगी। लेकिन जब विध्वंस शुरू किया तो पुलिस और अर्ध सैनिक बल पीछे हट गए और कार सेवकों को ढाँचा गिराने के लिए पूरी छूट मिल गई। साढ़े पाँच घंटे में मस्जिद गिरा दी गई और उसका मलबा सरयू नदी में फेंक दिया गया। एक दिन के भीतर अस्थायी तौर पर मंदिर बना दिया गया और इसे भविष्य में एक शानदार मंदिर बनाने की शुरुआत बताया गया।

अध्याय–7

'धर्मनिरपेक्ष' भारत में अल्पसंख्यक तुष्टिकरण या दुर्व्यवहार?

कोई भी समुदाय एकरूप नहीं होता। सबसे पहले हमें यह देखना होगा कि किसी समुदाय के 'तुष्टिकरण' से क्या अभिप्राय है। किसी समुदाय के साथ लाड़-प्यार के क्या मानदंड हैं? किस सूचना के आधार पर हम यह फैसला करेंगे कि किसी समुदाय विशेष के साथ भेदभाव किया जा रहा है या उसके साथ लाड़-प्यार किया जा रहा है? यह बहुत जटिल सवाल हैं लेकिन शिक्षा, रोजगार का स्तर और सामाजिक-आर्थिक हैसियत से हमें पता चल सकता है कि किसी समुदाय का तुष्टिकरण किया जा रहा है या नहीं। इस सारे मामले को सामान्य रूप से देखने की बजाय कुछ आँकड़ों पर नजर डाली जानी चाहिए तथा इस बारे में एक समझ पैदा करने की जरूरत है।

ऐतिहासिक कारणों से मुसलमानों को रोजगार तथा उनकी शिक्षा के बारे में स्थिति हिंदुओं और ईसाइयों की स्थिति से भिन्न है। इस बारे में कोई स्थायी तस्वीर उपलब्ध नहीं है। परिवर्तन निरंतर होते रहते हैं। उपनिवेशकाल के दौरान मुसलमानों में शिक्षा और उनके रोजगार की स्थिति देश के विभिन्न भागों में भिन्न थी। दो परस्पर विरोधी उदाहरण इस बारे में स्थिति को स्पष्ट कर सकते हैं। पश्चिम बंगाल के इलाकों में धर्मपरिवर्तन करने वाले ज्यादातर लोग गरीबी और निरक्षरता से ग्रस्त वर्गों से आए थे। इनमें से ज्यादातर लोग शहरों में कामगार और गाँवों में भूमिहीन किसान थे। सरकार में उनका प्रतिनिधित्व न के बराबर था। इसके विपरीत स्थिति उत्तर प्रदेश के मुसलमानों में देखी जा सकती है। यहाँ बड़े रजवाड़ों में मुसलमान नवाबों का शासन था। यहाँ मुसलमानों की आबादी कुल आबादी के 15-16 प्रतिशत के बराबर थी लेकिन सेवाओं में उनका हिस्सा 20 प्रतिशत के लगभग था। बंगाल में प्राथमिक शिक्षा पाने वाले मुसलमानों की संख्या बहुत कम थी लेकिन अवध में यह 30 प्रतिशत के आसपास थी। इस प्रकार आज के उत्तर प्रदेश के क्षेत्रों में मुसलमानों

को शिक्षा और नौकरियाँ उनकी कुल संख्या के अनुपात से अधिक थीं। क्या शिक्षा और रोजगार में पिछड़ेपन के कारण, धार्मिक की बजाय सामाजिक नहीं है?

मिथक : "आजादी केवल हिंदुओं के प्रयासों से प्राप्त नहीं की जा सकती थी, इसलिए गाँधी किसी भी कीमत पर मुसलमानों को साथ लेकर चलना चाहते थे। यहीं से मुसलमानों का तुष्टिकरण शुरू हुआ।" ('संघ और मुस्लिम' राष्ट्र जागरण अभियान 2000 बी, आर एस एस, पुणे) स्वतंत्र भारत में एक के बाद एक सरकारों ने मुसलमानों का यह तुष्टिकरण जारी रखा।

तथ्य : रोजगार में मुसलमानों की स्थिति तथा दूसरे सामाजिक-आर्थिक मानदंडों से उनकी सामाजिक स्थिति तथा 'तुष्टिकरण' की सच्चाई मालूम हो सकती है।

सरकार के उच्च संवर्गों में उनका प्रतिनिधित्व बहुत कम है। (क्लास I: 3.19%, क्लास II : 4.30% चतुर्थ क्लास में यह मात्र 8.16% है, निजी क्षेत्र में तो यह प्रतिनिधित्व बहुत ही कम है) 1 अप्रैल, 1980 को उच्च न्यायालयों में कुल 310 न्यायाधीशों में से केवल 14 मुसलमान थे। सिविल सेवाओं में निर्णय करने वाले पदों पर 1984 में मुसलमानों का प्रतिनिधित्व 2.14% था। भारतीय पुलिस सेवा में यह प्रतिनिधित्व 3 प्रतिशत, केंद्रीय सचिवालय सेवाओं में 1.4 प्रतिशत था। केवल 0.72 प्रतिशत मुसलमान अनुभाग अधिकारी थे।

उद्योगों में : 1980 के दशक तक देश के उच्च औद्योगिक घरानों में से एक पर भी मुसलमानों का स्वामित्व नहीं था। हालाँकि इसके बाद विप्रो के अजीम प्रेमजी बड़े उद्योगपति के रूप में उभरे हैं लेकिन बड़े उद्योगों पर स्वामित्व रखने वाले मुसलमान बहुत कम हैं। नये उद्योगों के विकास में उनकी भागीदारी देखी जाए तो यह स्थिति उभरती है : वर्ष 1979 में 3 करोड़ से लेकर 20 करोड़ रुपये की यूनिटों को कुल 260 औद्योगिक लाइसेंस जारी किए गए जिनमें से केवल 5 (1.19 प्रतिशत) मुसलमानों को दिए गए। 1980 में इस तरह के कुल लाइसेंस 386 थे जिनमें से केवल 6 (1.5 प्रतिशत) मुसलमानों को मिले।

मुसलमान हथकरघा क्षेत्र में कुशल कारीगर के रूप में कार्य करते हैं। 12 राज्यों के 31 जिलों में कराए गए सर्वेक्षण के अनुसार इस क्षेत्र में नियोजित कुल 12.68 लाख कारीगरों में से 51.89 प्रतिशत मुसलमान थे। लेकिन इनमें से केवल 4.4 प्रतिशत पर मुसलमानों का स्वामित्व था। वित्तीय सहायता का जहाँ तक सवाल है मुसलमान उधारकर्ता केवल 4.3 प्रतिशत थे और उन्हें केवल 2.02 प्रतिशत ऋण मिला। वित्तीय क्षेत्र में मुसलमानों को विभेदक ब्याज दर पर केवल 3.76 प्रतिशत ऋण दिया। मुसलमानों की औसत प्रति व्यक्ति आय कुल औसत अर्थात् 4247 रु. में 5 प्रतिशत कम है।

शिक्षा का जहाँ तक संबंध है 1987-88 में योजना आयोग द्वारा कराए गए सर्वेक्षण के अनुसार मुसलमानों में औसत साक्षरता 42 प्रतिशत थी जो 52.11 प्रतिशत

के राष्ट्रीय औसत से कम है। स्त्रियों के मामले में केवल 11 प्रतिशत स्त्रियाँ साक्षर थीं इसका राष्ट्रीय औसत 39.42 है। मुसलमानों में निरक्षरता के इस उच्च स्तर के सामाजिक-आर्थिक और ऐतिहासिक कारणों को समग्र रूप में देखा जाए। हालाँकि इस पिछड़ेपन का इस्लामी नियमों से कोई ताल्लुक नहीं है लेकिन मुल्लाओं के एक वर्ग ने इस पिछड़ेपन में भूमिका अदा की है। यहाँ इस बात पर बल दिया जाना चाहिए कि धर्म बदलने वाले अधिकांश लोग समाज के गरीब वर्गों से आए। उन्होंने यह सोचकर इस्लाम अपनाया कि वे मुक्त धार्मिक व्यवस्था को अपना रहे हैं। उनका धर्म तो बदल गया लेकिन वे नई व्यवस्था में भी दलित ही बने रहे।

सर सैयद अहमद आधुनिकता के महान समर्थक थे और उन्होंने आधुनिक धर्मनिरपेक्ष शिक्षा की पैरवी की। लेकिन उनकी मुख्य कोशिश सामंतों-संभ्रांतों के लिए थी। उनका कहना था कि उच्च शिक्षा सामंती परिवारों के लिए है जबकि कारीगरों के बच्चों के लिए प्रारंभिक शिक्षा काफी है। इसके अलावा उलेमाओं का समाज के गरीब वर्गों पर कड़ा नियंत्रण था और वे आधुनिक शिक्षा के खिलाफ थे।

इसके बाद विभाजन की त्रासदी आई जो (हिंदू और मुसलमान) दोनों समुदायों के संभ्रांत वर्ग की सांप्रदायिक राजनीति का परिणाम थी। इसने वर्तमान मुस्लिम समुदाय पर बहुत प्रतिकूल प्रभाव डाला। मुस्लिम सांप्रदायिक राजनीति ने पाकिस्तान को मुसलमानों की समस्याओं के निदान के रूप में पेश किया। विभाजन से पहले के आतंक भरे माहौल में जो मुसलमान पाकिस्तान जा सकते थे, उन्होंने वहाँ जाने का प्रयास किया। इनमें से ज्यादातर धनी, कारोबारी, नौकरशाह, जमींदार और शिक्षित मध्य वर्ग के लोग थे। समाज के निचले तबके के लोग–कारीगर, गरीब किसान जो पहले आधुनिक शिक्षा प्राप्त नहीं कर सके–आज भी पाकिस्तान में निर्धन और निरक्षर हैं।

मिथक : मुसलमानों में जनसंख्या वृद्धि दर बहुत अधिक है। वे चार शादियाँ कर सकते हैं। और बहुत जल्दी उनकी संख्या हिंदुओं से अधिक हो जाएगी तथा यह देश मुस्लिम देश बन जाएगा। "मुसलमान परिवार नियोजन नहीं अपनाते और अपनी संख्या बढ़ाने के लिए कई शादियाँ करते हैं।" (आर एस एस और धर्म परिवर्तन, 2000 बी आर एस एस)

तथ्य : प्रभावी सांप्रदायिक ताकतों ने इस मिथक का पिछले दिनों खूब प्रचार किया है। वे बहुसंख्यक मतदाताओं पर अपना कब्जा बनाए रखने के लिए मुसलमान जनसंख्या वृद्धि का हव्वा खड़ा करते हैं। रणनीति के तहत उन्होंने अर्ध सत्यों, विचारधारात्मक झूठों तथा अफवाहों का इस्तेमाल किया है तथा उसे जनसाधारण के मन में बैठाया है।

बॉक्स 7.1

गोपाल सिंह आयोग रिपोर्ट : निष्कर्ष और सिफारिशें

निष्कर्ष

* 1971 की जनगणना के अनुसार जनसंख्या : 11.2%
* 1961 से 1971 के दौरान कुल वृद्धि
* प्रारंभिक स्कूल शिक्षा में नामांकन : 12.39%
* प्राथमिक स्तर पर स्कूल छोड़ने वाले : 66%
* इंजीनियरिंग विद्यार्थी : 3.44%
* रोजगार कार्यालयों में पंजीकरण : 6.77%
* सरकारी क्षेत्र के उपक्रमों में प्रतिनिधित्व : 10.85%
* निजी क्षेत्र उद्यमों में प्रतिनिधित्व : 8.16%
* सरकारी सेवाओं में प्रतिनिधित्व : (क) क्लास–I और II, 4.5% (ख) क्लास III और IV, 6%
* कृषि और सहयोगी क्षेत्रों में विभागीय योजनाओं के अंतर्गत हिताधिकारी : 12.7%
* बैंक ऋण योजनाओं के अंतर्गत उधारकर्ता : 9.41% (राशि के मामले में 3.37%)
* रेल सेवा आयोगों, बैंक सेवा भर्ती बोर्डों और राज्य तथा केंद्रीय अधीनस्थ सेवा आयोगों में अल्पसंख्यकों (विशेषकर मुसलमानों) का अपर्याप्त प्रतिनिधित्व।
* न्यायपालिका में अल्पसंख्यकों (विशेषकर मुसलमानों) का शोचनीय प्रतिनिधित्व।
* बार-बार सांप्रदायिक दंगों से उनका मनोबल गिरता है और वे बेसहारा हो जाते हैं।
* राज्य पुलिस सेवाओं विशेषकर दंगा बहुल जिलों में पुलिस सेवाओं तथा सशस्त्र बलों में उनका कम प्रतिनिधित्व।

सिफारिशें

* मुस्लिम बहुल इलाकों में विशेष सरकारी स्कूल।
* मुस्लिम बहुल इलाकों में कॉलेजों और तकनीकी संस्थाओं की फीस माता-पिताओं की आय के अनुसार होनी चाहिए तथा इन संस्थाओं में अनुसूचित जातियों, जन जातियों तथा अन्य पिछड़े वर्गों को उपलब्ध सुविधाएँ उनकी संख्या के आधार पर मुसलमानों को भी दी जानी चाहिए।
* व्यापार और हथकरघा जैसे क्षेत्रों में उन्हें विशेषीकृत सुविधाएँ दी जानी चाहिए।
* जहाँ भारी संख्या में उर्दू भाषी लोग हैं वहाँ पर उर्दू को दूसरी राजभाषा का दर्जा दिया जाना चाहिए।
* प्रत्येक मुस्लिम मौहल्ले में प्रौढ़ शिक्षा तथा रात्रि स्कूल खोले जाने चाहिए और वहाँ पर मुसलमान अध्यापक रहने चाहिए।
* अखिल भारतीय सेवाओं और स्टाफ सेवाओं में बेहतर प्रतिनिधित्व के लिए मुस्लिम इलाकों में शिक्षा संस्थाएँ खोली जानी चाहिए।

* केंद्र तथा राज्य सेवाओं में भर्ती करने वाले सभी भर्ती बोर्डों में अल्पसंख्यकों का कम से कम 20% प्रतिनिधित्व होना चाहिए।
* उपलब्धता के अनुसार जिला न्यायालयों, उच्च न्यायालयों और सर्वोच्च न्यायालय में शिक्षित उम्मीदवारों को न्यायाशीध के रूप में नियुक्त किया जाना चाहिए।
* प्रांतीय सशस्त्र बल को व्यापक बनाया जाना चाहिए तथा उसमें मुसलमान और अन्य अल्पसंख्यक पर्याप्त संख्या में भर्ती किए जाने चाहिए। इसके अलावा सशस्त्र बलों में भी अल्पसंख्यकों का पर्याप्त प्रतिनिधित्व होना चाहिए।
* अल्पसंख्यकों के सुरक्षा उपायों के ईमानदारी से कार्यान्वयन को सुनिश्चित करने के लिए स्थायी तंत्र होना चाहिए।

स्रोत : एन एंड डब्ल्यू, 16 अक्तूबर, 1994 : 35

हम इस मिथक से शुरू करें कि मुस्लिम जनसंख्या बहुत ज्यादा है और वे हिंदुओं से अधिक हो जाएँगे। धर्म के अनुसार जनगणना सर्वेक्षण से यह दृढ़ जनविश्वास निराधार साबित हो जाता है। इन सर्वेक्षणों में धर्म भी एक मद है। 1971 में किए गए सर्वेक्षण के अनुसार हिंदू कुल जनसंख्या के 82.7 प्रतिशत और मुसलमान 11.2 प्रतिशत के बराबर थे। 1991 की जनगणना के अनुसार हिंदू 82.6 प्रतिशत और मुसलमान 11.4 प्रतिशत थे। (मलायाला मनोरमा, 1992) बाद में इस वृद्धि पैटर्न में जो मामूली परिवर्तन आया वह सामाजिक-आर्थिक तत्त्वों के कारण था, धार्मिक तत्त्वों के कारण नहीं। कुल मिलाकर ये आँकड़े काफी 'स्थिर' (धर्मवार) जनसंख्या के सूचक हैं। यदि यह मौजूदा अंतर जारी रहे तो भी अगली पूरी शताब्दी में भी मुस्लिम जनसंख्या हिंदू जनसंख्या से अधिक नहीं होगी। इसके विपरीत मौजूदा वृद्धि दरों के विश्लेषण से स्पष्ट हो जाता है कि 1961-71 और 1971-81 के दौरान हिंदू जनसंख्या वृद्धि 23.71 प्रतिशत से बढ़कर 24.42 प्रतिशत हो गई। इसी अवधि में मुस्लिम जनसंख्या वृद्धि 30.85 प्रतिशत से घटकर 30.20% रह गई। यदि यह वृद्धि दर 1981 के बाद अगले 100 वर्ष तक चलती रहे तो प्रत्येक 10 वर्षों में हिंदू और मुसलमान वृद्धि दर क्रमशः 30.71 प्रतिशत और 30.55 प्रतिशत अधिक होगी अर्थात् हिंदू वृद्धि दर अधिक होगी।

मिथक : मुसलमान धार्मिक कारणों से परिवार नियोजन नहीं अपनाते।

तथ्य : सही यही है कि कुछ इस्लामी कट्टरपंथी मुल्ला परिवार नियोजन न अपनाने के लिए बीच-बीच में फतवा जारी करते हैं। लेकिन मुल्लाओं के इस वर्ग को न तो इस्लाम और न ही कुरान के समतुल्य रखा जा सकता है। इनके मत उभरती हुई इस्लामी प्रथाओं के अनुरूप भी नहीं हैं। इसके विपरीत विभिन्न देशों में उलेमाओं ने परिवार नियोजन के अस्थायी तरीकों का पक्ष लिया है। अपनी पुस्तक 'फैमली प्लानिंग एंड लेगेसी ऑफ इस्लाम' में मिस्र (इजिप्त) के इस्लामिक विद्वान ए आर

उमरान ने इस मिथक को ध्वस्त किया है कि इस्लाम मूलतः परिवार नियोजन के विरुद्ध है। उन्होंने कहा है कि कुरान में ऐसा कुछ नहीं है जो गर्भधारण रोकने को निषिद्ध करता हो। तुर्की और इंडोनेशिया जैसे इस्लामी देशों में परिवार नियोजन की विधियाँ काफी लोकप्रिय हैं। उदाहरण के लिए तुर्की में प्रजनन क्षमता रखने वाली आबादी के 63 प्रतिशत व्यक्ति गर्भ निरोधकों का प्रयोग करते हैं। इंडोनेशिया के मामले में ऐसे लोग 48 प्रतिशत हैं। भारत में 1970 में इस तरह के 9 प्रतिशत मुसलमानों ने परिवार नियोजन अपनाया। (हिंदुओं के मामले में 14 प्रतिशत)। 1980 में मुसलमानों के मामले में ये आँकड़े 22.5 प्रतिशत और हिंदुओं के मामले में 36.1 प्रतिशत थे। (ऑपरेशन रिसर्च ग्रुप, वडोदा 1981) इस प्रकार परिवार नियोजन अपनाने वाले अतिरिक्त मुसलमानों की संख्या अतिरिक्त हिंदुओं की संख्या के बराबर है। दूसरे सभी सामाजिक कार्यक्रमों की तरह परिवार नियोजन भी सामाजिक-आर्थिक स्थिति, सामान्य सामाजिक चेतना आदि पर निर्भर है। हम बार-बार यह देखेंगे कि अधिकांश मुस्लिम निम्न सामाजिक-आर्थिक स्तर के हैं और उनके बारे में आँकड़े दूसरे सामाजिक रूप से वंचित वर्गों जैसे ही हैं।

मिथक : मुस्लिम कई शादियाँ करते हैं। इस्लाम में 4 शादी करने की अनुमति है।

तथ्य : मुसलमानों में बहु विवाह का मिथक भी जनमानस में गहराई से पैठा हुआ है। बहु विवाह को जनसंख्या से जोड़ना एकदम गलत है। कुल मिलाकर बच्चे पैदा होना प्रजनन उम्र की स्त्रियों की संख्या पर निर्भर है। सबसे पहले तो यह महत्त्वपूर्ण नहीं है कि किसी पुरुष की एक या अधिक पत्नियाँ हैं। क्योंकि बच्चों की संख्या स्त्रियों की संख्या पर निर्भर करती है। यह संख्या बहु विवाह के कारण नहीं घटती बढ़ती। स्त्रियों की संख्या स्त्री भ्रूण हत्या और 'दुल्हन दहन' पर निर्भर करती है जोकि 'दूल्हे' के माता-पिताओं द्वारा और अधिक दहेज माँगे जाने के कारण घटित होती हैं। दूसरे पुरुष स्त्री अनुपात को देखते हुए मुसलमान चार पत्नियाँ नहीं रख सकते। यदि ऐसा हुआ तो तीन-चौथाई (75 प्रतिशत) मुसलमान कुँवारे ही रह जाएँगे। 1981 की जनगणना के अनुसार मुसलमानों का पुरुष स्त्री अनुपात 932 और हिंदुओं का 928 था अर्थात् प्रत्येक 1000 मुसलमान पुरुषों के लिए 932 मुस्लिम महिलाएँ थीं। इन आँकड़ों को देखते हुए इस बात को मानने के लिए काफी दिमागी कलाबाजी करनी होगी कि मुसलमान पुरुष चार पत्नियाँ रख सकते हैं।

इसी प्रकार से कुछ समय पहले (1961 की जनगणना रिपोर्ट से) बहु विवाह के आँकड़े भी मुस्लिम बहु विवाह के मिथक को ध्वस्त कर देते हैं। बाद में भी इस स्थिति में कोई परिवर्तन नहीं हुआ है। इस रिपोर्ट के अनुसार सर्वाधिक बहु विवाह आदिवासियों (15.25 प्रतिशत) में हुआ। इसके बाद बुद्धधर्मियों (7.9 प्रतिशत), जैनों (6.72 प्रतिशत), हिंदुओं (5.80 प्रतिशत) का नम्बर आता है। इसके बाद मुसलमानों

(5.70 प्रतिशत) का नंबर आता है। पुणे की गोखले इंस्टीच्यूट की मलिका बी मिस्त्री द्वारा किए गए अनुसंधान में यह निष्कर्ष निकाला गया है। "इस बात का कोई साक्ष्य नहीं है कि (मुसलमानों में) बहु विवाह का प्रतिशत हिंदुओं के प्रतिशत से अधिक है।" हिंदुओं और मुसलमानों में विवाह के पैटर्न से पता लगता है कि दोनों में ही बहु विवाह की घटनाएँ कम हो रही हैं।

उपर्युक्त से धर्म आधारित प्रजनन पैटर्नों का पता लगाया जा सकता है ये पैटर्न मुस्लिम समुदाय के भीतर भी भिन्न-भिन्न हैं। वे सामाजिक-आर्थिक और शैक्षिक स्तरों के अनुसार भिन्न-भिन्न क्षेत्रों में भिन्न-भिन्न हैं। जो लोग सामाजिक-आर्थिक और शिक्षा के स्तर की दृष्टि से ऊपर हैं उनकी जनसंख्या वृद्धि कम है जबकि निचले तबके के लोगों में जनसंख्या वृद्धि अधिक है। केरल के मालाबार क्षेत्र, जहाँ मुस्लिम जनसंख्या 40 प्रतिशत है, में यह वृद्धि 15 प्रतिशत मुस्लिम जनसंख्या वाले उत्तर प्रदेश से कम है। इसका विपरीत उदाहरण मुस्लिम बहुल कश्मीर में मिलता है। जहाँ हिंदुओं की प्रजनन दर मुसलमानों से दुगनी है। यहाँ भी जन्म दर कम अर्थात 31.4 (प्रति हजार) थी जोकि उत्तर प्रदेश (36.5), मध्य प्रदेश (36.4), बिहार (34.8) और राजस्थान (33.4) से कम है।

हमारे सामने यह बात बिल्कुल स्पष्ट है कि देश के अन्य हिस्सों के मुकाबले शैक्षिक और सामाजिक दृष्टि से उन्नत राज्यों जैसे कि केरल, तमिलनाडु और कर्नाटक में मुसलमानों और हिंदुओं दोनों की ही जनसंख्या वृद्धि दर कम है। शहरों और गाँवों की स्थिति को देखा जाए। मुस्लिम समुदाय की एक तिहाई संख्या शहरी जीवन के सीमांत और गले-सड़े इलाके में रहती है। मुसलमानों ने शहरी गरीबी (हिंदुओं के मुकाबले) 17 प्रतिशत अधिक है। लगभग 45 प्रतिशत मुसलमान गरीबी की सीमा रेखा से नीचे रहते हैं। वे आधुनिक शहरों के पुराने इलाकों में रहते हैं। जहाँ पर सफाई सुविधाएँ, स्वास्थ्य सुविधाएँ और बुनियादी सुविधाएँ नगण्य हैं। वहाँ बार-बार सांप्रदायिक हिंसा होती है, जिसके कारण वे एक स्थान पर 'सिमट कर' रह जाते हैं और उनकी स्थिति में सुधार अधिकाधिक मुश्किल हो जाता है।

कुल मिलाकर कहा जा सकता है कि जनसंख्या वृद्धि दर के कई निर्धारक तत्त्व हैं। धर्म का इस मामले में यदि कोई योगदान है तो बहुत कम। सामाजिक-आर्थिक कारण जनसंख्या वृद्धि का सबसे ज्यादा निर्धारक है। असुरक्षा की भावना और कमजोर आर्थिक-सामाजिक स्थिति, परिवार नियोजन (इसे परिवार कल्याण कहना ठीक होगा जिससे इसके लक्ष्य अच्छे ढंग से संप्रेषित होते हैं) के रास्ते में आड़े आती है। ये दो तत्त्व धर्म से ताल्लुक नहीं रखते। इस तरह की जटिल स्थिति में संघ परिवार के प्रचारतंत्र ने 'जबरदस्त कार्य' किया है। उन्होंने हम दो हमारे दो, वो पाँच उनके पच्चीस जैसे नारे जनमानस में पैठा दिए हैं। इन गोबेल्सवादी तरीकों की 'दाद' देनी होगी जो झूठ को सही साबित करने पर लगे हुए हैं।

अध्याय—8

अपराध और सजा

सांप्रदायिक हिंसा, जाँच आयोग और न्याय

सांप्रदायिक हिंसा भारतीय समाज के राजनीतिक तंत्र पर सड़ा हुआ घाव है। विभाजन के बाद 1961 तक अपेक्षाकृत शांति रही। इस वर्ष जबलपुर में दंगों के साथ अल्पसंख्यक-बहुसंख्यक संबंधों से जुड़ी बेसुलझी समस्याएँ फिर सामने आ गईं। इसके बाद देश के दूसरे हिस्सों में दंगे हुए। समय के साथ-साथ इनकी तीव्रता बढ़ती गई। अस्सी के दशक में न केवल समाज का जबरदस्त संप्रदायीकरण हुआ बल्कि बहुत भयंकर सांप्रदायिक हिंसा हुई जिसने समाज की जड़ें हिला दीं। समाज का संप्रदायीकरण, सांप्रदायिक हिंसा की तीव्रता और 'हिंदू दक्षिण पंथ' एक कदम से कदम मिलाकर चले और हरेक सांप्रदायिक हिंसा के बाद हिंदू दक्षिण पंथ के राजनीतिक संगठन—पहले जनसंघ और बाद में भाजपा की ताकत बढ़ती गई। यह बर्बरतापूर्ण कार्यवाही बाबरी मस्जिद के विध्वंस के बाद अपनी चरमसीमा पर पहुँच गई। इसके साथ ही भाजपा के भाग्य ने पलटा मारा और 1996 में उसकी 13 दिन की सरकार बनी तथा बाद में उसके नेतृत्व में गठजोड़ सरकार बनी।

आजादी से पूर्व के समय में हिंदू और मुसलमानों में हिंसा बराबर के स्तर की थी जिसमें पुलिस (मुख्य रूप से ब्रिटिश अधिकारी) शांति बहाल करने के लिए हस्तक्षेप करते थे। आजादी के बाद इन दंगों का स्वरूप बदल गया है। सबसे पहले तो मुस्लिम समुदाय के पीड़ित लोगों की संख्या बढ़ गई है और दूसरे मुसलमानों की संपत्ति को ज्यादा नुकसान हुआ है। तीसरे, पुलिस बहुसंख्यक समुदाय का पक्ष लेती है। प्रारंभ में गरीब मुसलमान सांप्रदायिक हिंसा के शिकार बनते थे लेकिन अब मध्य तथा उच्च वर्ग के मुसलमान भी इसकी लपेट में आने लगे हैं। विभाजन के बाद हुए दंगों के उपरांत पाँचवें दशक में अपेक्षाकृत शांति रही और केवल पूर्वी भारत और पूर्वी पाकिस्तान में 1950 में एक वारदात हुई। यह शांति छठे दशक में भंग हो गई तथा जबलपुर में दंगे हुए। जमशेदपुर और राउरकेला में 1962 और 1964

में दंगे हुए। "छठे दशक में रक्तरंजित हत्याकांडों में रांची, बिहार (1962) और अहमदाबाद, गुजरात (1969) में हुए दंगे विशेष रूप से उल्लेखनीय हैं। 1976 में पुलिस ने तुर्कमान गेट पर हत्याकांड किया। इसके अलावा मुरादाबाद (1980), नेली नवगाँव असम (1983), भिवंडी (1984) और मेरठ (1987) में हुए दंगों में एक हजार से ज्यादा लोगों की जानें गईं।" (खालिदी 1995) राम जन्मभूमि अभियान ने भी रक्तपात कराया जिसमें 1989 में 1000 से ज्यादा लोगों ने अपनी जानें गँवाईं। अस्सी के दशक की शुरुआत भागलपुर, हैदराबाद और अलीगढ़ में हुए दंगों से हुई। इस दशक में सांप्रदायिक हिंसा अपनी चरमसीमा पर पहुँच गई। आडवाणी की रथ यात्रा और बाबरी मस्जिद गिराए जाने के उपरांत हुए दंगे देश के इतिहास में सबसे भयंकर दंगे थे। विध्वंस के बाद हुए दंगों ने मुंबई, सूरत और भोपाल को बुरी तरह से अपनी लपेट में ले लिया। दूसरे स्थानों पर भी दंगे हुए। 1960 से 1995 तक दंगों की वारदातें बढ़ रही हैं इनमें से ज्यादातर दंगे 6 राज्यों—उत्तर प्रदेश, गुजरात, राजस्थान, बिहार, मध्यप्रदेश और आंध्र में हुए हैं। महत्त्वपूर्ण बात यह है कि इनमें से चार राज्यों में भाजपा बीच-बीच में सत्ता में रही है और वहाँ उसके बहुत समर्थक हैं। ये दंगे मुख्य रूप से शहरों में होते हैं लेकिन गाँवों में भी हुए हैं। मार्च, 2002 में भारत में अब तक के सबसे भयंकर दंगे हुए। गोधरा में रेल डिब्बा जलाए जाने के बाद शासन की मदद से जबर्दस्त मुस्लिम विरोधी हत्याकांड हुआ। इसमें 2000 से अधिक मुसलमान मारे गए और लगभग एक लाख बेघर हो गए। इस हत्याकांड ने दिखा दिया कि सांप्रदायिक मानसिकता कितने नीचे तक चली गई है। इस त्रासदी का सबसे बीभत्स पहलू स्त्रियों का उत्पीड़न है। खेद की बात है कि नागरिक समाज में इस वहशीपन के प्रति कोई संवेदना नहीं दिखाई है और आम नागरिक यह मानने लगा है कि 'राष्ट्र विरोधियों' को सबक सिखाना जरूरी है।

मिथक : दंगे मुसलमान शुरू करते हैं।

तथ्य : आम विचार यह है कि मुसलमान दंगे शुरू करते हैं और हिंदू उसका जवाब देते हैं। दंगों का ताना-बाना बहुत जटिल है और हमें इनकी पृष्ठभूमि में जाना होगा।

पृष्ठभूमि

आजादी से पहले के काल में कुछ ऐसे तत्त्व मौजूद रहे जो सांप्रदायिक हिंसा को संभव बनाने वाली स्थिति पैदा करते हैं। धर्मनिरपेक्ष राष्ट्रीय आंदोलन के मुकाबले में हिंदू और मुसलमान सांप्रदायिक ताकतें थीं जिन्हें प्रमुख रूप से जमींदारों और बनिया व्यापारियों से समर्थन मिलता था। घटनाओं की जटिलता के दौरान जब कभी भी धर्मनिरपेक्ष आंदोलन कमजोर पड़ा, ब्रिटिश उपनिवेशवादियों ने सांप्रदायिक प्रतिक्रिया को बढ़ावा दिया। भारत से अधिकांश मुस्लिम संभ्रांत पाकिस्तान चला गया। जो

लोग भारत में बने रहे उनके साथ सरकारी नौकरियों, औद्योगिक नियोजन और सामाजिक सुविधाओं के मामले में छुपे तौर से भेदभाव किया गया। उनके खिलाफ विचारधारात्मक मोर्चा खड़ा किया गया और उन्हें 'विदेशी' बताया गया। उन पर विभाजन कराने का दोष लगाया गया। उनके खिलाफ सामाजिक पूर्वाग्रह 'फलते-फूलते' रहे। यहाँ हमें यह नहीं भूलना चाहिए कि मुस्लिम संभ्रांत और नेतृत्व का बहुत बड़ा हिस्सा पाकिस्तान चला गया। आगे चलकर कट्टरपंथियों ने उन पर कब्जा कर लिया। इस पृष्ठभूमि में मौजूदा विपत्तियाँ आईं।

सामाजिक ताने-बाने का संप्रदायीकरण

दो कारणों से छोटी-छोटी घटनाएँ बहुत बड़े दंगों में तब्दील हो जाती हैं। ये कारण दो स्तर पर कार्य करते हैं—प्रथम, सामाजिक ताने-बाने का संप्रदायीकरण हो गया है और दूसरे, सांप्रदायिक संगठन और उनका नेटवर्क जंगल की आग की तरह जबानी अपना 'संदेश' फैलाता है। एक शताब्दी पहले शुरू हुई सांप्रदायिक विचारधारा को निहित स्वार्थों ने बड़े व्यवस्थित तरीके से पोसा है। वे 'आधुनिकपूर्व' संभ्रांती पहचानों का लाभ उठाते हैं और एकरूप समझे जाने वाले समूहों में अंतर्विरोधों को अनदेखा कर देते हैं। आजादी के पूर्व की सामाजिक कठोरताओं और मूल्य प्रणाली को मजबूत बनाने के लिए वे अर्ध-धर्मनिरपेक्ष समाज में अपना कार्य करते हैं तथा रक्त और विनाश की फसल काटते हैं। विभाजन के बाद मुस्लिम सांप्रदायिकता की कमर टूट गई थी। लेकिन हिंदू सांप्रदायिकता की ताकत बराबर बढ़ती रही है जिसे मुस्लिम सांप्रदायिकता के अवशेषों ने उकसाया है। ''हिंदू संप्रदायवादियों का तर्क है कि दंगे भारत को नुकसान पहुँचाने के लिए पाकिस्तान की शह पर मुस्लिम उग्रवादियों द्वारा किए जाते हैं और इनका उद्देश्य फिर से देश के विभाजन की स्थितियाँ तैयार करना है। हिंदू दक्षिणपंथियों के अनुसार मुसलमान शांतिपूर्ण हिंदू जुलूस, पूजा स्थल पर पत्थर फेंक कर या रक्षाकर्मियों पर हमला करके दंगे उकसाते हैं।'' (खालिदी) खालिदी ने विभिन्न वर्गों के मुसलमानों के साथ इंटरव्यू के बाद यह निष्कर्ष निकाला है। ''मुसलमान विरोधी हिंसा सुनियोजित होती है और मुसलमानों को आर्थिक तथा सामाजिक रूप से पंगु बना देने के लिए की जाती है। इस आर्थिक और सामाजिक पिछड़ेपन के परिणामस्वरूप वे हिंदू समाज के निम्न वर्ग के बराबर हो जाते हैं... शारीरिक आतंक और सामाजिक-आर्थिक वंचना द्वारा ही वे अपने लक्ष्य प्राप्त कर सकते हैं।'' (खालिदी) सांप्रदायिक हिंसा समाज में मौजूद विभिन्न तत्त्वों का परिणाम होती है।

संप्रदायीकरण की यह प्रक्रिया विभिन्न स्तरों से गुजरती है। सबसे पहले यह कहा जाता है कि ''मुसलमान विदेशी हैं,'' ''देश के विभाजन के लिए जिम्मेदार हैं,'' ''उन्होंने तलवार के जोर पर इस्लाम फैलाया है,'' और ''पाकिस्तान के प्रति निष्ठा

रखते हैं''। बेहूदा किस्म के नारे भी लगाए जाते हैं जैसे कि ''मुसलमान का दो ही स्थान, कब्रिस्तान या पाकिस्तान'' तथा ''पहले कसाई फिर ईसाई''। इस बीच बड़ी बारीकी के साथ विचारधारा को कार्रवाई में बदल दिया जाता है। इसके फलस्वरूप हिंसा होती है जिसमें गरीब मुसलमान सबसे ज्यादा शिकार बनते हैं। सांप्रदायिक हिंसा करने के लिए उत्तेजित किए गए गरीब हिंदू भी इसकी लपेट में आ जाते हैं। कहने की आवश्यकता नहीं कि हिंदू सांप्रदायिकता (संघ परिवार–आर एस एस, भाजपा, विहिप और बजरंग दल द्वारा मुखरित) आज के परिदृश्य में सबसे बड़ी शक्ति है। मुसलमान सांप्रदायिकता के अवशेष उसे उकसाते रहते हैं। अपनी गतिविधियों से वे हिंदू संप्रदायवादियों को मुस्लिम समुदाय पर टूट पड़ने का बहाना दे देते हैं। हमारे देश में बड़े दंगों के उपरांत समय बीतने के बाद हम इनके कारणों और उनके वास्तविक गतिविज्ञान पर आएँगे।

दंगों के पूर्व का 'भीड़-मनोविज्ञान'

संप्रदायीकृत सामाजिक ताने-बाने में समूह मनोविज्ञान हिंदू संप्रदायवादियों द्वारा दूषित किया जाता है। मुस्लिम संप्रदायवादी इसे उकसाते हैं। समूह या भीड़ को दूसरे पक्ष द्वारा आसन्न हमले का 'डर' दिखाकर इकट्ठा किया जाता है। ''हमारे मंदिर पर हमला होने वाला है'', ''मस्जिद में हथियार इकट्ठे किए जा रहे हैं'' कुछ ऐसे तरीके हैं जिनसे सांप्रदायिक ताकतें भय निर्मित कर देती हैं। अधिकांश दंगों में शासन तथा पुलिस तंत्र बहुसंख्यक संप्रदायवादियों की मदद करती है। कई बार तो पुलिस खुद यह काम अपने हाथ में ले लेती है। धार्मिक उन्माद इस समूह के लिए चारे का काम करता है। संप्रदायीकृत मीडिया अफवाह फैलाकर हिंसा का विस्तार कर देती है। हिंदू सांप्रदायिक तत्त्वों से भरे राज्य प्रशासन से इन ताकतों को बहुत मदद मिलती है। नारों द्वारा सांप्रदायिक माहौल पैदा किया जाता है। उनमें से कुछ नारे संप्रदायवाद के शब्दकोश का स्थायी हिस्सा बन गए हैं। दूसरे नारे मौके के हिसाब से गढ़ लिए जाते हैं।

'बंगलादेशी घुसपैठ' जैसी बातें करके 'भय खड़ा' किया जाता है। संगठित रूप से चलाई गई गतिविधियाँ जैसे जुलूस (महाआरती) भड़काने वाले भाषण, लेखन आदि आग में घी का काम करते हैं। जैसा कि पहले कहा जा चुका है अफवाहें जन मनोविज्ञान की वाहक बन जाती हैं। ये अफवाहें बहुत तेजी से फैलती हैं : ''गाय की हत्या, हिंदू/मुस्लिम स्त्रियों के स्तन काटना'', ''उन्होंने दूध में जहर मिला दिया है,'' ''मस्जिद में बहुत हथियार इकट्ठे कर लिए गए हैं,'' ''मंदिर पर हमला होने वाला है,'' ''हथियारों से लैस पाकिस्तानी आ पहुँचे हैं'' जैसी अफवाहें आम हैं। जुलूस में उकसाने वाले नारे लगाये जाने, मंदिर/मस्जिद को अपवित्र किए जाने, मस्जिद के बाहर फिल्मी गाने चलाने तथा मस्जिद पर रंग का पानी या गुलाल फेंकने से

दंगे भड़क उठते हैं। किसी हिंदू स्त्री के मुसलमान के साथ भाग जाने या मुसलमान स्त्री के किसी हिंदू के साथ भाग जाने से भी दंगे भड़क उठते हैं।

दंगे कौन शुरू करता है

तीस्ता सीतलवाद (हु कास्ट्स फर्स्ट स्टोन, कम्युनलिज्म कॉम्बैट, मार्च 1998) ने 5 जाँच आयोगों से उद्धरण लेकर सांप्रदायिक दंगों की शुरुआत के पीछे सचाई को उजागर किया है।

अहमदाबाद 1969 : ''दंगों में विशेष रूप से आर एस एस और जनसंघ के नेताओं की सक्रिय भागीदारी को छिपाने के लिए जानबूझकर प्रयास किए गए।'' (जनसंघ वर्तमान भाजपा का पूर्व रूप है) (न्यायमूर्ति जगमोहन रेड्डी आयोग)

भिवंडी जलगाँव 1970 : अपने वरिष्ठ अधिकारियों को अपनी रिपोर्ट में ठाणे जिले के पुलिस अधीक्षक ने यह कहा है ''मैंने पाया कि हिंदुओं का एक वर्ग विशेष रूप से आर एस एस और पी एस पी के कुछ लोग शरारत पर आमादा थे। जुलूस में शामिल होने के पीछे उनका मकसद महान शिवाजी को श्रद्धांजलि देना नहीं था, वे मुसलमानों को उकसाना और बेइज्जत करना चाहते थे।''

''ग्रामवासियों ने मुसलमान विरोधी उकसाने वाले नारे लगाए, आक्रामक तरीके से व्यवहार किया, दरगाह रोड और सुताअली के जंक्शन पर स्थिति बांगड़ गली हैदरी मस्जिद और मोती मस्जिद पर उन्होंने पत्थर फेंके। पुलिस चुपचाप खड़ी रही।'' (न्यायमूर्ति डी पी मदान आयोग)

तैल्लीचेरी 1971 : ''तैल्लीचेरी में हिंदू और मुसलमान शताब्दियों से भाइयों की तरह रह रहे थे।...आर एस एस और जनसंघ द्वारा तैल्लीचेरी में अपनी यूनिटें बना देने और कार्रवाई शुरू कर देने के बाद स्थिति बदल गई। उनका मुसलमान विरोधी प्रचार, सांप्रदायिक संगठन मुस्लिम लीग के साथ कुछ मुसलमानों के चले जाने पर उसकी प्रतिक्रिया...इसके बाद उत्पन्न सांप्रदायिक तनाव ने इन उपद्रवों के लिए पृष्ठभूमि तैयार कर दी।'' (न्यायमूर्ति जोसफ विथियाथिल आयोग)

जमशेदपुर 1989 : चुनावों से पहले खुफिया शाखा जमशेदपुर द्वारा सांप्रदायिक तनाव के बारे में तैयार रिपोर्ट (23 मार्च, 1979) में 31 मार्च और 1 अप्रैल को आर एस एस का मंडलीय सम्मेलन आयोजित किए जाने का उल्लेख है जिसमें उसके सर संघ चालक को भाग लेना था।

''जुलूस के मार्ग में विवाद पैदा हो गया, खुद को संयुक्त बजरंगबली अखाड़ा समिति का सदस्य कहने वाले लोगों के एक समूह ने तीखी प्रतिक्रिया की। उन्होंने सांप्रदायिक भावना पैदा करने के लिए व्यवस्थित रूप से परचे बाँटे। उनके आर एस एस के साथ संगठनात्मक संबंध थे। जब प्रशासन ने एक मार्ग विशेष के लिए अनुमति नहीं दी तो उसकी अवहेलना करने का आह्वान किया गया। इससे हिंसा हुई तथा

मुसलमान विरोधी नारे लगाए गए। इसके बाद जमशेदपुर में (श्री रामनवमी केंद्रीय अखाड़ा समिति द्वारा वितरित) परचे बँटने शुरू हो गए...यह हिंदुओं की भावनाएँ भड़काने के लिए घटनाओं को तोड़ने-मरोड़ने के लिए और कुछ कार्यों को हिंदुओं पर हमला बताने के लिए किया गया...'' (जाँच आयोग की रिपोर्ट से)

कन्याकुमारी दंगे (1982) : सांप्रदायिक हिंसा भड़काने की आर एस एस की क्रियाविधि इस प्रकार है :

(क) ईसाई इस देश के निष्ठावान नागरिक नहीं हैं, यह कहकर सांप्रदायिक भावनाएँ भड़काना।

(ख) बड़ी चतुराई से यह प्रचार करना कि अल्पसंख्यकों की जनसंख्या बढ़ रही है और हिंदुओं की घट रही है और इस तरह से बहुसंख्यक समुदाय में भय की भावना गहरी करना।

(ग) बहुसंख्यक समुदाय के युवाओं को चाकू, तलवार और भाले जैसे हथियारों के इस्तेमाल का प्रशिक्षण देना।

(घ) सांप्रदायिक भावनाएँ भड़काने के लिए मामूली-सी घटनाओं को सांप्रदायिक रंग देना तथा अफवाह फैलाना (न्यायमूर्ति वेनुगोपाल आयोग)

एक पुलिस अधिकारी द्वारा अनुसंधान

नेशनल पुलिस अकादमी के एक फैलो वी एन राय ने इस मुद्दे पर गहराई से अध्ययन किया है। (कंबेटिंग कम्युनल कनफिलक्ट्स) उन्होंने 1968 और 1980 के बीच हुए दंगों के दौरान आँकड़ों तथा जुलूसों का विश्लेषण करके इस मिथक को तोड़ा है कि मुसलमान दंगे शुरू करते हैं। सरकारी आँकड़ों के अनुसार कुल 3949 वारदातें हुईं जिनमें 2289 लोग शिकार बने। इनमें से 530 हिंदू थे और 1598 मुसलमान थे। हमें यह बात ध्यान में रखनी चाहिए कि मुसलमान कुल आबादी का 12 प्रतिशत हैं। लेकिन इस समुदाय के शिकार लोग 80 प्रतिशत हैं। पुलिस तंत्र पूरी तरह से भेदभाव करता है और दंगों के दौरान तथा उसके बाद उनकी कार्रवाई मुसलमानों के ख़िलाफ केंद्रित होती है। सांप्रदायिक हिंसा के लिए काफी पहले से तैयारी शुरू हो जाती है और एक मामूली सी घटना गहरी नफरत को सामने ला देती है। कई बार कारोबार शत्रुता और भूमि विवाद भी इस तरह की हिंसा द्वारा सुलझाए जाते हैं। दूसरे पक्ष से हमले की आशंका में डरा हुआ समुदाय 'पहली चोट' कर सकता है। राय ने बहुत अच्छी टिप्पणी की है : ''अक्सर पहला पत्थर फेंकने वाले या हमले के लिए पहला हाथ उठाने वाले से पता चल जाता है कि इसके पीछे कोई बाहरी एजेंसी कार्य कर रही है। यह एजेंसी ऐसी स्थिति पैदा करना चाहती है जिसमें अल्पसंख्यक समुदाय के सदस्य ऐसा कोई कार्य कर बैठें जिससे उनके लिए बड़ी मुसीबत खड़ी हो जाए। बाहरी आलोचना से बचने के लिए तथा अपनी अच्छाई बताने के लिए कहा जाता है कि हिंसा मुसलमानों ने शुरू की। होता यूँ है कि मजबूत

व्यक्ति द्वारा कमजोर व्यक्ति के लिए ऐसे हालात पैदा कर दिए जाते हैं जिससे कि वह हाथ उठा दे और इसके बाद उसके इस 'हमले' के लिए उसको सजा देने की बात की जाती है। उसको सजा देने से पहले यह शोर मचाना शुरू कर दिया जाता है कि वह व्यक्ति स्वभाव से ही दुष्ट और हिंसक है इसलिए उसने ही पहले हमला किया होगा।" (1998 : 56-57)

मुंबई दंगों के बारे में एक केस अध्ययन

हिंदुत्व संगठनों की भूमिका को उजागर करने के लिए मुंबई दंगों के उदाहरण को लिया जा सकता है।

बाबरी मस्जिद गिराए जाने के विरोध में कुछ स्थानीय मुसलमान अपने आप बाहर निकल आए और उन्होंने सार्वजनिक संपत्ति पर पत्थर फेंके। यह कार्य संगठित रूप से नहीं किया गया था।

चरण–I : 6 दिसंबर की दोपहर से ही शिवसेना ने विजय यात्रा निकाली, भड़काऊ नारे दिए और धारावी में मस्जिद पर गुलाल फेंका। 7 दिसंबर को कुछ मुसलमानों ने थाने पर पत्थर फेंके। वे मस्जिद को बचाने में सरकार की विफलता के विरुद्ध अपना गुस्सा प्रकट कर रहे थे। पुलिस ने जमकर गोली चलाई जिसमें मरने वाले 90 प्रतिशत लोग मुसलमान थे और उनके पेट, सीने या सिर में गोली लगी थी।

(श्रीकृष्ण आयोग की रिपोर्ट से) "बाबरी ढाँचे को गिराए जाने पर हिंदुत्व पार्टियों द्वारा जश्न मनाने के गैरजिम्मेदाराना कार्य ने जख्म के अंदर चाकू घुमाने का काम किया जिससे मुसलमानों का गुस्सा बढ़ गया। धारावी में शिवसेना द्वारा आयोजित जश्न रैली इसका उदाहरण है।" इसमें आगे लिखा है कि "मुसलमानों ने विरोध किया वे गुस्से के साथ सड़क पर निकल आए। भारी संख्या में मुसलमान 6 दिसंबर, 1992 को रात 11.20 बजे पायधूनी में मिनारा मस्जिद के पास इकट्ठे हो गए। इस समय भी यदि भीड़ से चतुराई के साथ निपटा जाता और दोनों समुदाय के मान्य नेता दखल देते तो यह विरोध शांत हो जाता।" लेकिन आयोग की रिपोर्ट के अनुसार, "पुलिस ने स्थिति को ठीक से नहीं सँभाला। उनकी आक्रामक सख्ती के कारण शांतिपूर्ण विरोध हिंसक प्रदर्शन में बदल गया जिसके दौरान भीड़ के गुस्से का पहला निशाना पुलिस वैन और कांस्टेबुलरी बने। ये दोनों ही शासन के चिह्न हैं।" न्यायमूर्ति श्रीकृष्ण ने अपनी रिपोर्ट में आगे लिखा है, "महत्त्वपूर्ण बात यह है कि भीड़ के पास हथियार नहीं थे, उनके पास पत्थर या लाठियाँ तक नहीं थीं। वे केवल क्रुद्ध थे और किसी भी अधिकारी के खिलाफ अपना गुस्सा प्रकट करना चाहते थे। स्थिति को ठीक से समझा, सँभाला नहीं गया और वह बदतर बन गई।" (वॉल्यूम 1:4)

शिवसेना ने जश्न मनाए और भड़काने वाले नारे लगाए : मुसलमान का दो ही स्थान : पाकिस्तान या कब्रिस्तान। इसके जवाब में मुसलमान चिल्लाए : जो हमसे टकराएगा, मिट्टी में मिल जाएगा। शिवसेना जुलूस में भाग लेने वाले लोगों ने मस्जिदों पर गाय का गोबर फेंका, इसके जवाब में मुसलमानों ने मंदिरों पर पत्थर फेंके। धारावी में दंगे भड़क उठे और सैकड़ों मकान नष्ट कर दिए गए जिनमें से 80 प्रतिशत मुसलमानों के थे। दंगे दक्षिणी मुंबई और उपनगरों तक फैल गए।

निर्मला निकेतन कॉलेज ऑफ सोशल वर्क के विद्यार्थियों द्वारा दंगा पीड़ितों के सर्वेक्षण के अनुसार प्रभावित 690 घरों में से 86 प्रतिशत घर समाज के गरीब, वर्गों, मजदूरों, छोटे कारोबारी मुसलमानों के थे। वे पुलिस की गोली का शिकार बने या उन्हें छुरा मार दिया गया या जला दिया गया। इस बीच सफिया अस्पताल पर हमला किया गया और उसकी एंबुलेंस को जला दिया गया। मुस्लिम पत्रकार तथा हिंदू सांप्रदायिकता के खिलाफ लिखने वाले लोगों को निशाना बनाया गया। मुसलमानों पर हमला करने वाली भीड़ को पुलिस ने कोई नुकसान नहीं पहुँचाया।

चरण–II : चरण–I के बाद की शांति के दौरान बीच-बीच में हिंसा चलती रही। इस चरण में जाने से पहले मुसलमान विरोधी अफवाहें फैलाई गईं। जैसे मुसलमान पाकिस्तान और मुस्लिम देशों की मदद से हमला करने की योजना बना रहे हैं, दूध में जहर मिला दिया गया है, वे पुलिस पर हमला करने के लिए एके-47 का प्रयोग कर रहे हैं। दादर चौपाटी पर हथियारों तथा बमों से लैस आतंकवादियों का एक समूह पहुँच रहा है। हिंदुओं को एकत्रित करने के लिए महाआरती शुरू की गई। इसने और भी ज्यादा सांप्रदायिक तनाव बढ़ा दिया। महाआरतियों के बाद सांप्रदायिक हिंसा होती थी और उस इलाके में रहने वाले मुसलमान परिवार अपने घरों को छोड़कर चले जाते थे। महाआरतियों का कार्यक्रम शिवसेना के मुखपत्र सामना में दिया गया था। इस चरण में शिव सैनिकों ने मतदाता सूचियाँ लीं और विभिन्न क्षेत्रों में मुसलमान घरों तथा प्रतिष्ठानों को चिह्नित किया।

श्रीकृष्ण रिपोर्ट से उद्धरण : "महाआरतियाँ 26 दिसंबर, 1992 से शुरू हो गईं और सांप्रदायिक तनाव बनाती रहीं। जो थोड़ी बहुत शांति कायम हुई वह इससे भंग हो गई। इनमें से कुछ का उपयोग सांप्रदायिक भाषण देने के लिए किया गया, यहाँ से निकली भीड़ आसपास मुसलमान प्रतिष्ठानों पर हमला करती और उसे लूटती तथा आग लगा देती थी।" (वॉल्यूम-I : 13)

"1 जनवरी, 1993 को सामना में 'हिंदूनी आक्रामक व्हयला हवे' (हिंदुओं को अब आक्रामक होना चाहिए) नाम से एक लेख छपा जिसमें हिंदुओं को हिंसा के लिए खुल्लम-खुल्ला भड़काया गया।" (वॉल्यूम-I : 13)

4 जनवरी, 1993 को श्री गजानन कीर्तिकर, श्री रमेश मोरे और दूसरे शिव सेना कार्यकर्ताओं के नेतृत्व में भारी भीड़ ने जोगेश्वरी पुलिस स्टेशन पर मोर्चा लगाया और हिंदुओं के लिए सुरक्षा के अभाव के बारे में शिकायत की। मोर्चे में शामिल

कुछ लोगों ने चाचा नगर मस्जिद तथा उसके आसपास रहने वाले मुसलमानों को हमला करके उन्हें घायल कर दिया। माहिम में मगदूमनगर में मुसलमानों की झोंपड़ियाँ हिंदुओं ने जला दीं।'' (वॉल्यूम-I : 13-14)

''7 जनवरी, 1993 को एक टैक्सी जिसमें दो मुसलमान यात्रा कर रहे थे। को प्रतीक्षानगर, अँटायकहिल में जला दिया गया जिसमें भीतर बैठे दो मुसलमान जिंदे जल गए।'' (वॉल्यूम-I : 15)

''8 जनवरी, 1993 को राधाबाई चाल जोगेश्वरी में कुछ हिंदुओं के घरों को बाहर से ताला लगाकर शरारती लोगों ने जला दिया। हिंदू परिवार के एक पुरुष तथा 5 स्त्रियाँ और उनके कुछ पड़ोसी जलकर मर गए। तीन हिंदुओं को चोटें भी आईं। इस घटना को भड़काने वाली रिपोर्ट के साथ मीडिया ने प्रचारित किया।'' (वॉल्यूम-I : 15)

श्रीकृष्ण आयोग रिपोर्ट से : ''सुने जा सकने वाले वार्तालाप (इसे दंगों के दौरान बाल ठाकरे के घर में मौजूद महानगर रिपोर्टर युवराज मोहिते ने सुना) से स्पष्ट है कि ठाकरे शिव सैनिकों, शाखा प्रमुखों और शिवसेना के दूसरे कार्यकर्ताओं को मुसलमानों पर हमला करने के लिए निर्देशित कर रहे थे। वह कह रहे थे कि ''गवाही देने के लिए एक भी लांड्या (मुसलमानों के लिए प्रचलित एक गाली) नहीं बचे।'' (वॉल्यूम-II : 173-74) आयोग इस बात को मानने के लिए तैयार नहीं है कि जनवरी चरण के दंगे माथाड़ी मजदूरों को छुरा मारने और राधाबाई चाल घटना के लिए हिंदुओं द्वारा बदले की कार्रवाई थे। ''मुसलमानों और उनकी संपत्ति के खिलाफ ये दंगे 12 दिसंबर से 15 दिसंबर 1992 तक चलते रहे...पेशेवर अपराधियों ने सांप्रदायिक उन्माद भड़काने के लिए छुरेबाजी की जिनमें बहुत से हिंदू मारे गए...हिंदुओं की सांप्रदायिक उत्तेजना भरा लेखन विशेष रूप से सामना और नवाकाल द्वारा चरमसीमा तक पहुँचा दिया गया।'' वॉल्यूम-I : 21-22)

मुसलमानों के खिलाफ छोटे पैमाने पर छिटपुट घटनाएँ चलती रहीं। दो ऐसी घटनाएँ हैं जिनमें हिंदू मारे गए उनका दोष मुसलमानों के मत्थे मढ़ दिया गया तथा मुस्लिम विरोधी हत्याकांड पूरे जोर-शोर से चलाए जाने के लिए इससे 'वैधता' मिल गई। ये घटनाएँ हैं :

(क) 5 जनवरी को दो हिंदू माथाड़ी मजदूरों की हत्या कर दी गई। (संभवतः यह यूनियन शत्रुता का मामला था) इस बात का कोई प्रमाण नहीं है कि उन्हें मुसलमानों ने मारा, सिवाय इस बात के कि मरने वाले हिंदू थे।

(ख) 8 जनवरी को जोगेश्वरी में राधाबाई चाल के बने परिवार को जिंदा जला दिया गया। यह भी शायद जमीन-जायदाद के झगड़े का परिणाम था।

इन दोनों ही घटनाओं में शिकार लोग चूँकि हिंदू थे। इसलिए ''इसका दोष

मुसलमानों पर डाल दिया गया और हिंदू सांप्रदायिक ताकतों को मुसलमानों के खिलाफ पूरे पैमाने पर हमला बोलने का बहाना और वैधता मिल गई।'' शिवसेना भीड़ ने तबाही मचा दी। पुलिस ने कहा कि 'गोली चलाने' के लिए इसकी आलोचना की गई है इसलिए उसने मुसलमान विरोधी दंगों के दौरान अपनी नरम कार्रवाई को उचित बताते हुए कहा कि ''अब हम गोली नहीं चलाएँगे।'' यह शिव सैनिकों को परोक्ष रूप से बताना था कि वे अपना काम करते रहें।

दिसंबर, 1992 में 86 प्रतिशत मुसलमान पीड़ितों के शरीर पर गोली के घाव थे।

जनवरी में अधिकांश मुस्लिम छुरेबाजी और जलाए जाने का शिकार बने। 2 और 3 जनवरी को कुछ लोगों ने खुद को हाउसिंग बोर्ड के लोग बताकर प्रतीक्षानगर में मुसलमानों के घरों पर निशान लगाए।

मिथक : पुलिस निष्पक्ष होती है और दोनों समुदायों के साथ बराबरी का व्यवहार करती है।

तथ्य : वी. एन. राय ने बड़े दंगों के अध्ययन पर आधारित अपनी पुस्तक कंबेटिंग कम्युनल कनफिलक्ट्स में यह निष्कर्ष निकाला है कि अधिकांश दंगों में पुलिस पक्षपातपूर्ण कार्रवाई करती है। वे निष्पक्ष बल के रूप में नहीं बल्कि 'हिंदू बल' के रूप में कार्य करते हैं। यह भेदभाव गिरफ्तारियों, कर्फ्यू लागू करने, पुलिस स्टेशनों पर नजरबंद लोगों से व्यवहार, तथ्यों की जानकारी देने और जाँच, दंगों के दौरान पाए गए मामलों और अभियोजन सभी में नजर आता है। हिंदू, पुलिसमैनों को अपना भाई समझते हैं (हिंदू पुलिस भाई-भाई, बीच में वर्दी कहाँ से आई) मुसलमान कुल मिलाकर पुलिसमैनों को अपना दुश्मन समझते हैं सामान्यतः पुलिसमैन जोकि मुख्य रूप से हिंदू होते हैं, पुलिस बल में दाखिल होते समय अपने पूर्वाग्रह नहीं छोड़ते और यह पूर्वाग्रह दंगों के दौरान साफ नजर आता है। पुलिस कार्मिकों से अपेक्षा की जाती है कि वे संप्रदाय के हितों की सुरक्षा करें। अमरीक सिंह (रायट्स एंड लॉ एनफोर्समेंट) ने लिखा है कि पुलिस का पक्षपातपूर्ण व्यवहार उनके स्वरूप और नजरिए को तय करता है। अधिकांश रंगरूट बहुसंख्यक वर्ग से आते हैं। इसलिए जब भी अल्पसंख्यकों पर हमला होता है तो उनकी रक्षा के लिए कोई नहीं आता।

मुंबई दंगों के बारे में न्यायमूर्ति श्रीकृष्ण की रिपोर्ट में पुलिस बल का पक्षपात साफ नजर आ जाता है।

मिथक : जाँच आयोग सचाई को उजागर करने के लिए गठित किए जाते हैं और जो सुझाव देते हैं उनका कार्यान्वयन किया जाता है।

तथ्य : काश कि यही सही होता!

इन आयोगों की बहुत सीमाएँ होती हैं। जाँच आयोग अधिनियम 1952 के अंतर्गत ये मात्र तथ्य खोजी निकाय होते हैं। ये अदालत नहीं होते, इनके सामने

दर्ज साक्ष्य के निम्नलिखित लक्ष्य होते हैं :

(क) उस पृष्ठभूमि का पता लगाना जिसमें दंगों के लिए अनुकूल स्थितियाँ बनती हैं।

(ख) घटनाक्रम का पता लगाना।

(ग) अपराधियों को उनके कृत्य-अकृत्य (अकृत्य राजनीतिक नेतृत्व, नौकरशाह और पुलिस पर लागू होता है) के अनुसार पहचानना।

अधिकांश जाँच आयोग अपना कार्य पूरा करने में बहुत लंबा समय लेते हैं क्योंकि घटना को कई कोणों से देखना होता है। साक्ष्य के लिए चुने गए गवाहों की संख्या भी बहुत होती है। इस सबके बावजूद अधिकांश जाँच आयोगों ने प्रशंसनीय कार्य किया है और अपनी व्यापक रिपोर्टें प्रस्तुत की हैं। जाँच आयोग अपना स्वतंत्र जाँच तरीका अपनाते हैं लेकिन उनमें कुछ सामान्य पैटर्न होते हैं। उनसे जो तस्वीर उभरती है उसके अनुसार हिंदुत्व संगठन—आर एस एस, जनसंघ, भाजपा और विहिप अपना संप्रदायीकरण अभियान एक विशेष तरीके से तेज करते हैं। इसमें तेजी लाई जाती है तथा अल्पसंख्यकों के खिलाफ अफवाहें फैलाई जाती हैं। जिसमें बताया जाता है कि ये देशभक्त नहीं हैं और विदेशी हैं। भड़काने वाले नारे लगाए जाते हैं और मुस्लिम बहुल इलाकों में परचे बाँटे जाते हैं। यहाँ से मीडिया अपना काम शुरू कर देता है और आग को भड़काता है। अल्पसंख्यक असुरक्षित महसूस करने लगते हैं और ऐसी स्थिति पैदा कर दी जाती है, जिनमें ये 'पहला पत्थर फेंकते हैं' या उन्हें पहला पत्थर फेंकने वाला बता दिया जाता है। बहुसंख्यक सांप्रदायिक संगठन अल्पसंख्यकों पर टूट पड़ते हैं। पुलिस पूरी तरह से पक्षपातपूर्ण होती है। वह या तो दूसरी तरफ देखने लगती है या बहुसंख्यक संप्रदायवादियों द्वारा शुरू किए गए अपराधों में सक्रिय रूप से भाग लेती है। जाँच आयोगों की अधिकांश रिपोर्टें रद्दी की टोकरी में डाल दी गई हैं। किसी पुलिस अधिकारी को सांकेतिक दंड दे दिया जाता है और मामला रफा-दफा हो जाता है।

श्रीकृष्ण आयोग (मुंबई दंगे 1992-93) के मामले में जब आयोग का काम चल रहा था तो अपराधी सत्ता में आ गए। भाजपा-शिवसेना सरकार ने कुछ नई मिसालें रखीं। पहले तो उन्होंने आयोग को भंग कर दिया। लेकिन जब उन्हें इसे फिर से बहाल करने के लिए बाध्य किया गया तो उन्होंने उसके दायरे को बढ़ा दिया और उससे बाद में हुए बम धमाकों की जाँच करने के लिए भी कहा। (हालाँकि एक विशेष न्यायालय इन बम धमाकों के बारे में सुनवाई कर रहा था।) बाद में जब आयोग ने अपनी रिपोर्ट दी तो उसके प्रकाशन को इस आधार पर रोक दिया गया कि "इससे जख्म हरे हो जाएँगे।" बाद में उन्हें इस आधार पर रिपोर्ट प्रस्तुत करनी पड़ी तो उन्होंने कहा कि यह हिंदू विरोधी रिपोर्ट है। पहले की रिपोर्टों का जो हश्र हुआ उनको देखते हुए इस रिपोर्ट का हश्र और भी गंभीर खतरों से भरा है।

जाँच आयोगों ने अपराधियों की ओर इंगित करने के साथ-साथ बहुत-सी सिफारिशें भी की हैं। इनमें से अधिकांश सिफारिशें बिल्कुल साफ होती हैं। ये सिफारिशें दंगों से निपटने, नौकरशाहों और पुलिस के कर्तव्यों के बारे में होती हैं। पुलिस और नौकरशाही में अल्पसंख्यकों का प्रतिनिधित्व नगण्य होता है। यह दंगों की हालत में 'मुख्य' समस्या होती है। इस स्थिति को ठीक करना आवश्यक है। पुलिस बल के संप्रदायीकरण को देखते हुए उन्हें सामाजिक सद्भाव के बारे में प्रशिक्षण और शिक्षा दिए जाने की जरूरत है। केवल पक्षपात रहित दृष्टिकोण ही पुलिस के पक्षपातपूर्ण रवैये को दूर कर सकता है। व्यवहार में पारदर्शिता और प्रतिनिधि मोहल्ला समितियों के गठन से सही स्थिति पैदा हो सकती है।

मिथक : जाँच आयोग की रिपोर्ट का प्रकाशन दंगे के शिकार लोगों के संबंधियों और मित्रों के घाव कुरेद देता है।

तथ्य : अब यह बात सुनने में आने लगी है कि रिपोर्ट को पटल पर रखने, उसके प्रकाशन और कार्यान्वयन से दंगा पीड़ितों के जख्म 'हरे हो जाते हैं।' इस चतुराईपूर्ण तर्क के बहुत से समर्थक हैं।

दंगे उन लोगों को बेहिसाब तकलीफ पहुँचाते हैं जिनके संबंधी मारे जाते हैं, या उनकी संपत्ति उसमें नष्ट हो गई है। इस तरह का नुकसान उठाने वाले लोगों में 'अन्याय' की भावना बलवती होती है। ये लोग क्या चाहते हैं? क्या वे जख्मों और घटनाओं को भूल जाना चाहते हैं ताकि वे खुश रह सकें? अपूरणीय नुकसान पर सब्र कर लेने के बाद ये बचे हुए लोग न्याय चाहते हैं। इसके लिए वे कुछ भी कर सकते हैं। न्याय प्राप्त करना उनका मकसद बन जाता है। ऐसे बहुत से उदाहरण हैं जहाँ पर कत्ल व्यक्ति का पिता या उसकी विधवा न्याय प्राप्त करने को अपने जीवन का लक्ष्य बना लेते हैं और इसके लिए हर संभव प्रयास करते हैं। फिर केरल में रहस्यमय परिस्थितियों में गायब हो जाने वाले इंजीनियरिंग विद्यार्थी राजन का पिता हो या श्रीकृष्ण आयोग की रिपोर्ट के मद्देनजर भारी संख्या में आने वाले लोग हों ये सभी न्याय न मिलने पर या उसमें विलंब पर बहुत दुखी होंगे। हाल ही में श्रीकृष्ण आयोग की रिपोर्ट के कार्यान्वयन पर जोर देने के लिए बुलाई गई बैठकों में दंगा पीड़ितों के रिश्तेदार भारी संख्या में आए। पीड़ित लोगों के नजदीकी रिश्तेदारों को केवल तभी सुकून मिलेगा जब अपराधियों को सजा मिलेगी। हालाँकि दंगों के शिकार लोगों को कभी पूरा मुआवजा नहीं मिलेगा लेकिन दोषियों को कठोर दंड से उनके मन को तसल्ली मिलेगी। इसके अलावा इस तरह के कदम से अल्पसंख्यकों के मानवाधिकारों का उल्लंघन करने वाले लोगों को कुछ समझ आएगी। यही कारण है कि नाज़ी हत्याकांडों के बाद कई दशक बीत जाने के बावजूद अभी भी दोषियों को पकड़ने और उन्हें सजा देने की कोशिश जारी है।

सरकार का यह कहकर संवेदनशील रिपोर्टों को प्रकाशित न करना कि इससे

जख्म हरे हो जाएँगे अपने दुष्कृत्यों को छिपाने का एक बहाना है। इससे यह अपने अपराधों के दंडों से बचने का तरीका है। यह समाज के एक वर्ग को बेवकूफ बनाना है कि वे शांत रहें और रिपोर्ट के कार्यान्वियन की माँग न करें। यह अप्रत्यक्ष रूप से दी गई धमकी भी है कि यदि उनके अपराधों को उजागर करने की कोशिश की गई तो वे उसी तरह से आतंक मचा देंगे जैसा कि 1992-93 में किया गया था।

पुनश्च :

बड़े सांप्रदायिक दंगे : यह इस देश में हुए सभी दंगों का व्यापक विवरण नहीं है। हमने सांप्रदायिक ताकतों द्वारा अपने लक्ष्यों को प्राप्त करने के लिए अपनाए गए विभिन्न तंत्रों को समझने के लिए कुछेक बड़े दंगों को चुना है। हमें यह बात भी समझ लेनी चाहिए कि मुसलमान भारत की जनसंख्या के लगभग 12 प्रतिशत के बराबर हैं लेकिन शिकार लोगों में से 65 प्रतिशत मुसलमान होते हैं। दंगों से प्रभावित मुसलमानों की संख्या हिंदुओं से कई गुनी होती है।

राँची 1967 : जाहिर तौर पर उर्दू को लादने के खिलाफ हिंदू लड़कों द्वारा निकाले जा रहे एक जुलूस (अगस्त 1967 में) पर कुछ मुसलमान लड़कों ने पत्थर फेंके और दंगे भड़क उठे। इससे पहले संयुक्त विधायक दल की सरकार जिस कार्यक्रम के बलबूते पर सत्ता में आई थी उसमें एक बात यह भी कि उर्दू को दूसरी राजभाषा का दर्जा दिया जाएगा। इस गठजोड़ का सदस्य होने के बावजूद जनसंघ ने इस कदम का विरोध किया और ठीक उस समय राज्यव्यापी बंद का आह्वान किया जब उर्दू पखवाड़ा मनाया जाने वाला था। उर्दू विरोधी परचे बाँटे गए, जुलूस निकाले गए तथा उर्दू और मुसलमानों के खिलाफ भड़काने वाले नारे लगाए गए। उर्दू को विदेशी भाषा बताया गया और मुसलमानों को राष्ट्र विरोधी करार दिया गया। हिंदू विद्यार्थियों कि 'मर्दानगी' को चुनौती दी गई तथा उनसे उर्दू 'लादे जाने' का विरोध करने के लिए कहा। मुसलमान विरोधी वातावरण बनने लगा और उनमें असुरक्षा की भावना आ गई। जुलूस को तितर-बितर करने से दंगे शुरू हो गए जिसमें 184 लोग मारे गए, इनमें से 164 मुसलमान थे। जुलूस में शामिल लोग जो नारे लगा रहे थे उसमें एक नारा यह भी था कि "यदि उर्दू लादी गई तो खून की नदियाँ बह जाएँगी।"

भिवंडी 1970 : दंगे उस समय शुरू हुए जब शिव जयंती जुलूस पर मुसलमानों के एक वर्ग ने हमला किया। यह गत वर्षों में शिव जयंती के दौरान पैदा हुए तनाव का परिणाम था। गत कुछ वर्षों में शिव जयंती जुलूसों के दौरान मुसलमान विरोधी तख्तियाँ ले जाई जाती थीं और मुसलमान विरोधी नारे लगाए जाते थे। पुलिस के विरोध के बावजूद लोग जुलूस को मुस्लिम बहुल क्षेत्रों से ले जा रहे थे। वे मस्जिदों पर गुलाल फेंक रहे थे तथा भड़काने वाले नारे लगा रहे थे। जैसे कि, जो हमसे टकराएगा, मिट्टी में मिल जाएगा। इस दंगे के बारे में न्यायमूर्ति मदान जाँच रिपोर्ट

में यह कहा गया है। "कुछ ऐसे हिंदू तत्त्व थे, विशेष रूप से आर एस एस और पी एस पी के लोग, जो शरारत पर आमादा थे। वे शिवाजी को श्रद्धांजलि देने के लिए जुलूस में शामिल नहीं हुए थे। बल्कि अपना हक दिखाने और यदि संभव हो तो मुसलमानों को उकसाने और बेइज्जत करने के लिए जुलूस में शामिल हुए थे। आयोग का कहना है कि दंगे जुलूस में शामिल लोगों के गैरजिम्मेदाराना व्यवहार के कारण शुरू हुए। उन्होंने जुलूस के समय और मार्ग के बारे में पुलिस को अँधेरे में रखा। मस्जिदों पर गुलाल फेंका, भड़काने वाले नारे लगाए। यह सब पुलिस का विरोध करके किया गया। जुलूस अपने मकसद में कामयाब हो गया।" (राय 1998 : 55) 1967 के भिवंडी दंगों के बारे में न्यायमूर्ति मदान की टिप्पणी से सांप्रदायिक हिंसा की गतिविज्ञान के बारे में सटीक जानकारी मिल जाती है। "1967 के निगम चुनाव 1967 के दंगों के बाद हुए, इनमें वही हिंदू पार्षद बने जिन्होंने दंगों में सक्रिय रूप से भाग लिया।" शिव जयंती जुलूस लगातार चलते रहे और 1970 में चरम सीमा पर पहुँच गए। इस दौरान हिंदू और मुसलमान सांप्रदायिकता बहुत ताकतवर बन गई थी। राय ने बड़ी सटीक बात कही है, "अक्सर जिस तरह से पहला पत्थर फेंका जाता है या हमले के लिए पहला हाथ उठाया जाता है उससे किसी ब्राहरी एजेंसी की कारिस्तानी का पता लगता है जो ऐसी स्थिति पैदा कर देती है जिसमें अल्पसंख्यक समुदाय के सदस्य ऐसा कार्य कर बैठें जो बाद में उन्हीं के लिए भारी पड़ जाए।" (राय 1998 : 56)

जमशेदपुर 1979 : जमशेदपुर में भी जुलूस के दौरान ऐसे ही दंगे हुए। हिंदू संप्रदायवादी, मुस्लिम बहुल इलाकों से जुलूस निकालने पर बल देते हैं। पिछले वर्षों में राम नवमी जुलूस एक खास मार्ग से निकलता था। 1970 में जनसंघ बिहार मंत्रिमंडल का एक हिस्सा बन गया। इसका लाभ उठाकर जिलाधीश पर दबाव डाला गया कि जुलूस मुस्लिम बहुल इलाके से निकाला जाए। जुलूस में भाग लेने वाले लोग हथियारों से लैस थे और भड़काने वाले नारे लगा रहे थे। इस मुद्दे को पूरी तरह से सांप्रदायिक रंग दे दिया गया। अप्रैल 1979 में जुलूस में बाहर से आए सशस्त्र लोग हजारों की संख्या में शामिल हुए। जुलूस मुस्लिम मोहल्ले के बीचोंबीच मस्जिद के सामने रुक गया। जुलूस के नेताओं ने बड़ी बेतुकी माँग रखी जिसे प्रशासन ने स्वीकार नहीं किया। जुलूस वहीं रुका रहा और भड़काने वाले नारे लगने लगे। मुसलमान डर कर छतों पर चढ़ गए, कुछ मस्जिद में घुस गए। जैसे अँधेरा हुआ, पहला पत्थर मस्जिद से आया और फिर तो पूरे शहर में हत्याकांड शुरू हो गया।

मेरठ-मलियाना 1987 : मेरठ शहर में 45 प्रतिशत मुसलमान हैं। वे बीड़ी, पीतल के बर्तन बनाने और कपड़े बुनने के कार्य में लगे हैं। राम जन्मभूमि अभियान के कारण स्थिति विस्फोटक बन गई। मई में कुछ शरारतियों ने मुसलमान के एक स्टॉल में आग लगा दी। इसके बाद हसीमपुरा में बिजली काट दी गई, जहाँ भारी संख्या में अंसारी (जुलाहे) मुसलमान रहते थे। मुसलमानों ने एक हिंदू दुकानदार की

दुकान जला दी और उसे मार डाला। प्रांतीय सशस्त्र पुलिस (पी ए सी) ने हसीमपुरा को घेर लिया। पी ए सी ने यह कहकर मुसलमानों को बाहर आने के लिए कहा कि उनके घरों की तलाशी ली जाएगी। कोई भी बाहर नहीं आया। उन्हें पकड़ने के लिए पी ए सी उनके घरों में घुस गई, भीतर बैठे लोगों ने पुलिस पर पत्थर फेंके। पी ए सी लौट गई और पूरी ताकत के साथ रात को लौटी। उन्होंने दो मुसलमानों को यह आरोप लगाकर मार डाला कि उन्होंने राइफलें चुराई हैं। मुसलमान मस्जिद के सामने बैठ गए ताकि पुलिस गिरफ्तार लोगों को वहाँ से न ले जा सके। इसके कारण एक लड़की जीप के पहियों से कुचली गई। भयभीत मुसलमानों ने नारे लगाए और पी ए सी ने उनकी अंधाधुंध धर-पकड़ शुरू कर दी। अगले दिन कर्फ्यू लगा दिया और मुस्लिम संपत्ति को जलाने व लूटने में पी ए सी व हिंदू भीड़ में होड़ लग गई। 22 मई की रात को 300 मुसलमानों को गिरफ्तार करके गंगा नहर पर ले जाया गया और लाइन में खड़ा करके उन्हें गोली मार दी गई। तीन व्यक्ति बच गए और उन्होंने यह भयंकर कहानी सुनाई। मेरठ के नजदीक मलियाना एक छोटा-सा शहर है वहाँ पर भी पी ए सी ने 'लूट और गोली' का कहर बरपाया। पुलिस कार्मिकों ने मुसलमानों के घरों के चबूतरों से निशाना लेकर उन पर अंधाधुंध गोली चलाई। इन गरीब खेतिहर मजदूरों पर यह आरोप लगाया गया कि उन्होंने मेरठ से भागकर आए मुसलमानों को पनाह दी है।

भागलपुर 1989 : राम जन्मभूमि अभियान के मद्देनजर यह भी एक बड़ा दंगा था। न्यायमूर्ति रामानंद प्रसाद, रामचन्द्र प्रसाद सिन्हा और एस शमसुल हसन का एक जाँच आयोग बनाया गया। आयोग के अनुसार हजारों लोगों की जानें गईं। दुकानें और मकान जलाए जाने से 50000 लोग प्रभावित हुए और 250 गाँव प्रभावित हुए। हिंसा उस समय शुरू हुई जब रामशिला पूजन का जुलूस अपने रास्ते से हटकर मुस्लिम बहुल इलाके ततारपुर से निकाला जाने लगा। जुलूस में शामिल लोग नारे लगा रहे थे। "जय माँ काली, ततारपुर कर खाली।" ये लोग मुख्य रूप से आर एस एस, विहिप और बजरंग दल से ताल्लुक रखते थे। उनके पास तलवार, लाठियाँ, भाले और फरसे थे। एक अन्य भड़काने वाला नारा था "बच्चा-बच्चा राम का, बाकी सब हराम का।" ततारपुर में घुसने से पहले मुस्लिम स्कूल के सामने प्रदर्शन कार्यों पर कुछ अज्ञात लोगों ने मिसाइल और बम फेंके, यह किसी को नहीं लगे। कर्फ्यू लगा दिया गया, और मुसलमानों के घरों की तलाशी ली गई। यह अफवाह फैला दी गई कि परीक्षा के बाद घरों को लौट कर आ रहे हिंदू विद्यार्थियों को मुसलमानों ने पकड़ कर मार डाला है। भाजपा संवर्गों और दूसरे सांप्रदायिक तत्त्वों के साथ मिलकर पुलिस ने बेकसूर मुसलमानों की हत्या की। इस जघन्य हत्याकांड में 180 व्यक्ति (मुसलमान) मारे गए। उनके शव धान के खेतों में डालकर मिट्टी में दबा दिए गए। बाद में इन पर गोभी की खेती की गई।

अध्याय–9

धर्मांतरण और ईसाई विरोधी हिंसा

गत कुछ वर्षों में ईसाई विरोधी हिंसा में भारी वृद्धि हुई है। विशेष रूप से भाजपा (तथा भाजपा और शिवसेना) शासित राज्यों में ये कृत्य ईसाई मिशनरियों द्वारा 'जबरन धर्म परिवर्तन' का बदला लेने के लिए किए गए हैं। 1996 में ईसाई विरोधी हिंसा की सात वारदातें हुईं। 1997 में इनकी संख्या बढ़कर 24 हो गई। 1998 में ऐसी 120 हिंसक घटनाएँ हुईं। इन वारदातों में गिरजाघरों पर हमला, मिशनरियों को भारत छोड़ने के लिए भयभीत करना शामिल है। सबसे ज्यादा भयंकर घटना वह थी जिसमें 22 जनवरी 1999 की रात को फादर ग्राहम स्टुअर्ट स्टेन्स को उनके दो पुत्रों (फिलिप और टिमोथी, आयु क्रमशः 11 और 7 वर्ष) सहित उस समय जला दिया गया जब वे अपनी जीप में सो रहे थे। इससे पहले जिन गंभीर घटनाओं ने ध्यान आकर्षित किया उनमें शामिल हैं लातूर क्षेत्र के नंदुर्गा में आर एस एस, विहिप और अखिल भारतीय विद्यार्थी परिषद के लगभग 60 कार्यकर्ताओं द्वारा कैथोलिक हॉस्पिटल ऑफ इंडिया (सी एच ए आई) कैंप पर (14 फरवरी 1998 को) हमला, पोलो ग्राउंड बड़ौदा में जी एस समारोह में तोड़-फोड़ और उसे भंग करना, सिस्टर रानी मारिया पर कातिलाना हमला जिन्हें इंदौर में पीट-पीट कर मार डाला गया और दुमका में फादर क्रिस्टुदास को बेइज्जत करना। ईसाइयों के खिलाफ हिंसा की लंबी सूची में से ये कुछेक उदाहरण हैं।

इस हिंसा का एक साफ पैटर्न है। कम्युनलिज्म कंबैट (सी सी) की संपादक तीस्ता सीतलवाद को दिए गए एक इंटरव्यू में श्री सिंह, गुजरात पुलिस उपायुक्त, ने कहा (सी सी अक्तूबर 1998), "वारदातों के पैटर्न में एक बात साफ थी। विश्व हिंदू परिषद और बजरंग दल के कार्यकर्ता कानून अपने हाथों में ले रहे थे। वे गुजरात में शांति के लिए गंभीर खतरा बने हुए थे। अल्पसंख्यकों पर बहुत से हमले कथित धर्म परिवर्तन (ईसाई मिशनरियों द्वारा) और कथित जबरन अंतरधर्मीय विवाह के खिलाफ इन संगठनों द्वारा भड़काई गई स्थानीय भावना के बाद हुए...अपनी जाँच

के दौरान हमने यह पाया कि ज्यादातर मामलों में ये आरोप निराधार थे।"

हमें यह नोट करना चाहिए कि मार्च 1998 में केंद्र में भाजपा के नेतृत्व वाली सरकार के सत्ता में आने के बाद से इन हमलों की संख्या बहुत बढ़ गई है। सबसे बड़ी बात यह है कि उच्च सरकारी नेता इन संगठनों की निंदा करने की बजाय घटना के तुरंत बाद इन संगठनों के समर्थन में बयान जारी कर देते हैं। यह मात्र संयोग नहीं है कि ज्यादातर घटनाएँ गुजरात और महाराष्ट्र में हुई हैं। जहाँ भाजपा और भाजपा-शिवसेना (1998 तक) सत्ता में रही हैं। गुजरात में तो अल्पसंख्यकों की भयानक स्थिति है। आक्रामक बल (विहिप, बजरंग दल आदि) हिंदू सांप्रदायिकता/कट्टरपन का परचम फहरा रहे हैं और अल्पसंख्यकों को डरा रहे हैं। इनमें से ज्यादातर हमले गरीबों के लिए बनी संस्थाओं के आस-पास हो रहे हैं। इसके अपवाद स्वरूप कर्नाटक में चर्च द्वारा चलाए जा रहे एक स्कूल से कहा गया कि वह एक खास तारीख से पहले अपने यहाँ सरस्वती की मूर्ति लगाएँ और सरस्वती वंदना से दिन की शुरुआत करें।

बॉक्स 9.1

जबरन धर्म परिवर्तन का हव्वा और अल्पसंख्यक विरोधी ज्यादतियाँ

1. सूरत से लगभग 35 किमी दूर बारदोली में हनीफ ने 22 जून, 1998 को एक जैन लड़की वर्षा से विवाह किया। विहिप और बजरंग दल ने आरोप लगाया कि लड़की के साथ धोखा करके उसका धर्म परिवर्तन कराया। हनीफ को असामाजिक गतिविधि निवारण के तहत गिरफ्तार करके जेल में डाल दिया गया। वर्षा को विहिप ने अपने कब्जे में ले लिया। इसके बाद मुसलमान विरोधी आतंक शुरू हुआ। मुसलमान घरों को तहस-नहस करके लूट लिया गया। दो सौ परिवारों को गाँव छोड़ना पड़ा। संघ परिवार संगठनों को राज्य में आतंक फैलाने दिया गया और मस्जिदों पर पत्थर फेंके गए। इसी समय संघ ने दो आदिवासी लड़कियों, क्रांति और नंदा का मामला उठाया जिन्होंने मुसलमान लड़कों से विवाह किया था। इस शोर-शराबे में 60 मुसलमान परिवारों को गाँवों (रणधीकपुर और संजेली) से भागकर दूर देबगढ़ बरिया में रहना पड़ा।
2. डाँग को संघ परिवार का कोपभाजन बनना पड़ा है। विभिन्न रिपोर्टों में साफ़-साफ कहा गया है कि डाँग के मामले में जबरन धर्म परिवर्तन नहीं कराया गया है। दिलचस्प बात यह है कि ईसाई आदिवासियों को फिर 'हिंदू बना दिया' गया है। तीन साल पहले विहिप और हिंदू जागरण मंच के आने तक ईसाइयों और गैरईसाइयों में कोई तनाव नहीं था क्योंकि उनकी पहचान उनकी जनजाति–भील, कोकेन, गावित के रूप में थी। उनकी धार्मिक पहचान उनकी जनजातीय पहचान के मुकाबले गौण थी। उनकी सामाजिक और आर्थिक पृष्ठभूमियाँ एक जैसी थीं। विहिप हिंदू पहचान को अपने राजनीतिक लक्ष्य के हिस्से के रूप में फैला रही है। शासन ने संघ परिवार

के साथ मिलीभगत की है। (ए आई एफ ओ एफ डी आर से)

3. पेठ : ईसाइयों और गैरईसाइयों में संघर्ष का कोई कारण नहीं था। बड़े पैमाने पर धर्म परिवर्तन नहीं हुआ और ईसाई कुल जनसंख्या के आधे प्रतिशत से कम थे। विहिप ने मिशनरियों को पेठ छोड़ने की खुल्लम-खुल्ला धमकी दी। मानवाधिकार समूहों ने अल्पसंख्यक समुदाय के साथ सद्भावना दिखाने के लिए व्यापक जन प्रदर्शन किया।
4. सितंबर, 1998 में झबुआ से 22 किमी दूर 4 ननें डिस्पेंसरी में रहती थीं और नवापाड़ा में पढ़ाती थीं। एक रात 2 बजे 22 अपराधियों ने दरवाजा तोड़कर भीतर प्रवेश किया और ननों के साथ बलात्कार किया। यह एक अपराधी गैंग का काम था और इसके पीछे कोई सांप्रदायिक मकसद नहीं था। मध्यप्रदेश के मुख्यमंत्री ने इस घटना के लिए संघ परिवार को दोषी ठहराया तथा मामले का संप्रदायीकरण कर दिया गया। इस पर संघ परिवार की प्रतिक्रिया बड़ी दिलचस्प है। भाजपा के बी एल शर्मा 'प्रेम' ने तुरंत कहा यह ईसाइयों की गलत कार्रवाइयों का विरोध करने वाले युवाओं का देशभक्तिपूर्ण कार्य है। बगैर कोई जाँच कराए केंद्रीय गृह मंत्री लालकृष्ण आडवाणी ने कहा कि 22 में से 12 बलात्कारी ईसाई थे। यह एकदम गलत है। लेकिन दोनों बयानों से संघ परिवार के इस कृत्य के प्रति रवैये का पता चल जाता है।
5. 22-23 जनवरी, 1999 की रात को फादर ग्राहम स्टेंस जो उड़ीसा के मनोहरपुर जिले में क्यूंझार में कुष्ठ रोगियों की सेवा में लगे थे, को बजरंग दल कार्यकर्ता दारा सिंह तथा उसके साथियों ने जिंदा जला दिया। संघ परिवार ने दारा सिंह से यह कहकर पल्ला झाड़ लिया कि क्यूंझार में बजरंग दल की कोई शाखा नहीं है। जाँच शुरू होने से पहले ही केंद्रीय गृह मंत्री लालकृष्ण आडवाणी ने कहा कि "मैं इन संगठनों को जानता हूँ इनकी कोई आपराधिक पृष्ठभूमि नहीं है।" विहिप मुंबई के अध्यक्ष अशोक चौगुले ने कहा कि यह फादर स्टेंस की आपत्तिजनक कार्रवाई के खिलाफ विरोध था और जनजातियों के गुस्से की अभिव्यक्ति था। फादर स्टेंस की विधवा गिलेडीस ने अपराधियों को क्षमा कर दिया और अपने पति द्वारा शुरू किया गया कार्य जारी रखा। इससे भाजपा के एक नेता मदन लाल खुराना की चेतना को चोट पहुँची। आर एस एस द्वारा लादे गए अनुशासन को तोड़ते हुए उन्होंने कहा, "इस बात के पर्याप्त प्रमाण हैं कि दारा सिंह बजरंग दल का साथी था...उड़ीसा में जलाए जाने की घटना के बाद मैं और बर्दाश्त नहीं कर सकता।" (आउटलुक : 15 फरवरी, 1999 : 29) इसके लिए उन्हें अपना मंत्रालय गँवाना पड़ा।

हिंसा इतनी प्रचंड थी कि स्टेंस की हत्या के बाद राष्ट्रपति के. आर. नारायणन ने इस घटना के बारे में कहा कि "यह दुनिया के काले कारनामों की सूची में से एक है।" यह भारत की परम्पराओं से 'जबर्दस्त पथभ्रष्ट' होना है। उन्होंने आगे कहा, "जिस व्यक्ति ने वर्षों तक कुष्ठ रोगियों की सेवा की है उसका आभार व्यक्त

करने तथा उसे आदर्श के रूप में ग्रहण करने की बजाय उसकी इस तरह से हत्या सहिष्णुता और मानवीयता की भारतीय परम्पराओं से परे, भयंकर रूप से पथभ्रष्ट होना है।'' (द एशियन एज : 25 जनवरी, 1999) इसी प्रकार देश के एक बड़े विधिवेत्ता फली नरीमन को इससे इतना आघात पहुँचा कि उन्होंने गुजरात में ईसाइयों पर हमले का विरोध दर्ज कराने के लिए नर्मदा केस में राज्य सरकार की ओर से जिरह करने से इनकार कर दिया।

ईसाई समुदाय को आतंकित करने के लिए उन पर हर तरह से हमले ने देश के विभिन्न हिस्सों में भय की भावना पैदा कर दी है। ईसाई पूरे देश में अलग-अलग संख्याओं में फैले हैं।

1991 में उड़ीसा में 2.10 प्रतिशत, केरल में 19.32 प्रतिशत, नागालैंड में 87.4 प्रतिशत ईसाई थे। ('देन दे केम फॉर क्रिश्चियन्स', ए आई एफ ओ एफ डी आर, 1999 : 100) डॉ. ताहिर महमूद अध्यक्ष, राष्ट्रीय अल्पसंख्यक आयोग ने गुस्से में कहा, ''राष्ट्र को समझ लेना चाहिए कि हम अलग रहकर कोई कार्रवाई नहीं कर सकते। भारत में ईसाइयों के साथ जो कुछ हो रहा है उसका भारत के बाहर भी प्रभाव पड़ सकता है क्योंकि कम से कम 75 ऐसे देश हैं जो ईसाई बहुल हैं।'' (फ्री प्रैस जरनल, 25 सितंबर, 1998) देश के सामाजिक और सांस्कृतिक जीवन में ईसाई मिशनरियों के योगदान को भुलाया नहीं जा सकता। केरल में पहली मुद्रण प्रेस ईसाई मिशनरियों ने शुरू की। पहला मलयालम कोश जर्मन मिशनरी हरमेन गुंडर ने लिखा जिसने पहला मलयालम समाचार पत्र राज्य समाचारम भी शुरू किया। घनघोर संप्रदायवादी भी शिक्षा और स्वास्थ्य सेवा के क्षेत्र में उनके योगदान की उपेक्षा नहीं कर सकते।

मिथक : ईसाई और धर्मनिरपेक्षवादी ईसाइयों पर हमलों को बहुत बढ़ा-चढ़ा कर बता रहे हैं।

तथ्य : 1997 के दौरान ईसाई समुदाय के खिलाफ हिंसा के 128 मामले दर्ज हैं। इनमें से ज्यादातर पादरियों के खिलाफ हैं। गिरजाघरों पर पहले तथा बाइबिल जलाने के भी उदाहरण हैं। 25 दिसंबर के आसपास वारदातें बढ़ जाती हैं। इन दिनों में गाँवों के पूजा स्थलों को जला दिया जाता है। या उन्हें तोड़-फोड़ दिया जाता है। ईसाइयों के घरों को नुकसान पहुँचाया गया। 2 सितंबर, 1997 को फादर क्रिस्टूदास पर हमला किया गया और उन्हें नंगा घुमाया गया। 27 अक्तूबर, 1997 को फादर ए टी थामस की हत्या कर दी गई। इसी साल विहिप कार्यकर्ताओं ने कई हमले किए और ईसाइयों से तीन साल में जिले को छोड़ने के लिए लिखित में धमकी दी गई। 22 नंवबर, 1997 को मरम (मणिपुर) में डॉन बास्को स्कूल के प्रधानाचार्य, जोस नेडुमट्टाहिल की हत्या कर दी गई, तथा सी एच ए आई शिविर और यीशू त्यौहार पर कई हमले किए गए। ये हिंसक वारदातें शीघ्र ही पूरे देश में फैल गई।

पहले ऐसा कभी नहीं हुआ था। फादर स्टेंस और उसके दो बेटों की हत्या इन सांप्रदायिक ताकतों का सबसे घृणित कार्य था। बगैर किसी उकसावे के की गई इस हिंसा की ओर मीडिया मानवाधिकार समूहों और राष्ट्रीय मानवाधिकार आयोग तथा अल्पसंख्यक आयोग ने देश का ध्यान दिलाया। किसी भी तरह से देखा जाए तो यह घटना सिविल समाज पर कलंक है, जहाँ लोगों के साथ धर्म, जाति, लिंग के आधार पर भेदभाव नहीं किया जाना चाहिए। ये घटनाएँ केंद्र में भाजपा के नेतृत्व वाली सरकार आ जाने के साथ-साथ हुईं। केंद्रीय मंत्रिमंडल की गैरभाजपा मंत्री मेनका गाँधी ने कहा है कि गुजरात और महाराष्ट्र ऐसे राज्य हैं जो इस बुराई से सर्वाधिक प्रभावित हैं। (यूनाइटिड क्रिश्चियन फोरम फॉर ह्यूमन राइट्स का सरकुलर—11 सितंबर, 1998)

मानिनी चटर्जी के अनुसार (द एशियन एज : 11 जुलाई, 1998) हिंसा की विशेषताएँ इस प्रकार हैं :

(क) जिन राज्यों में ईसाई समूह अत्यधिक अल्पसंख्या में हैं वहाँ पर छोटे निहत्थे तथा अलग-थलग समूहों पर हमला। विहिप ने गोवा और केरल में इन पर हमला करने की हिम्मत नहीं की है जहाँ ये भारी संख्या में मौजूद हैं।

(ख) शासनतंत्र की चुपचाप और कभी सक्रिय सहायता मिलती है। (विशेष रूप से जहाँ भाजपा और उसके सहयोगी सत्ता में हैं) यह हिंसा संघ परिवार (विहिप, भाजपा, बजरंग दल आदि) ने बार-बार की है। इसके साथ-साथ बड़े व्यवस्थित तरीके से गलत सूचनाएँ फैलाई गई हैं।

हिंसा बहुत सख्त और भौगोलिक दृष्टि से फैली हुई होती है। संघ परिवार के लोग हिंसा की कार्रवाई के खिलाफ इन विरोधों को बहुत बढ़ा-चढ़ाकर किया गया बताते हैं। ये घटनाएँ पिछले 5 दशकों विशेषकर पिछले 2 दशकों में मुस्लिम विरोधी हिंसा के मुकाबले कुछ भी नहीं हैं। इसके अलावा मुस्लिम विरोधी हिंसा बीच-बीच में होती रहती है। इसके विपरीत ईसाई विरोधी हिंसा कुछ वर्ष पहले अचानक शुरू हो गई और इसमें जानें भी अधिक नहीं गईं। लेकिन इसने मिशनरियों को 'डराने' में बड़ी भूमिका अदा की है। उन्हें यह बता दिया गया है कि यदि वे संघ परिवार की पसंद के खिलाफ कोई कार्रवाई करेंगे तो उनका क्या अंजाम होगा। यह हिंसा सर्वग्रासी प्रचंड और लगातार हो रही है। यह सही है कि यह संघ परिवार द्वारा मुसलमानों के खिलाफ हिंसा से भिन्न है। यह भिन्नता हिंसा के उद्देश्यों में भिन्नता के कारण है। ईसाई विरोधी हिंसा के मामले में हमला भौतिक संकेत—चर्च तथा उसके कार्मिकों के खिलाफ होती है, जो कि गरीबों के निचले स्तर पर सशक्तिकरण के कार्य में लगे हैं। इसका उद्देश्य उन्हें समाज के गरीब तथा वंचित लोगों तक जाने से रोकना है। (मुस्लिम विरोधी हिंसा के मामले में लक्ष्य संभ्रांत हिंदुओं और मध्य वर्ग के कुछ लोगों को संघ परिवार की राजनीति के इर्द-गिर्द लाना और मुसलमानों को एक स्थान पर सिमट जाने के लिए बाध्य करना है)

बॉक्स 9.2

दुमका और उसके बाद

ईसाई संस्थाओं पर हाल ही में हुए कुछ हमले

* 2 सितंबर, 1997, दुमका (बिहार) : फादर क्रिस्टुदास पर हमला किया गया और उन्हें नंगा घुमाया गया।
* 25 अक्तूबर, 1997, लुधियाना (पंजाब) : कथित विहिप कार्यकर्ताओं ने प्रार्थना सभा भंग की; लाठी चार्ज में छः घायल।
* 27 अक्तूबर, 1997, हजारी बाग (बिहार) : फादर ए टी थॉमस की हत्या।
* नवंबर, 1997, ओजादा (गुजरात) : सशस्त्र लोगों ने जनजाति ईसाई घरों को ध्वस्त किया।
* 22 नवंबर, 1997, मरम (मणिपुर) : फादर जोस नेडू मत्थाहिल, प्रधानाचार्य, डॉन बॉस्को स्कूल की हत्या की।
* दिसंबर, 1997—जनवरी, 1998 आवा-डांग (गुजरात) बनवासी कल्याण परिषद द्वारा जनजाति ईसाइयों पर कथित हमला।
* 6 जनवरी, 1998, बंगून (बिहार) : फादर विलियम टोपनो पर हमला, गंभीर रूप से घायल।
* फरवरी, 1998, हांसी (हरियाणा) : 200 वर्ष पुराने कब्रिस्तान पर जबरन कब्जा, कर्नल जेम्स स्किनर का मकबरा क्षतिग्रस्त।
* 15 फरवरी, 1998, लातूर (महाराष्ट्र) : कथित आर एस एस कार्यकर्ताओं ने कैथोलिक हॉस्पिटल एसोसिएशन ऑफ इंडिया, कैंप पर हमला किया।
* 13 मार्च, 1998, खनवैल (दादरा और नगर हवेली) : होली खेलने वालों ने तीर्थ यात्रियों पर हमला किया।
* 3 अप्रैल, 1998 (गुजरात) : पोलो मैदान में ईसाई सम्मेलन पर हमला।
* अप्रैल, 1998, कुरनूल (आंध प्रदेश) : विहिप कार्यकर्ताओं ने गिप्सनस सेंट्रल बैपटिस्ट चर्च को ढहाने की धमकी दी।
* 11 अप्रैल, 1998, पालनपुर (गुजरात) : जीसस महोत्सव आयोजित करने के कारण प्रार्थना सभा में भक्तों पर हमला।
* 16 अप्रैल 1998, नरोदा गुजरात : कथित बजरंग दल कार्यकर्ताओं के नेतृत्व में 200 लोगों की भीड़ ने एक प्रार्थनालय ढहाया।
* 5 मई, 1998, कोशी पिल्ली (केरल) : लिटिल फ्लॉवर चर्च को ध्वस्त किया, क्रूसमूर्ति अपवित्र की।
* 11 मई, 1998, अमरनाथ (महाराष्ट्र) : कथित शिव सैनिकों ने फादर ओक्टावियो एंथनी नेविस को लोहे की छड़ों से पीटा।

स्रोत : सी बी सी आई, राष्ट्रीय अल्पसंख्यक आयोग।

(सौजन्य से, आउटलुट : 22 जून, 1998)

मिथक : संघ परिवार ने ईसाइयों के खिलाफ कोई अभियान नहीं चलाया है। यह हिंसा मिशनरियों द्वारा चलाई जा रही धर्म परिवर्तन गतिविधियों पर 'वनवासियों' के स्वतःस्फूर्त गुस्से की अभिव्यक्ति है। "हिंदू और ईसाइयों के बीच तनाव का कारण उनका (ईसाइयों का) धर्म परिवर्तन अभियान है। जब साधन संपन्न लोग अपने विचार वंचित लोगों पर लादने लगे और उनके धर्म पर हमला करके उनका धर्म परिवर्तन कराने लगे तो इन गरीबों के लिए धर्म की वेदी पर बलिदान देने के सिवाय और कोई चारा नहीं रह जाता। क्या हम उन मिशनरियों को बर्दाश्त कर सकते हैं जो भारत का ईसाईकरण करने के लिए आए हैं?

तथ्य : अधिकांश जाँचों में संघ परिवार को ईसाई विरोधी हिंसा का दोषी पाया गया है। अब उन्होंने यह बात कही है कि ईसाई मिशनरियों द्वारा 'जबरन' धर्म परिवर्तन के कारण स्थानीय वनवासी (आदिवासी नहीं।) ईसाई मिशनरियों और चर्चों पर हमले के लिए 'अपने आप' खड़े हो रहे हैं। उन्होंने यह प्रचार भी किया है कि मौजूदा ईसाई-विरोधी हिंसा भाजपा के नेतृत्व वाली संविद सरकार को अस्थिर करने के लिए अंतर्राष्ट्रीय षड्यंत्र है। इसके बाद यह अपने अंतर्विरोधों के कारण ही गिर गई है। एक स्तर पर संघ परिवार नेताओं ने खुद को इनसे अलग करना शुरू कर दिया है। उनके द्वारा खड़े किए गए सार्वजनिक मोर्चे जैसे कि हिंदू जागरण मंच ये कार्य कर रहे हैं। संघ परिवार के मुखौटे अटल बिहारी वाजपेयी ने खुद को अशोक सिंघल (विहिप) के भड़काने वाले बयानों से अलग कर लिया है। लेकिन बाद में उन्होंने 'धर्म परिवर्तन पर राष्ट्रीय बहस' का आह्वान किया। (इस बारे में और अधिक बाद में)

संघ परिवार ने ईसाइयों पर 'अचानक' हमले शुरू होने से बहुत पहले बड़ी मेहनत से अपने अभियान 'तैयार' किए। वह ईसाई मिशनरियों के खिलाफ 'जबानी' अभियान में लगा है। उनके शाखा बौद्धिक मुसलमानों, ईसाइयों और कम्युनिस्टों (सभी प्रगतिशील तत्त्वों और मानवाधिकारों के लिए लड़ने वालों को संघ परिवार इसी श्रेणी में डाल देता है) के खिलाफ जहर उगल रहे हैं। लेकिन ये हमले एक व्यवस्थित कार्यक्रम का हिस्सा हैं, जिसका मूल यह हिंदुत्व विचारधारा है कि यह जमीन हिंदुओं की है और ईसाई मुसलमानों, जो पिछले साढ़े-चार दशक से यह सब झेल रहे हैं, की तरह विदेशी हैं। यह संघ परिवार राजनीति की मूल विचारधारा है जो कई प्रचार माध्यमों से गुजरती है। अंततः यह अल्पसंख्यक विरोधी हिंसा में परिणत हो जाती है जिसे विहिप और बजरंग दल सरअंजाम देते हैं। इस विचारधारा को 'गुरुजी' गोलवलकर ने रूप दिया है जिनका कहना है कि : "हिंदुस्तान में केवल प्राचीन हिंदू राष्ट्र वास करता है, हिंदू राष्ट्र के अलावा और कुछ नहीं। राष्ट्रीय जाति अर्थात् हिंदू जाति, धर्म, संस्कृति, भाषा से ताल्लुक न रखने वाले स्वाभाविक रूप से वास्तविक राष्ट्रीय जीवन के घेरे से बाहर हो जाते हैं..."

विदेशी तत्त्वों के लिए दो मार्ग खुले हैं। या तो वे राष्ट्रीय जाति में विलीन

हो जाएँ और उसकी संस्कृति को अपना लें और तब तक राष्ट्रीय जाति की दया पर जीते रहें जब तक राष्ट्रीय जाति उन्हें ऐसा करने दे और राष्ट्रीय जाति की इच्छा पर देश छोड़कर चले जाएँ।...समझदार, पुराने राष्ट्रों के अनुभवों पर आधारित इस विचार के अनुसार हिंदुस्तान में विदेशी जातियाँ या तो हिंदू संस्कृति और भाषा को अंगीकार कर लें, हिंदू धर्म का आदर सम्मान करना सीख लें, हिंदू जाति और संस्कृति के महिमामंडन के सिवाय और कुछ न सोचें या हिंदू राष्ट्र के मातहत बन कर इस देश में रहें जहाँ उन्हें तरजीही व्यवहार की बात तो दूर कोई विशेषाधिकार और नागरिक अधिकार भी न मिलें। हम प्राचीन राष्ट्र हैं। हम इस देश में रहने वाली विदेशी जातियों से उसी प्रकार निपटें जिस प्रकार पुराने राष्ट्रों को निपटना चाहिए। (वी एंड अवर नेशनहुड डिफाइंड, 1939)

इसी विचारधारा के अनुसार इन 'विदेशी' तत्त्वों के खिलाफ हिंसा बरपाई गई है। प्रसंगवश यहाँ ईसाइयत 19 शताब्दी पुरानी है। संत थॉमस ने 52 ई. में केरल में गिरजाघर स्थापित किए। यदि हम कुछ निर्दिष्ट मामलों को लें तो स्पष्ट हो जाएगा कि संघ परिवार ने बड़ी 'चतुराई' से ये हमले करवाए। कई बार विहिप नेताओं ने (इस) हिंसा में अपनी भूमिका की डींग मारी है। डांग (गुजरात) और नासिक (महाराष्ट्र) में विहिप के पदाधिकारियों ने रैलियों को संबोधित किया है जिनमें उन क्षेत्रों के ईसाइयों को धमकी दी (दैन दे केम...ए आइ एफ ओ एफ डी आर रिपोर्ट, अप्रैल 1999) गुजरात में भाजपा सरकार ने सांप्रदायिक जनगणना (जिससे नाजी जर्मनी की याद ताजा हो जाती है) का आदेश देकर घृणा का माहौल तैयार करने में सहायता की। यह आदेश राज्य पुलिस के खुफिया विभाग ने जारी किया। जनगणना में दोनों अल्पसंख्यक समुदायों के बारे में शरारतपूर्ण सवाल दिए गए हैं। बजरंग दल के राष्ट्रीय संयोजक सुरेंद्र कुमार जैन और दूसरे विहिप नेताओं ने ईसाइयों को 'दूसरे भारत छोड़ो आंदोलन' का आह्वान किया है। इसी प्रकार बजरंग दल ने धमकी दी है, कि ''मिशनरियाँ फरवरी तक पेठ छोड़ दें वरना...''

बॉक्स 9.3

अल्पसंख्यक आयोग ने दोषियों के खिलाफ कार्रवाई की माँग की

इस वर्ष के पहले छः महीनों में कई ईसाई और मुस्लिम संगठनों ने ईसाइयों और मुसलमानों के खिलाफ हिंसा की 40 से अधिक शिकायतें अल्पसंख्यक आयोग के सामने दर्ज कराई हैं। आयोग ने अगस्त में जेम्स मैसे के अधीन स्थिति की जाँच विशेष रूप से तीन मामलों की जाँच के लिए एक उच्चाधिकार प्राप्त तथ्य अन्वेषक टीम भेजी। ये मामले कपाडवंज में एक ईसाई के शव को खोद निकालने, राजकोट में एक स्कूल में सैकड़ों बाइबिलें जला डालने और दो मुसलमान लड़कों द्वारा हिंदू लड़कियों से विवाह या उनके साथ भाग जाने के बाद पूरे मुस्लिम समुदाय को रणधीकपुर गाँव से जबरन बाहर निकालने के बारे में थे।

आयोग के अध्यक्ष ताहिर महमूद ने राष्ट्रीय अल्पसंख्यक आयोग अधिनियम 1992 की धारा 9(1)(C) के अंतर्गत सरकार को जो सांविधिक सिफारिशें कीं उनकी प्रमुख विशेषताएँ इस प्रकार हैं :

* भाजपा शासित गुजरात में मौलिक अधिकारों से संबंधित, संवैधानिक प्रावधानों का उल्लंघन हुआ है। इनमें से कुछ के लिए 'धर्म से संबंधित अपराधों' के बारे में भारतीय दंड संहिता की धारा 295-98 के अंतर्गत सजा भी दी जा सकती है।
* राज्य सरकार को चाहिए कि वह एक नीति घोषणा द्वारा (क) हाल ही में धार्मिक भावनाओं को चोट पहुँचाने वाली असंवैधानिक, गैरकानूनी और दंडनीय वारदातों की निंदा करे और (ख) भारत के संविधान में समानता और सामाजिक न्याय संबंधी प्रावधानों के अनुसार सभी नागरिकों के मानवाधिकारों, नागरिक स्वतंत्रताओं और मौलिक आजादी की रक्षा के लिए अपनी प्रतिबद्धता की पुष्टि करे। दूसरे शब्दों में आयोग चाहता है कि भाजपा की सरकार संघ ब्रिगेड के दूसरे सदस्यों के कार्यों की सार्वजनिक रूप से निंदा करे।
* इन तीनों घटनाओं की उच्च स्तरीय सरकारी एजेंसियों द्वारा सही, कारगर और समयबद्ध जाँच और यह जाँच पूरी होने तक पुलिस अधिकारियों तथा प्रशासनिक अधिकारियों के तुरंत तबादले। बाद में सभी दोषी व्यक्तियों के खिलाफ समुचित कार्रवाई की जाए। कार्यों या कर्तव्यों में कोताही के दोषी पाए जाने वाले अधिकारियों को कड़क सजा दी जाए।

(सौजन्य से : कम्युनलिज्म कंबैट, अक्तूबर 1998 : 20)

सी पी डी आर की एक तथ्य अन्वेषी समिति तथा आंध्र प्रदेश की नागरिक स्वतंत्रता समिति ने निष्कर्ष निकाला है कि हाल ही में गुजरात में अल्पसंख्यक विरोधी ज्यादतियों में तेजी के लिए हिंदुत्व ताकतों का लगातार अभियान जिम्मेदार है। राष्ट्रीय अल्पसंख्यक आयोग (एन एम सी) (फ्रंटलाइन, 23 अक्तूबर, 1998) ने कहा है कि गुजरात की घटनाओं ने ''अल्पसंख्यकों की धार्मिक भावनाओं को गहरा आघात पहुँचाया है तथा भय, निराशा और राष्ट्र धर्मनिरपेक्ष, समतावादी परंपराओं के प्रति मोहभंग पैदा किया है।'' राष्ट्रीय अल्पसंख्यक आयोग ने अल्पसंख्यक विरोधी अभियान बार-बार चलाने के लिए विहिप को विशेष रूप से दोषी ठहराया है। पहले भी कन्याकुमारी दंगों (1982) के बारे में न्यायमूर्ति वेणुगोपाल जाँच आयोग की रिपोर्ट में ईसाइयों के प्रति संघ परिवार की असहिष्णुता और हिंसा को दर्ज किया गया है। रिपोर्ट में कहा गया है कि ''आर एस एस जुझारू रवैया अपनाती है और अल्पसंख्यकों के खिलाफ हिंदुओं के अधिकारों का खुद को चैंपियन बताती है। उसने अल्पसंख्यकों को उनकी जगह बताने और यदि वे इसे न समझें तो उनको सबक सिखाने की जिम्मेदारी ले ली है।'' (कम्युनलिज्म कंबैट, मार्च, 1998) मूल विचारधारा से प्रचार और भौतिक हमले तक के कार्य संघ परिवार ने अपने हाथों में ले रखे हैं। इन सुनियोजित

हमलों और डराने धमकाने के कार्यों में कुछ भी स्वतःस्फूर्त नहीं है। यहाँ यह कहा जा सकता है कि इन ईसाई विरोधी हमलों ने 1996 में तेजी पकड़ ली तथा फादर स्टेन्स की बर्बर हत्या के बाद इनकी संख्या और तीव्रता में अस्थायी तौर पर कमी आई।

मिथक : मिशनरियाँ धर्म परिवर्तन में लगी हैं जोकि राष्ट्र विरोधी हैं। ईसाई मिशनरियाँ गरीब जनजातियों को ईसाई बनाने के लिए ताकत और प्रलोभनों का इस्तेमाल कर रही हैं।

तथ्य : संघ परिवार के प्रचार की केंद्रीय बात यह है कि धर्म परिवर्तन ताकत, दबाव और प्रलोभनों के कारण हो रहे हैं। अतः ईसाइयों के खिलाफ हिंसा उचित है। धर्म परिवर्तन के बारे में संविधान में बिल्कुल साफ बात कही गई है। संविधान के अनुच्छेद 25 में प्रत्येक नागरिक को "अपना धर्म अपनाने, चलाने और प्रचारित करने का अधिकार है।" प्रचार के कारण लोग अपना विचार भी बदल सकते हैं। संविधान संबंधी बहसें इस मुद्दे को बिल्कुल साफ कर देती हैं। दो कारणों से संविधान में धर्म परिवर्तन को जगह नहीं मिली है : (क) यह मौलिक अधिकारों का उल्लंघन है और (ख) यह पुनः धर्म परिवर्तन को असंभव बना देगा।

इंजीनियर ने लिखा है कि "धर्म परिवर्तन चार प्रकार के हो सकते हैं : (1) विश्वास के कारण धर्म परिवर्तन (2) सामाजिक स्थिति के कारण धर्म परिवर्तन (3) प्रलोभन द्वारा धर्म परिवर्तन और (4) धोखे से धर्म परिवर्तन। भारत का पूरा इतिहास गवाह है कि विश्वास और धोखे के कारण विरले ही धर्म परिवर्तन हुआ है।" ज्यादातर धर्म परिवर्तन दलितों और आदिवासियों की सामाजिक दासता के कारण हुआ है।

भारत की अत्याचारी जाति व्यवस्था और उच्च जातियाँ द्वारा खुद को अलग किए जाने के कारण आदिवासियों सहित निम्न जाति के लोगों ने दूसरे धर्मों को अपनाया है। शुरू में इस जाति के विरुद्ध विद्रोह जैन धर्म और बुद्धधर्म के रूप में हुआ। इन धर्मों ने जाति व्यवस्था का विरोध किया और जाति व्यवस्था में नीचे आने वाले लोगों तथा कुछ दूसरे लोगों ने इन धर्मों को अपनाया। ब्राह्मणवादी हमले के कारण बुद्ध धर्म इस देश से मिट गया लेकिन बाद में डॉ. बाबा साहब अम्बेडकर ने परम्परागत हिंदू धर्म के भीतर न्याय न मिल पाने के कारण निम्न जातियों से इसे अपनाने के लिए कहा। हिंदू समाज शूद्रों और अछूतों को सार्वजनिक पेयजल प्राप्त करने और मंदिरों में प्रवेश से वर्जित करता है। उन्हें शिक्षा भी नहीं लेने दी जाती। डॉ. अम्बेडकर ने बड़ी गहराई से आत्म निरीक्षण करके यह निष्कर्ष निकाला कि समतावादी धर्म बुद्धवाद को अपनाना सामाजिक न्याय, जो कि काफी लम्बे समय से नहीं मिला है की प्राप्ति की दिशा में पहला कदम होगा।

पहली ईस्वी शताब्दी में ईसाइयत मिशनरियों के जरिए भारत में आई। वे व्यापारी

जहाजों में बैठकर पश्चिम से यहाँ आए। सेंट थॉमस के साथ ईसाइयत भारत में आई। वह दो बार भारत में आए उनके दूसरे मिशन, जिसके बारे में दृढ़ साक्ष्य उपलब्ध है, 52 ईस्वी के आसपास मालाबार तट पर शुरू हुआ। उन्होंने तट पर बहुत से सिरीयन चर्च बनाए। ईसाई मिशनरियाँ जहाँ और जब संभव हो चर्च और स्कूल स्थापित कर रही हैं। वे भारतीय भाषाएँ सीखती हैं, मुद्रण प्रेस स्थापित करती हैं तथा साक्षरता और अपना धर्म फैलाने के लिए धार्मिक तथा धर्म निरपेक्ष साहित्य प्रकाशित करती हैं। इस प्रक्रिया में उन्होंने अपने विचार प्रेषित करने के लिए भारतीय भाषाओं को अपनाया है। चर्चों ने बहुत-सी स्थानीय प्रथाओं को भी अपना लिया है। 1950 वर्षों से अस्तित्व में रहने तथा 200 वर्ष के ब्रिटिश शासन के बावजूद ईसाइयों की जनसंख्या 1971 में 2.60, 1981 में 2.44 प्रतिशत और 1991 में 2.32 प्रतिशत थी। इस सबके बावजूद हिंदुत्व ब्रिगेड इसे खतरे के रूप में पेश करने की कोशिश कर रही है कि यदि धर्म परिवर्तन को नहीं रोका गया तो ईसाई जनसंख्या हिंदू जनंसख्या से अधिक हो जाएगी।

इस्लाम धर्म को अपनाना झगड़े का एक अन्य विषय रहा है। आम विश्वास यह है कि इस्लाम तलवार के बल पर फैलाया जाता है। (देखें मध्ययुगीन इतिहास पर अध्याय) हाल ही में इसे बहुत बड़ा मुद्दा बना दिया गया और समाज में धार्मिक नफरत पैदा करने के लिए इसका प्रयोग किया गया। 1981 में मिनाक्षीपुरम में दलितों द्वारा इस्लाम अपना लेने के बाद मुसलमानों को तंग करने के लिए बहुत बड़ा अभियान छेड़ दिया गया।

इसी प्रकार हिंदूधर्म के जाति आधारित धर्म की कठोरताओं से बचने के लिए सिखधर्म को अपनाने के लिए जबरदस्त लहर चली। इसमें शक नहीं की शुरू से ही अछूतों तथा दूसरी निम्न जातियों ने सिखधर्म को अपनाने में उत्साह दिखाया। 20 वीं शताब्दी के शुरू में भारी संख्या में अछूतों ने सिखधर्म को अंगीकार किया। यह आर्य समाज आंदोलन के कड़े विरोध के बावजूद हुआ। उसने मुसलमानों और सिखों को फिर से हिंदू धर्म में लाने के लिए शुद्धि कार्यक्रम चलाया। कुल मिलाकर हिंदुत्व, ईसाइयत और इस्लाम को अपनाए जाने पर ज्यादा परेशान होता था। भारत में उपजे धर्मों अर्थात् बुद्धधर्म, सिखधर्म आदि भारतीय धर्मों को अपनाए जाने पर उतना दुखी नहीं होता था।

इस सबके पीछे केंद्रीय इच्छा हिंदूधर्म की जातिगत ऊँच-नीच से निम्न जातियों द्वारा बच निकलने की भावना होती थी। अधिकांश धर्म परिवर्तन निम्न जातियों, अछूतों और शूद्रों ने किए। स्थितियों के आधार पर उन्होंने बुद्धधर्म, इस्लाम या ईसाइयत को अपनाया। धर्म परिवर्तन को लेकर किया जा रहा वर्तमान वितंडा इस तथ्य की उपेक्षा कर देता है कि धर्म परिवर्तन आदिवासियों की उपेक्षा तथा बेहतर जीवन के लिए उनकी आकांक्षाओं के कारण हुए हैं। ईसाई मिशनों ने स्वामी विवेकानंद जैसे

लोगों को भी प्रेरित किया है। उन्होंने समुदाय के गरीब वर्गों को राहत और उनके कल्याण कार्य के लिए रामकृष्ण मिशन की स्थापना की।

यहाँ यह कहना प्रासंगिक होगा कि मिशनरी गतिविधि कोई भी चलाए उनकी इस असमान समाज में बहुत सीमित भूमिका होती है। इन गतिविधियों की विभिन्न तरीके से आलोचना हुई है। प्रगतिशील लोगों ने इसकी यह कहकर आलोचना की है कि इसका उद्देश्य समाज में विद्यमान अन्याय की ओर से लोगों का ध्यान हटाना है।

बॉक्स 9.4

इच्छा से धर्म परिवर्तन

इतिहास के आधुनिक काल में इस्लाम और ईसाइयत को अपनाने के कार्य बँधुआ मजदूरों को मुक्त करने वाले समतावादी कानूनों के पास किए जाने के साथ हुए हैं। इन्होंने दलित वर्गों को धर्म के मामले में अपनी इच्छा व्यक्त करने की इजाजत दी है। इन वर्गों ने अपनी इच्छा जताई, सही हो या गलत उनके विचार से हिंदूधर्म दमनकारी जाति व्यवस्था से इस्लाम या ईसाइयत अधिक समतावादी है।

—तीस्ता सीतलवाद (कम्युनलिज्म कंबैट, जनवरी, 1999 : 9)

संघ परिवार अल्पसंख्यक विरोधी हिंसा के लिए सर्वाधिक वैधता धर्म परिवर्तन के मामले से प्राप्त करता है। "टीम नें जिल इलाकों का दौरा किया वहाँ उन्हें जबरन धर्म परिवर्तन का कोई उदाहरण देखने में नहीं आया। मध्य प्रदेश, उड़ीसा और महाराष्ट्र में उसने जिन इलाकों का दौरा किया, वहाँ उन्होंने ईसाई मिशनरियों को सामाजिक कार्य (शिक्षा और स्वास्थ्य सेवा) में लगे पाया।...धर्म परिवर्तन करने वालों की संख्या नगण्य थी और ईसाइयों की संख्या भी बहुत कम थी। क्यूंझार जिले, जहाँ पर स्टेंस और उसके दो पुत्रों की हत्या की गई, में 1991 में ईसाई जनसंख्या 0.31 थी। एक दशक पहले भी यही जनसंख्या थी। डांग में धर्म परिवर्तनों की संख्या पिछले दो दशकों में काफी अधिक रही है लेकिन जबरदस्ती धोखाधड़ी या प्रलोभन का कोई उदाहरण नहीं है..." (ए आई एफ ओ एफ डी आर की रिपोर्ट, वही)

यह आश्चर्य की बात है कि संघ परिवार उस समय धर्म परिवर्तन के मामले को 'सफलतापूर्वक' उठा पाया है जब ईसाई जनसंख्या का अखिल भारतीय प्रतिशत 1971 में 2.60 से गिरकर 1981 में 2.44 प्रतिशत और 1991 में 2.32 प्रतिशत रह गया है। (ई पी डब्ल्यू, 27 फरवरी 1999 : 524) अच्छी शिक्षा के कारण ईसाइयों की जनसंख्या बड़ी धीमी गति से बढ़ती है। दिलचस्प बात यह है कि संघ परिवार ने बड़ी बेतुकी बात कहनी शुरू कर दी है कि ईसाइयों ने वेटीकन, सोनिया गांधी और कुछ पश्चिमी ताकतों से मिलकर 2001 तक हिंदुओं पर वर्चस्व कायम करने के लिए सुनियोजित कार्य शुरू कर दिया है। यह सही है कि कुछ एक चर्च जैसे कि सेवंथडे एडवेंटिस्ट्स, मोरमन्स, गोस्पैल फॉर एशिया, हार्वेस्ट मिशन चर्च हैं जो

बहुत सक्रिय हैं और जिनकी गतिविधियाँ आपत्तिजनक हो सकती हैं। लेकिन ये केवल अपवाद हैं। आँकड़े अपने आप में साफ हैं। इसी प्रकार यह आरोप लगाया जाता है कि 'ईसाई देश' इन चर्चों का धनपोषण करते हैं और इनका मुख्य उद्देश्य धर्म परिवर्तन तथा उत्तर-पूर्व में विद्रोह को बढ़ावा देना है। चर्चों द्वारा प्राप्त किया जाने वाला धन शासकीय चैनलों से आता है। चर्च विदेशी धन प्राप्त करने वाले एकमात्र संगठन नहीं हैं। शायद विहिप विदेशी धन प्राप्त करने वाला इस समय बड़ा संगठन है। जहाँ तक विद्रोह और देश से अलग होने की बात है तो इसका धर्म से कोई ताल्लुक नहीं है। हमें याद होगा कि भारत से अलग होने की धमकी देने वाला तमिलनाडु पहला राज्य था। खालिस्तान आंदोलन के पीछे भी अलगाववादी प्रवृत्तियाँ थीं। उत्तर-पूर्व में सबसे कम ईसाई आबादी वाले मणिपुर राज्य में अन्य राज्यों के मुकाबले अभी अलगाववादी प्रवृत्तियाँ ज्यादा हैं।

हालाँकि लोग धर्म परिवर्तन कर रहे हैं लेकिन धर्म त्याग के कारण 'दैनिक जीवन की समस्याओं' से पैदा होते हैं 'जीवन के बाद की समस्याओं से नहीं'। फादर स्टेंस कुष्ठ रोग विरोधी कार्यों में अधिक लगे थे और उनकी विधवा जबर्दस्त व्यक्तिगत नुकसान के बावजूद इसमें लगी हैं। अधिकांश शैक्षिक और स्वास्थ्य संस्थाओं ने प्रथम श्रेणी की सेवाएँ देने में उत्कृष्ट कार्य किया है। यदि जोर-जबर्दस्ती और प्रलोभन चलता तो 192 वर्ष के ब्रिटिश शासन के बाद आधे से ज्यादा लोग ईसाई बन जाते।

मिथक : सभी गैर हिंदू धर्म राष्ट्र विरोधी हैं। इसलिए धर्म परिवर्तन का मतलब है राष्ट्रीयता परिवर्तन। धर्म परिवर्तन करने वालों ने उत्तर पूर्व में विद्रोह शुरू किया। इसलिए इस मुद्दे पर बहस और धर्म परिवर्तन पर प्रतिबंध जरूरी है।

तथ्य : यह प्रचार आधुनिक पूर्व ऊँच-नीच वाली मूल्य व्यवस्था जिसमें धर्म राष्ट्रीयता का एकमात्र निर्धारक था पर आधारित राष्ट्रीयता के विचार के आधार पर किया गया है। इस विचार के अनुसार हिंदू पाँच हजार वर्ष पुराना राष्ट्र है और इसका सूत्रपात भारत में आर्यों के आने तथा यहाँ बस जाने से हुआ। इस विचार के अनुसार अन्य धर्म विशेष रूप से इस्लाम और ईसाइयत विदेशी धर्म हैं और धर्मनिरपेक्षता पर आधारित राष्ट्रीयता (जिसके अंतर्गत भौगोलिक वास्तविकताएँ राष्ट्र देश का आधार होती हैं) पश्चिमी विचार है जोकि भारत जैसे प्राचीन देश के लिए अनुपयुक्त है। धर्म पर आधारित राष्ट्रीयता के इस विचार का पोषण और समर्थन नवाबों तथा राजाओं, जागीरदारों और जमींदारों तथा उच्च जाति के एक वर्ग (विशेष रूप से ब्राह्मण) तथा परम्परागत व्यापारियों (बनियों) ने किया। यह विचार मुस्लिम लीग (इस्लाम पर आधारित राष्ट्र) और हिंदू महासभा तथा आर एस एस (हिंदूवाद पर आधारित राष्ट्र : हिंदूराष्ट्र) की राजनीति में मुखरित हुआ। इसके विपरीत समाज के उभरते हुए वर्गों—प्रशासकों, उद्योगपतियों, मजदूरों और गरीब किसानों को जमींदारों के शिकंजे से आजाद होने की आकांक्षा रखते थे ने धर्मनिरपेक्ष राष्ट्रवाद के विचार

का समर्थन किया। यह विचार मुख्य रूप से भारतीय राष्ट्रीय कांग्रेस की राजनीति में मुखरित हुआ। यही कारण है कि सुरेन्द्र नाथ बनर्जी तथा लोकमान्य तिलक जैसे लोगों ने कहा कि भारत राष्ट्र के रूप में उभर रहा है और महात्मा गाँधी ब्रिटिश विरोधी संघर्ष के नेता के रूप में 'भारत-राष्ट्र के पिता' के रूप में स्वीकार किए गए।

इस प्रकार धर्म चाहे जो हो हर व्यक्ति भारत राष्ट्र का हिस्सा है। यही संवैधानिक, धर्मनिरपेक्ष और लोकतांत्रिक समझ है। इसके विपरीत संघ परिवार के विभिन्न भाग हिंदू राष्ट्र के लिए दौड़-धूप कर रहे हैं। वे इस विचार की निंदा करते हैं कि भारतीय राष्ट्र स्वतंत्रता संघर्ष से उभरकर सामने आया। वे इस बात को भी स्वीकार नहीं करते कि स्वतंत्रता संघर्ष के दौरान भारत 'उभरता हुआ राष्ट्र' था। वे महात्मा गाँधी को राष्ट्रपिता मानने से भी इनकार करते हैं। इस प्रकार वे जो धर्म परिवर्तन को राष्ट्रीयता परिवर्तन कहते हैं वह उनकी लोकतंत्र पूर्व, गैरलोकतांत्रिक समझ के अनुरूप है। इसे संवैधानिक मानदंडों या मूल्यों से कुछ लेना-देना नहीं है। उनके आग्रह हमारे संविधान में सन्निहित सिद्धांतों के अनुरूप नहीं हैं। धर्म परिवर्तन के मुद्दे पर बहस की कोई आवश्यकता नहीं है। क्योंकि संविधान में लोकतांत्रिक आजादी के बारे में प्रावधान दिए गए हैं। इसके अनुसार लोगों को अपना धर्म बदलने का उतना ही अधिकार है जितना कि किसी धर्म का प्रचार करने और उसे अपनाने का अधिकार। इस बारे में संवैधानिक मानदंड बिल्कुल साफ हैं। संघ परिवार इसको एक मुद्दा बनाना चाहता है क्योंकि बहुत से आदिवासियों तथा दूसरे लोगों ने महसूस किया है कि दूसरे धर्म को अपना लेने के बाद उन्हें थोड़ा बेहतर सामाजिक दर्जा और विशेषाधिकार मिले हैं।

मिथक : धर्म परिवर्तन सामाजिक तनाव पैदा कर रहे हैं। इसलिए उन पर प्रतिबंध लगना चाहिए। हिंदू धर्म में फिर लौटना आवश्यक है। जो लोग धर्म बदलते हैं वे स्थानीय समाज से कट जाते हैं तथा समुदाय की घृणा का पात्र, बन जाते हैं। इसलिए धर्म परिवर्तन न करने वाले लोग गुस्से में आकर ईसाइयों पर हमला कर रहे हैं। साथ ही अधिकांश मामलों में ईसाई पहले हमला करते हैं हिंदू तो केवल उसका जवाब देते हैं।

तथ्य : यह बहाना बड़ी चतुराई से 'तैयार किया गया है।' इसे ईसाई मिशनरियों और चर्चों पर हमले का औचित्य स्थापित करने के लिए तैयार किया गया है। इस तरह से धर्म परिवर्तन कोई मुद्दा ही नहीं है। संघ परिवार की वास्तविक समस्या यह है कि इस धर्म परिवर्तन से आदिवासियों में आत्मसम्मान की भावना आई है जिसके कारण वे ग्रामीण इलीट के सामने आँख बंद करके नहीं झुकते। संघ परिवार ने इसे महसूस कर लिया है। उसने यह भी महसूस किया है कि समाज के निचले वर्गों

के बीच मिशनरियों द्वारा गतिविधियाँ चलाए जाने तथा गरीबों को शिक्षा दिए जाने के कारण वे अपने अधिकारों के प्रति जागरूक हो गए हैं। जिसके कारण वे अब चुप नहीं बैठते और यथास्थिति का विरोध करते हैं। संघ परिवार यथास्थिति पर इस सवाल को भी समाज में तनाव का कारण मानते हैं। निचली जाति के लोगों द्वारा धर्म परिवर्तन के कारण वे जाति ऊँच-नीच से छूट जाते हैं और शिक्षा प्राप्त करते हैं इससे उन्हें अच्छी नौकरियाँ, अच्छे अवसर, अच्छे स्वास्थ्य और अच्छी पहचान के अवसर मिलेंगे। ए आई एफ ओ एफ डी आर टीम (वही : 90) ने मध्य प्रदेश, उड़ीसा और महाराष्ट्र के आदिवासी इलाकों का व्यापक दौरा किया और पाया कि ईसाई मिशनरियाँ सामाजिक कार्य (शिक्षा और स्वास्थ्य सेवा) में लगी हैं। धर्म परिवर्तन के मामले नगण्य हैं और ईसाइयों की संख्या बहुत कम है। उदाहरण के लिए क्यूंझार जहाँ फादर स्टेंस कार्य करते थे और कथित रूप से लोगों का धर्म परिवर्तन करा रहे थे वहाँ पर भी ईसाई जनसंख्या 0.31 प्रतिशत है। और पिछले दशक जितनी ही है। हालाँकि डांग में काफी धर्म परिवर्तन हुए हैं। लेकिन वहाँ भी जबर्दस्ती, धोखे या भौतिक प्रलोभन का कोई उदाहरण देखने में नहीं आया है। टीम ने यह भी पाया कि कई स्थानों पर एक ही परिवार में ईसाई भी हैं और गैरईसाई भी और इस वजह से उनमें कोई तनाव नहीं है। तनाव हाल ही में संघ परिवार की गतिविधियों ने पैदा किया है। उदाहरण के लिए महाराष्ट्र में पेठ को लिया जा सकता है। जहाँ ईसाई विरोधी पागलपन पैदा किया गया है और मामूली से स्थानीय मुद्दों को भेदभाव पैदा करने के लिए बड़े मुद्दों में बदल दिया है।

तनाव का मुख्य कारण घर वापसी कार्यक्रम है। ईसाई बनने की तरह त्रिहिप शैली में हिंदू बनना संयोगवश नहीं है। यह सुनियोजित और सुलक्षित कार्यक्रम है। यह लोक कल्याण गतिविधियों का परिणाम नहीं है। बल्कि इसे धर्म बदलने वाले आदिवासियों पर आक्रामक रूप से लादा जाता है। संघ परिवार का यह मानना है कि सभी आदिवासी हिंदू हैं। इस बात की ओर ध्यान नहीं दिया जाता कि उनके अनुष्ठान, त्यौहार, पवित्र पुस्तकें हिंदुओं जैसी नहीं हैं। उनमें हिंदू पुरोहित नहीं हैं। उनके आराध्य अलग हैं। (राम और कृष्ण नहीं)। किसी भी हिंदू पंथ से उनकी कोई भी प्रथा मेल नहीं खाती, परिवार द्वारा हिंदूधर्म माना जाने वाला ब्राह्मणवादी हिंदूधर्म तो बहुत दूर की बात है।

इन इलाकों में तनाव इसलिए बढ़ रहा है क्योंकि संघ परिवार ने एक सुनिश्चित कार्यक्रम के जरिए 'ईसाई घृणा' अभियान छेड़ दिए हैं। संघ परिवार के बहुत से सदस्य साधू के वेश में इन इलाकों का दौरा कर रहे हैं। और आदिवासियों पर उच्च जाति सांस्कृतिक प्रथाएँ लादने की कोशिश कर रहे हैं। डांग में जनजातियों के बीच व्यापक रूप से कार्य करने वाले इरफान इंजीनियर ने कहा है, "सैकड़ों मंदिर बना दिए गए हैं। उनमें गैरआदिवासी पुजारी हैं। शंकर और हनुमान की पूजा की जाती

है। आदिवासी नृत्यों, सांस्कृतिक प्रथाओं और मूल्यों को पिछड़ा बताकर उनसे नफरत की जाती है। वनवासी कल्याण आश्रम में बच्चों को अपने माता-पिता की पूजा करने की शिक्षा दी जाती है...। इसके बाद आदिवासी बच्चों को सामाजिक ऊँच-नीच स्वीकार करने के लिए कहा जाता है। जिस तेजी के साथ वे आदिवासियों का ब्राह्मणीकरण कर रहे हैं इससे समाज में काफी उपद्रव होगा क्योंकि वह इस परिवर्तन को पचा नहीं पाएगा। (डांग में धर्म परिवर्तन, दि हिंदू, 23 जनवरी, 1999)

स्पष्ट है कि संघ परिवार राजनीतिक मनसूबों के लिए सामाजिक तनाव पैदा करने के उद्देश्य से ईसाई समुदाय को निशाना बना रहा है। संघ परिवार जैसे आंदोलनों के लिए सबसे पहले एक बाहरी शत्रु चाहिए। इसी से उनका आधार इकट्ठा रह सकता है। पहले उन्होंने मुसलमानों को निशाना बनाया, अब ईसाइयों को बना रहे हैं। अपने शत्रुओं की सूची में अब वे तीसरे समूह कम्युनिस्टों (और सभी मानवाधिकार समूहों) पर हमला करेंगे। दूसरे, धनी किसान संघ परिवार का सामाजिक आधार हैं। यही वे लोग हैं जो आदिवासियों की भूमि हड़प लेते हैं। आदिवासियों द्वारा ईसाइयत को अपना लिए जाने तथा जागरण से इस सुविधाजनक व्यवस्था में हलचल पैदा हो गई है। इससे यथास्थिति को खतरा पैदा हो गया है। तीसरे, संघ परिवार ने यह समझ लिया है कि उसका राजनीतिक विभाग भाजपा वोट बैंक के विस्तार के बगैर अकेले बहुमत प्राप्त नहीं कर सकता। शहरों में वे 'चोटी' पर पहुँच गए हैं। आदिवासी अतिरिक्त बड़ा वोट बैंक बन सकते हैं और उनके स्तर को बदल सकते हैं। अंत में संघ परिवार धर्मनिरपेक्षीकरण (यह प्रक्रिया उद्योगीकरण और सांस्कृतिक परिवर्तन के साथ शुरू हुई जिससे समाज और पारिवारिक मामलों पर पुरोहितों का शिकंजा शिथिल पड़ गया है।) के खिलाफ है। भारत में यह प्रक्रिया बड़ी धीमी गति से चल रही है। चर्च, एक ऐसा बड़ा संगठन है जो आधुनिक शिक्षा को फैला रहा है। संघ परिवार इसे पंसद नहीं करता। यही कारण है कि शिक्षा के प्रसार की आवश्यकता पर बल देने वाले अमर्त्य सेन को नोबेल पुरस्कार दिए जाने में वे ईसाई षड्यंत्र खोजते हैं। एक अन्य स्तर पर उन्हें मदर टेरेसा से खतरा लगता है जिन्होंने 'धरती के अभागों' के कल्याण के लिए कार्य किया। उनको नोबल पुरस्कार भी ईसाई षड्यंत्र नजर आता है। संघ परिवार और उसके सदस्यों के हमले के कारण सामाजिक तनाव पैदा हो गया है। उन्हें धर्म परिवर्तन के कारण यथास्थिति में परिवर्तन से डर लगा रहता है। यही कारण है कि उन्होंने ईसाई समुदाय के खिलाफ तीव्र अभियान शुरू कर दिए हैं।

अध्याय–10

रामराज्य : धार्मिक राष्ट्रवाद या धर्मनिरपेक्ष लोकतंत्र

पिछले लगभग एक दशक से धर्मनिरपेक्षता के विचार और व्यवहार की बहुत आलोचना हुई है। पूरी दुनिया और भारत में सांप्रदायिक राजनीति के उदय के साथ धर्म आधारित राष्ट्रवाद के लक्ष्य को लेकर चलने वाले आंदोलन ने शासन नीति के रूप में धर्मनिरपेक्षता और सांस्कृतिक नजरिए के रूप में धर्मनिरपेक्षता पर सवाल खड़े करने शुरू कर दिए हैं। भारत में इसने गणतंत्र के प्रारंभिक वर्षों में सत्ताधारी पार्टी कांग्रेस के धर्मनिरपेक्षता के तौर तरीके पर भी सवाल उठा दिए हैं।

सामाजिक तत्त्व के रूप में धर्मनिरपेक्षता औद्योगिक समाज के उदय के साथ उभरी। सत्रहवीं शताब्दी और इसके बाद विज्ञान की खोजों ने गहरे जमे विश्वासों और आस्थाओं को चुनौती दी जो कि धर्म के व्यापक ताने-बाने का अटूट हिस्सा थी। तक्नोलॉजी के प्रयोग और औद्योगिक समाजों के उदय के कारण उस समय तक मौजूदा सामाजिक संतुलन में परिवर्तन जरूरी हो गया। पहले के समाज में कृषि प्रमुख उत्पादन गतिविधि मुख्य थी। उत्पादन की 'सामन्ती' विधि प्रचलित थी। समाज के बड़े वर्ग गरीब किसानों के रूप में जमीन से बँधे थे। नव विकसित उद्योगों की माँग पूरी करने के लिए किसानों को जमीन से मुक्त करना जरूरी था। सामंती सामाजिक ढाँचे और सहवर्ती विचारधारात्मक संरचना ने उन्हें जमीन से बाँध रखा था। मोटे तौर पर ये भी धर्म का हिस्सा थे। पुजारी वर्ग (चर्च सर्वाधिक संगठित रूप था, लेकिन ब्राह्मणों और मुसलमान ओलेमा ने भी यही भूमिका अदा की) ने सामंती ढाँचे और 'बादशाहतों' के कार्य में योगदान किया और सामंती उत्पादन मानदंडों की सहायक विचारधारा के कार्यान्वयन की आवश्यकता पूरी की। इस समय सामाजिक जीवन पुरोहितों के इशारे पर घूमता था।

उद्योगीकरण प्रक्रिया शुरू होने के साथ पहले की विचारधारात्मक जंजीरें उभरते औद्योगिक समाज के लिए बेड़ियाँ लगने लगीं। इसी संदर्भ में हमें यह समझना होगा कि सामाजिक जीवन की संपूर्णता पर पुरोहितों का कब्जा ढीला पड़ने लगा। विज्ञान

के विचारों से ली गई आधुनिक विवेकशीलता के इर्द-गिर्द विकसित सामाजिक मानदंडों को हमें समझना होगा। इसके साथ 'तर्क के युग' की शुरुआत हुई और 'श्रद्धा के युग' का अंत हुआ। तर्क के युग की जड़ें विज्ञान और तक्नोलॉजी में थीं और श्रद्धा के युग की जड़ें ईश्वर के कथन की पुरोहितों द्वारा की गई व्याख्या, धर्म के नाम पर अपनी विचारधारा को लादने तथा शोषक सामंती सामाजिक व्यवस्था को सुचारु रखने के लिए लोगों की भावनाओं के इस्तेमाल में थीं। ऐतिहासिक रूप से स्पष्ट रूप में यह पहले पश्चिम में हुआ तथा चर्च व शासन में संघर्ष के रूप में प्रकट हुआ। चर्च सामंतों की पतनशील सामाजिक ताकतों और विश्वास के युग के साथ था, जबकि उभरता हुआ राष्ट्र देश (बादशाहों के विपरीत) 'तर्क के युग', विज्ञान और तक्नोलॉजी पर आधारित उद्योगीकरण प्रक्रिया तथा इस प्रकार नए साभाजिक संबंधों (उद्योगपति और मजूदर) को ठोस बनाने के साथ था। इस प्रक्रिया को 'प्रबोधन' कहा गया जो कि धर्मनिरपेक्षीकरण की प्रक्रिया का अंग है। यह प्रक्रिया धर्म के कुछ पहलुओं जैसे कि लोगों और भगवान के बीच पुरोहितों की मध्यस्थता की प्रगतिशील, विवेकपूर्ण समीक्षा के साथ शुरू हुई। इस प्रक्रिया ने स्पष्ट रूप से लोगों के निजी जीवन में धर्म और विश्वास के पहलुओं (पुरोहित वर्ग द्वारा निर्मित) को हटाना, सामाजिक जीवन को रूढ़िवाद और अंधविश्वास से मुक्त करना और लोगों को आधुनिकता की उभरती दुनिया में धकेलना शुरू कर दिया। इस प्रकार धर्मनिरपेक्षता औद्योगिक बुर्जुवा और भूमिहीन किसानों के सामाजिक आंदोलन की उपज है जो प्रारंभ में (पश्चिम में) रिनेसां और प्रबोधन के रूप में अभिव्यक्त हुआ। यह उस समय चर्च के वर्चस्व से मुक्त मनुष्य की अपने ढंग से जीने की इच्छा की अभिव्यक्ति था। यहाँ से शुरू होकर धर्मनिरपेक्षता ने 19वीं शताब्दी के मध्य में सामाजिक-ऐतिहासिक संदर्भ ग्रहण कर लिया। इसे उस समय की परिस्थितियों और दर्शन ने रूप दिया। धर्मनिरपेक्षता उन मूल्यों पर आधारित थी, जिनमें बड़े ज्ञान स्रोत के रूप में विज्ञान के योगदान को मान्यता दी गई थी और जिनमें तक्नोलॉजी की प्रगति, सामाजिक मुक्ति और मानव कल्याण को जीवन का ध्येय माना गया था। जीवन के लक्ष्य उस दुनिया (पवित्र) से हटकर इस दुनिया (धर्मनिरपेक्ष, लौकिक) के बारे में हो गए। विज्ञान और तर्क के पहियों के नीचे धर्म सिद्धांतों और अंधविश्वासों के कुचले जाने के बाद धर्म सिद्धांतों के वाहक पुरोहित पीछे चले गए और आधुनिक धर्मनिरपेक्ष लोकतांत्रिक शासन सामने आ गए। धर्मनिरपेक्ष लोकाचार को उस दुनिया (यह धर्म सिद्धांतों के अभिरक्षक पुरोहितों की क्रीड़ा स्थली है) से कुछ लेना-देना नहीं होता है। एक अर्थ में धर्मनिरपेक्षता आधुनिक राष्ट्र देशों की नीति है और धर्मनिरपेक्षीकरण इस प्रक्रिया का दर्शन है। इस प्रक्रिया के जरिए मनुष्य बादशाहतों को सुचारु रूप से चलाने के लिए पुरोहित वर्ग द्वारा लादे गए अंधविश्वास से मुक्त हो जाता है। अंधविश्वास के लिए दैवी वैधता चाहिए जो कि पुरोहित वर्ग से मिलती है। इसके लिए वे किसानों

का शोषण करते हैं। धर्मनिरपेक्षीकरण ने यंत्रीय मूल्य, तार्किक प्रक्रियाएँ और तक्नोलोजिकल विधिबाँ दीं जो शहरीकरण, व्यावहारिकता, लौकिकता, अनेकत्व और परस्पर सम्मान को प्रोत्साहित करती हैं। धर्मनिरपेक्षीकरण की प्रक्रिया से सापेक्षता के विचार आते हैं। यह विचार सामने आता है कि सभी मूल्य प्रणालियाँ ऐतिहासिक परिस्थितियों की उपज हैं और कुछ भी अंतिम नहीं है। इस पैकेज के अंग के रूप में चीजों की अलौकिक व्याख्या का स्थान विज्ञान ले लेता है। प्राकृतिक नियमों और बौद्धिक रवैये के जरिए दुनिया की वास्तविकता की व्याख्या की जाती है।

स्वतंत्रता संघर्ष के दौरान ही धर्मनिरपेक्षता 'निर्माणाधीन राष्ट्र' भारत के प्रमुख सिद्धांत के रूप में उभर रही थी। भारतीय राष्ट्रीय कांग्रेस के नेता—गाँधी, मौलाना अबुल कलाम आजाद, नेहरू व अन्य धर्मनिरपेक्षता के आदर्श से प्रतिबद्ध थे, हालाँकि सबने अपने-अपने ढंग से इसकी व्याख्या की। यह भी मानना पड़ेगा कि कुछ हिंदू राष्ट्रवादी भी कांग्रेस में शामिल हो गए और कुछ कांग्रेसी नेताओं ने विभिन्न प्रकार की सांप्रदायिकता से रँगी विचारधाराओं को अपनाया। संविधान सभा में हुई बहसें इसे बिल्कुल स्पष्ट कर देती हैं। हमारे संविधान में धर्मनिरपेक्षता के सिद्धांतों को जगह मिली। सामाजिक गतिविज्ञान बहुत जटिल होता है। धर्मनिरपेक्षीकरण/उद्योगीकरण की प्रक्रिया बहुत धीमी गति से चल रही थी। इस अवस्था में भी, हालाँकि संविधान धर्मनिरपेक्ष था, शासन तंत्र-नौकरशाही, न्यायपालिका, सेना और पुलिस में हिंदू सांप्रदायिक तत्त्व घुस गए। कांग्रेस सरकार प्रमुख रूप से धर्मनिरपेक्ष थी लेकिन महत्त्वपूर्ण पदों पर बैठे बहुत से नेताओं पर हिंदू सांप्रदायिक विचारधारा का प्रभाव था। इससे मिश्रित सामाजिक विकास हुआ। एक ओर धर्मनिरपेक्षता फली-फूली तो दूसरी ओर सांप्रदायिकता निष्क्रिय जरूर हुई लेकिन पूरी तरह से समाप्त नहीं हुई। 1970 के दशक के अंत और 1980 के दशक के शुरू में जो सामाजिक परिवर्तन हुए उससे सांप्रदायिकता को बहुत बढ़ावा मिला और उसने धर्मनिरपेक्षता पर बहुत जोर से हमला शुरू कर दिया। इसकी पहली अभिव्यक्ति इंदिरा और राजीव गाँधी की नीतियों में हुई। लेकिन भाजपा द्वारा राम जन्मभूमि का मुद्दा उठा लिया जाने के बाद धर्मनिरपेक्षता पर बहुत बड़ा हमला हुआ।

भाजपा ने राम जन्मभूमि मुद्दे के इर्द-गिर्द बड़ी तेजी से अपनी अपील तैयार कर ली। उसने धर्म आधारित राष्ट्रवाद हिंदू राष्ट्र की अवधारणा तैयार की जिसने धर्मनिरपेक्ष लोकतांत्रिक राष्ट्रवाद को चुनौती दी। मस्जिद के स्थान पर राम मंदिर बनाने के अभियान के दौरान उसने धर्मनिरपेक्ष लोकाचार, समन्वयवादी संस्कृति और मिश्रित राष्ट्रवाद पर बार-बार हमला किया। इस पृष्ठभूमि में हमें समझना होगा कि आजादी के बाद इतने दशकों तक धर्मनिरपेक्षता पर हमला क्यों नहीं हुआ। पिछले एक दशक से उस पर हमला क्यों होने लगा है और हिंदू राष्ट्र की अवधारणा पर बल क्यों दिया जाने लगा है।

बॉक्स 10.1

धर्मनिरपेक्षता या धर्मनिरपेक्षीकरण

विभिन्न अवधारणाएँ

* धर्म का पतन (''पहले स्वीकृत संकेतों, सिद्धांतों और संस्थाओं ने अपना सम्मान और प्रभाव खो दिया''; इस प्रक्रिया की परिणति 'धर्म विहीन' समाज के निर्माण में हुई)
* इस दुनिया से अनुरूपता (अलौकिक से दूर जाना)
* धर्म से समाज की रिहाई (जहाँ समाज और शासन अपने आप को 'स्वायत्त वास्तविकता' बनाने की कोशिश करते हैं या 'धर्म और राजनीति का विलगाव' संक्षेप में 'विभेदीकरण')
* धार्मिक विश्वासों और संस्थाओं का क्रम परिवर्तन (ज्ञान, व्यवहार पैटर्न और संस्थागत व्यवस्था...जिन्हें कभी दैवी शक्ति में निहित माना जाता था। उन्हें विशुद्ध रूप से मानव सृजन और उत्तरदायित्व के रूप में बदल दिया जाता है)
* दुनिया का लौकिकीकरण (पवित्र और रहस्यमय का विलुप्तिकरण, पूर्णतया विवेकशील समाज में परिणति)

—शिनर लेरी (1971)

मिथक : धर्मनिरपेक्षता धर्म विरोधी है। ''धर्मनिरपेक्षता और धर्म दो ध्रुव हैं।'' धर्मनिरपेक्ष लोग अधार्मिक होते हैं।

तथ्य : धर्मनिरपेक्षता धर्म का दमन नहीं करती। एक सिद्धांत के रूप में धर्मनिरपेक्षता धर्मनिरपेक्षीकरण के रूप में जानी जाने वाली गहरी सामाजिक प्रक्रिया का परिणाम है। जैसा कि हमने ऊपर देखा भौतिक स्थितियों में परिवर्तन, उत्पादन के सामाजिक संबंधों में परिवर्तन, विज्ञान और तक्नोलॉजी की शुरुआत के कारण समाज में नया संतुलन आता है जिसमें धर्म, विशेष रूप से पुरोहित वर्ग का, समाज पर नियंत्रण समाप्त हो जाता है। यहाँ यह समझ लेना महत्त्वपूर्ण है कि धर्म बहुविध संस्थागत, कर्मकांडीय, सैद्धांतिक पौराणिक, अनुभवगम्य और नैतिक तत्त्वों का मिलान है।

धार्मिक अनुभव में विश्वास, भावना और इच्छा की सुपुर्दगी शामिल हैं। रहस्योद्घाटन का आयाम सभी धर्मों में बहुत महत्त्वपूर्ण है। वेदों सहित अधिकांश पवित्र पुस्तकें ईश्वर का रहस्योद्घाटन मानी जाती हैं। धार्मिक अनुभव का हमेशा गूढ़ संदर्भ होता है जिसे विभिन्न धार्मिक लक्ष्यों के रूप में अभिव्यक्त किया जाता है—स्वर्ग, निर्वाण या मोक्ष। इस गूढ़ संदर्भ के फलस्वरूप इस दुनिया को छोटा बताया जाता है, मानव अस्तित्व को दासता या दुःख भोग बताया जाता है। धार्मिक विश्वास समूचे विश्व के बारे में मानवीय ज्ञान, जगत, जीवन, स्वास्थ्य और मृत्यु के बारे में

मनुष्य की विज्ञानपूर्व समझ का मिलान है। धर्म से जुड़े कर्मकांड से समुदाय को धर्म में भागीदार बनने और सामाजिक बंधन निर्मित करने में मदद मिलती है। धर्म का सामाजिक आयाम सामुदायिक होता है। यहाँ विश्वास व्यक्ति के रूप में नहीं समाज के सहधर्मी के रूप में किया जाता है।

धर्म के नैतिक और सामाजिक पहलू मानवों को मूल्य व्यवस्था देते हैं जो साथी मानवों के साथ उनके व्यवहार को शासित करती है। लेकिन धर्मनिरपेक्ष लोकाचार का विरोध करने वाला धर्म का वर्तमान पहलू पुरोहित संगठन से जुड़ा है। विभिन्न धर्मों में इसके विभिन्न आयाम हैं। ईसाइयत में सुसंगठित विभिन्न चर्च हैं, तो हिंदूधर्म में बिखरे हुए पुरोहित। धार्मिक समूह का यह विश्लेषण कामचलाऊ है। धर्मनिरपेक्षीकरण प्रक्रिया के कारण पुरोहितों की भूमिका पृष्ठभूमि में चली जाती है। लेकिन धर्मनिरपेक्षीकरण के बावजूद धर्म के कुछ तत्त्व संशोधित रूप में बचे रह जाते हैं और उसका विरोध नहीं करते। यदि धर्म को एक नैतिकता, साथी मानवों के लिए आचार संहिता और नैतिक मूल्य माना जाए तो धर्मनिरपेक्षता और धर्म में कोई विरोध नहीं है।

इसके अलावा धर्म कई बार विभिन्न सामाजिक आंदोलनों का वाहक भी होता है। संपन्न दमनकारियों की धार्मिकता और दलितों की धार्मिकता में भेद किया जा सकता है। दमनकारियों की धार्मिकता पुरोहित वर्ग से जुड़ी होती है। कभी-कभी कमजोर तथा दुःखी लोगों की चीख, विरोध धार्मिक रूप ले लेता है। भक्ति, सूफी, बुद्धधर्म, सिखधर्म जैसी बहुत-सी धाराएँ इसी तरह से शुरू हुईं। संक्षेप में धर्मनिरपेक्षता का अर्थ है पुरोहितों के प्राधिकार में कमी और दुनिया के मामलों से तर्क और समझ के साथ निपटना। वास्तव में धर्मनिरपेक्षता शब्द का अंग्रेजी समतुल्य सैक्यूलर लेटिन शब्द सैक्यूलम से लिया गया है जिसका अर्थ है युग या काल। प्रकारांतर से इसका मतलब हुआ वर्तमान युग या दुनिया। इस प्रकार धर्मनिरपेक्ष का मतलब है यह दुनिया और इसका ताल्लुक इस दुनिया के मामलों से है। अतः इसका विलोम 'अलौकिक' है धर्म या धार्मिकता नहीं। जिन समाजों का धर्मनिरपेक्षीकरण हुआ है वहाँ धर्म मौजूद है। और शासन लोगों के विश्वास का विरोध नहीं करता। उसका व्यक्तिगत और सामाजिक जीवन में स्थान होता है। वह 'सामाजिक ताने-बाने' में अपनी मौजूदगी का अहसास कराता है।

मिथक : धर्मनिरपेक्षता, ईसाइयत और पश्चिमी मूल्य की है। इसलिए वह भारतीय स्थितियों के अनुकूल नहीं है। पश्चिम में उपजे 'धर्मनिरपेक्षता' के विचार की हमारे देश में कोई प्रासंगिकता नहीं है।

तथ्य : पश्चिमी/ईसाई समाज स्थिति और भारतीय स्थिति में बहुत अंतर है। भारतीय संस्कृति में आज भी धर्म की भूमिका प्रमुख है। (कई शताब्दियों पहले पश्चिम में भी यही स्थिति थी) ईसाइयत के विपरीत हिंदूधर्म में पुरोहित संगठन बिखरा हुआ है क्योंकि वह अनेक पंथों का घालमेल है। उसके पुरोहित वर्ग का स्वरूप भी

अलग-अलग है। इस सबके बावजूद हिंदू पुरोहित वर्ग ने दूसरे धर्मों के पुरोहित वर्गों के समानांतर भूमिका अदा की तथा राजा की सत्ता और अधिकार को नैतिक वैधता दी भले ही उसने शासन के मामलों में प्रत्यक्ष हस्तक्षेप न किया हो। बहुत से गुरु और आचार्य राजाओं के पथ प्रदर्शक रहे हैं। वे राजाओं के राजनीतिक सलाहकार बन गए और उनके दरबारों में प्रभावशाली भूमिका अदा की। वे युद्ध क्षेत्र तक उनके साथ गए, उन्हें आशीर्वाद दिया और ईश्वरीय कृपा का माध्यम बने। मुख्य अंतर यह है कि भारत में उद्योगीकरण प्रक्रिया उपनिवेशकाल में तथा प्रारंभ में उपनिवेशवादी स्वामियों के संरक्षण में हुई। पश्चिम में धर्मनिरपेक्षीकरण प्रक्रिया उद्योगीकरण प्रक्रिया के साथ चली जिससे चर्च का अधिकार कम हुआ। चूँकि भारत आजाद नहीं था इसलिए धर्मनिरपेक्षीकरण का आंदोलन बड़ा धींमा चला। दूसरे, पुरोहित वर्ग बिखरा हुआ था, समाज अनेकत्ववादी था और शासन उपनिवेशवादी था, इसलिए धर्मनिरपेक्षीकरण प्रक्रिया धार्मिक विचारधारा और पुरोहित वर्ग के नियंत्रण के विरोध में चलती रही। इसी काल में हिंदूधर्म की प्रक्रिया भी चल रही थी। इसके अनेकत्ववादी स्वरूप को बदल करके इसे केवल ब्राह्मणवादी मानदंडों से चिपकाया जा रहा था। इसका मतलब था पवित्र पुस्तकों के रूप में गीता और वेदों को बढ़ावा, एक प्रमुख देवता के रूप में राम को बढ़ावा और पुरोहित वर्ग के रूप में आचार्यों और महंतों को बढ़ावा।

समाज का धर्मनिरपेक्षीकरण बड़ी धीमी गति से हो रहा था लेकिन स्वतंत्रता संघर्ष और राष्ट्रीय आंदोलन में राजनीतिक चिंतन प्रमुख रूप से धर्मनिरपेक्ष था। लेकिन धर्मनिरपेक्ष राष्ट्रवाद के विकास के साथ सांप्रदायिक राष्ट्रवादों (मुस्लिम और हिंदू) का भी उदय हुआ। प्रारंभ में धर्मनिरपेक्षीकरण प्रक्रिया की छाया जोतिबा फुले के आंदोलनों में देखने को मिली। धर्मनिरपेक्ष राष्ट्रवाद को गाँधी और नेहरू की राजनीति में अभिव्यक्ति मिली जबकि मुस्लिम सांप्रदायिकता को मुस्लिम लीग की राजनीति और हिंदू सांप्रदायिकता को हिंदू महासभा और आर एस एस में अभिव्यक्ति मिली। कुछ हिंदू राष्ट्रवादी भारतीय राष्ट्रीय कांग्रेस के अंग थे। मुस्लिम सांप्रदायिक राष्ट्रवाद का आधार मुसलमान जमींदारों और साहूकारों में था। इसी प्रकार हिंदू सांप्रदायिक राष्ट्रवाद का आधार ब्राह्मण, बनिया (जाति आधार पर) तथा हिंदू जमींदार और साहूकार (वर्ग स्तर पर) थे। धर्मनिरपेक्ष राष्ट्रवाद की जड़ें नवजात उद्योगपतियों, नये व्यवसायियों तथा किसानों और निम्न जाति के वर्गों में थी। इन वर्गों की आकांक्षाओं ने ही स्वतंत्रता संघर्ष को ताकत दी और ये ही भारत देश और उसके संविधान का आधार बने। इस प्रकार इस समाज के सिद्धांत के रूप में धर्मनिरपेक्षता ऊपर से नहीं थोपी गई थी बल्कि उदीयमान औद्योगिक वर्ग और कृषक वर्ग के संघर्ष का परिणाम थी।

धर्मनिरपेक्षता को ईसाई पश्चिमी सिद्धांत मानना इस सामाजिक तत्त्व को देखने का एक पक्षीय तरीका है। यह सही है कि कुछ समय तक चर्च के पास शासन

शक्ति थी और उसका ही नियंत्रण था। यूरोप के बादशाह उसके मातहत थे। लेकिन उन्होंने चर्च के अधिकार के प्रति विद्रोह किया और आजाद हो गए। जैसा कि ऊपर कहा जा चुका है। धर्मनिरपेक्षता धर्मनिरपेक्षीकरण प्रक्रिया का परिणाम है। यह उद्योगीकरण और उससे उत्पन्न सामाजिक संबंधों, विज्ञान और तक्नोलॉजी की शुरुआत तथा समाज में विवेकशीलता से हुए परिवर्तन की सूचक है। इस अर्थ में धर्मनिरपेक्षता आधुनिकता की प्रतीक है। उसने सामंती संबंधों और मूल व्यवस्था को परास्त किया। यह सामंती संबंधों तथा धार्मिक पुरोहित वर्ग में निहित बाधाकारी विचारधाराओं को उतार फेंकने के लिए नये सामाजिक वर्गों की पुकार थी। इसलिए धर्मनिरपेक्षता भारत के लिए जरूरी है क्योंकि भारत उद्योगीकरण और उससे जुड़ी विवेकशीलता के साथ आधुनिक युग में प्रवेश कर रहा है। जो लोग उपर्युक्त मिथक का प्रचार करते हैं वे समाज के उस वर्ग से ताल्लुक रखते हैं जो धर्मनिरपेक्षता के साथ आए उदार लोकाचार में अपनी हैसियत खो देंगे। ये ऐसे सामाजिक तत्त्व हैं जो आधुनिक धर्मनिरपेक्ष लोकतांत्रिक राष्ट्रवाद के स्थान पर धार्मिक राष्ट्रवाद से चिपके रहना चाहते हैं। कोई भी देश रुका हुआ तालाब बनकर नहीं रह सकता। समाज में प्रगतिशील दिशा में परिवर्तनों के क्रम में धर्मनिरपेक्षता पुरातनपंथी कट्टरपंथी मूल्यों और सामंती सामाजिक व्यवस्था के खिलाफ उदीयमान उद्योगपतियों, गरीब किसानों, मजदूरों और स्त्रियों के संघर्ष के परिणाम के रूप में आता है। यह शोषितों और मातहतों के संघर्ष के आधार को भी बढ़ाता है।

मिथक : धर्मनिरपेक्षता की अवधारणा आपातकाल के दौरान पिछले दरवाजे से राष्ट्र पर थोपी गई "...हमारे संविधान में धर्मनिरपेक्षता शब्द कहीं पर नहीं है..."

तथ्य : जैसा कि हमने देखा भारत ने महात्मा गाँधी, जवाहरलाल नेहरू और मौलाना अबुल कलाम आजाद के नेतृत्व के अंतर्गत भारतीय राष्ट्रीय कांग्रेस द्वारा चलाए गए धर्मनिरपेक्ष आंदोलन के बल पर आजादी हासिल की। धर्मनिरपेक्षता उपनिवेशवाद विरोधी आंदोलन का पथ प्रदर्शक सिद्धांत थी और इसी आधार पर वह इस बहुवादी समाज के विभिन्न वर्गों को इकट्ठा कर सकी। उपमहाद्वीप के बहु-धर्मीय, बहु-जातीय लोगों के लिए यह एक तरह का मंच थी तथा विभिन्न लोगों के लिए एकता का आधार भी थी। इसने उपनिवेशवाद द्वारा पीड़ित दलित लोगों की सामान्य आकांक्षाओं को अभिव्यक्ति दी और इसे उपनिवेशवादी मालिकों के शिकंजे से आजादी के लिए शक्तिशाली आंदोलन का रूप दिया।

इस आंदोलन में समाज के विभिन्न वर्ग के लोग शरीक हुए, औद्योगिक बुर्जुआ, शहरी सर्वहारा, गरीब किसान, शूद्र और आधुनिक बुद्धिजीवी। आजादी के बाद संविधान सभा बनी और उसने ऐसा संविधान बनाया जो विविधता का स्वरूप लिए हुए था और देश की अधिकांश जनता की आकांक्षाओं का प्रतिनिधित्व करता था। लंबी बहसों के बाद बने संविधान में विभिन्न प्रावधान हैं जो धर्मनिरपेक्ष व्यवहार का आधार हैं। भारत के संविधान के ये धर्मनिरपेक्ष प्रावधान इस प्रकार हैं :

(क) शासन किसी धर्म को नहीं अपनाएगा, न उसे स्थापित करेगा और नहीं उसका व्यवहार करेगा।

(ख) सार्वजनिक राजस्व का प्रयोग किसी धर्म के संवर्धन के लिए नहीं किया जाएगा।

(ग) शासन किसी धार्मिक व्यवहार से जुड़ी किसी आर्थिक, वित्तीय या धर्मनिरपेक्ष गतिविधि को विनियमित करने का अधिकार रखेगा। (संविधान का अनुच्छेद 25 (2) (9))

(घ) प्रत्येक व्यक्ति को अंतःकरण और धर्म की बराबर आजादी होगी।

इस प्रकार भारत 'हमारा धर्मनिरपेक्ष' राज्य है इसका अपना कोई विशेष धर्म नहीं है। और उसे देश में प्रचलित सभी धर्मों के प्रति तटस्थता तथा बराबर सम्मान की भावना रखनी चाहिए। शासन धर्मों में या उसके अनुयायियों में भेदभाव नहीं रख सकता, भले ही उनकी संख्या देश में कितनी ही हो। इसके साथ ही संविधान व्यक्तियों और समूहों, नागरिकों के वर्गों को धार्मिक आजादी का मौलिक अधिकार प्रदान करता है। इस प्रकार संवैधानिक सीमाओं के भीतर धर्मनिरपेक्षता, धर्मों की बराबरी और विभिन्न धर्मों के प्रति शासन की तटस्थता भारत के संविधान के अपरिवर्तनीय बुनियादी ढाँचे का हिस्सा है। (महमूद 1996 : 1) जवाहरलाल नेहरू ने इसे इस प्रकार स्पष्ट किया : "मतलब यह है कि शासन सभी धर्मों का बराबर सम्मान करें और उन्हें बराबर अवसर दें; यह कि शासन किसी विश्वास या धर्म से न जुड़े। ऐसा करने पर तो वह शासन का धर्म बन जाएगा...भारत जैसे देश में धर्मनिरपेक्षता के आधार के सिवाय और किसी आधार पर वास्तविक राष्ट्रीयता निर्मित नहीं की जा सकती...संकीर्ण धार्मिक राष्ट्रवाद अतीत का अवशेष हैं और आज उनकी कोई प्रासंगिकता नहीं है।" हालाँकि संविधान निर्माताओं ने स्पष्ट रूप से धर्मनिरपेक्षता

बॉक्स 10.2

धर्मनिरपेक्षता बनाम सांप्रदायिकता

भारत का संविधान एक उदार कानून है जिसमें धर्मनिरपेक्ष राजतंत्र की व्यवस्था की गई है। संविधान दो अवधारणाओं अर्थात् धर्मनिरपेक्षता और संघ के जरिए अनेकत्व को अंगीकार और संवर्धित करना चाहता है। हालाँकि 1950 में बने संविधान की प्रस्तावना में 'धर्मनिरपेक्ष' शब्द नहीं है। (यह शब्द 42 वें संशोधन के बाद जोड़ा गया।) लेकिन इसके प्रावधानों में धर्मनिरपेक्षता की भावना है। पश्चिम में धर्मनिरपेक्षता चर्च और शासन में संघर्ष के कारण आई। इसके विपरीत भारत में धर्मनिरपेक्षता को ऐसी व्यवस्था के रूप में सोचा गया जो धार्मिक और सांस्कृतिक अनेकत्व को जीवित रखेगी। भारत में आज जिस अर्थ में धर्मनिरपेक्षता को लिया जाता है वह है सांप्रदायिकता का विरोध।

—एस पी साठे, सेक्युलरिज्म एंड सुप्रीम कोर्ट ऑफ इंडिया, दि लॉयर्स कलेक्टिव, अगस्त 96 : 5

शब्द का उल्लेख नहीं किया लेकिन भारत का संविधान धर्मनिरपेक्ष सिद्धांतों पर टिका है। इंदिरा गाँधी ने केवल व्याख्यात्मक शब्द जोड़ा। ये चीजें तो संविधान में पहले से ही निहित थीं। हिंदू दक्षिण पंथ के प्रवक्ता इस बात का फायदा उठाना चाहते हैं कि यह शब्द आपातकाल के दौरान जोड़ा गया। इस प्रकार वे धर्मनिरपेक्षता की अवधारणा पर कीचड़ उछालना चाहते हैं। क्योंकि वह इनके राजनीतिक हितों के विरुद्ध हैं।

मिथक : धर्मनिरपेक्षता धर्म को निजी मामला बनाती है इसलिए वह लोगों की धार्मिकता के प्रति असंवेदनशील है। वह इसे समुदाय से काटती है और इस प्रकार लोगों की पहचान खो जाती है।

तथ्य : धर्मनिरपेक्षता लोगों के विश्वास और उनकी पहचान का सम्मान करती है। धर्मनिरपेक्षीकरण की प्रक्रिया पुरोहित वर्ग की दमनकारी शक्ति को उतार फेंकती है। वह धर्म के नैतिक 'मर्म' पर आघात नहीं करती या उसे कम नहीं करती। नेहरू ने कहा है "...(धर्मनिरपेक्षता) का मतलब ऐसा शासन नहीं है। जिसमें धर्म को हतोत्साहित किया जाता हो। इसका मतलब है धर्म और अंतःकरण की आजादी जिसमें शामिल है उन लोगों की आजादी जिनका कोई धर्म नहीं है। इसका अर्थ सभी धर्मों की आजादी ही है। बशर्ते कि वे एक-दूसरे में हस्तक्षेप न करें या हमारे शासन की मूल अवधारणाओं में हस्तक्षेप न करें।"

हमारी बहुत-सी पहचानें हैं जो समाज में परिवर्तन के साथ बदलती और पैदा होती रहती हैं। धर्मनिरपेक्षीकरण की प्रक्रिया दूसरी पहचानों से विरोध के बगैर राष्ट्रवाद की पहचान को लाती है। राष्ट्रवाद के विकास के साथ इसका प्रभाव स्वाभाविक प्रक्रिया द्वारा बढ़ता रहता है। धार्मिक पहचान सहित दूसरी पहचानें एक भिन्न लेकिन निश्चित स्थान प्राप्त कर लेती हैं। यह विकास स्वाभाविक होना चाहिए। एक अर्थ में आधुनिकता में कई प्रगतिशील तत्त्व हैं तथा धर्मनिरपेक्षीकरण प्रक्रियाएँ नई मुक्तिकारी पहचानें उत्पन्न करती हैं। दूसरी ओर धर्मनिरपेक्षता को मानव आजादी की दिशा में आंदोलन और लोकतांत्रिक कायाकल्प की प्रक्रिया के रूप में देखा जाना चाहिए। आनंदी लिखती हैं..."धर्मनिरपेक्षता सामाजिक, राजनीतिक वर्चस्व के विरुद्ध व्यापक संघर्ष का हिस्सा है। और यह वर्ग, जाति, लिंग तथा क्षेत्रीय दमन के खिलाफ संघर्ष है। धर्मनिरपेक्ष पहचान के बुनियादी तत्त्व के रूप में अनेकवाद केवल एक उक्ति बनकर नहीं रह सकता। इसे सक्रिय राजनीतिक संघर्ष का हिस्सा बनना होगा ताकि पहचानों के रूपांतरण की संभावना तथा दलितों की आवाज आगे आ सके। प्रभावशाली वर्ग अपने मातहतों में हीनता की भावना पैदा करके उनपर अपना वर्चस्व कायम करते हैं। इसलिए धर्मनिरपेक्ष मूल्यों के लिए संघर्ष में इन मूल्यों को बदला जाना चाहिए।" (आनंदी 1995 क : 183) इसके विपरीत सांप्रदायिक ताकतें अपने 'उग्र राष्ट्रीय' प्रोजेक्ट द्वारा दलितों, आदिवासियों जैसे मातहत लोगों पर एक पहचान

थोपना चाहती है। आनंदी जोकि धर्मनिरपेक्षता का कट्टर आलोचक है, के अनुसार हिंदुत्व आदिवासी पहचान पर आधिपत्य कायम करना चाहता है। इसके लिए वह ब्राह्मणवादी मानदंडों (जिसे हिंदूधर्म बताया जाता है) को उनके तथा दलितों के बीच लाना चाहती है। वह उन पर उच्च जाति कर्मकांडों को तथा इस प्रकार की 'हिंदू पहचान' को लादना चाहती है।

धर्मनिरपेक्षीकरण, धर्मनिरपेक्षता और राष्ट्रवाद अपने साथ नई मुक्तिकारी पहचान लेकर आते हैं। जबकि सांप्रदायिक रूढ़िवादी विचारधारा अल्पसंख्यकों, (अहमदिया हिंदू या क्रिस्टी हिंदू), आदिवासियों और दलितों पर पहचान लादना चाहती है।

मिथक : धर्मनिरपेक्षता धर्म को राजनीति के दायरे से बाहर लाकर उसे अनैतिक बनाती है। हमें 'धर्म' से मार्गदर्शन प्राप्त करना चाहिए जोकि अंग्रेजी रिलीजन से भिन्न है। हम धर्म को राजनीति से अलग नहीं कर सकते।

तथ्य : हिंदू परम्परा में 'धर्म' के विभिन्न अर्थ हैं, एक ओर धर्म का अर्थ है रिलीजन, एक अन्य अर्थ में इसका प्रयोग 'धार्मिक कर्तव्य' के रूप में भी किया जाता है। एक ऐसा कर्तव्य जो धार्मिक समझ और परम्परा द्वारा तय किया जाता है। यह शब्द हिंदूधर्म की नैतिक संहिता के रूप में इस्तेमाल किया जाता है। यह मानना कि नैतिक संहिता केवल हिंदू धर्म का हिस्सा है, सही नहीं है। जैसा कि हमने देखा सभी धर्मों की नैतिक संहिता होती है। उदाहरण के लिए इस्लाम में इसके लिए दीन शब्द है। ''मौलाना अबुल कलाम आजाद ने अपनी विख्यात तर्जुमां अलकुरान में इस तथ्य को उजागर किया है। आजाद का कथन है कि धर्मों में अंतर दीन में नहीं बल्कि शरिया (मार्ग) में है। उनका तर्क है कि यह विश्वास या दीन सभी धर्मों में है और सभी धर्मों तथा धार्मिक गुरुओं को बराबर सम्मान दिया जाना चाहिए।'' (झिंगरन 1995 : 79)

हिंदूधर्म और दूसरे धर्मों में कई अंतर हैं। लेकिन उनके द्वारा किए गए सामाजिक कार्य कई तरीकों से मिलते हैं। हिंदुत्व के राजनीतिज्ञ अपने हमले की भावनात्मकता को बढ़ाने के लिए यह कहना चाहते हैं कि 'धर्म' केवल हिंदू रिलीजन में है। लेकिन जैसा कि हमने देखा यह 'नैतिक तत्त्व' सभी धर्मों में मौजूद है। अंतर केवल यही है कि दूसरे रिलीजन समाज के विभिन्न वर्गों के लिए विभिन्न 'धर्म' तय नहीं करते। हिंदूधर्म में 'धर्म' जाति और लिंग के अनुसार अलग-अलग हैं। उसमें धार्मिक सिद्धांत मे 'जाति' और 'लिंग' की बात की है। (वर्णाश्रम धर्म) उसने विभिन्न जातियों और लिंग के लिए विभिन्न संहिताएँ तय की हैं। उदाहरण के लिए शूद्र धर्म—शूद्र के धार्मिक कर्तव्य, स्त्री धर्म—स्त्रियों के धार्मिक कर्तव्य।) मोटे तौर पर 'धर्म' के इस परंपरागत रूप में उच्च जातियों और पुरुषों को महत्त्वपूर्ण स्थान मिलता है। लेकिन

नीची जातियों और स्त्रियों के लिए संहिता में ऐसी व्यवस्था की गई है जिससे कि वे ऊँची जातियों और पुरुषों के सामाजिक/आर्थिक हितों के मातहत रहें। हिंदुत्व ताकतें धर्म के नैतिक पक्षों को प्रोजेक्ट करके धर्म पर फोकस करना चाहती हैं और राजनीति में हिंदूधर्म की दखलंदाजी को वैध बनाना चाहती हैं। चूँकि धर्म के नैतिक मूल्य काफी समान होते हैं। इसलिए उन्होंने इसके साथ शुरुआत की तथा उसके बाद धर्म के दूसरे तत्त्वों, परंपरा, हिंदू राष्ट्र (ब्राह्मणवादी हिंदूवाद पर आधारित हिंदूधर्म/फासीवादी शासन) को समाज पर लादना चाहती हैं। बहाना यह बनाया जाता है कि धर्म अलग है। इसे शासन/राजनीति से अलग नहीं किया जा सकता। इसके बाद ब्राह्मणवादी हिंदूधर्म, पुरातनपंथी दमनकारी अंगों को इसमें चोरी-छिपे ले जाने को कोशिश की जाती है।

मिथक : धर्मनिरपेक्षता मुस्लिम अल्पसंख्यकों का तुष्टिकरण है। यह एक तरह से मुसलमानों के रूढ़िवाद का समर्थन है।

तथ्य : जैसा कि हमने देखा, धर्मनिरपेक्षता, धर्मनिरपेक्षीकरण प्रक्रिया का परिणाम है जो समाज विज्ञान, तक्नोलॉजी और विवेकशीलता की शुरुआत करती है। और आधुनिक धर्मनिरपेक्ष शासन का आधार बनती है। इस प्रक्रिया में वह पुरोहित वर्ग तथा समाज में जड़ जमा चुकी निहित ताकतों का विरोध करती है। और उनके साथ संघर्ष करती है। इसलिए रूढ़िवादी सांप्रदायिक विचार धर्मनिरपेक्षता और धर्मनिरपेक्षीकरण को निशाना बनाता है। उदीयमान उद्योगपति और नए व्यवसायी वर्ग धर्मनिरपेक्षता का समर्थन करते हैं। दलित वर्ग भी धर्मनिरपेक्ष आंदोलन में शरीक हो जाते हैं कि जिससे कि उदार स्थितियाँ मिल सकें और उन्हें अपने अधिकारों के लिए संघर्ष का आधार मिल सके। रूढ़िवादी सामंती तत्त्वों तथा पुरोहित वर्ग के साथ संबंध मध्यवर्ग के कुछ हिस्सों की अधोगामी प्रतिक्रिया होती है। इसका उद्देश्य मातहतों और शोषित वर्गों की आकांक्षाओं को कुचलना होता है। क्योंकि अपने अधिकारों के लिए उनके आंदोलन इन लोगों (धनी किसानों, मध्यवर्ग के कुछ हिस्सों और पुरोहित वर्ग) के लिए बहुत बड़ा सिरदर्द बन जाते हैं। धर्मनिरपेक्षीकरण प्रक्रिया और इससे जुड़े दलितों के आंदोलन, रूढ़िवादी ताकतों की असुरक्षा को बढ़ा देते हैं।

हिंदू दक्षिणपंथी रूढ़िवादी और धर्मनिरपेक्षता को समरूप कैसे कह सकते हैं, क्योंकि ये तो बिल्कुल विरोधी तत्त्व हैं? हिंदू दक्षिणपंथियों ने यह मिथक दो चरणों में रखा है। पहले चरण में रूढ़िवाद को इस्लाम के समतुल्य रखा जाता है। दूसरे चरण में भारतीय शासकों की नीति को धर्मनिरपेक्षता के समतुल्य रखा जाता है। वह कांग्रेस द्वारा मुल्लाओं के तुष्टिकरण को धर्मनिरपेक्ष नीतियों का स्वाभाविक परिणाम मानती है। आम धारणा यह है कि रूढ़िवाद सबसे पहले ईरान में अयातुल्ला खोमेनी द्वारा विद्रोह का नेतृत्व करने के बाद आया। लेकिन सामाजिक प्रक्रिया के रूप में रूढ़िवाद सबसे पहले 1880 के दशक में अमरीका में आया। यह ईसाइयत के बुनियादी

समझे जाने वाले विचारों की रक्षा के लिए प्रोटेस्टेंटवाद के भीतर आया। विज्ञान और विवेकशीलता के आने से लोगों में बहुत से विश्वास और समझ तेजी से प्रसारित किए जाने लगे। बहुत से उदार धार्मिक नेताओं ने बाइबिल के सही होने को चुनौती दी, और पहले से स्वीकृत ईसाई विश्वासों को चुनौती देने के लिए वैज्ञानिक अनुसंधान का उपयोग किया। इसके जवाब में 1910 से 1912 के दौरान गुमनाम लेखकों ने दि फंडामेंटल्स शीर्षक से 12 छोटे खंड प्रकाशित किए। यह आक्रामक (रूढ़िवाद) प्रतिक्रियावादी प्रतिगामी जवाब है जो अतीत के सिद्धांतों और व्यवहारों से कुछ बातें चुन लेता है। इन पुस्तिकाओं में बाइबिल की पूर्ण परिशुद्धता तथा 'क्रिएशन', 'मिरैकल्स' और 'वर्जिन बर्थ ऑफ जीसस' पर बल दिया गया है। यह गहरी जड़ें जमा चुके धनी, जमींदारों, समाज के कुछ मध्यवर्गों के हितों की अभिव्यक्ति था।

रूढ़िवाद, ईरान के शाह के खिलाफ जन विद्रोह के बलबूते पर सत्ता में आ गया। यहाँ यह रूढ़िवाद की 'पूर्ण' अभिव्यक्ति थी। उसका शासन सत्ता पर नियंत्रण था। उसने शोषित वर्गों का दमन शुरू कर दिया। अन्य बहुत से देशों में सामंती अतीत के अवशेष 'तानाशाहों या बादशाहों' ने सत्ता में बने रहने के लिए रूढ़िवादी ताकतों का सहारा लिया है। रूढ़िवादी आक्रमण कई देशों में शासकों को जीवन दे रहा है और ये आक्रमण शासन की नीतियाँ बनाते हैं और उन्हें प्रभावित करते हैं। पाकिस्तान (मुल्लाओं का प्रभाव) और भारत (हिंदुत्व) में रूढ़िवाद इसी श्रेणी में आते हैं। हिंदुत्व में रूढ़िवाद की निम्नलिखित विशेषताएँ हैं :

1. समाज के उदार लोकाचार को निशाना बनाता है।
2. अधोगामी सामाजिक मूल्यों को लादता है जिन्हें अतीत में से छाँटकर निकाला जाता है।
3. अपना दर्शन, पवित्र पुस्तकों (गीता आदि), पुरोहित वर्ग (आचार्य) और पवित्र देव (राम) के इर्द-गिर्द तैयार करता है।
4. स्त्रियों की भूमिका को आदर्श माँ के रूप में पेश करता है।
5. इस बात पर बल देता है कि पवित्र पुस्तक दैवी स्रोतों से आई।
6. अनेकवाद से नफरत करता है। (सांस्कृतिक राष्ट्रवाद पर बल)
7. अपने ही धर्म से संबंधित शासकों के स्वर्णिम अतीत से खुद को जोड़ता है, आंतरिक खतरों (अल्पसंख्यकों) या बाहरी शत्रु के विरुद्ध उन्माद जगाता है।
8. धर्म के केंद्रीय आकर्षण पर केंद्रित है। इससे जन-उन्माद जगाना आसान हो जाता है।

सामाजिक ताने-बाने का संप्रदायीकरण हो जाने के कारण सांप्रदायिक हिंसा नियमित रूप से होती रहती है। इसकी परिणति बाबरी मस्जिद के विध्वंस में हुई।

इसके बाद मुसलमानों का हत्याकांड हुआ। आर एस एस प्रशिक्षित संवर्ग शासन के विभिन्न हिस्सों में घुस गए हैं। इस तरह से संप्रदायीकृत शासन तंत्र रूढ़िवादी ताकतों के कार्यों को बढ़ावा देता है और उसमें सहायता करता है। यही कारण है कि न्यायपालिका ने अधोगामी निर्णय दिए। जैसे कि 1949 में बाबरी मस्जिद में रामलला की मूर्तियाँ स्थापित करना, भंवरी देवी और रूप कंवर (सती) मामलों में निर्णय। इसी प्रकार मनोहर जोशी जैसे मामलों में हिंदुत्व का अप्रत्यक्ष प्रभाव देखा जा सकता है।

इस प्रकार इस्लाम के साथ रूढ़िवाद की पहचान गलत है। रूढ़िवाद किसी भी धर्म पर आधारित हो सकता है। यदि वह धर्म सेमिटिक न हो तो समाज के प्रभावी और निहित स्वार्थ वर्ग उसका रूप बदल सकते हैं। (उदाहरण के लिए हिंदू धर्म को पवित्र देव–राम, पवित्र पुस्तक–गीता और वेद, पुरोहित वर्ग–आचार्यों और महंतों तक सीमित कर देना)। हालाँकि ईरान में रूढ़िवाद सत्ता में आ गया है लेकिन दूसरे धर्मों, जहाँ दूसरे धर्म अधिक प्रचलित हैं, में भी इसका प्रवेश हुआ है। इसके अलावा हिंदुत्व ताकतों का तर्क है कि धर्मनिरपेक्षता के कारण मुसलमानों का पोषण हो रहा है। मुसलमान रूढ़िवाद के पर्याय हैं। इस प्रकार धर्मनिरपेक्षता रूढ़िवाद को बढ़ावा देती है। आर्थिक मानकों और सामाजिक अधिकारों को देखते हुए मुस्लिम समुदाय की हालत बहुत खराब है। यदि कांग्रेस की अवसरवादी राजनीतिक नीतियों ने अल्पसंख्यकों के धार्मिक नेताओं के साथ समझौते किए हैं और अल्पसंख्यकों को निर्धनता की दशा में रखा है तो सरकार की नीतियाँ दलितों के खिलाफ हैं। इस प्रकार कांग्रेस सरकार के अधीन अधिकांश मुसलमानों को (सामाजिक-आर्थिक) तकलीफें उठानी पड़ी हैं। संक्षेप में धर्मनिरपेक्षता धर्मनिरपेक्षीकरण प्रक्रिया का परिणाम है और रूढ़िवाद धर्मनिरपेक्षीकरण प्रक्रिया के विरोध की प्रतिक्रिया है। भारतीय समाज धर्मनिरपेक्षीकरण की दिशा में संघर्ष कर रहा है। और रूढ़िवादी/फासीवादी ताकतें उसे रोकने की कोशिश कर रही हैं। यह धर्मनिरपेक्षता की विचारधारा को बदनाम करने की संघ परिवार की विचारधारात्मक चाल है।

मिथक : एक धर्मनिरपेक्ष शासन तटस्थ होने का बहाना करता है, लेकिन वह अल्पसंख्यकों का पक्ष लेता है। हिंदू 'अपने ही देश' में मुसीबतें उठा रहे हैं।

तथ्य : संघ परिवार की राजनीति कांग्रेस सरकारों द्वारा मुस्लिम समुदाय के धार्मिक रूढ़िवादी नेताओं के साथ किए गए समझौतों का लाभ उठा रहा है। हमें संविधान में निहित शासन की धर्मनिरपेक्ष नीतियों, शासन के विभिन्न हिस्सों द्वारा उनके कार्यान्वयन तथा एक के बाद एक सरकारों की नीतियों में भेद करना होगा। ये परस्पर समान स्थितियाँ नहीं हैं। संवैधानिक प्रावधानों को शासन और सरकार के विभिन्न स्कंध ही सँभालते हैं। सरकार की नीतियों को शासन और संविधान के सिद्धांतों के समतुल्य नहीं रखा जा सकता।

वास्तविक तटस्थता की अवधारणा का मतलब है समाज के वंचित समूहों के पक्ष में सकारात्मक कार्रवाई। एक धर्मनिरपेक्ष शासन निष्क्रिय शासन नहीं हो सकता। समाज के कमजोर वर्गों के स्तर को ऊँचा करने के लिए उसे कार्य तथा कार्यक्रम शुरू करने चाहिए और सुरक्षा देनी चाहिए। यह आधुनिक शासन का स्वीकृत सिद्धांत है। इसी को ध्यान में रखते हुए दलितों तथा अन्य पिछड़ी जातियों के लिए आरक्षण रखा गया है। इसी आधार पर विभिन्न नौकरियों तथा निकायों पर सीटों में महिलाओं के लिए आरक्षण की बात सोची जा रही है। इसी दौरान संयुक्त राष्ट्र ने अपनी घोषणा में अल्पसंख्यक शब्द को परिभाषित किया है और कई उन्नत लोकतंत्रों में अल्पसंख्यकों के हितों के संवर्धन के लिए प्रावधान रखे गए हैं। हालाँकि हमारा दीर्घकालिक लक्ष्य ऐसे समाज का विकास होना चाहिए जहाँ हमारी बड़ी पहचान विश्व के नागरिक और राष्ट्र के नागरिक की हो और बहुसंख्यक अल्पसंख्यक शब्द हमारे अस्तित्व के सूचक न हों।

मिथक : धर्मनिरपेक्षता के कारण ही हिंदू समाज पर हिंदू विरोधी शासन काबिज है। भारतीय शासन हिंदू विरोधी शासन है।

तथ्य : इस मिथक के दोनों अंग (क) हमारा समाज हिंदू है और (ख) भारत हिंदू विरोधी देश है, गलत है। सबसे पहले तो हम हिंदू समाज नहीं हैं। यह बहुवादी समाज है जोकि शताब्दियों के बाद विकसित हुआ है। समन्वयवादी परंपराएँ और अनेकत्ववादी लोकाचार हमारे समाज का प्राण है। हमारा समाज वह है जहाँ सूफियों और भक्ति संतों ने एक-दूसरे को सांस्कृतिक स्तर पर स्वीकार किया। हालाँकि विभिन्न वर्गों के हिंदू बहुसंख्यक हैं लेकिन यह समाज एकरूपी नहीं है। सबसे पहले तो पिछड़े दलितों का भारी वर्ग हिंदू समाज का औपचारिक अंग होने के बावजूद समाज की मुख्यधारा से अलग रखा गया है। आदिवासियों को ऐसे ही हिंदू मान लिया जाता है हालाँकि उनकी परंपराएँ, देवता और कर्मकांड हिंदूधर्म के दूसरे पंथों के साथ मेल नहीं खाते, उच्च जाति हिंदू परंपरा से तो बिल्कुल नहीं।

भारतीय शासन ने संविधान सभा द्वारा प्रतिनिधित्व सिद्धांत के आधार पर तैयार किया गया संविधान स्वीकार किया। इसके निर्माता समाज के विभिन्न वर्गों की आकांक्षाओं के प्रतिनिधि थे। विभिन्न वर्गों के संघर्ष के कारण भारत के संविधान में धर्मनिरपेक्षता के सिद्धांत डाले गए। इसलिए हमारा देश धर्मनिरपेक्ष देश है। लेकिन यहाँ पर एक पेच है। सिद्धांत रूप में शासन को धर्मनिरपेक्षता की नीतियाँ अपनानी चाहिए। लेकिन नीतियों की व्याख्या और कार्यान्वयन तो शासन और सत्ताधारी सरकार के कर्मियों द्वारा ही किया जाना है। शुरू से ही हिंदू सांप्रदायिक राष्ट्रवादियों ने स्वतंत्रता संघर्ष से दूर रहकर शासन के विभिन्न स्कंधों में घुसने पर अपनी ताकत केंद्रित रखी है। इसी कारण से शासन तंत्र का बड़े पैमाने पर संप्रदायीकरण हुआ है। इस प्रकार उपुर्यक्त मिथक के विपरीत शासन में हिंदूपन की प्रवृत्तियाँ मौजूद हैं। वह हिंदू विरोधी नहीं है।

मिथक : अपने निजी जीवन में गाँधी बहुत धार्मिक थे और उन्होंने धर्म तथा राजनीति में निकट संबंध की पैरवी की। हिंदुत्व राजनीति भी यही चाहती है।

तथ्य : अपने निजी जीवन में गाँधी बहुत धार्मिक व्यक्ति थे। उनका मुख्य मिशन भारतीय राष्ट्रीय आंदोलन चलाना और ब्रिटिश उपनिवेशवाद से आजादी हासिल करना था। उन्होंने यह महसूस किया कि भारतीय समाज का धर्मनिरपेक्षीकरण नहीं हुआ है और वह अभी धर्म के विभिन्न रूपों के कब्जे में है। इसलिए उन्होंने लोगों को इकट्ठा करने तथा ब्रिटिश विरोधी आंदोलन में शामिल करने के लिए धार्मिक प्रतीकों का प्रयोग किया। उन्होंने लोगों से उनके मुहावरे में बात की और अपनी राजनीतिक परियोजना के समर्थन के लिए धार्मिक विषयों का आह्वान किया। उन्होंने यहाँ तक कहा कि वह धर्म रहित राजनीति के बारे में सोच भी नहीं सकते। वह धर्मों की नैतिक प्रेरणा से एकाकार हो गए। उनके अनुसार धर्म का मतलब है दया भाव और दिव्य मानवीय सिद्धांत, कर्मकांड और कानून नहीं। उनका कहना था कि "धर्म के दैवी पात्र और मानव प्रत्युत्तर रूपी दोनों अवधारणाएँ विशेष धार्मिक परंपराओं के अनुरूप हो सकती हैं लेकिन धार्मिक विश्वास हृदय या आत्मा का विषय ही रहता है।" (झिंगरन 1995 : 95) गाँधी ने कहा कि "वास्तव में धर्म हमारे हर कार्य में परिलक्षित हो। यहाँ धर्म का मतलब पंथवाद नहीं है। इसका मतलब है विश्व की सुव्यवस्थित नैतिक सरकार में विश्वास। यह धर्म हिंदूधर्म इस्लाम और ईसाइयत आदि से आगे बढ़कर है। लेकिन उनका स्थान नहीं लेता। यह उनमें सद्भाव पैदा करता है और उसे वास्तविकता प्रदान करता है। इसका तात्पर्य केवल धर्म के नैतिक मूल्यों से है।

इस प्रकार गाँधी के अनुसार धर्म का अर्थ है धर्मों का 'मर्म' अर्थात् नैतिकता और आध्यात्मिकता जोकि विभिन्न धर्मों में एक समान हो सकती है या कम से कम धर्मों में इस स्तर पर कोई अंतर नहीं हो सकता। यही कारण है कि सावरकर और जिन्नाह जैसे नास्तिकों ने हिंदू और मुसलमान सांप्रदायिकता का नेतृत्व किया। इसके विपरीत गाँधी जैसे धार्मिक व्यक्ति ने धर्मनिरपेक्ष राष्ट्रीय आंदोलन का नेतृत्व किया और विभिन्न धर्मों के लोगों को एक साथ ला सके। जैसा कि हमने पहले देखा धर्म के कई घटक हैं और गहरे अर्थ में धर्म का मतलब है उसका 'मर्म' उसके नैतिक मूल्य। वह मुस्लिम लीग हिंदू महासभा और आर एस एस जैसे सांप्रदायिक संगठनों से ऊपर उठकर राष्ट्रीय आंदोलन का नेतृत्व कर सके।

मिथक : नेहरू के सिद्धांत गाँधी से एकदम भिन्न थे। इसके बावजूद नेहरू गाँधी से कांग्रेस का नेतृत्व प्राप्त करने के बहुत इच्छुक थे। उन्होंने गाँधीवादी मूल्यों को अस्त-व्यस्त कर दिया और धर्मनिरपेक्षता के पश्चिमी मूल्यों को भारत पर लादा।

तथ्य : आम समझ के अनुसार गाँधी की धर्मनिरपेक्षता का मतलब है सर्वधर्म समभाव। लेकिन नेहरू धर्म तटस्थता में विश्वास करते थे। ये दोनों एक-दूसरे के विरोधी समझे जाते हैं। दूसरे विचार के अनुसार धर्मनिरपेक्षता को पश्चिमी तत्त्व माना

जाता है। (यह शासन और धर्म में दीवार खड़ी कर देती है।)। इसके विपरीत सर्व धर्म समभाव को भारत के लिए अधिक उपयुक्त माना जाता है क्योंकि भारत विभिन्न धार्मिक समुदायों का देश है।

भारत के संविधान के हिंदी रूपांतरण में 'सेक्युलर' शब्द के लिए पंथ निरपेक्ष और लौकिक शब्द का इस्तेमाल किया गया है। जो समाज धर्म (पुरोहित वर्ग) के प्रभुत्व वाले मानदंडों से धर्मनिरपेक्ष समाज, धर्मनिरपेक्षीकरण में संक्रमण कर रहा है वह "एक ऐसी प्रक्रिया से गुजर रहा होता है जहाँ मानव जीवन के तत्त्व (जैसे कि विचार-रिवाज़, सामाजिक रूप, यहाँ तक कि वस्तुएँ और व्यक्ति) अथवा पूरा मानव जीवन धर्म द्वारा निर्धारित होना बंद कर देता है।" (केलेर 1970 : 64) अनुवादों और व्याख्याओं के बारे में ये भ्रम परिवर्तन की उस प्रक्रिया का प्रतिबिंब हैं जिसके अंतर्गत विभिन्न पहलुओं को महत्त्व दिया जाता है और सारा अर्थ उसी में समाविष्ट कर दिया जाता है। जैसा कि हमने देखा धर्मनिरपेक्षता का संबंध शासन नीति से है, लोगों के सामाजिक और व्यक्तिगत रवैये भर से नहीं। धर्मनिरपेक्षता को शासन के संदर्भ में ही परिभाषित करना होगा। ये दो व्याख्याएँ परस्पर पूरक हैं और एक-दूसरे का विरोध नहीं करतीं। यह साफ हो जाना चाहिए कि 'धर्म से तटस्थता' शासन की नीति से ताल्लुक रखती है। जबकि सभी धर्मों को बराबर सम्मान का वास्ता सामाजिक और व्यक्तिगत रवैये से है।

यह भ्रम दो स्तरों—शासन नीति और सामाजिक व्यक्तिगत स्तर—के घालमेल के कारण होता है और ये स्थितियाँ एक-दूसरे की विरोधी लगने लगती हैं। गाँधी की गहरी धार्मिकता शासन नीति के रूप में सभी धर्मों को बराबर सम्मान देने के उनके प्रयास में कभी आड़े नहीं आई। गाँधी का कहना है, "धर्म और शासन अलग होंगे। मैं अपने धर्म की शपथ लेकर कहता हूँ कि मैं इसके लिए प्राण दे दूँगा। लेकिन यह मेरा निजी मामला है, शासन को इससे कुछ लेना-देना नहीं है। शासन धर्मनिरपेक्ष मुद्दों, कल्याण, स्वास्थ्य, संचार, विदेशी संबंधों, मुद्रा आदि को देखेगा, आपके या मेरे धर्म को नहीं। यह हरेक का निजी मामला है।" इसके पूरक के रूप में नेहरू का यह कथन है, "भारत को सबसे ऊपर धार्मिक देश बताया जाता है...(फिर भी) मैंने अनेक बार (धर्म की) आलोचना की है। ऐसा लगता है कि इसका मतलब अंधविश्वास और प्रतिक्रिया, सिद्धांत और कट्टरपन और शोषण है। मैं यह भी अच्छी तरह से जानता हूँ कि इसमें और भी बहुत कुछ है जोकि मानव को अपनी ओर लालायित करता है।" इस प्रकार गाँधी ने धर्म के नैतिक पक्षों पर बल दिया और वह जीवन के सभी पक्षों को नैतिकता से ओतप्रोत करना चाहते थे। (लोगों को आकर्षित करने के लिए वह इसे धर्म कहते थे) वह चाहते थे कि शासन केवल सांसारिक मामलों को देखे। नेहरू धर्म माने जाने वाली सामाजिक प्रवृत्तियों के खतरों से खबरदार करना चाहते थे। वह चाहते थे कि समाज अंधविश्वास, सिद्धांत और कट्टरपन से ऊपर

उठे, साथ ही वह गाँधी की तरह शासन को धर्मनिरपेक्ष बनाना चाहते थे। उनके सरोकार परस्पर विरोधी नहीं बल्कि एक-दूसरे के पूरक हैं।

मिथक : भाजपा 'सकारात्मक' धर्मनिरपेक्षता को मानने वाली पार्टी है। जबकि कांग्रेस 'मिथ्या धर्मनिरपेक्षता' की पार्टी है।

तथ्य : इस मिथक के पहले अंश अर्थात् "भाजपा सकारात्मक धर्मनिरपेक्षता को मानने वाली पार्टी है।" का काफी प्रचार हुआ है ताकि उसे कुछ इज्जत मिल सके। हालाँकि इनका केंद्रीय एजेंडा हिंदू राष्ट्र अर्थात् धर्म आधारित राष्ट्रीयता है। भाजपा संघ परिवार का हिस्सा है और वह हिंदुत्व राजनीति की राजनीतिक आवश्यकताओं से पथ प्रदर्शित होती है। इसका केंद्रीय सिद्धांत है। "हिंदू और केवल हिंदू भारतीय राष्ट्र का हिस्सा हैं। क्योंकि वे इसके मूल निवासी और इसके समाज तथा संस्कृति के एक मात्र सृजक हैं। हिंदूधर्म बहुत ऊँचा और सहिष्णु धर्म है तथा अन्य धर्मों से उत्कृष्ट है...बाद में विदेशियों के प्रवेश और उनके द्वारा कब्जा जमा लिए जाने के कारण यह भ्रम पैदा हो गया कि भारत बहुत-सी बराबर संस्कृतियों का देश है... केवल सच्चा धर्मनिरपेक्ष हिंदू राष्ट्र ही गैर हिंदुओं को सुरक्षा देगा।" (बसु एट एल 1993 : 37)

सांप्रदायिकता 1980 के दशक में एक शक्तिशाली संगठित ताकत बन सकी हालाँकि यह 20वीं शताब्दी के शुरू होने से पहले भी भारत में मौजूद थी। 1920 के दशक से हिंदू सांप्रदायिक ताकतें, हिंदू महासभा और आर एस एस मुसलमानों का विरोध कर रही हैं और मुसलमानों के 'तुष्टिकरण' के लिए भारतीय राष्ट्रीय कांग्रेस की आलोचना कर रही हैं। उन्होंने धर्म पर आधारित राष्ट्रवाद का विचार रखा है तथा फासीवादी समाज की खुलेआम पैरवी कर रही हैं। हिंदू राष्ट्र की राजनीति का वाहक होने के बावजूद भाजपा ने अपना राजनीतिक जीवन 'गांधीवादी समाजवाद' का चुनावी ढोंग लेकर शुरू किया। चुनावी राजनीति की बाध्यताओं ने संघ परिवार के विचारकों को विभिन्न स्तरों से कार्य करने के लिए प्रेरित किया।

(क) सबसे पहले उन्होंने इस आधार पर धर्मनिरपेक्षता का अवैधीकरण करने की कोशिश की कि इसका जन्म 'ईसाई पश्चिम' में हुआ और भारतीय शासन तो पहले से ही धर्मनिरपेक्ष है। इस बात के पीछे के झूठ को हमने पहले ही स्पष्ट कर दिया है।

(ख) उन्होंने यह बताने की कोशिश की है कि धर्मनिरपेक्षता का मतलब सर्वधर्म समभाव है, पंथ निरपेक्षता नहीं। यह अर्थ भारत के संविधान के हिंदी रूपांतरण में दिया गया है। लेकिन ये अर्थ स्पष्ट कर देते हैं कि शासन धार्मिक पुरोहितों, कट्टरपन सिद्धांतों और कर्मकाण्डों से पथप्रदर्शित नहीं हुआ। धर्मों के नैतिक मर्म (इस अंश को मानवतावादी स्वीकार करते हैं) सब धर्मों में है। हमने यह भी स्पष्ट कर दिया है कि सर्वधर्म समभाव निजी और सामाजिक स्तर पर कार्य करता है जबकि पंथ

निरपेक्षता या धर्मनिरपेक्षता शासन नीति है।

(ग) आधुनिक शासन समाज के कमजोर वर्गों के लिए सकारात्मक कार्य की कोशिश करते हैं। संघ परिवार की विचारधाराओं ने आजादी से पहले कांग्रेस में दोष निकाला क्योंकि वह गरीब मुसलमानों के भारी समूह को अपने साथ इकट्ठा कर सकी। उस पर मुसलमानों के तुष्टिकरण का आरोप लगाया गया। संघ परिवार ने महात्मा गाँधी पर, मुसलमानों को प्रोत्साहित करने, जिसके कारण पाकिस्तान बना, का आरोप लगाया जो गलत है। महात्मा गाँधी तो धर्म से तटस्थ राजनीति को अंगीकार करने की कोशिश कर रहे थे। (देखें : मदान : 1997) हिंदुत्व के ही एक समर्थक ने इसी अरोप के कारण महात्मा की हत्या कर दी। हिंदू दक्षिण पंथियों के हमले के कारण इस सकारात्मक कार्रवाई की संभावना को रूढ़िवादी मुस्लिम धार्मिक नेतृत्व के साथ सौदे में तब्दील कर दिया गया। आजादी से पहले समाज के सभी वर्गों को इकट्ठा करने की कांग्रेस की इस नीति को मिथ्या धर्मनिरपेक्षता तथा तुष्टिकरण का नाम दे दिया गया। 1980 के बाद इंदिरा गाँधी और राजीव गाँधी के अधीन कांग्रेस ने हिंदू वोट पाने के लिए भाजपा के साथ प्रतिस्पर्धा शुरू कर दी।

(घ) संघ परिवार की अधिकांश नीतियाँ बहु-तरफा हैं और उनका उद्देश्य समाज के विभिन्न वर्गों को जीतना है इसलिए वे अपने माथे पर सकारात्मक धर्मनिरपेक्षता का लेबल लगा लेते हैं। अपनी इस छवि का प्रचार करने के लिए वे एक जटिल कार्रवाई करते हैं जिसमें सामाजिक जोड़तोड़ के निम्नलिखित कदम उठाए जाते हैं :

(1)...हिंदू धर्म धर्म नहीं है और जीवन की एक शैली है तो हिंदू शासन को गैर धर्मनिरपेक्ष कहना गलत है...हिंदू धर्म ही उत्कृष्ट धर्मनिरपेक्षता है (ऑर्गेनाइजर 2 जनवरी, 1996 : 2)। हमने इस पर हिंदुत्व के बारे में अध्याय में विचार किया है।

(2) चूँकि शासन की सकारात्मकता (अल्पसंख्यकों सहित) मातहतों के लिए है और इनसे उच्च जातियों/वर्गों वाले संगठनों को कुछ लेना देना नहीं है इसलिए वे सभी की बराबरी और किसी का तुष्टिकरण न करने की बात करते हैं तथा घोषणा करते हैं कि यह पार्टी सकारात्मक धर्मनिरपेक्षता अर्थात् सर्वधर्म समभाव से प्रतिबद्ध है।

बुनियादी रूप से भाजपा हिंदू सांप्रदायिक राजनीति की पार्टी है और इसका उद्देश्य ब्राह्मणवादी हिंदूवाद के आधुनिक रूप के आधार पर हिंदू राष्ट्र स्थापित करना है। सूक्ष्म स्तर पर यह धर्मनिरपेक्षता को पश्चिमी अवधारणा बताकर उसकी खिल्ली उड़ाती है और सर्वधर्म समभाव को धर्मनिरपेक्षता बताकर अपना स्वार्थ सिद्ध करती है। वे इससे भी संतुष्ट नहीं होते और अपनी नृशंस राजनीति पर भलमनसात का मुखौटा लगा लेती है और 'असली धर्मनिरपेक्षता की पार्टी' का लेबल लगा लेती है। वह धर्मनिरपेक्षता से उतनी ही प्रतिबद्ध है जितनी वह डेढ़ दशक पहले गाँधीवादी समाजवाद से प्रतिबद्ध थी। यह सब चुनावी राजनीति के तकाजे से किया जाता है। इस मिथक का दूसरा अंश मनमढ़ंत और गलत है। कांग्रेस भारतीय राष्ट्रवादी भावना

की अभिव्यक्ति के रूप में शुरू हुई तथा उसने धर्मनिरपेक्ष लोकतांत्रिक भारतीय राष्ट्रवाद से प्रतिबद्ध लोगों को अपने दायरे में ले लिया। सांप्रदायिक राष्ट्रवादियों के अपने संगठन हैं, जैसे कि मुस्लिम लीग और हिंदू महासभा-आर एस एस गठजोड़। समाज के पूर्ण रूप से धर्मनिरपेक्षीकरण में होने के कारण कुछ हिंदू राष्ट्रवादी भी कांग्रेस का हिस्सा थे। लेकिन कुल मिलाकर आजादी से पहले के काल और आजादी के दशकों के बाद कांग्रेस ने अपने को धर्मनिरपेक्ष स्वरूप को बनाए रखने की कोशिश की। अल्पसंख्यकों से प्रतिबद्धता के इच्छित परिणाम नहीं निकले लेकिन इसकी दिशा धर्मनिरपेक्ष ही रही। 1980 के दशक में इंदिरा और राजीव गाँधी ने हिंदू सांप्रदायिक मत की संभावनाओं को महसूस किया और अपने चरित्र के धर्मनिरपेक्ष तत्त्वों को नष्ट करने के लिए भारी मात्रा में समझौते किए।

अध्याय–11

हिंदुत्व : धर्म या राजनीति?

पिछले दो दशकों के दौरान भारत में अजीब राजनीतिक नजरिया देखने में आया है। राजनीति की भाषा गरीबों और शोषितों के संघर्ष और पीड़ा अर्थात्, भोजन, आश्रय, मकान, स्वास्थ्य तथा शिक्षा के सरोकारों से हटकर 'श्रद्धा' के कथित रूप से जुड़े मुद्दों पर आ गई है। समाज, लोकतांत्रिक और धर्मनिरपेक्ष मूल्यों के लिए नए खतरे हमारे सामने हैं। ये खतरे सांप्रदायिक हिंसा और राजनीति में 'धर्म' पर आधारित नई सामाजिक-राजनीतिक ताकतों के रूप में हैं। पिछले दो दशकों से हिंदुत्व नाम का नया शब्द सुनाई देने लगा है। यह हिंदुत्व विचारधारा कई दशकों से कुछ सामाजिक क्षेत्रों में अपनी जड़ जमाए हुए है लेकिन पिछले दशक से इसकी सामाजिक पहुँच बढ़ गई है। एक बार देखने पर लगता है कि यह एक प्रकार का धर्म है। इसने अपना नाम हिंदू धर्म से प्राप्त किया है लेकिन इस्लामी राजनीतिक विचारधारा की तरह यह भी राजनीतिक विचारधारा है। इस राजनीतिक विचारधारा ने सामाजिक ताने-बाने में राष्ट्रीयता, समुदाय तथा कई दूसरे मुद्दों पर नए सवाल खड़े कर दिए हैं। हिंदुत्व आंदोलन हिंदू धर्म के सिद्धांतों पर एक मजबूत राष्ट्र अर्थात् हिंदू राष्ट्र खड़ा करना चाहता है। इस शब्द से जुड़े कई विचार हैं, हमें इनका अर्थ समझना चाहिए। यह एक विचारधारा है जिसे आबादी के एक वर्ग से सहानुभूति मिली है। हमें समझना होगा कि समाज का कौन-सा हिस्सा इस राजनीतिक आंदोलन के पीछे है।

अपने राजनीतिक एजेंडे पर चलते हुए हिंदुत्व आंदोलन नए नियम सामने लाया है जिसे समाज के कुछ वर्गों से स्वीकृति मिली है। इसने इतिहास का एक नया रूप सामने रखा है, जो केवल धर्म के नजरिये से अतीत को देखता है। हिंदुत्व राजनीति के वाहक कई दशकों से इतिहास का सांप्रदायिक रूप से प्रचार कर रहा है। आज मीडिया का एक बहुत बड़ा वर्ग इतिहास को इसी रूप में स्वीकार करता है। यह 'सामाजिक आम चेतना' का अंग बन गया है।

हिंदुत्व आंदोलन कई तरह के संगठनों द्वारा चलाया जा रहा है, जिसका नायक राष्ट्रीय स्वयं सेवक संघ (आर एस एस) है। वह दूसरे संगठनों का वास्तविक नियंत्रक है। इसकी स्थापना 1925 में हुई जिसकी पृष्ठभूमि को विस्तार से समझने की आवश्यकता है। 1920 में महात्मा गाँधी के राजनीति में प्रवेश के साथ ब्रिटिश विरोधी आंदोलन में जबर्दस्त तेजी आई। वे सभी धर्मों, जातियों और पंथों के लोगों को स्वतंत्रता संघर्ष में ले आए। कांग्रेस पर ब्राह्णवादी प्रभुत्व कम होने लगा। इसी समय जमींदारों और बनियों के समर्थन से उच्च जातियों और ब्राह्मणों ने राजनीतिक और सामाजिक परिदृश्य पर अपना वर्चस्व फिर से कायम करने के लिए धर्म पर आधारित राष्ट्रीय संगठन, आर एस एस बनाने के बारे में सोचा।

इससे थोड़ा पहले सावरकर ने 'हिंदुत्व, जिसका मतलब था ब्राह्मणवादी हिंदूधर्म पर आधारित राष्ट्रवाद, पर राजनीति को आधारित करने' का विचार रखा। (पुनियानी 2000 : 51) उस समय गैर-ब्राह्मण आंदोलन अपनी चरम सीमा पर था और जमींदार-ब्राह्मण गठजोड़ की सामाजिक सत्ता के लिए खतरा बन गया था। अंतर्राष्ट्रीय स्तर पर नाजियों (जर्मनी) तथा फासीवादियों (इटली) का जाति पर आधारित राष्ट्रवाद अपनी चढ़ती पर था। 'राष्ट्रवाद' संबंधी विचारों के लिए यह आर एस एस की मुख्य प्रेरणा था। "जर्मन राष्ट्रीय सम्मान आज विचार का विषय बन गया है। अपने राष्ट्र और संस्कृति की शुद्धता को बनाए रखने के लिए उन्होंने सेमिटिक जाति, यहूदियों, की सफाई करके दुनिया को आश्चर्य में डाल दिया। राष्ट्रीय सम्मान का चरमोत्कर्ष यहाँ देखने को मिलता है। जर्मनी ने दुनिया को यह भी दिखा दिया है कि अलग-अलग मूलों वाली जातियों और संस्कृतियों का आपस में घुल-मिल जाना लगभग असंभव है। भारत में हमको इससे सबक लेना चाहिए और लाभ उठाना चाहिए।" (गोलवलकर 1938 : 27)

एक इतालवी शोधकर्ता मरजिया केसोलोरी ने हिंदू राष्ट्रवाद का अध्ययन करके यह निष्कर्ष निकाला है कि "(क) मुख्य ऐतिहासिक संगठन और हिंदू राष्ट्रवाद के नेताओं की फासीवाद और नाजीवाद में विशिष्ट और लगातार दिलचस्पी रही है। (ख) हिंदू राष्ट्रवाद पर फासीवादी विचारधारात्मक प्रभाव मौजूद है। (ग) कुछ हद तक ये प्रभाव हिंदू राष्ट्रवादियों और इतालवी फासीवाद शासन के बीच प्रत्यक्ष संबंधों द्वारा आए।" (केसलोरी 2000 : 37) आर एस एस ने रोजमर्रा के राजनीतिक संघर्षों से दूर रहने और युवा लड़कों को हिंदू राष्ट्र के सिद्धांत का प्रशिक्षण देना शुरू किया।

भारतीय जनता पार्टी इसका राजनीतिक भाग है। विश्व हिंदू परिषद् ऐसा संगठन है जो हिंदुत्व एजेंडा को विस्फोटक धार्मिक रूप देता है। बजरंग दल सड़कों पर आक्रामक युवाओं का समूह है। वनवासी कल्याण आश्रम आदिवासियों में 'हिंदू मानदंड' लाने में लगा है। राष्ट्र सेविका समिति स्त्री स्कंध है। इसके अलावा दूसरे संगठन हैं जैसे कि सरस्वती शिशु मंदिर जो बाल मनों में इसकी सामाजिक, सांस्कृतिक और राजनीतिक

को घुसाते हैं। ये सब एक साथ संघ समूह नाम से जाने जाते हैं। हिंदुत्व आंदोलन (आर एस एस और हिंदू महासभा) का प्रारंभिक सरोकार मुस्लिम लीग की राजनीति का विरोध करना और कांग्रेस को हिंदू दिशा में ले जाने के लिए उस पर प्रभाव डालना था। आर एस एस ने मुख्य रूप से शाखाओं पर फोकस किया जहाँ हिंदुत्व आंदोलन के लिए स्वयं सेवकों को प्रशिक्षित करना था। हिंदू महासभा ने चुनावी राजनीति में हिस्सा लिया। आजादी के बाद आर एस एस संवर्गों की संख्या बढ़ गई और हिंदू महासभा धीरे-धीरे लुप्त हो गई। आर एस एस के एक पूर्व प्रचारक नाथूराम गोडसे ने 1948 में महात्मा गाँधी की हत्या कर दी। इसके बाद आर एस एस पर कुछ समय के लिए प्रतिबंध लगा दिया गया। इस दौरान आर एस एस के स्वयंसेवक सेना, नौकरशाही, मीडिया और शिक्षा संस्थाओं में घुसते रहे। आर एस एस स्वयंसेवकों की संख्या बढ़ती रही और आर एस एस नियंत्रित कई संगठन सामने आ गए।

प्रारंभ में (1960 के दशक में) आर एस एस ने मुख्य रूप से गौ हत्या प्रतिबंध का अभियान चलाया लेकिन इसे बहुत कम प्रतिसाद मिला। भारत-चीन युद्ध के दौरान इसने बहुत जोरों से कम्युनिस्ट विरोधी अभियान चलाया और 'अतिराष्ट्रवादी देश भक्तिपूर्ण' उन्माद पैदा किया। इससे आर एस एस लोगों की नजरों में आने लगी। 1960 के दशक के आखिर में इसके राजनीतिक स्कंध जनसंघ ने 'मुसलमानों के भारतीयकरण' का अभियान चलाया। इस दौरान आर एस एस द्वारा फैलाई गई विचारधारा और बढ़ते शहरीकरण के कारण सांप्रदायिक हिंसा की तीव्रता बढ़ गई।

आर एस एस 1974 में जयप्रकाश नारायण के आंदोलन में शामिल हो गई और इससे उसकी इज्जत बढ़ी। इसका राजनीतिक स्कंध जनता पार्टी में शामिल हो गया जो 1977 में सत्ता में आ गई। इसे महत्त्वपूर्ण मंत्रालय (विदेशी मामले तथा सूचना तथा प्रसारण) मिले। उन्होंने इस अवसर को नौकरशाही में और घुसने के लिए प्रयोग किया। दोहरी सदस्यता के मामले पर उसने जनता पार्टी छोड़ दी। यह मुद्दा जनता पार्टी के दूसरे घटकों ने उठाया था। उन्होंने माँग की कि जनसंघ के पूर्व सदस्य आर एस एस छोड़ दें। उन्हें आर एस एस या जनता पार्टी छोड़ने का विकल्प दिया गया। वे आर एस एस नहीं छोड़ना चाहते थे। इसलिए जनता पार्टी का विभाजन हुआ और जनसंघ 'गाँधीवादी समाजवाद' की डोर पकड़कर भाजपा के नाम से उभरकर सामने आया।

1980 के दशक के शुरू में समाज में बहुत उथल-पुथल हुई। प्रारंभ में कुछ दलितों द्वारा इस्लाम को अपना लिए जाने को इस्लाम द्वारा भारत को हड़प लिए जाने के खतरे के रूप में प्रस्तुत किया गया। 1984 में ऑपरेशन ब्लू स्टार हुआ, भारतीय सेना खालिस्तानी उग्रवादियों को बाहर निकालने के लिए स्वर्ण मंदिर में घुसी। इसके बाद इंदिरा गाँधी की उनके ही अंगरक्षकों ने हत्या कर दी। इससे भारी पैमाने

पर सिख विरोधी हत्याकांड हुए। बहुत से कांग्रेसी कार्यकर्ताओं ने हमलावर भीड़ का नेतृत्व किया। इस हत्याकांड के दौरान एक आर एस एस प्रचारक ने एक दस्तावेज में सिख विरोधी हत्याकांड की अनदेखी करने की राजीव गाँधी की नीति का सूक्ष्म तरीके से समर्थन किया। (देशमुख : 1984)। बाद में मुस्लिम रूढ़िवादियों को खुश करने के उद्देश्य से राजीव गाँधी ने शाहबानो मामले में सुप्रीम कोर्ट के फैसले को उलटने के लिए लोकसभा में एक विधेयक पारित कराया। इस फैसले में तलाक के बाद एक मुस्लिम महिला को गुजारा राशि देने की बात कही गई थी। इसे मुसलमानों ने मुस्लिम पर्सनल लॉ में दखलंदाजी माना क्योंकि इस्लाम में गुजारा राशि का कोई प्रावधान नहीं है। छिछोरेपन तथा अवसरवादी शैली में राजीव गाँधी ने बाबरी मस्जिद के ताले खुलवा दिए। ताले खोले जाने से हिंदू रूढ़िवादी आक्रामक बन गए और बाबरी मामले पर मुस्लिम नेतृत्व में असुरक्षा की भावना आ गई। बाबरी मस्जिद के ताले खोले जाने से संघ परिवार को बढ़ावा मिला और भाजपा ने राम जन्मभूमि का मामला उठाने का निश्चय किया।

1990 में देवीलाल की राजनीति के सामने अपनी विवशताओं के कारण वी. पी. सिंह ने अन्य पिछड़ी जातियों के लिए आरक्षण के बारे में मंडल आयोग की रिपोर्ट की धूल झाड़ी और उसे लागू करने का निश्चय किया। मंडल आयोग की सिफारिशों के कार्यान्वयन के कारण उच्च जातियों ने बदले की कार्रवाई तेज कर दी और वे भारी संख्या में संघ परिवार के साथ हो गईं। आडवाणी की रथयात्रा को समाज के इन वर्गों से जबर्दस्त प्रत्युत्तर मिला। 6 दिसंबर, 1992 को कारसेवा के बाद संघ समूह का राजनीतिक स्कंध बहुत शक्तिशाली हो गया। उसे लोकसभा में और अधिक सीटें मिलीं और वह विभिन्न राज्य विधानसभाओं में सत्ता में आई।

भारत की आजादी के बाद पहले कुछ दशकों में सामाजिक और राजनीतिक ताने-बाने में धर्म की मौजूदगी बहुत ज्यादा नहीं थी। आर एस एस राजनीति में धर्म से जुड़े राजनीतिक संगठन का प्रतिनिधित्व करती है। मूल रूप में इसे हिंदू राष्ट्र के निर्माण के लिए बनाया गया था। आदर्श समाज के बारे में इसके नेताओं की अवधारणा वर्ण व्यवस्था पर आधारित रही। (जफरलॉट 1998 : 23)। काफी बाद तक आर एस एस एक मामूली संगठन बना रहा। अपने 'चुपचाप' काम के जरिए वह युवा लड़कों को हिंदुत्व के सिद्धांत का प्रशिक्षण देता रहा। यही हिंदू सांप्रदायिक राजनीति की निश्चित विचारधारा है। ऐतिहासिक तौर पर देखा जाए तो हिंदुत्व की अवधारणा का विकास ब्राह्मणवाद को हिंदूधर्म बना देने के बाद आया। यही ब्राह्मणवादी हिंदूधर्म हिंदुत्व राजनीति का आधार बना। ब्राह्मणवादी हिंदूराष्ट्र को राष्ट्रवाद के साथ जोड़कर तथा इसे हिंदुत्व कहकर सावरकर ने हिंदू इलीट की विचारधारा को मुखरित करना शुरू कर दिया। इससे हिंदू राष्ट्र बनाने का आगे रास्ता मिला। उनका प्रमुख वाक्य था, "पूरी राजनीति का हिंदूकरण और हिंदुओं का

सैनिकीकरण।'' (राम : 1998) यह विचारधारा इस बात पर बल देती है कि भारत हिंदू राष्ट्र है और ईसाई तथा मुसलमान विदेशी हैं। हिंदू राष्ट्र में धर्मनिरपेक्ष और लोकतंत्र जैसे पश्चिमी विचारों के लिए कोई जगह नहीं है क्योंकि हिंदूधर्म स्वयं ही अत्यधिक 'धर्मनिरपेक्ष' और सहिष्णु धर्म है। यह विचारधारा भारत में हिंदू राष्ट्र लाना चाहती है। इस लक्ष्य की प्राप्ति के लिए उसने मुसलमानों, ईसाइयों और 'पश्चिमी अवधारणाओं' से नफरत का सहारा लिया है।

समाज के विभिन्न क्षेत्रों में काम करके हिंदू राष्ट्र के लिए इसने बहुत से 'शिशु संगठन' पैदा कर दिए। आजादी से पहले यह विचारधारा मुस्लिम सांप्रदायिक विचारधारा की विरोधी थी। 1950 के दशक के बाद यह सामाजिक ताने-बाने को सांप्रदायिक बनाती रही। इसके लिए इसे यहाँ व्यापक रूप से फैली मुस्लिम सांप्रदायिकता तथा सीमा के उस पार पाकिस्तान द्वारा कश्मीर मुद्दे को उछाले जाने से उकसावा मिला। समाज के संप्रदायीकरण से 1960 के दशक में सांप्रदायिक दंगे होने शुरू हो गए। आगे चलकर ये दंगे बहुत खतरनाक हो गए। सांप्रदायिक हिंसा की सबसे नृशंस वारदातें 1980 के दशक में देखने को मिलीं। बाबरी मस्जिद के विध्वंस के बाद हुए दंगे एक तरह से इनकी पराकाष्ठा थे। इसने अल्पसंख्यकों के मन पर बहुत बड़ा प्रभाव डाला। हमें इस विचारधारा के 'नए' शत्रु की ओर भी ध्यान देना होगा। 1996 से इस विचारधारा के अनुयायी एक अन्य अल्पसंख्यक–ईसाइयों की ओर 'विशेष' ध्यान दे रहे हैं। उनके बारे में अभी तक वे केवल 'सैद्धांतिक' बातें करते थे।

सामाजिक तथा राजनीतिक क्षेत्र में इस विचारधारा की 'वास्तविक' ताकत उस समय शुरू हुई जब वर्तमान विकास मॉडल के परिणामस्वरूप मध्य वर्ग के विभिन्न घटकों का उदय हुआ। इस 'विकास' के फलस्वरूप अमीर किसानों का उदय हुआ तो दूसरी ओर खेतिहर किसानों की एक जमात खड़ी हो गई जिसे किसी तरह की सहायता नहीं मिली। शहरों में यह लघु उद्योगों के उदय से उत्पन्न बेरोजगारी तथा अर्ध-बेरोजगारी के कारण आगे बढ़ी। ये उद्योग मुख्य उद्योगों के लिए सप्लाईकर्ताओं और उप-ठेकेदारों का काम करते हैं। उन उद्योगों से छोटे लेकिन धनी उद्योगपति पैदा होते हैं और साथ ही ऐसे मजदूर पैदा होते हैं जिनकी दशा बहुत खराब होती है और जिनकी मजदूरी गरीबी की सीमा रेखा के आसपास होती है। इससे धनी व्यावसायिक समूह भी पैदा होते हैं। इन मध्य वर्गों की बड़ी अजीब अस्तित्ववादी चिंताएँ होती हैं। ये लोग ही सांप्रदायिक विचारधारा के प्रबल समर्थक होते हैं। 1980 के दशक में सामाजिक ताने-बाने में इस वर्ग की उपस्थिति मजबूत बनी।

मिथक : 1983 में जब मुरली मनोहर जोशी भाजपा के अध्यक्ष बने और इसके बाद उन्होंने कहा कि भारत में रहने वाले सभी लोग हिंदू हैं। इसलिए मुसलमान खुद को अहमदिया हिंदू तथा ईसाई खुद को क्रिस्ती हिंदू कहें। इसी के अनुरूप आर एस एस प्रमुख के सुदर्शन ने तहलका कॉम को दिए गए एक इंटरव्यू (3 अक्तूबर, 2000)

में कहा कि सभी भारतीय हिंदू हैं।

तथ्य : समय-समय पर संघ परिवार के प्रवक्ता यह बयान देते रहे हैं कि इस देश में रहने वाले सभी लोग हिंदू हैं। एक और घोषणा हुई है जिसमें इस बात पर बल दिया गया है कि यह हिंदू राष्ट्र है क्योंकि यहाँ हिंदू बहुसंख्यक—कुल आबादी के 82 प्रतिशत हैं। (लोकसभा वादविवाद में वाजपेयी, मई, 1996) जोशी द्वारा कही बात अब अक्सर दोहराई जाती है। यह हिंदू शब्द के लिए 'राष्ट्र' का अर्थ देने का सोचा-समझा प्रयास है। साथ ही यह अरबों द्वारा हिंदू शब्द के मूल प्रयोग से हटकर की गई बात है। उन्होंने इस शब्द का प्रयोग सिंधु नदी के पूर्व में रहने वाले लोगों के लिए किया। अरब लोग 'स' अक्षर को 'ह' के रूप में उच्चारित करते थे। इसलिए सिंधु, हिंदू बन गया। यह शब्द उन्होंने जनसंख्या के भूगोलीय वर्णन के लिए किया।

बाद में इस महाद्वीप में धर्मों के विकास और इस क्षेत्र में विभिन्न धर्मों की प्रविष्टि तथा अस्तित्व के कारण हिंदू 'शब्द' ब्राह्मणवाद, तंत्र, शैव, शाक्त, भक्ति आदि धार्मिक परंपराओं के भारी संख्या में अनुयायियों के लिए होने लगा। आजकल हिंदू शब्द का कोई भूगोलीय अर्थ नहीं है। यह अनेक धार्मिक परंपराओं का समष्टिगत रूप है। अब इसके दृढ़ धार्मिक अर्थ हो गए हैं जोकि अरबों द्वारा इसके मूल प्रयोग से भिन्न हैं। आज संघ परिवार हिंदू शब्द का प्रयोग इस धरती पर रहने वाले सभी लोगों के लिए करना चाहते हैं। यह अनेक संस्कृतियों, परंपराओं और धर्मों पर प्रभुत्व जमाने का बड़ा चालाक और जानबूझकर किया गया प्रयास है। पहले वे यह कहते हैं कि यहाँ पर रहने वाले सभी लोग हिंदू हैं और बाद में यह जोड़ देते हैं ये सभी लोग हिंदू संस्कृति का पालन करें। (हिंदू संस्कृति से उनका आशय उच्च जाति, ब्राह्मणवादी संस्कृति है।) इस तरह से वे समाज के कमजोर वर्गों पर अपना प्रभुत्व जमाना चाहते हैं। इस कार्रवाई का अगला प्रयास अनेकत्व को समाप्त करना और अल्पसंख्यकों को स्वयं द्वारा पारिभाषित 'हिंदू' संस्कृतिं का पालन करने के लिए बाध्य करना है।

एक दूसरे संदर्भ में संघ परिवार विचारक इस बात पर बल देते हैं कि हिंदू बहुसंख्यक हैं। इसलिए उनकी भावनाएँ अल्पसंख्यकों से ऊपर होनी चाहिए। इस शब्द के ऐतिहासिक (भूगोलीय) तथा आधुनिक (धार्मिक) अर्थों का घालमेल करके संघ परिवार यह दोमुही बात करते हैं। (हम सब हिंदू हैं/हिंदू इस देश में बहुसंख्यक हैं) इसका उद्देश्य अल्पसंख्यकों को भयभीत करना और उन्हें संघ की इच्छाओं के सामने झुकाना है।

बॉक्स नं 11.1

भाजपा-उवाच

1. मंदिर निर्माण धर्मनिरपेक्ष कार्य है और मस्जिद निर्माण पंथवादी।
2. संतों और महंतों की बात मानना 'लोकतांत्रिक' है, मुल्लाओं और काजियों की बात सुनना 'धर्मतंत्रात्मक' है।
3. मुस्लिम वोट बैंक के लिए कोशिश करना तुष्टिकरण है, हिंदू वोट के लिए कोशिश करना राष्ट्रवाद है।
4. हिंदू पूजास्थल उनके मूल स्वामियों को लौटाए जाने चाहिए, बोध गया और जगन्नाथपुरी के मामले में ऐसा करने की जरूरत नहीं है।
5. राणा प्रताप द्वारा मुसलमान पठानों को अपने साथ लिया जाना राष्ट्रवादी कार्य था और अकबर द्वारा हिंदू राजपूतों को साथ लेना राष्ट्रद्रोही काम था।

—मणिशंकर अय्यर (1993) संडे

मिथक : हिंदूधर्म बहुत पुराने युग से इस देश का धर्म रहा है और वह इसी रूप में शताब्दियों से अस्तित्व में रहा है।

तथ्य : धर्म के कई पहलू होते हैं। इसमें मानवीय उपदेश, पवित्र पुस्तक/पुस्तकें, आराध्य देवता, पुरोहित वर्ग, पूजा विधि तथा दूसरी परंपराएँ होती हैं। आज जिसे हिंदूधर्म के रूप में प्रस्तुत किया जा रहा है वह काफी बाद में बना। इसमें दो बड़ी अवस्थाएँ हैं पहले छठी और दसवीं शताब्दियों के दौरान और उसके बाद 19वीं शताब्दी के शुरू में। भारतीय उपमहाद्वीप में बहुत-सी स्थानीय परंपराएँ फली-फूलीं। इनमें से कुछ श्रमणवादी और कुछ बिल्कुल अलग ब्राह्मणवादी थीं।

यदि हम पीछे मुड़कर देखें तो पता चलेगा कि इस देश में प्रचलित सभी धार्मिक पंथ/संप्रदाय और विश्वास प्रणालियों को हिंदूधर्म कहा जा सकता है। लेकिन हिंदूधर्म के बारे में यह विचार वेदों, ब्राह्मणों, श्रुतियों और स्मृतियों के आधार पर प्रस्तुत किए जाने वाले वर्तमान हिंदूधर्म के विपरीत है। इसमें दिए गए उपदेश ब्राह्मणवादी हैं। इसलिए इस समय प्रोजेक्ट किया गया हिंदूधर्म वास्तव में ब्राह्मणवाद का ही नया रूप है। संघ परिवार के विभिन्न घटक इसी पर जोर देते हैं। हिंदू पंथों की काफी बड़ी संख्या है और उनके अलग-अलग संस्थापक हैं। ये पंथ कई शताब्दियों तक बने रहे। कई बार विद्वानों ने हिंदूधर्म का प्रयोग विभिन्न देशी धर्मों के समूह के लिए किया। ये पंथ अपनी विश्वास प्रणाली की दृष्टि से भिन्न हैं। हिंदूधर्म के आज के समर्थक इन्हें संदेह की दृष्टि से देखते हैं। (थापर 1987 : 15) इस संबंध में थापर ने आगे कहा है : "आज की भाषा में जिसे हिंदूधर्म कहा जाता है वह उन विश्वासों, कर्मकांडों और व्यवहारों का मिश्रित रूप है, जिन्हें बड़े सचेत तरीके से अतीत से चुना गया है और पिछली कुछ शताब्दियों में जिनकी समकालीन मुहावरे

में व्याख्या की गई है। यह चयन ऐतिहासिक परिस्थितियों के अनुरूप किया गया है। सही अर्थ में 'हिंदूधर्म' का संदर्भ आते ही यह सवाल पैदा होगा कि कौन-सा हिंदूधर्म—ब्राह्मणवाद, ब्राह्मसमाज, आर्यसमाज, शैव सिद्धांत, भक्ति, तंत्र या और कुछ।" (थापर 1987 : 15)

पहले मौजूद दो बड़ी धार्मिक श्रेणियाँ थीं ब्राह्मणवाद और श्रमणवाद। श्रमण लोग अक्सर ब्राह्मणवाद के विरोधी होते थे। इन लोगों के विश्वास वेदों और धर्मशास्त्रों से भिन्न थे। उनके उपदेश जातियों और समुदायों से ऊपर होते थे और ब्राह्मणवाद से भिन्न थे। ब्राह्मणवाद जाति के हिसाब से धार्मिक व्यवहार का श्रेणीकरण करता था जबकि श्रमणवादी धर्म इस व्यवस्था के विपरीत धार्मिक उपदेशों को सार्वभौमिक बनाना चाहते थे। भारत की परम्परा में निःस्वार्थ कर्म की बात की गई है और अपने नैतिक कर्तव्यों के अनुसार आगे बढ़ने के लिए कहा गया है। ब्राह्मणवादी कर्मकांडों और बलि से जुड़े अनुष्ठानों से इस दूरी के परिणामस्वरूप नए पंथ जैसे कि शैव, वैष्णव इत्यादि सामने आए। इससे परंपरागत 'हिंदूधर्म' के स्वरूप का पता चलता है। इस परंपरा में बहुत से परिवर्तन हुए। बाद में कबीर और नानक ने अपने उपदेशों में सूफी विचारों को भी डाला। शाक्त पंथ और तांत्रिक अनुष्ठानों को भी व्यापक लोकप्रियता मिली। अब इन्हें हिंदूधर्म के वर्तमान रूप अर्थात् ब्राह्मणवादी हिंदूवाद का विरोधी बताया जाता है।

अन्य बड़ी हिंदू परंपराओं में शामिल हैं शैव, शाक्त, तंत्र तथा विठोबा, चैतन्य महाप्रभु आदि से जुड़े असंख्य पंथ। सरल शब्दों में यह बात इस तरह से कही जा सकती है, "आज जिसे हिंदू धर्म कहा जाता है उसकी जड़ें वेदों में बताई जाती हैं। इन घुमंतू दलों का जो भी धर्म रहा हो लेकिन यह कम से कम वह नहीं था जिसे आज हिंदूधर्म कहा जाता है। यह (हिंदूधर्म का वर्तमान रूप) मगध मौर्य शासनकाल में उभरकर आया, बुद्धधर्म और जैनधर्म (तथा भौतिकवादी चार्वाक परंपरा) भी पुराने हिंदूधर्म थे। दूसरे शब्दों में यह उपमहाद्वीपीय सांस्कृतिक परंपरा की विविधताओं के बहुत से प्रवाहों में से एक था। इसे बुद्धधर्म और जैनधर्म के साथ हिंसक मुठभेड़ों के बाद छठी से दसवीं शताब्दी ईस्वी में सामाजिक और राजनीतिक प्रभुत्व प्राप्त हुआ।" (ओमवेत 1995 : 7)

आगे चलकर भक्ति और कबीर पंथ जैसी अत्यधिक समन्वयवादी परंपराएँ विकसित हुईं। भक्ति में ब्राह्मणवादी कर्मकांडों और बलि से जुड़े अनुष्ठानों से अलग निःस्वार्थ कर्म पर बल दिया गया। इस समन्वयवादी परंपरा के सर्वोत्कृष्ट उदाहरण कबीर और नानक हैं। समन्वयवादी परंपराएँ विभिन्न धर्मों के व्यवहारों का संश्लेषित रूप है। यहाँ सद्भाव तथा दूसरे की परंपराओं के प्रति सम्मान पर बल दिया जाता है। इनमें से कुछ तत्त्व जुड़कर नई परंपरा को जन्म देते हैं। कबीर और नानक दोनों ने हिंदूधर्म और इस्लाम की प्रथाओं से मूल्य ग्रहण किये। यह इलीट द्वारा चुने गए

धर्म से भिन्न है जहाँ 'मूल' नियमों पर बल दिया जाता है।

ओमवेत के अनुसार ब्राह्मणवादी हिंदूधर्म वेदों और ब्राह्मणों से तत्त्व ग्रहण करता है। इस व्यवस्था का भौतिक आधार समाज का जाति गठन था। इसकी शर्तों के अनुसार विरोधियों को भी जाति व्यवस्था में अपनी जगह स्वीकार करनी पड़ती थी। आम जनता की 'हिंदू' पहचान नहीं थी। इसके साथ-साथ बहुत से देवता और परंपराएँ मौजूद थीं जोकि लोक संस्कृति का आधार थीं। उपनिवेशवादी शासन के दौरान ही इस देश के सभी निवासियों को 'हिंदू' पहचान दे दी गई सिवाय उन लोगों के जो इस्लाम या ईसाइयत के अनुयायी थे। यह पहचान अंग्रेज विद्वानों और भारतीय इलीट ने दी। ओमवेत का कथन है कि–

"19 वीं शताब्दी में लोकमान्य तिलक जैसे लोगों ने 'जाति के आर्यवादी सिद्धांत' को स्वीकार किया और वेदों को मूल साहित्य के रूप में स्वीकार किया। तिलक ने ही गणेश उत्सव समारोहों में ब्राह्मण नेतृत्व के अंतर्गत भारी संख्या में लोगों को एकत्रित करना शुरू किया।" (ओमवेत 1995 : 9)

संक्षेप में हिंदूधर्म की विविध, संपन्न, विषम और अनेकत्ववादी परंपराएँ हैं। आज जिस हिंदूधर्म का प्रचार किया जाता है और जिसे मोटे तरीके से लादा जाता है वह ब्राह्मणवादी परंपराओं और ग्रंथों से तत्त्व ग्रहण करता है। यह हिंदूधर्म अर्थात् ब्राह्मणवाद मगध मौर्य शासन के दौरान उभरकर सामने आया। इसका फैलाव उपनिषदों और वेदों से लेकर मनुस्मृति में दिए गए सामाजिक ढाँचे तक था। बाद में (ब्राह्मणवादी हिंदूधर्म) का यह 'रूप' अंग्रेज विद्वानों और भारतीय इलीट ने मंजूर किया। ब्रिटिश शासकों का विश्वास था कि भारत का सार महत्त्वपूर्ण हिंदू शास्त्रों, जैसे कि वेदों और मनु संहिता में निहित है। वह सब देशी धर्मों को एकरूप धर्म में समाहित करने का प्रयास है, यह अतीत से लिए गए विश्वासों, अनुष्ठानों और व्यवहारों के सचेत चयन का सेमेटिक रूप है।

मिथक : इस्लाम और ईसाइयत असहिष्णु धर्म हैं क्योंकि दोनों धर्म प्रचार करते हैं। इस्लाम तलवार की नोक पर फैलाया गया और ईसायत प्रलोभन द्वारा हिंदूधर्म सहिष्णु है और वह धर्म परिवर्तन नहीं कराता।

तथ्य : श्रमणवादी हिंदूधर्म की कुछ धाराएँ जैसे कि तंत्र, भक्ति और कबीर पंथ बहुत सहिष्णु समूह के रूप में खड़े हुए और उनकी छवि जातिवाद से ऊपर है। ये धाराएँ दूसरी परंपराओं और धर्मों से आदान-प्रदान करती थीं जिससे कि उनका एक-दूसरे पर प्रभाव पड़ा। यह आज हिंदूधर्म अर्थात् ब्राह्मणवाद कहे जाने वाले पंथ के बिल्कुल विपरीत है। यह धर्म बहुत ज्यादा असहिष्णु और श्रेणीबद्ध है। इसने समाज के विभिन्न वर्गों के लिए कठोर नियम तय किए। इसने जाति ढाँचा जोकि निम्न जातियों के हितों के विरुद्ध है, समाज के ऊपर लादा। इसने नीची जातियों को सामाजिक नियमों से बाँध दिया जोकि इस दमनकारी सामाजिक तंत्र पर एक

नैतिक/आध्यात्मिक मुलम्मे का काम करता था। मनुस्मृति के समय से ही शूद्रों और स्त्रियों को नीचे गिराया जा रहा है, तथा ब्राह्मणों और दूसरी उच्च जातियों का महिमामंडन किया जा रहा है। इस घनघोर जाति तथा लिंग शोषण की प्रणाली को विचारधारात्मक कवर दिया जा रहा है। बाद में हिंदूधर्म की विभिन्न परंपराएँ इस्लाम से प्रभावित हुईं और उन्होंने इस्लाम को प्रभावित किया जिसके परिणामस्वरूप हिंदू पक्ष में भक्ति और इस्लाम पक्ष में सूफी धारा का प्रादुर्भाव हुआ। ब्राह्मणवाद इस भारी सामाजिक परिवर्तन के प्रति तटस्थ और असहिष्णु रहा। इसके पहले भी असहिष्णु ब्राह्मणवाद ने बुद्धधर्म पर आक्रमण किया था जोकि निचली जाति के लोगों को आकर्षित कर रहा था। इसके अलावा लोगों को सहिष्णु बताने और धर्म को सहिष्णु बताने में फर्क है। लोगों के बीच में भी निचले तबके के शोषित और मातहत लोग ज्यादा खुले दिमाग के होते हैं और परस्पर विचार-विमर्श करते हैं जबकि निहित स्वार्थों वाले इलीट वर्ग विभिन्न प्रवृत्तियों का मुश्किल से ही प्रत्युत्तर देते हैं। हिंदू पुरोहित वर्ग, ब्राह्मणों और ब्राह्मणवाद में कट्टरपन और कठोरता के अलावा और क्या है?

"यह तीन हजार मस्जिदों और मजारों का ही सवाल नहीं है। मुगल साम्राज्य के सभी अवशेषों, चाहे वह नगर, गाँव या सड़क, भवन का नाम हो या जो भी मुगल साम्राज्यवाद के वहशीपन का नेतृत्व करता हो सभी को इस देश से हटा दिया जाना चाहिए"—स्वामी मुक्तानंद सरस्वती : विहिप की संत समिति के एक शीर्षस्थ नेता (कम्युनलिज्म कंबैट : 10 जनवरी, 1994)

ब्राह्मणवाद ने लोगों के काम और व्यवसाय का बड़ी कठोरता के साथ श्रेणीकरण कर दिया और इसे 'वर्णाश्रम धर्म' का नाम दिया। इस श्रम विभाजन का इतनी कठोरता से पालन किया गया कि इसके उल्लंघन की किसी भी घटना को बहुत असहिष्णुता के साथ लिया जाता था। शंबूक नाम के एक शूद्र ने तपस्या करके 'वर्णाश्रम धर्म' का उल्लंघन किया और उसकी हत्या कर दी गई। एक आदिवासी लड़के एकलव्य ने धनुर्विद्या सीखी जोकि क्षत्रियों के लिए आरक्षित थी, इसलिए उसे अंगूठा देकर इसकी कीमत चुकानी पड़ी। एक जमाने में शूद्रों ने बुद्धधर्म अपनाया, इसका विरोध करके हिंदूधर्म ने निम्न जातियों की आकांक्षाओं के प्रति अपनी असहिष्णुता का प्रदर्शन किया।

बॉक्स 11.2

धर्म के लिए शुद्धिकरण

हमारी छवि ब्राह्मणवादी पार्टी बन गई है। हमारी पार्टी में बुनियादी तथ्य यह है कि पिछड़ी जाति से ताल्लुक रखने वाले संवर्ग को संगठन के निचले स्तर से ही खत्म कर दिया जाता है।

—भाजपा, संसद सदस्य, उमा भारती

(कम्युनलिज्म कंबैट : 10 जनवरी, 1994 में उद्धरित)

ब्राह्मणवादी लोकाचार जोकि आज के हिंदूधर्म का सारांश है अत्यधिक असहिष्णु विशेष रूप से निम्न जातियों की आकांक्षाओं को दबाता है। जब इस्लाम भारत में आया तो निम्न जातियों ने बड़ी सहिष्णुता और सकारात्मकता के साथ उससे मेलजोल किया। उन्होंने जाति व्यवस्था के अत्याचारों से बचने के लिए या तो इस्लाम की बातें ग्रहण कर लीं या उसे अंगीकार कर लिया जबकि उच्च जातियों ने जानबूझकर इस्लाम से दूरी बनाए रखी। आम तौर पर प्रत्येक धर्म का पुरोहित वर्ग, दूसरे धर्म के पुरातनपंथी और असहिष्णु रूप को दूसरों के सामने रखता है और साथ ही दावा करता है कि यह लोगों के लिए सर्वोत्तम विकल्प है। इसी प्रकार ब्राह्मणवादी हिंदूधर्म के प्रवक्ता दावा करते हैं कि वे 'दुनिया के सबसे पहले विचारदाता' हैं और कहते हैं कि "केवल हिंदू धर्म ही विश्व अभियान के लिए सक्षम है। हमारे देश में ही ईश्वर उपलब्धि हो सकती है।"

मिथक : हिंदूधर्म धर्मनिरपेक्ष धर्म है। "वास्तव में भारतीय शासन के धर्मनिरपेक्ष बने रहने की गारंटी संविधान में नहीं है...इसकी गारंटी इस तथ्य में है कि भारतीयों की अधिकांश आबादी हिंदू है जिनके रक्त में ही धर्मनिरपेक्षता है।" (बाला साहेब देवरस, सत्यसिंधु, बंगलौर, 1984 : 4)

तथ्य : हिंदूधर्म इस देश में प्रचलित बहुत-सी धार्मिक परंपराओं का संग्रह है। हिंदुत्व आंदोलन इसके जिस रूप का आग्रह कर रहे हैं वह ब्राह्मणवादी हिंदूधर्म है और वास्तविक हिंदूधर्म नहीं, जिसमें विभिन्न धार्मिक परंपराएँ समाहित हैं। 'धर्मनिरपेक्षता' की अवधारणा शासन नीति पर लागू होती है धार्मिक नीति पर नहीं। एक अवधारणा, एक विचार और नीति के रूप में धर्मनिरपेक्षता 'बादशाहतों' को समाप्त करने वाले 'आधुनिक राष्ट्र शासनों' के विकास के साथ उभरी। आधुनिक राष्ट्र शासन उद्योगीकरण प्रक्रिया और उसके अनुरूप समाज के राजनीतिक ढाँचे में परिवर्तन के समानांतर पैदा हुए। इन राष्ट्र शासनों में श्रेणियाँ अनिश्चित होती हैं और बाजार की ताकतों पर आधारित होती हैं जबकि 'बादशाहतों' में सामंत और श्रेणीबद्धता द्वारा तय की गई 'कठोरताएँ' होती हैं।

भारत में धर्म पर आधारित श्रेणियाँ थीं जिनमें ब्राह्मण सबसे ऊपर थे। यहाँ आधुनिक शासन तंत्र की प्रक्रिया उपनिवेशकाल में शुरू हुई और उसने आज़ादी के बाद गति पकड़ ली। यदि शासन को धर्म पर आधारित हिंदू राष्ट्र होना है तो वह धर्मनिरपेक्ष नहीं हो सकता। धर्मनिरपेक्षता का मतलब है धर्म को व्यक्ति के निजी और सामाजिक जीवन तक सीमित रखना अर्थात् पुरोहित वर्ग (मुल्ला, पुरोहित, ब्राह्मणों को शासन की नीतियों में दखल न देने देना) किसी भी धर्म को धर्मनिरपेक्ष नहीं कहा जा सकता। धर्मनिरपेक्षता की अवधारणाएँ पूरी तरह से राजनीतिक संगठनों अर्थात् आधुनिक राष्ट्र शासनों पर लागू होती हैं।

मिथक : हिंदुत्व हिंदूधर्म का एक रूप है।

तथ्य : जैसा कि हमने ऊपर देखा हिंदूधर्म भारतीय उपमहाद्वीप में बहुत-सी धार्मिक परंपराओं का मिश्रण है। इन धार्मिक धाराओं में विभिन्नता थी और इसके साथ ही लोगों की संस्कृति में भी विभिन्नता थी। धर्म लोगों की संस्कृति के चिह्नों में से एक है। संस्कृति के और बहुत से घटक हैं जो उसी क्षेत्र में विभिन्न धर्मों के मानने वाले लोगों में समान रूप से पाए जाते हैं। हम धर्म की बराबरी संस्कृति से नहीं कर सकते। उदाहरण के लिए केरल में हिंदुओं और मुसलमानों की सांस्कृतिक समानताओं को लिया जा सकता है। इसके अलावा केरल के मुसलमानों की संस्कृति बंगलादेश के मुसलमानों की संस्कृति से एकदम भिन्न है।

शब्द के रूप में हिंदुत्व 20वीं शताब्दी के तीसरे दशक में सामने आया। 19वीं शताब्दी में भी इसका अस्पष्ट-सा उल्लेख हुआ था लेकिन यह व्यापक रूप से प्रचलित नहीं था। ब्राह्मणवादी हिंदूधर्म के समेकन की पृष्ठिभूमि में यह शब्द प्रचलित हुआ। प्रारंभ में सावरकर ने हिंदुत्व की राजनीति को रूप दिया। "इतिहास की शुरुआत के समय ही आर्य भारत में बस गए थे। वे एक राष्ट्र थे जोकि अब हिंदुओं में निहित हैं...हिंदू पितृभूमि के प्रति प्रेम की भावना या अपनी रगों और हृदय में बहने वाले एक जैसे रक्त के कारण ही एक-दूसरे नहीं बँधे हुए हैं, बल्कि अपनी महान सभ्यता हमारी हिंदू संस्कृति के प्रति श्रद्धा से बँधे हैं।" इस प्रकार "उनके विचार से हिंदुत्व 3 स्तंभों पर टिका है...भौगोलिक एकता, जातीय गुण और सामान्य संस्कृति।" (जफॅरलॉट 1996 : 26) उन्होंने आगे बताया कि किसी को हिंदू कहने का क्या मानदंड है। उनके अनुसार वे सभी लोग जो इस देश को अपनी पितृभूमि और पवित्र भूमि मानते हैं वे ही हिंदू हैं और यह देश उन्हीं का ही है। इसका सीधा सादा मतलब यह हुआ कि ईसाई और मुसलमान जिनकी पवित्र भूमि जेरूसलम और मक्का है वे इस देश के मालिकों अर्थात् हिंदुओं के बराबर नहीं हैं। मुसलमानों की देशभक्ति पर संदेह करने वाले सिद्धांत की शुरुआत करते हुए सावरकर ने कहा : "लेकिन संस्कृति के अलावा सामान्य पवित्र भूमि के बंधन मातृभूमि के बंधनों से ज्यादा मजबूत होते हैं। मुसलमानों को देखो...उनके लिए दिल्ली या आगरे के मुकाबले मक्का अधिक बड़ी सचाई है।" हिंदुत्व की इस अवधारणा का विकास ब्राह्मणवाद को हिंदूधर्म बताए जाने के बाद आया। इस प्रकार यह ब्राह्मणवादी हिंदूधर्म हिंदुत्व राजनीति का आधार है। सावरकर ने ब्राह्मणवादी हिंदूधर्म को राष्ट्रवाद से जोड़कर तथा इसे हिंदुत्व कहकर हिंदू इलीट (जमींदार ब्राह्मण और राजाओं) की विचारधारा को ही मुखरित किया।

इन अवधारणाओं को, आर एस एस जोकि 1925 में बनाया गया और जिसका उद्देश्य युवा लड़कों को 'हिंदू संस्कृति' का प्रशिक्षण देना है, के दूसरे सर संघ चालक गोलवलकर ने परिष्कृत किया। यह विचारधारा हिंदुत्व ब्राह्मणवादी हिंदूधर्म पर आधारित थी और हिंदू राष्ट्र स्थापित करना चाहती थी। आर एस एस पूरी तरह से उच्च जाति हिंदू पुरुष संगठन के रूप में खड़ा हुआ। (अभी भी इसका यही रूप

है। नीची जाति के लोग तथा मुस्लिम या ईसाई शो पीस के रूप में खड़े कर दिए जाते हैं।) उसने अवयस्क लड़कों को दूसरों (मुसलमानों) से नफरत करो की विचारधारा सिखाई और उत्तरी भारत के विभिन्न हिस्सों में अपनी स्थिति मजबूत कर ली। गोलवलकर ने अपने विचार नाजी विचारधारा से ग्रहण किए और अपनी पुस्तक 'वी ऑर अवर नेशनहुड डिफाइंड' तथा 'बंच ऑफ थॉट्स' में प्रकट किए। उन्होंने बहुत स्पष्ट रूप से कांग्रेस के राष्ट्रवाद और उनके इस 'आश्चर्यजनक' सिद्धांत की आलोचना की कि राष्ट्र उन सब लोगों से बनता है जो किसी न किसी कारण से एक देश में रहते हैं। गोलवलकर का विश्वास था कि राष्ट्रीयता में जाति तत्त्व बहुत महत्त्वपूर्ण है। उन्होंने बहुत स्पष्ट रूप से कहा है कि दूसरी जातियाँ तथा दूसरे 'विदेशी' धर्मों के लोग बराबर नागरिक नहीं माने जा सकते।

इस प्रकार हिंदुत्व धार्मिक नहीं बल्कि राजनीतिक श्रेणी है। हिंदुत्व (ब्राह्मणवादी) हिंदूधर्म तथा राष्ट्रवाद का मिश्रण है अर्थात् हिंदू धार्मिक राष्ट्रवाद की राजनीति या हिंदू राष्ट्र का राजनीतिक आंदोलन।

मिथक : हिंदुत्व भारतीय लोकाचार और संस्कृति का पर्याय है।

तथ्य : हिंदुत्व राजनीति इस बात पर बल देती है कि हिंदू राष्ट्र 8000 से 10000 वर्ष पहले अस्तित्व में था और हिंदुस्तान में हिंदू कम से कम इतने ही समय से मौजूद हैं। उसका यह भी कहना है कि यदि भारत को ठीक ढंग से चलाना है तो बहुसंख्यक समुदाय अर्थात् हिंदुओं की महत्त्वपूर्ण भूमिका होनी चाहिए। ये दोनों ही बातें हिंदुत्व आंदोलन की जड़ें हैं और दोनों भारतीय लोकाचार तथा संस्कृति को खारिज करती हैं। आर्यों के मूल के बारे में विभिन्न सिद्धांतों के बावजूद यह कहा जा सकता है कि उनका मूल निवास उत्तर पश्चिम में किसी जगह था। जहाँ से वे विभिन्न इलाकों को प्रवास कर गए और ईरान, अफ़ग़ानिस्तान तथा भारतीय उपमहाद्वीप में विभिन्न संस्कृतियों के साथ उनकी परस्पर क्रिया हुई। सामाजिक जीवन का विकास आर्यों तथा स्थानीय जनजातियों के बीच परस्पर क्रिया से संभव हुआ। हालाँकि इससे जाति व्यवस्था और दूसरी सामाजिक बुराइयाँ भी पैदा हुई लेकिन इस परस्पर क्रिया से एक-दूसरे से संपर्क की संस्कृति विकसित हुई।

अनेक सामाजिक बुराइयों की प्रतिक्रिया के रूप में बुद्धधर्म सामने आया जो अछूतों और समाज के दूसरे वर्गों में बहुत लोकप्रिय हुआ। यह घटना सामाजिक बुराइयों के निर्बाध विकास के दौरान एक सही दिशा के रूप में आई और इसने भारतीय संस्कृति को समृद्ध बनाया। इस संस्कृति को इस्लाम के आगमन और प्रचार (दक्षिण में अरब व्यापारियों के जरिए और उत्तर में मुगल शासकों के जरिए) तथा ईसाइयत (मालाबार तट पर आए व्यापारियों के जरिए तथा ब्रिटिश शासन में आई मिशनरियों के जरिए) ने और आगे समृद्ध बनाया। इस प्रकार भारत ऐसी विशाल सामाजिक भूमि रहा है जहाँ बहुत-सी सांस्कृतिक धाराओं में आपसी मेलजोल हुआ

और यहाँ की संस्कृति आगे बढ़ती गई। मुगलों के शासनकाल में भक्ति और सूफी पंथों के विकास के साथ समन्वयवादी संस्कृति अपनी पराकाष्ठा पर पहुँच गई। ये दोनों ही पंथ अपनी सरलता तथा एकता के संदेश के कारण लोगों में बहुत लोकप्रिय हुए। कबीर, नानक और तुकाराम जैसे व्यक्तियों ने सामाजिक जीवन की समृद्धि के लिए बड़ा योगदान दिया। यह सब भारतीय लोकाचार का हिस्सा है जिसे संक्षेप में भारत की समन्वयवादी संस्कृति के विभिन्न पक्ष कहा जा सकता है। इसमें सभी जीवों के प्रति प्रेम, दूसरे धर्मों के प्रति सम्मान, दूसरे धर्मों के प्रति सहिष्णुता और विभिन्न पंथों के अनुयायियों को बराबरी के सिद्धांत निहित हैं।

इसके विपरीत हिंदुत्व राजनीति उच्च जाति लोकाचार पर आधारित है और इसका उद्देश्य समाज के एक वर्ग तथा एक विशेष धर्म का पूरे समाज पर आधिपत्य कायम करना है। यह अल्पसंख्यकों को उच्च जाति लोकाचार के सामने झुकाने की बात करती है। यह समाज के वंचित वर्गों के हितों की सुरक्षा के लिए सकारात्मक कार्रवाई से इनकार करती है। हिंदुत्व भारतीय लोकाचार, और यहाँ तक कि समन्वयवादी संस्कृति, को नकारता है और यह भारतीयता की 'आत्मा' से बहुत दूर है।

मिथक : ईसाइयत और इस्लाम जैसे सेमिटिक धर्मों के विपरीत हिंदूधर्म शुद्ध रूप से मतवादी धर्म नहीं है।

तथ्य : धर्म के बहुत से हिस्से होते हैं : नैतिकमूल, पवित्र पुस्तकें, पुरोहित वर्ग, लोकप्रिय संस्कृतियाँ, पवित्र देवता आदि। पूरे धर्म को मतांध बताना सचाई के विपरीत है। धर्म के कुछ पक्षों विशेष रूप से पवित्र पुस्तकों की पुरोहितों द्वारा व्याख्या तथा उनके आदेशों को मतांध माना जा सकता है। बाकी सभी पक्ष जोकि लोगों के जीवन से ताल्लुक रखते हैं समाज के आर्थिक और सांस्कृतिक विकास के साथ बदलते रहते हैं।

इस्लाम और ईसाइयत (विशेष रूप से पुरोहित वर्ग द्वारा प्रस्तुत) में उपर्युक्त किस्म की मतांधता है। हिंदूधर्म की क्या स्थिति है? अपने अनेकवादी रूप में हिंदूधर्म गतिशील धर्म था। इसका जो 'नया रूप' रखा गया है वह एक पवित्र देवता 'राम', पवित्र पुस्तकें (गीता, वेद, स्मृतियाँ) और पुरोहित वर्ग (शंकराचार्य) के इर्द-गिर्द घूमता है तथा इसे 'सेमिटिक' बनाने का प्रयास किया जा रहा है। अपने वर्तमान रूप में वह आदिवासियों को 'हिंदू' बना रहा है इसके पीछे मान्यता यह है कि आदिवासी हिंदू हैं। बाबरी मस्जिद का विध्वंस 'धर्मांधता पर आधारित कार्रवाई' का एक उदाहरण है। हालाँकि हिंदू मुख्य रूप से सहिष्णु और उदार हैं लेकिन विहिप जैसे संघ परिवार से ताल्लुक रखने वाले हिंदू धार्मिक नेता गो-हत्या पर प्रतिबंध, संस्कृत को अनिवार्य भाषा बनाने, कुछ राज्यों में उर्दू को दूसरी भाषा के पद से हटाने आदि जैसे मतांध आग्रह कर रहे हैं। वे अपने मूल्य पूरे समाज पर लादना चाहते हैं।

मिथक : धर्म पर आधारित दूसरी विचारधाराओं के विपरीत हिंदुत्व जीवन की

एक शैली है इसलिए इस शब्द का प्रयोग का मतलब धार्मिक भावना नहीं है। चुनावी राजनीति में इस्लाम और ईसाइयत के प्रयोग के विपरीत राजनीतिक उद्देश्यों के लिए हिंदुत्व का प्रयोग पूरी तरह से वैध है क्योंकि यह एक 'जीवन शैली' है।

तथ्य : मनोहर जोशी ने अपने एक चुनावी भाषण में दावा किया कि यदि वह चुने गए तो महाराष्ट्र को राष्ट्र का पहला हिंदू प्रांत बना देंगे। उनके इस भाषण के लिए सर्वोच्च न्यायालय ने उन्हें बरी कर दिया। (12 दिसंबर, 1995) इस जटिल निर्णय में यह भी कहा गया कि हिंदुत्व केवल धर्म नहीं है बल्कि एक जीवन शैली है। इससे संघ परिवार प्रोत्साहित हुआ।

जीवन शैली समाज के विभिन्न वर्गों की बहुआयामी गतिविधियों से ताल्लुक रखती है। ये गतिविधियाँ बिल्कुल भिन्न होती हैं और एक दूसरी की विरोधी नहीं भी हो सकती हैं। अतः झारखंड में किसी आदिवासी की जीवन शैली या मुंबई की झोंपड़पट्टी में किसी दलित की जीवन शैली नरीमन प्वाइंट में रहने वाले किसी कारोबारी की जीवन शैली से पूरी तरह से भिन्न होती है। गुजरात में किसी समृद्ध किसान की जीवन शैली मुंबई की गंदी बस्ती में रह रहे ठेका मजदूर या विभिन्न महानगरों में पत्थर के जंगलों में मशक्कत कर रहे मजदूर की जीवन शैली से बिल्कुल अलग है। अपने घर को चला रही किसी स्त्री की जीवन शैली किसी स्त्री डॉक्टर या फैशन मॉडल की जीवन शैली से भिन्न है। लोगों के धर्म एक होने के बावजूद उनकी जीवन शैलियाँ अलग-अलग हो सकती हैं।

हिंदुत्व केवल एक धर्म नहीं है, यह एक तरह का राजनीतिक आंदोलन है जो 1920 के दशक के शुरू में चला और जिसने पिछले दशक में तेजी पकड़ ली। इसका उद्देश्य हिंदू राष्ट्र बनाना है जो उच्च जाति/वर्ग हिंदू धर्म के कुछ मुट्ठीभर लोगों की आकांक्षाओं का प्रतीक है, और जिसमें पिछड़ी जातियों, दलितों, अल्पसंख्यकों और स्त्रियों के लिए कोई स्थान नहीं है। इसने निम्नलिखित को मातहत की भूमिका दी है : (क) अल्पसंख्यक पूरी तरह से हिंदू राष्ट्र के मातहत बनें वे कुछ भी न माँगें। उनके कोई अधिकार न हों, समान व्यवहार की बात तो दूर, वे नागरिकों के अधिकारों के भी हकदार नहीं हैं। (ख) स्त्रियाँ खुद को आदर्श माताएँ, पत्नियाँ और पुत्रियाँ बनाएँ तथा पुत्र, पति या पिता के मातहत रहें। (ग) मजदूर अपने मालिक को अपने परिवार का पिता समझें और 'राष्ट्रीय भलाई' के लिए उत्पादन करें और अपने अधिकार गटर में फेंक दें। (घ) दलित 'आरक्षण' का अधिकार छोड़ दें ताकि, 'योग्यता' की बात स्थापित हो सके। इसका मतलब हुआ कि शिक्षा और रोजगार पर उच्च जातियों की पहुँच के कारण वे नीचे चले जाएँ और नौकरियों तथा दूसरे सामाजिक अधिकारों पर उच्च जातियों का एकाधिकार कायम हो जाए।

इस प्रकार हिंदुत्व की राजनीति शोषितों और मातहतों तथा समाज के दूसरे दलित और वंचितों की जीवन शैली पर अपनी काली छाया डालती है। राजनीतिक

आंदोलन के रूप में हिंदुत्व ने कुछ ऐसे मानदंड तय किए हैं जो भारत के संविधान के एकदम विपरीत हैं। हिंदुत्व एक ऐसा हिंदू राष्ट्र बनाना चाहता है जो हिंदूधर्म (जोकि ब्राह्मणवादी हिंदूधर्म है) से लिए गए मूल्यों पर आधारित होगा और जिसमें हिंदू पुरोहित वर्ग (ब्राह्मण, आचार्य और महंतों) तथा हिंदू धर्म सिद्धांतों (वेद, ब्राह्मण और स्मृति, मनु स्मृति सहित) का सम्मान किया जाएगा तथा नव निर्मित राष्ट्रीय प्रतीक और भगवान राम की पूजा की जाएगी। हिंदू राष्ट्र की आधारशिला ही भारत के संविधान के विपरीत है जो प्रभुसत्ता, लोकतंत्र, धर्मनिरपेक्ष गणतंत्र का प्रतीक है तथा सभी को बराबर अवसर देना चाहता है और समाज के वंचित वर्गों के लिए सकारात्मक कार्रवाई का हामीदार है और इस बात पर बल देता है कि धर्म का शासन नीति पर कोई प्रभाव नहीं होना चाहिए। इसके विपरीत हिंदुत्व का लक्ष्य हिंदूधर्म पर आधारित भारतीय शासन बनाना चाहता है जो हिंदू इलीट के हितों को देखेगा और हिंदू पुरोहितों से मार्गदर्शन प्राप्त करेगा।

मिथक : हिंदुत्व 'सांस्कृतिक राष्ट्रवाद' है।

तथ्य : संस्कृति स्वतःस्फूर्त होने वाली और समाज के जीवन की सर्जनात्मक अभिव्यक्ति है। यह विभिन्न सामाजिक समूहों में परस्पर क्रिया से उत्पन्न होती है। यह परस्पर क्रिया कई तत्त्वों पर निर्भर करती है जैसे कि भौगोलिक दूरी और संचार का प्रभाव। सामाजिक परस्पर क्रिया के विस्तार के कारण संस्कृति निरंतर बदलती रहती है। सांस्कृतिक राष्ट्रवाद बहुत संकीर्ण तत्त्व है क्योंकि यह एक विशेष संस्कृति को भारत की संस्कृति बताता है। यहाँ विविध संस्कृतियाँ हैं, जो एक-दूसरे के साथ पूरे सद्भाव के साथ रहती हैं। इन विभिन्न संस्कृतियों में बहुत-सी समान बातें हैं लेकिन साथ ही इनकी अपनी विशिष्टताएँ हैं।

राष्ट्रीय संस्कृति की जो अवधारणा हिंदुत्व ने विकसित की है वह एक 'निर्मित' संस्कृति है जो उत्तर भारतीय उच्च जाति पुरुष मानदंडों पर आधारित है। राम को राष्ट्रीय पहचान का प्रतीक बनाना, गो-हत्या पर प्रतिबंध का आह्वान, संस्कृत को अनिवार्य भाषा के रूप में लादने का प्रयास इससे सब साफ हो जाता है कि यह राजनीति संस्कृति को एकरूप बनाना चाहती है। यह एक बनावटी रचना है जिसके तत्त्व प्रभावशाली संस्कृतियों से लिए गए हैं। हिंदुत्व खुद भी एक राजनीतिक आंदोलन है, सांस्कृतिक आंदोलन नहीं। अपनी राजनीतिक जड़ें मजबूत बनाने के उद्देश्य से वह आदिवासियों, दलितों और समाज के दूसरे मातहत वर्गों की संस्कृति को दबाकर सांस्कृतिक एकरूपता लाना चाहती है।

मिथक : भारत को मुसलमानों, ईसाइयों और कम्युनिस्टों से भीतरी खतरा है। हिंदुओं को इकट्ठा करके ही इस खतरे का मुकाबला किया जा सकता है।

तथ्य : भारत एक आधुनिक देश है जिसका पिछले 5 दशकों से निर्माण हो रहा है। 'आधुनिक देश' के रूप में उसे पहला संकट 'छोटे स्वतंत्र' प्रांतों को भारत

संघ में शामिल करने के समय उठाना पड़ा। यह कार्य 1947-48 में पूरा कर लिया गया और यहाँ एकीकृत देश का उदय हुआ। सबसे पहले तमिलनाडु और उसके बाद सिख बहुल पंजाब राज्य ने हिंदी लादे जाने तथा सामाजिक-आर्थिक और सांस्कृतिक मुद्दे न सुलझाने के कारण भारत संघ से अलग हो जाने की धमकी दी। इसके बाद बहुत समय बीत चुका है। तथा ये दोनों ही राज्य पूरी दृढ़ता के साथ देश के हिस्से हैं। भारत, चीन के प्रारंभिक धक्के के बाद अटल खड़ा रहा और इसके बाद पाकिस्तान से हुए युद्धों (1965 और 1971) ने सिद्ध कर दिया है कि आधुनिक देश के रूप में भारत सुदृढ़ है। अतः देश के रूप में भारत को कोई खतरा नहीं है—क्या भारत देश के सभी स्कंध तंदरुस्त नहीं हैं और इसकी रक्षा नहीं कर रहे हैं?

आई एस आई और पाकिस्तान या आतंकवादियों से भारत देश को खतरे का ढोल पीटना समाज के गरीब और वंचित वर्गों, गरीबों और भूमिहीन किसानों, सीमांत मजदूरों, बेहाल स्त्रियों और दलितों की समस्याओं से ध्यान हटाना है जोकि अपने दैनंदिन जीवन में उच्च जातियों का कोपभाजन बन रहे हैं। वास्तव में हमें भूख, गरीबी, बेरोजगारी और निरक्षरता से 'सुरक्षा' चाहिए। भारत को खतरा अंदर से है। खतरा केवल हिंदुओं के लिए ही नहीं है बल्कि उच्च जाति और उच्च वर्ग के मुट्ठीभर लोगों को छोड़कर सभी धर्मों के शेष लोगों को अपने सामाजिक अस्तित्व का खतरा है।

बॉक्स 11.3

'उन्हें लात मारकर बाहर निकालो...'

टाइम पत्रिका को बाल ठाकरे का इंटरव्यू

प्रश्न : शिवसेना मुसलमानों पर हमला क्यों कर रही है?

उत्तर : दंगे मुसलमानों ने शुरू किए और मेरे लड़के इसका जवाब दे रहे हैं। क्या आप चाहते हैं कि हिंदू दूसरा गाल आगे कर दें? हम मुसलमानों को सबक सिखाना चाहते हैं। हमारा धैर्य खत्म हो गया है।

प्रश्न : आप मुसलमानों से क्यों नाराज हैं?

उत्तर : वे इस देश के नियमों को मानने के लिए तैयार नहीं हैं। वे परिवार नियोजन नहीं स्वीकार करते। वे मेरी मातृभूमि में 'शरिया' (इस्लामी कानून) लागू करना चाहते हैं। हाँ यह हिंदू 'मातृभूमि' है।

प्रश्न : लेकिन मुसलमान बंबई छोड़कर भाग रहे हैं।

उत्तर : यदि वे जा रहे हैं तो जाने दो। यदि नहीं जाते तो उन्हें लात मारकर बाहर निकाल दो।

प्रश्न : क्या यह हिंदू राष्ट्र की दिशा में कदम है?

उत्तर : हमें कदम उठाने की जरूरत नहीं है यह तो पहले से ही हिंदू राष्ट्र है।

यह खतरा हिंदुओं की 'एकता' द्वारा दूर नहीं किया जा सकता। यह खतरा लोकतांत्रिक अधिकारों, मानव अधिकारों, लिंग अधिकारों और आर्थिक अधिकारों के लिए संघर्ष करके ही दूर किया जा सकता है। इसलिए यह कहना कि केवल हिंदू इस देश को 'बचा' सकते हैं, समाज के सामने मौजूद वास्तविक खतरों से ध्यान हटाना है।

मिथक : 'पश्चिम में जिसे नारी मुक्ति आंदोलन कहा जाता है, हम उससे भिन्न विचार रखते हैं। हमें सामाजिक और आर्थिक ढाँचे में थोड़ा समायोजन करने की जरूरत है। मूल्यों में किसी बुनियादी परिवर्तन की जरूरत नहीं है। भारत में स्त्रियों को अपने घर तथा समाज में सम्मान मिला है। उसे फिर से स्थापित करने की जरूरत है।" (दशक के झरोखे में, मृदुला सिन्हा, रत्ना कपूर और वृंदा कॉसमैन द्वारा उद्धरित 1995 : 18)

तथ्य : आर एस एस के सदस्यों की महिला रिश्तेदार आर एस एस में शामिल होना चाहती थी। लेकिन यह तो पूरी तरह से पुरुष संगठन है। उनके लिए राष्ट्र सेविका समिति नाम का अलग संगठन बनाया गया। इस संबंध में विचार मनुस्मृति से लिए गए हैं जिसमें स्त्री के गर्भाशय की तुलना खेत से की गई है। उसमें पुरुष बीज बोता है इसलिए खेत के उत्पादन पर भी उसी का हक है। स्त्रियों को आश्रितों के रूप में देखा जाता है जो अपने जीवन के विभिन्न चरणों में पिता, पति और पुत्र की सुरक्षा में रहती है। स्त्रियों को उपनयन (पुरुषों द्वारा पवित्र अध्ययन की शुरुआत) का अधिकार नहीं है। स्त्रियों के लिए शादी, अध्ययन के विकल्प के रूप में प्रस्तुत की गई है। इसी तरह से पति की सेवा और घर चलाने को छात्र जीवन के समतुल्य रखा गया है।

गोलवलकर के अनुसार असमानता प्रकृति का अविभाज्य अंग है। समाज के संगठन के पीछे बराबरी नहीं बल्कि सद्भाव एक सिद्धांत के रूप में अपनाया जाना चाहिए। स्त्रियों को मुख्य रूप से 'आदर्श' माँ बनना चाहिए और आर एस एस द्वारा निर्धारित संस्कारों में बच्चों को पालना चाहिए। संघ परिवार मानता है कि स्त्रियाँ समाज में माँ की भूमिका अदा करें। आश्रित के रूप में स्त्रियों की स्थिति कई रूप में प्रकट होती है।

भाजपा महिला मोर्चा की पूर्व अध्यक्ष, मृदुला सिन्हा ने अप्रैल 1994 में सैवी को दिए गए एक इंटरव्यू में यह कहा—

1. किसी स्त्री को घर के बाहर काम नहीं करना चाहिए जब तक कि उसके परिवार की आर्थिक हालत खराब न हो।
2. मैंने दहेज लिया और दहेज दिया।
3. मैं स्त्री मुक्ति का विरोध करती हूँ क्योंकि इससे 'चरित्रहीनता' आती है।
4. हम दोनों लिंगों के लिए बराबर 'अधिकार' का विरोध करते हैं।

5. स्त्रियों के खिलाफ घर में हिंसा में कोई बुराई नहीं है। अक्सर गलती स्त्री की ही होती है। हमारी स्त्रियों को सलाह है कि वे एडजस्टमेंट (अपने आप को ढालें) क्योंकि ऐसा न करने से समस्या खड़ी होती है।
6. स्त्रियों का भविष्य वर्तमान को ही आगे बढ़ाने में सुरक्षित है क्योंकि उनकी जितनी 'पूजा' भारत में होती है उतनी कहीं नहीं होती।

भाजपा की एक पूर्व उपाध्यक्ष और भाजपा महिला मोर्चा की महत्त्वपूर्ण कार्यकर्ता, विजय राजे सिंधिया ने सती विरोधी कानून के खिलाफ अपने समर्थकों के विरोध मार्च का नेतृत्व किया और कहा कि ''सती होना हिंदू स्त्री का जन्म सिद्ध अधिकार है। क्योंकि इससे हमारे शानदार अतीत और संस्कृति की रक्षा होती है।''

लगभग 20 हजार कार्य सेविकाओं ने खाना पकाकर और बर्तन साफ करके मस्जिद को ढहाने में कार सेवकों की मदद की। संघ परिवार के विभिन्न 'स्त्री स्कंधों' से जुड़ी स्त्रियों ने अपने पुरुष 'भाइयों' से बंबई में सांप्रदायिक हिंसा में भाग लेने का आग्रह किया।

दहेज और दुल्हन जलाने के मामले पर राष्ट्रीय सेविका समिति का ढुलमुल रवैया है। समिति की सदस्य दहेज लेने में एक-दूसरे की मदद करती हैं। वे समान अधिकारों का विरोध करती हैं और अपने अधिकारों के लिए अपने परिवारों से लड़ने वाली स्त्रियों के लिए कानूनी सलाह का कोई प्रावधान नहीं है। सामाजिक ताने-बाने में जगह के लिए स्त्रियों की माँग पर संघ समूह कहता है कि वे पुरुषों पर आश्रित रहकर माँ और पत्नी की भूमिका अदा करें। स्त्रियों के अधिकारों के बारे में उनके कोई विचार नहीं हैं।

मिथक : सही भारतीय पुनर्जागरण धार्मिक-सांस्कृतिक समूह के रूप में हिंदुओं की एकता से ही संभव होगा।

तथ्य : भारत बहु-धर्म और बहु-संस्कृति देश है। इसमें तरह-तरह के विश्वास और धर्म हैं। इसमें पुनर्जागरण के लिए विभिन्न धर्मों और विश्वासों के लोगों को शामिल करना होगा। यह पुनर्जागरण विभिन्न हिंदू समूहों को लेकर ही नहीं किया जा सकता। पुनर्जागरण अतीत के सकारात्मक पहलुओं में निहित उपदेशों और सिद्धांतों में से मानवतावादी तत्त्व खोज निकालता है और यह कार्य धर्मनिरपेक्षीकरण प्रक्रिया के साथ चलता है। धर्मनिरपेक्षीकरण प्रक्रिया में बाधा निहित स्वार्थों और जाति श्रेणी में उच्च स्थानों पर बैठे लोगों द्वारा पैदा की जाती है। भारतीय पुनर्जागरण 'राजनीतिक ताने-बाने' की पूर्ण रूप से मुक्ति की प्रक्रिया होगी। यह मुक्ति उन अवनतिकारक तत्त्वों से होगी जो धर्म के पर्दे के पीछे बैठे हैं, और जो सदियों पुरानी जाति व्यवस्था की बेड़ियों, निम्न जाति दलित वर्गों पर मुल्लाओं और ब्राह्मणों के शिकंजे को तोड़ने में बाधा डालते हैं। भारतीय पुनर्जागरण फुले से शुरू हुआ जिसे राजा राममोहन राय ने आगे बढ़ाया। बाद में इसने भारतीय राष्ट्रीय आंदोलन में गति पकड़ी। यह आंदोलन

ब्रिटिश शासन से आजादी तथा स्त्रियों और गरीबों को जाति व्यवस्था तथा पितृसत्तात्मक व्यवस्था से मुक्त करने का आंदोलन था।

मिथक : भारत धार्मिक देश है और आध्यात्मिकता इसका मर्म है।

तथ्य : जिस समय ब्रिटिश शासक भारत पर अपना आधिपत्य मजबूत बना रहे थे उस समय उन्होंने यह मिथक दे दिया कि भारत मूल रूप से आध्यात्मिक देश है। इसका लक्ष्य समाज के 'भौतिक क्षेत्र' अर्थात् राजनीतिक और सामाजिक तंत्र पर आधिपत्य बनाए रखना था और 'आध्यात्मिक क्षेत्र' भारतीयों के लिए छोड़ना था। इसके पीछे विचार सिविल तथा राजनीतिक समाज से भारतीयों को दूर करना था जहाँ पर वे अपना निर्बाध आधिपत्य कायम करना चाहते थे।

सच्चाई यह है कि भारत समृद्ध भौतिक प्रयासों का देश था यहाँ का व्यापार और वाणिज्य बहुत अच्छी तरह से विकसित था। भारतीय व्यापारी अपने कारोबार की वृद्धि के लिए बहुत दूर-दूर तक जाते थे। विभिन्न व्यवसायों में यहाँ के शिल्पी शानदार ऊँचाइयों तक पहुँच गए थे। कला और वास्तुकला के उदाहरण कंगडा कलाम के चित्रों तथा खजुराहो के मंदिरों और राजाओं के शानदार महलों में देखे जा सकते हैं। यहाँ समाज, आध्यात्मिकता और भौतिकता सभी का व्यापक रूप से विकास हुआ। इस सभ्यता और संस्कृति में विभिन्न संस्कृतियों के समृद्ध तत्त्व हैं जो स्थानीय संस्कृतियों के साथ रच-बस गए। आर्यों से लेकर अंग्रेजों तक जो भी इस देश में आया उसने यहाँ की संस्कृति में अपना योगदान दिया। भारतीय संस्कृति विभिन्न संस्कृतियों और समन्वयवादी परंपराओं में परस्पर मेलजोल द्वारा समृद्ध बनी। जिसने न केवल लोगों की 'जीवन शैली' बल्कि समाज के सांस्कृतिक और सामाजिक जीवन पर सुखद छाप छोड़ी।

हिंदूधर्म और हिंदुत्व की अवधारणाओं में तुलना

हिंदूधर्म और हिंदुत्व एक नहीं हैं। जैसा कि हमने ऊपर देखा हिंदू एक धर्म है जिसमें बहुत-सी धाराएँ हैं तथा इसमें सबसे बड़ी धारा ब्राह्मणवादी है। हिंदुत्व में केवल धर्म, जाति, भाषा और भौगोलिक क्षेत्र ही शामिल नहीं हैं। वास्तव में यह आजादी से पहले के समय में सामंती तत्त्वों की राजनीति था और अब यह उच्च जाति/उच्च वर्ग इलीट के राजनीतिक एजेंडे का प्रतिनिधित्व करता है।

तालिका 11.1

हिंदूधर्म और हिंदुत्व में तुलना

हिंदूधर्म	हिंदुत्व
1. बहुत सी परंपराओं...ब्राह्मण-श्रमणवाद-तंत्र, कबीर, तुकाराम, नानक का मिश्रण।	1. हिंदू इलीट की राजनीति जो ब्राह्मणवादी हिंदूधर्म से तत्त्व ग्रहण करती है।
2. ब्राह्मणवाद जाति व्यवस्था के लोकाचार	2. ब्राह्मणवादी हिंदूधर्म और राष्ट्रवाद का

पर आधारित है।	मिश्रण।
3. प्रारंभ में 6-10 वीं शताब्दी में ब्राह्मणवाद को हिंदूवाद के रूप में प्रस्तुत किया गया इसके बाद 19वीं शताब्दी में ब्राह्मणवादी हिंदूधर्म को हिंदू का पर्याय बताया गया।	3. इसका लक्ष्य ब्राह्मणवादी हिंदूधर्म के आधार पर हिंदू राष्ट्र खड़ा करना है।
4. श्रमणवादी परंपराएँ : लगातार विद्रोह होते रहे ब्राह्मणवाद के शिकंजे से बचने के लिए बुद्धधर्म अपनाया (प्राचीन काल में तथा अब अम्बेडकर द्वारा नेतृत्व दिए जाने के बाद)	4. शुरू में ब्राह्मणों और बनियों ने नेतृत्व किया। अब यह नेतृत्व उच्च जातियों के पास है।
5. 'धर्म' जाति पर आधारित धार्मिक कर्तव्य है।	5. अब संघ परिवार के माध्यम से राजनीतिक अभिव्यक्ति पहले यह कार्य हिंदू महासभा और आर एस एस ने किया।
6. संघ परिवार द्वारा सामीकरण प्रक्रिया चलाई जा रही है—पवित्र देवता : राम, पवित्र पुस्तक : गीता, पुरोहित वर्ग : शंकराचार्य।	6. रूढ़िवाद और फासीवाद का मिश्रण। (बाद की तालिका देखें)
7. इसके प्रचारक इसे सहिष्णु और पवित्र धर्म बताते हैं। पहले शूद्रों और अब मुसलमानों के प्रति रवैया देखें।	7. विहिप, आर एस एस, भाजपा और बजरंग दल की फासीवादी राजनीति में रूढ़िवाद की दुर्गंध लाती है।

तालिका 11.2

हिंदुत्व और फासीवाद में तुलना

हिंदुत्व	फासीवाद
समानताएँ	
यह मंडल आयोग के बाद निम्न जातियों के आंदोलन के डर से सुदृढ़ बना।	शक्तिशाली मजदूर आंदोलन के कारण अस्तित्व में आया और ताकतवर बना।
अवाम के हितों से ज्यादा 'राष्ट्रीय' हित महत्त्वपूर्ण मानता है।	वही।
इसमें विस्तारवाद के बीज हैं, अखंड भारत की अवधारणा में पाकिस्तान, मियामार, बंगलादेश और श्रीलंका को शामिल किया गया है।	विस्तारबादी, पड़ोसी देशों पर इस आधार पर हमला किया कि वे पूर्व जर्मन साम्राज्य का हिस्सा थे।
देश की सभी समस्याओं का कारण मुसलमानों को बताकर उन्हें निशाना बनाता है।	देश की समस्याओं के लिए यहूदियों को कारण बताया और उन्हें निशाना बनाया।

अतीत का महिमामंडन।	वही।
मजदूरों (राष्ट्र के लिए उत्पादन करो, अपने अधिकारों की चिंता न करो), दलितों (योग्यता की बात करके मंडल का सूक्ष्म तरीके से विरोध करता है) और स्त्रियों (वे आदर्श पत्नियाँ और माँ बनें) तथा अल्पसंख्यकों (वे हिंदू संस्कृति के सामने सिर झुकाएँ, के लिए दमनकारी।	यहूदियों (उन्हें मौत के घाट उतार दिया), कम्युनिस्टों/मजदूरों (उनकी ताकत को कम करने के लिए भौतिक हिंसा), स्त्रियों (उनकी जगह रसोई, चर्च में है और उनका मुख्य काम बच्चे पालना है।) के लिए दमनकारी।
बाबरी विध्वंस के बाद सामाजिक ताने-बाने में आतंक, मानवाधिकार विरोध और राष्ट्रवादी उन्माद फैल गया।	शासन ने जन उन्माद पैदा करके हत्याकांड कराया।
इसका मुख्य समर्थन आधार है—शहरीकृत मध्यवर्ग और अमीर किसान/उच्च जाति और कुछ पिछड़ी जातियाँ।	मुख्य सामाजिक आधार था शहरी मध्यवर्ग और जमींदार।
अंतर	
परिपक्व होने में लंबा समय लगा : 'उत्तर भारत' क्षेत्र में सामाजिक ताने-बाने का संप्रदायीकरण कर दिया, मंडल आयोग की रिपोर्ट के कार्यान्वयन के बाद उच्च जातियों का सफलतापूर्वक ध्रुवीकरण कर दिया।	यहूदी विरोध के कारण शीघ्र सफलता प्राप्त की।
1980 के दशक के मध्य से, मध्यम वर्ग का सामाजिक संकट, बढ़ती हुई बेरोजगारी और गरीबी।	विश्वयुद्ध के बाद जबर्दस्त आर्थिक संकट।

तालिका 11.3

हिंदुत्व और रूढ़िवाद में तुलना

हिंदुत्व	रूढ़िवाद
समाज के उदार लोकाचार को निशाना बनाना।	वही।
धार्मिक पुस्तकों से चुन-चुन कर निकाले गए अवनतिकारक सामाजिक मूल्यों को थोपना।	वही।
स्वदेशी 'आर्थिक नीति' है जोकि (गीता, वेदों) राम और आचार्यों के इर्द-गिर्द निर्मित की जाती है।	सामीवादी धर्म-पवित्र पुस्तक-पवित्र देवता और पुरोहित वर्ग पर आधारित उपनिवेशवाद विरोधी आवाजें।

परंपरागत रूढ़िवादी विश्वासों का राग अलापना।	वही।
स्त्रियों को आदर्श माँओं के रूप में पेश करना।	स्त्रियाँ पिता, पति और पुत्र के नियंत्रण में।
यह दावा किया जाता है कि धर्मग्रंथ ब्रह्मा देवता ने उत्पन्न किए।	यह दावा किया जाता है कि 'हमारी' जाति दैवी कानून पर आधारित है और पवित्र पुस्तक स्वयं ईश्वर के मुख से पैदा हुई है।
अतीत का स्वर्णिम धार्मिक शासन आदर्श ल... बताया जाता है।	वही।
हिंदू संस्कृति की एकरूपता पर आग्रह।	अनेकत्व से घृणा।
पूरे समाज पर इलीटों, मध्य वर्ग, उच्च जाति के हितों को लादने के लिए राजनीतिक हमला।	जनोन्माद पैदा करता है (जैसे कि ईरान के शाह के खिलाफ और सऊदी अरेबिया ने स्त्रियों के खिलाफ)
आंतरिक शत्रु, मुसलमानों के खिलाफ उन्माद।	स्त्रियों साम्राज्यवाद, पड़ोसी देश के खिलाफ उन्माद।
स्त्रियों की वेशभूषा को बहुत महत्त्व।	वही
धर्म की भावना बढ़ाकर ऊपर उठना।	वही

अध्याय–12

संविधान का पुनर्लेखन : संवैधानिक मूल्यों पर हमला

पिछले कुछ वर्षों से संविधान में संशोधन करने और उसे पूरी तरह से बदलने के बारे में विचार रखे जा रहे हैं। विहिप संतों और महंतों जोकि इस समय इस अर्ध-धार्मिक संगठन के पथ-प्रदर्शक हैं, के एक बहुत बड़े जमावड़े में हुई धर्म संसद में एक संकल्प पारित किया गया। इस संकल्प में कहा गया है कि भारत का संविधान हिंदू विरोधी संविधान है इसलिए इसे समाप्त करके हिंदू पवित्र पुस्तकों पर आधारित संविधान बनाया जाना चाहिए। उन्होंने हिंदू धर्म ग्रन्थों के आधार पर संविधान बनाने के लिए एक समिति भी गठित की। कुछ समाचारपत्रों में छपी रिपोर्टों के अनुसार उन्होंने सिफारिश की कि सार्वभौमिक वयस्क मताधिकार समाप्त कर दिया जाना चाहिए। और वोट डालने का अधिकर केवल शिक्षित लोगों, अध्यापकों और हिंदू महात्माओं को ही होना चाहिए। यही लोग न केवल संसद चुनेंगे बल्कि कानून बनाने वाली तथा उसे कार्यान्वित करने वाली संस्थाओं के अंग होंगे। आर एस एस का सर संघचालक बनने के बाद अप्रैल 2000 में श्री के. सुदर्शन ने कहा कि भारत के संविधान को समाप्त कर दिया जाना चाहिए और इसकी जगह हिंदू धर्म ग्रंथों पर आधारित संविधान लाया जाना चाहिए।

इस समय भाजपा के नेतृत्व वाली केंद्रीय सरकार ने संविधान की समीक्षा के लिए एक आयोग नियुक्त किया है लेकिन इसके द्वारा किए जाने वाले कार्यों के बारे में कोई साफ बात नहीं की गई है। इसमें पहले संसदीय प्रणाली को समाप्त करने और इसकी जगह राष्ट्रपति प्रणाली की सरकार लाने की संभावनाओं की जाँच की बात भी चल रही थी। लोकसभा के सदस्यों के कार्यकाल को 5 साल रखने तथा मध्यावधि चुनाव का प्रावधान समाप्त करने पर भी बहस हो रही है। ऐसी व्यवस्था करने पर भी विचार किया जा रहा है, जिससे भारत के बाहर जन्मे नागरिक उच्च पद पर न जा सकें।

हमारे संविधान के लोकतांत्रिक स्वरूप को दबाने के वर्तमान प्रयासों पर विचार

करने से पहले हमें यह नोट करना चाहिए कि फासीवादी शासन कायम करने और जर्मनी तथा यूरोप के बड़े हिस्सों में तबाही मचाने से पहले हिटलर ने भी बहुत से संवैधानिक परिवर्तन किए थे। इसी तरह से 1970 के दशक के शुरू में संविधान में कई परिवर्तन लाए गए जो 1975 में आपातकाल लागू करने के आधार बने। लेकिन इस समय संघ परिवार के भीतर विभिन्न सांप्रदायिक और रूढ़िवादी समूहों द्वारा जिन परिवर्तनों की बात की जा रही है उन्हें देखते हुए वे परिवर्तन काफी नरम थे। मौजूदा प्रस्ताव हमारे लोकतंत्र के आधार स्तंभों को ही नष्ट करना चाहते हैं जिन्हें हमारे संविधान निर्माताओं ने बड़े ध्यान से मुखरित किया था और जिन्हें भारतीय अवाम ने पोसा है।

भारत के संविधान का निर्माण

संविधान सभा के गठन से पहले ब्रिटिश संसद तथा प्रांत परिषदों के बहुत से अधिनियम व्यवहार में थे। इस दिशा में सबसे पहला कानून था इंडियन काउंसिल्स एक्ट 1982 जो भारतीय राष्ट्रीय कांग्रेस के दबावों के बाद लाया गया। इसने विधान परिषद में प्रतिनिधित्व चरित्र शुरू किया और उनके कार्यकरण में कुछ बाधाओं को दूर किया। 1906 में भारतीय राष्ट्रीय कांग्रेस ने स्वराज को अपना लक्ष्य बनाया। इसके बाद बहुत से सुधार किए गए जिन्होंने भारतीय अवाम की आकांक्षाओं को पूरी तरह से पूरा नहीं किया। इनमें शामिल हैं मिण्टो मोरले रिफार्म्स 1906-08, इंडियन काउंसिल्स एक्ट 1909, माउंटेगू डिक्लेरेशन 1917, मॉनफोर्ड रिपोर्ट 1918, गवर्नमेंट ऑफ इंडिया एक्ट 1919 तथा गवर्नमेंट ऑफ इंडिया एक्ट 1935। अंतिम एक्ट बहुत महत्त्वपूर्ण था क्योंकि इसने देश को लिखित संविधान देने की कोशिश की लेकिन इसमें भारत के लोगों की कोई भूमिका नहीं थी।

भारत का संविधान, संविधान सभा ने तैयार किया जिसमें सभी भारतीय लोगों का प्रतिनिधित्व था। उसने यह प्रयास किया कि दनिया के अधिकांश संविधानों के अच्छे पहलू इसमें आ जाएँ। संविधान सभा मुख्य रूप से एक निर्वाचित निकाय थी जिसमें सभी राजनीतिक दलों का प्रतिनिधित्व था और जिसमें विख्यात कानूनी हस्तियाँ मौजूद थीं। उसमें राज्यों और प्रांतों के प्रतिनिधि थे, यह सभा पूरी तरह से प्रभुता संपन्न थी और सभी तरह के बाहरी प्राधिकारों से मुक्त थी। वह भारत पर लागू हुए ब्रिटिश संसद के किसी भी कानून को समाप्त कर सकती थी या उसे बदल सकती थी।

इस संविधान सभा ने संविधान के विभिन्न पहलुओं के निर्माण पर विचार करने के लिए कई समितियाँ बनाईं जैसे कि संविधान समिति, संघ शक्तियाँ समिति, मौलिक अधिकार समिति, अल्पसंख्यक समिति आदि। इन समितियों की सिफारिशों पर प्रारूप समिति जिसके अध्यक्ष डॉ. भीमराव अम्बेडकर थे ने विचार किया। संदर्भ

के लिए 'एक संवैधानिक उदाहरण' तैयार किया जिसमें 60 देशों की संविधानों की प्रमुख बातें शामिल की गईं। यह संविधान ऐसे हालातों की पृष्ठभूमि में तैयार किया गया जब बहुत से देश, रजवाड़े और उपनिवेश, आधुनिक राष्ट्र देश होने की आकांक्षा सँजो रहे थे। इस संविधान सभा के लिए ऐसा दस्तावेज तैयार करना निश्चय ही बड़ी चुनौती था जिसमें विभिन्न समुदायों के हितों का प्रतिनिधित्व हो। उसे यह सुनिश्चित करना था कि उपनिवेशवादी विरासत के बाद हम ऐसे शासन की आधारशिला रख सकें जोकि अवाम के विभिन्न वर्गों को स्वीकार्य हो लेकिन साथ में उसका मर्म लोकतंत्र हो। उसे इसमें स्वतंत्रता, समानता, भाईचारे, सामाजिक न्याय और कल्याण संबंधी सिद्धांतों को शामिल करना था। इसका बल लोकतांत्रिक सिद्धांतों पर था लेकिन साथ ही भारतीय समाज के अनेकवादी और विविध स्वरूप को भी ध्यान में रखना था। इसकी सबसे बड़ी उपलब्धि सार्वभौमिक वयस्क मताधिकार था जोकि लोकतंत्र का आधार है।

बॉक्स 12.1

अधिकार और सुरक्षा

क. मानवाधिकार और भारत का संविधान

भारत के संविधान का अनुच्छेद 21 मौलिक अधिकार के बारे में है जिसमें जीवन और निजी स्वतंत्रता की गारंटी दी गई है। यह अनुच्छेद इस प्रकार है : 21, किसी व्यक्ति को उसके प्राण या दैहिक स्वतंत्रता से विधि द्वारा स्थापित प्रक्रिया के अनुसार वंचित किया जाएगा, अन्यथा नहीं।

ख. भारत का संविधान और स्त्री तथा बच्चे

भारत के संविधान के अनुच्छेद 15(1) और 15(3) इस बारे में विशिष्ट प्रावधान करते हैं। ये अनुच्छेद इस प्रकार हैं :

अनुच्छेद 15(1) "राज्य, किसी नागरिक के विरुद्ध केवल धर्म, मूल वंश, जाति लिंग, जन्म स्थान या इनमें से किसी के आधार पर कोई विभेद नहीं करेगा।"

अनुच्छेद 15(3) इस अनुच्छेद की कोई बात राज्य को स्त्रियों और बालकों के लिए कोई विशेष उपबंध करने से निवारित नहीं करेगी।

ग. अनुसूचित जातियों, अनुसूचित जनजातियों और पिछड़े वर्गों के लिए विशेष प्रावधान

भारत के संविधान के अनुच्छेद 15(4), 16(4) और (4A) इन समूहों के हितों की रक्षा के लिए प्रावधान है।

अनुच्छेद 15(4) इस प्रकार है :

"इस अनुच्छेद की 29 के खंड (2) की कोई बात राज्य को सामाजिक और शैक्षिक दृष्टि से पिछड़े हुए नागरिकों के किन्हीं वर्गों की उन्नति के लिए या अनुसूचित जातियों

और अनुसूचित जनजातियों के लिए कोई विशेष उपबंध करने से निवारित नहीं करेगी।"

अनुच्छेद 16(4A) इस प्रकार है :

"इस अनुच्छेद की कोई बात राज्य को पिछड़े हुए नागरिकों के किसी वर्ग के पक्ष में जिनका प्रतिनिधित्व राज्य की राय में राज्य के अधीन सेवा में पर्याप्त नहीं है। पदोन्नतियों के आरक्षण के लिए उपबंध करने से निवारित नहीं करेगी।"

घ. भारतीय संविधान के अंतर्गत अल्पसंख्यकों के अधिकार

अनुच्छेद 29(1) "भारत के राज्य क्षेत्र या उसके किसी भाग के निवासी नागरिकों के लिए किसी अनुभाग को, जिसकी अपनी विशेष भाषा, लिपि या संस्कृति है, उसे बनाए रखने का अधिकार होगा।"

अनुच्छेद 30(1) : "धर्म या भाषा पर आधारित सभी अल्पसंख्यक वर्गों को अपनी रुचि की शिक्षा संस्थाओं की स्थापना और प्रशासन का अधिकार होगा।"

अनुच्छेद 30(1A) "खंड (1) में निर्दिष्ट किसी अल्पसंख्यक वर्ग द्वारा स्थापित और प्रशासित शिक्षा संस्था की संपत्ति के अनिवार्य अर्जन के लिए उपबंध करने वाले नियम बनाते समय, राज्य यह सुनिश्चित करेगा कि ऐसी संपत्ति के अर्जन के लिए ऐसी विधि द्वारा नियत या उसके अधीन अवधारित रकम इतनी हो कि इस खंड के अधीन प्रत्याभूत अधिकार निर्बंधित या निराकृत न हो जाएँ।"

अनुच्छेद 30(2) "शिक्षा संस्थाओं को सहायता देने में राज्य किसी शिक्षा संस्था के विरुद्ध इस आधार पर विभेद नहीं करेगा कि वह धर्म या भाषा पर आधारित किसी अल्पसंख्यक वर्ग के हित में है।"

मिथक : गरीब तथा निरक्षर लोग राष्ट्र के राजनीतिक मामलों से अनभिज्ञ हैं इसलिए वोट का अधिकार साक्षरों और धर्म गुरुओं को ही मिलना चाहिए।

तथ्य : डॉ. अम्बेडकर ने संविधान सभा में यह कहा : "संसदीय लोकतंत्र से हमारा आशय है एक आदमी एक वोट"। इसके विपरीत ईरान, अफ़ग़ानिस्तान, पाकिस्तान आदि रूढ़िवादी देशों में लोकतांत्रिक संस्थाएँ खत्म कर दी गई हैं और समाज के गरीब-दलित वर्गों को मुख्य धारा से निकाल दिया गया है। मुल्ला तथा दूसरे निहित स्वार्थ धर्म के नाम पर सत्ता पर काबिज हैं। वे धार्मिक पुस्तकों से चुनकर निकाले गए/संकीर्ण तरीके से व्याख्यायित किए गए अंशों से वैधता प्राप्त करते हैं। और ऐसी प्रथाएँ लादते हैं जो इलीट वर्ग के हित में हैं। इसके लिए गरीब वर्गों को राजनीतिक प्रक्रिया से अलग कर दिया जाता है। भारतीय रूढ़िवादी संगठन मताधिकार को शिक्षित तथा साधु और महंतों तक सीमित रखने की जो बात कर रहे हैं वह तानाशाही प्रवृत्तियों के नजदीक हैं। आज जो यह तर्क दिया जाता है कि गरीब और निरक्षर अपना लोकतांत्रिक विकल्प देने में सक्षम नहीं है और उन्हें भ्रष्ट राजनीतिज्ञ

बड़ी आसानी से खरीद लेते हैं वह इन वंचित और कमजोर वर्गों को बेइज्ज़त करने का इलीटवादी तरीका है। वे अपना विकल्प सोच-समझकर देते हैं जैसा कि विभिन्न चुनावों के परिणामों से स्पष्ट है। केवल सांप्रदायिक पार्टियाँ ही गरीबों और निरक्षरों के अधिकार को खारिज करती हैं। वास्तव में शिक्षा और सशक्तिकरण के जरिए इन वर्गों के लोकतांत्रिक अधिकारों को बढ़ाने की आवश्यकता है। निरक्षरों के खिलाफ यह शोर-शराबा धर्म पर आधारित राष्ट्रवाद स्थापित करने के लिए ही किया जा रहा है। जिसमें इलीट सभी शक्तियाँ और अधिकार हड़प लेंगे। शिक्षित लोगों की योग्यता पर ही बल देने से यथास्थिति मजबूत होगी और इसमें जाति व्यवस्था तथा दूसरी असमानताओं की कठोरता बढ़ेगी। शिक्षित और धार्मिक इलीट चाहे जो इरादे रखते हों वे अवाम की आकांक्षाओं का प्रतिनिधित्व नहीं कर सकते। हमारे जैसे विषम और अनेकत्व देश में धैर्य की जरूरत है और देश के नागरिकों के अधिकारों को कम करने के किसी प्रयास को सिद्धांत रूप में नकार दिया जाना चाहिए। लोकतंत्र का गला घोंटने के इन प्रयासों का हमें विरोध करना चाहिए।

श्रीमती इंदिरा गाँधी द्वारा 1975 में लागू किए गए भयंकर आपातकाल के दौरान जिन लोगों ने चिल्ला-चिल्लाकर लोकतांत्रिक अधिकारों के हनन की बात की, आज वे 'अशिक्षित' अवाम के अधिकारों को खत्म करना चाहते हैं। अब वे अपने हितों के अनुसार बड़ी बेशर्मी के साथ हमारे राजतंत्र के उदार तत्त्व को निकाल देना चाहते हैं और धर्म पर आधारित राष्ट्रवाद लाना चाहते हैं या साफ-साफ कहें तो वे हिंदू राष्ट्र (ब्राह्मणवादी हिंदूवाद पर आधारित राष्ट्रवाद) लाना चाहते हैं।

मिथक : वेस्ट मिन्सटर पर आधारित मौजूदा संविधान की वजह से बहुत अस्थिरता रहती है। (राष्ट्र पर कितने ही चुनाव थोप दिए जाते हैं) इसलिए इसकी जगह राष्ट्रपति प्रणाली लाई जानी चाहिए।

तथ्य : भारत के संविधान में संशोधन करने और उसके स्थान पर राष्ट्रपति प्रणाली लाने के इस विचार को इसी विषय पर शुरू में हुई बहसों के आलोक में देखा जाना चाहिए। हमारे संविधान के निर्माण के समय यह बात उठी थी कि इसे नामंजूर करने से पहले हमारे संविधान निर्माताओं ने खूब विचार किया था। तर्क यह दिया गया था कि हमारा देश विविधतापूर्ण है। जिसमें देश के विभिन्न हिस्सों में बहुत-सी संस्कृतियों, धर्मों, भाषाओं और उप जाति के लोग रहते हैं। संसदीय लोकतंत्र के अल्पविकसित तत्त्व यहाँ पहले से ही मौजूद थे जिन्हें अंग्रेजों ने स्थापित किया। उन्होंने यह बात नोट की कि संसदीय प्रणाली के फलस्वरूप राष्ट्रपति प्रणाली की स्वेच्छाचारिता से बचा जा सकता है। राष्ट्रपति प्रणाली सदन (लोकसभा) के स्थायी काल पर निर्भर करती है। राष्ट्रपति को हटाया नहीं जा सकता और वह अपने कार्यपालक (मंत्री) सामान्य नागरिकों में से लेता है जो प्रतिनिधियों के सदन के प्रति जवाबदेह नहीं होते। इसके विपरीत संसदीय प्रणाली में मंत्री कुछ थोड़े समय को

छोड़कर किसी न किसी सदन के सदस्य होते हैं। ये सदस्य राष्ट्रपति की इच्छानुसार चुने गए लोगों के मुकाबले अधिक जवाबदेह होते हैं। राष्ट्रपति प्रणाली और लोकसभा की स्थायी अवधि रूपी दो बड़ी माँगें जो लोग उठा रहे हैं ये वही हैं जो लोगों के प्रति जवाबदेही के मुकाबले 'स्थिरता' को तरजीह देते हैं।

हमारा लोकतंत्र अभी रूप ग्रहण कर रहा है। अर्थात् संविधान लोकतांत्रिक जरूर है लेकिन सामाजिक और राजनीतिक मानदंडों को अभी परिपक्व होना है। हमारा राष्ट्र निर्माण की प्रक्रिया में है, यह गतिशील प्रक्रिया है और उसे स्थिर बताना गलत है। हो सकता है कि हमें इस दिशा में बहुत-सी परीक्षाओं से गुजरना पड़े। उदीयमान लोकतंत्र पर केवल इसलिए प्रतिबंध लगाना सही नहीं है कि इस दौरान बार-बार मध्यावधि चुनाव हुए हैं। हमें यह सुनिश्चित करना चाहिए कि हमारे लोकतंत्र का केंद्र बिंदु उसका प्रतिनिधिक स्वरूप हो।

इसी प्रकार 'दो दलीय प्रणाली' की बात की जा रही है। दो दलीय प्रणाली का तभी स्वागत किया जाएगा जब वह लोकतांत्रिक प्रक्रिया से उभरकर सामने आए। लेकिन इसे निचले स्तर पर वास्तविकताओं में से उभरकर सामने आना होगा। लोगों पर इसे लादने से उल्टे परिणाम निकलेंगे। मौजूदा बहु-पार्टी प्रणाली वास्तविक स्थितियों का सही प्रतिबिंब है। यह समाज के विभिन्न वर्गों द्वारा खींचातानी को प्रकट करता है। इस तरह के समाज में बहु-पार्टी प्रणाली बहुत स्वाभाविक है, यह तब तक चलता है जब पर्याप्त विकास और प्रगति के बाद देश के लोग खुशहाल हो जाएँ।

वास्तव में हमें अपनी प्रणाली के प्रतिनिधिक स्वरूप में सुधार लाना चाहिए। यह निर्वाचित प्रतिनिधियों की लोगों के प्रति जवाबदेही को बढ़ाकर किया जा सकता है। वर्तमान प्रणाली यह सुनिश्चित करती है कि निर्वाचित प्रतिनिधि नागरिकों से दूर रहें। आज वे लोग ही चुने जाते हैं जिनके पास बहुत पैसा हो, एक बार निर्वाचित हो जाने के बाद वे जोड़तोड़ की अपनी दुनिया में जमे रहते हैं और अपने सामाजिक, आर्थिक तथा राजनीतिक हित साधन में लगे रहते हैं। छोटे-छोटे चुनाव मंडल तथा चुने हुए अक्षम प्रतिनिधियों को वापस बुलाने के अधिकार इस दिशा में कुछ उपाय हो सकते हैं।

मिथक : हमारा संविधान पश्चिमी मूल्यों पर आधारित है, हमें हिंदू संविधान की जरूरत है।

तथ्य : पश्चिमी और आधुनिक मूल्यों में फर्क है हालाँकि उनमें कुछ बातें समान हो सकती हैं। लोकतंत्र और धर्मनिरपेक्षता की अवधारणा औद्योगिक क्रांति के बाद आई। नए गठजोड़ों ने स्वतंत्रता, समानता और भाईचारे की अवधारणा शुरू की, इसने जन्म पर आधारित सामाजिक, आर्थिक और लिंग श्रेणीबद्धताओं की जगह ली। जिनमें कठोरता थी और लचीलापन नहीं था। इसकी वजह से गरीब किसान, हमारे मामले में शूद्र, अर्ध बँधुआ मजदूरों की तरह जमीन से बँधे थे और उनके

कोई अधिकार नहीं थे। वे जमींदारों के राजनीतिक नियंत्रण और पुजारियों, मुख्य रूप से ब्राह्मणों के सामाजिक नियंत्रण में थे। इसी प्रकार पितृसत्तात्मक विचार गहराई से जड़ जमाए हुए थे। और स्त्रियों के ऊपर पुरुषों का अधिकार पूरी तरह से निरंकुश था। स्त्रियों को पुरुषों की संपत्ति माना जाता था। औद्योगिक क्रांति ने इस परिदृश्य को पूरी तरह से बदल दिया। यह घटना पहले पश्चिमी देशों में हुई। भारत में उद्योगीकरण ने भी इसी तरह की प्रवृत्तियाँ पैदा कीं और स्वतंत्रता संग्राम की वजह से संक्रमण की प्रक्रिया शुरू हुई। जिसमें सामंतकाल के मूल्यों की जगह उद्योग के मूल्यों ने ले ली। यह संक्रमण अभी पूरा नहीं हुआ है और मौजूदा आकांक्षाएँ समानता की बात पर आधारित हैं। हमारा संविधान औपचारिक बराबरी के आधुनिक मूल्यों पर आधारित है और हमें लोकतांत्रिक संघर्षों के जरिए वास्तविक बराबरी प्राप्त करने के लिए अवसर देता है।

संघ परिवार के सदस्य जिस 'हिंदू संविधान' की माँग कर रहे हैं वह औपचारिक समानता को समाप्त करने का एक तरीका है। संघ परिवार द्वारा जिस हिंदूधर्म को प्रस्तुत किया गया है वह असमानता पर आधारित है। आर एस एस और परिवार के ज्यादातर विचारक मनुस्मृति में विश्वास करते हैं। आर एस एस के दूसरे सर संघचालक गोलवलकर ने अपनी पुस्तक 'बंच ऑफ थॉट्स' में लिखा है कि मनु दुनिया के सबसे पहले और महान कानूनविद थे। उनके नियम शाश्वत हैं और उस समय के लिए ही नहीं बल्कि सब समय के लिए लागू हैं। अब हम इस बात से वाकिफ हो गए हैं मनुस्मृति शूद्रों को उच्च शिक्षा के लिए जाने से रोकती है। यदि वे ऐसा करने का हौसला करते हैं तो उन्हें उचित रूप से सजा दी जाएगी या उन्हें एकलव्य जैसी स्थिति का सामना करना पड़ेगा। यह आदिवासी लड़का धनुर्विद्या में निपुण था लेकिन उसका सामाजिक स्तर उसे इस तरह का कौशल प्राप्त करने से वर्जित करता था। इसलिए सजा के रूप में उसे अपना अँगूठा देना पड़ा। मनुस्मृति स्त्रियों को भी बहुत निचला दर्जा देती है। उनको सलाह दी गई है कि वे बगैर कोई सवाल उठाए अपने पतियों की सेवा करें। उनको शिक्षा की मनाही है क्योंकि पति-सेवा पढ़ाई जैसी ही है। हालाँकि संघ परिवार की वर्तमान भाषा काफी परिष्कृत है लेकिन उसका कथ्य वही पुराना है। यही कारण है कि भारत के संविधान की प्रारूप समिति के सभापति डॉ. बाबा साहेब अम्बेडकर ने मनुस्मृति को जलाया। आर एस एस के वर्तमान प्रमुख के. सुदर्शन ने बड़े साफ शब्दों में मनु के नियमों को लादने की बात की है और कहा है कि मौजूदा संविधान को खत्म करके उसकी जगह हिंदू ग्रंथों पर आधारित संविधान लाया जाना चाहिए। यहाँ डॉ. अम्बेडकर की मूल्य प्रणाली (मनुस्मृति जलाना और भारत के संविधान का प्रारूप तैयार करना) और संघ परिवार राजनीति का निचोड़ प्रस्तुत करने वाले सुदर्शन (जिन्होंने संविधान को समाप्त करने और मनुस्मृति जैसे धर्मग्रन्थों पर आधारित मानदंडों की माँग की) में पूरी तरह से

अंतर साफ नजर आता है। संघ परिवार के दूसरे विचारक चतुर हैं और वह उसी बात को ज्यादा आकर्षक और आधुनिक भाषा में कहते हैं।

धर्म के नाम पर राजनीति करने वाले तथा अल्पसंख्यकों के खिलाफ नफरत की राजनीति को आगे बढ़ाने वाले लोगों द्वारा हिंदू संविधान पर विचार की बात को न केवल नामंजूर कर दिया जाना चाहिए बल्कि बुद्धिजीवी तथा सामाजिक स्तर पर उसका मुकाबला भी किया जाना चाहिए। संघ परिवार के राजनीतिज्ञ और विचारक ऐसी राजनीतिक ताकतें हैं जो बाबरी विध्वंस के समय से ही खुलकर बोल रही हैं कि उनकी निष्ठा भारत के संविधान के मुकाबले भगवान राम के प्रति अधिक है। जाहिर है कि राम के नाम पर भावनाओं के साथ इस खिलवाड़ को समाज की भलाई से कुछ लेना देना नहीं है। इसका उद्देश्य राजनीतिक सत्ता प्राप्त करना है। संघ परिवार जैसे रूढ़िवादी राजनीतिक संगठन की कोई लोकतांत्रिक आकांक्षाएँ नहीं हैं। बाबरी विध्वंस के समय उन्होंने भारत के संविधान में निहित सभी मानदंडों और नियमों का उल्लंघन किया और मस्जिद की रक्षा के बारे में सर्वोच्च न्यायालय को दिए गए वायदों को तोड़ा। पूरे देश में रूढ़िवादियों का यही एजेंडा है और वे 'हमारी शानदार विरासत' और 'सांस्कृतिक राष्ट्रवाद' के आकर्षक लबादे के तहत प्रतिगामी मूल्यों और आधुनिक पूर्व की प्रणालियों का संवर्धन करना चाहते हैं।

लोकतंत्र धर्मनिरपेक्षता और उदारवाद के खिलाफ इस कलुषित अभियान को उच्च मध्य वर्ग तथा ऊँची जातियों का समर्थन प्राप्त है। वे शताब्दियों से ये विशेषाधिकार भोग रहे हैं और लोकतंत्र तथा निम्न जातियों के आग्रह के कारण समाज में अपनी स्थिति और लाभों के लिए खतरा महसूस कर रहे हैं। यही वर्ग समाज के दलित वर्गों की लोकतांत्रिक आकांक्षाओं से डरता है और आधुनिक मूल्यों—चाहे वह लोकतंत्र हो चाहे धर्मनिरपेक्षता या कल्याणवाद या सार्वभौमिक मताधिकार सभी के प्रकाश को बुझा देना चाहता है।

मिथक : हमारा संविधान भारत के अवाम की आकांक्षाओं का प्रतिनिधित्व नहीं करता है।

तथ्य : हमारा संविधान सर्वाधिक लोकतांत्रिक दस्तावेज है। जब आजादी मिलने ही वाली थी तो पूरे देश में चुनावों के आधार पर संविधान सभा बनाई गई। हमारे देश की विविधता को देखते हुए आबादी के सभी क्षेत्रों के विचारों को समाहित करने का प्रयास किया गया। सभा ने कुछ विख्यात कानून विशेषज्ञों को भी लिया लेकिन इसमें मुख्य रूप से लोगों के निर्वाचित प्रतिनिधि थे। कानून बनाने से पहले सभा ने काफी लम्बे समय तक बहस की, उसने डॉ. अम्बेडकर की अध्यक्षता में एक छोटी प्रारूप समिति बनाई। इस कमेटी ने सिविल कानूनों, आपराधिक कानूनों, केंद्र राज्य संबंधों तथा शासन के हर संभव पक्ष पर विचार किया। प्रारूप पूरा करने से पहले उसने दुनिया के सर्वोत्कृष्ट संविधान देखे। इस प्रारूप पर फिर बहस की गई और

सभा में उसमें संशोधन किया गया। इस प्रकार यह संभवतः सर्वाधिक प्रतिनिधिक दस्तावेज है। यह स्वतंत्रता संघर्ष का परिणाम है जिसमें अधिकांश भारतवासियों ने खुद को राष्ट्रीय आंदोलन में झोंक दिया। कहने की जरूरत नहीं कि उस समय भी कुछ ऐसे राजनीतिक समूह थे जो स्वतंत्रता संघर्ष से दूर रहे। यही लोग धर्म के नाम पर खेल खेल रहे हैं। (मुस्लिम लीग, हिंदू महासभा और आर एस एस)

यह सही है कि भारत का संविधान कुछ लोगों की आकांक्षाओं का प्रतिनिधित्व नहीं करता जैसे कि सामंती मूल्यों से बँधे कुछ मुट्ठीभर भारतीय, जो अन्य धर्मों के प्रति नफरत को अपनी राजनीति का आधार बनाते हैं, जो सामाजिक न्याय और लिंग बराबरी का विरोध करते हैं, जो आधुनिकपूर्व तथा धर्म आधारित श्रेणीबद्धता के विचारों को जारी रखना चाहते हैं। हाँ, हमारा संविधान इन आकांक्षाओं का प्रतिनिधित्व नहीं करता। लेकिन निश्चित रूप से इस छोटे से वर्ग की तुलना पूरे भारत से नहीं की जानी चाहिए।

मिथक : भारत का संविधान हिंदू विरोधी है।

तथ्य : जैसा कि हमने ऊपर देखा भारत का संविधान लोकतांत्रिक प्रतिनिधित्व के व्यापक सिद्धांत पर आधारित था। इसे संविधान सभा ने बनाया जिसमें सभी धर्मों के लोग शामिल थे। संविधान के निर्माताओं ने जिस प्राथमिक पहचान पर बल दिया वह भारतीयता की पहचान थी, इस या उस धर्म की नहीं। इसमें घोषणा की गई कि भारत का कोई शासन-धर्म नहीं होगा और कानून की नजरों में सभी धर्मों का बराबर दर्जा होगा। इसी स्तर पर लोगों को अपने-अपने विश्वासों के अनुसार किसी भी धर्म का पालन करने या कोई भी धर्म न मानने की आजादी होगी। सभी धर्मों के प्रति सम्मान के लिए प्रतिबद्धता के मद्देनजर ही सभी धर्मों के सम्मान की बात की गई है। धर्मनिरपेक्ष शासन के सिद्धांतों को लेकर कोई समझौता न करने का प्रावधान किया गया है। अल्पसंख्यकों के अधिकारों की रक्षा के लिए विशेष प्रावधान किए गए इनका उद्देश्य किसी अन्य धर्म को निशाना बनाना नहीं है। तो फिर संघ परिवार के सदस्य संविधान को हिंदू विरोधी क्यों कह रहे हैं। संघ परिवार की विचारधारा के अनुसार भारत हिंदुत्व पर आधारित हिंदू राष्ट्र होना चाहिए। हिंदुत्व कोई धर्म नहीं बल्कि ब्राह्मणवादी मूल्यों, असमानता और जन्म के आधार पर भेदभाव पर आधारित राजनीति है। वह हिंदू इलीट वर्ग, उच्च जातियों और उच्च वर्गों के हितों का प्रतिनिधित्व करती है। इसमें निम्न जातियों और अल्पसंख्यकों को शामिल नहीं किया गया है। इस इलीट वर्ग के लिए संविधान उनके सदियों तक चले सामाजिक-आर्थिक विशेषाधिकारों के आरक्षण के लिए खतरा है। उनके लिए इसका मतलब जन्म आधारित असमानताओं को फेंक देना है। इसके विपरीत संविधान में सकारात्मक कार्रवाई का प्रावधान है। जिसे इलीट वर्ग निम्न जातियों और अल्पसंख्यकों के प्रति तुष्टीकरण मानता है। मंडल आयोग की रिपोर्ट के कार्यान्वयन के बाद यह इलीट

वर्ग संघ परिवार के झंडे तले अपने आधिपत्य को जमाने के लिए आक्रामक बन गया है। वे मौजूदा संविधान को अपने हितों में रोड़ा समझते हैं। यही कारण है कि वे इस धर्मनिरपेक्ष संविधान, जोकि सभी धर्मों को बराबर सम्मान देता है, को हिंदू विरोधी दस्तावेज बताते हैं।

मिथक : भारत के संविधान ने हमको निष्फल कर दिया है, इसलिए इसकी समीक्षा की जरूरत है।

तथ्य : भारत का संविधान आम भारतीयों की आकांक्षाओं का प्रतिनिधित्व करता है। इसी प्रस्तावना में कहा गया है कि भारत प्रभुता सम्पन्न समाजवादी धर्मनिरपेक्ष और लोकतांत्रिक गणतंत्र होगा। तदनुसार शासन का लक्ष्य है सभी नागरिकों के लिए सामाजिक, आर्थिक और राजनीतिक न्याय, जातीय स्वतंत्रता के विचार, विश्वास, धर्म, पूजा की स्वतंत्रता, अवसर और स्तर की समानता और भाईचारा, व्यक्तियों के सम्मान का भरोसा तथा राष्ट्र की एकता और अखंडता। इन प्रावधानों के बावजूद हमारा समाज गरीबी, भूख, बीमारी और तकलीफों से ग्रस्त है। यहाँ दलितों, आदिवासियों, अल्पसंख्यकों, स्त्रियों और मजदूरों का शोषण होता है। भारत के संविधान निर्माता भी इस बात से वाकिफ थे कि संविधान अपने आप सामाजिक न्याय नहीं दे सकता। बहुत कुछ उन लोगों पर निर्भर करेगा जो कार्यपालिका, न्यायपालिका और नौकरशाही की कुर्सी पर बैठेंगे।

"मुझे इसमें शक नहीं कि जब भी देश को चरित्रवान लोगों की जरूरत होगी तो जनता में से वे आ जाएँगे। इसलिए अतीत में सेवा करने वाले हम लोगों को आराम से नहीं बैठ जाना चाहिए कि हमने अपना काम पूरा कर दिया है और अब अपने श्रम का आनंद उठाने का समय आ गया है, ऐसा समय किसी के लिए कभी नहीं आता। आज भारत में हमारे सामने जो काम है वह उस काम से भी मुश्किल है जो हमने संघर्ष के दौरान किया। उस समय विरोधी दावों को निपटाने, लाभ बाँटने तथा सत्ता बाँटने जैसा कोई काम नहीं था। ये सब अब हमारे सामने हैं और लालच बहुत ज्यादा है। ईश्वर से प्रार्थना करो कि हममें इससे ऊपर उठने की बुद्धि और ताकत आए और जिस देश को हमने आजाद कराया है उसकी सेवा करने की ताकत भी हमारे अंदर आए।"

(डॉ. राजेन्द्र प्रसाद का भाषण जो उन्होंने 26 नवबर, 1949 को सदन में संविधान स्वीकार करने के प्रस्ताव के साथ दिया, यह डॉ. सुभाष सी कश्यप द्वारा संपादित खंड में शामिल है।)

हिंदू राष्ट्र के अपने एजेंडे के क्रम में जब श्री. वाजपेयी ने संविधान के 50 वें वर्ष की याद में संसद के संयुक्त सत्र में संविधान की समीक्षा की बात कही तो राष्ट्रपति के. आर. नारायणन ने बड़े साफ शब्दों में राष्ट्र को याद दिलाया कि हमें संविधान की समीक्षा करने की जरूरत नहीं बल्कि इसके विभिन्न प्रावधानों को

कार्यान्वित करने की जरूरत है। उन्होंने कहा, ''संविधान ने हमें निष्फल नहीं किया है। बल्कि हमने संविधान को निष्फल कर दिया है।''

मिथक : इस समीक्षा का विरोध निराधार है क्योंकि पिछली सरकार ने कई बार संविधान में संशोधन किया है।

तथ्य : संविधान में समय-समय पर संशोधन का प्रावधान है। संविधान में संशोधन का यह प्रावधान जानबूझकर रखा गया है ताकि भविष्य में किसी अनपेक्षित (प्रारूप तैयार करने के समय) स्थिति से लोकतांत्रिक तरीके से निपटा जा सके। यह परिवर्तन की प्रक्रिया है जोकि एकदम पारदर्शी और लोकतांत्रिक है तथा जिसका संविधान में ही प्रावधान है। संशोधन के इस तंत्र का समाज के निर्वाचित प्रतिनिधियों अर्थात् संसद ने कई बार प्रयोग किया है। यह लोकतांत्रिक प्रक्रिया का हिस्सा है।

बॉक्स 12.2

मौलिक अधिकार

समता का अधिकार

14. विधि के समक्ष समता
15. धर्म, मूलवंश, जाति, लिंग या जन्मस्थान के आधार पर विभेद का प्रतिषेध
16. लोक नियोजन के विषय में अवसर की समता
17. अस्पृश्यता का अंत
18. उपाधियों (Titles) का अंत

स्वातंत्र्य अधिकार

19. वाक् स्वातंत्र्य आदि विषयक कुछ अधिकारों का संरक्षण
20. अपराधों के लिए दोषसिद्धि के संबंध में संरक्षण
21. प्राण और दैहिक स्वतंत्रता का संरक्षण
22. कुछ दशाओं में गिरफ्तारी और निरोध से संरक्षण

शोषण के विरुद्ध अधिकार

23. मानव के दुर्व्यापार और बलात्श्रम का प्रतिषेध
24. कारखानों आदि में बालकों के नियोजन का प्रतिषेध

धर्म की स्वतंत्रता का अधिकार

25. अंतःकरण की और धर्म के अबाध रूप से मानने, आचरण और प्रचार करने की स्वतंत्रता
26. धार्मिक कार्यों के प्रबंध की स्वतंत्रता
27. किसी विशिष्ट धर्म की अभिवृद्धि के लिए करों के संदाय के बारे में स्वतंत्रता
28. कुछ शिक्षा संस्थाओं में धार्मिक शिक्षा या धार्मिक उपासना में उपस्थित होने के बारे में स्वतंत्रता

संस्कृति और शिक्षा संबंधी अधिकार

29. अल्पसंख्यक-वर्गों के हितों का संरक्षण
30. शिक्षा संस्थाओं की स्थापना और प्रशासन करने का अल्पसंख्यक-वर्गों का अधिकार

कुछ विधियों की व्यावृत्ति

31. (क) संपदाओं आदि के अर्जन के लिए उपबंध करने वाली विधियों की व्यावृत्ति
31. (ख) कुछ अधिनियमों और विनियमों का विधिमान्यकरण
31. (ग) कुछ निदेशक तत्त्वों को प्रभावी करने वाली विधियों की व्यावृत्ति

सांविधानिक उपचारों का अधिकार

32. इस भाग द्वारा प्रदत्त अधिकारों को प्रवर्तित कराने के लिए उपचार
33. इस भाग द्वारा प्रदत्त अधिकारों का, बलों आदि को लागू होने में, उपांतरण करने की संसद की शक्ति
34. जब किसी क्षेत्र में सेना विधि प्रवृत्त है तब इस भाग द्वारा प्रदत्त अधिकारों पर निर्बंधन
35. इस भाग के उपबंधों को प्रभावी करने के लिए विधान

इसके विपरीत समीक्षा की बात संवैधानिक प्रावधानों और संविधान सभा द्वारा परिकल्पित स्थिति के बाहर है। वर्तमान समीक्षा प्रक्रिया में एक मिसाल कायम कर दी गई है। इसके अंतर्गत एक अल्पसंख्यक पार्टी जो सरकार बनाने के लिए जोड़तोड़ करती है, 'विशेषज्ञों' की समिति बनाती है जिसमें एक को छोड़कर कोई भी निर्वाचित प्रतिनिधि नहीं है यह प्रक्रिया वादविवाद के लिए संसद में पेश नहीं की गई और भाजपा एजेंडा के समर्थक और उससे सहानुभूति रखने वाले 'विशेषज्ञ' आयोग में रख लिए गए हैं जोकि लोकतांत्रिक दस्तावेज में 'संशोधनों की सिफारिश' करेंगे। ''भारत के संविधान में परिवर्तनों के इतिहास में यह सबसे कम पारदर्शी कार्य है।'' (बक्शी, इ पी डब्ल्यू, 11 मार्च, 2000 : 895) उन संशोधनों, जोकि कानूनी थे और प्रक्रिया के हिस्सा थे, के मुकाबले में ये कवायद पूरी तरह से गैर कानूनी और अनावश्यक है।

मिथक : यह कहना गलत है कि इस समीक्षा के पीछे संघ परिवार का कोई छिपा हुआ एजेंडा है।

तथ्य : यह तर्क दिया जा सकता है कि भाजपा को बहुमत प्राप्त नहीं है और उसकी गठजोड़ को दो-तिहाई बहुमत प्राप्त नहीं है। इसलिए समीक्षा समिति की सिफारिशों के कार्यान्वयन की कोई संभावना नहीं है और भाजपा की मंशाओं पर संदेह क्यों किया जाए।

भाजपा सत्ता में आने के समय से ही संविधान में परिवर्तन के पीछे छिपे एजेंडे की बातें साफ होने लगी थीं। बाबरी मस्जिद के विध्वंस से ठीक पहले इसके नेताओं

ने यह कहना शुरू कर दिया कि हिंदू संत और महंत ज्यादा महत्त्वपूर्ण हैं और वे राम जन्मभूमि के मुद्दे पर सर्वोच्च न्यायालय के निर्णय की बजाय इनकी सलाह पर काम करेंगे। इसी प्रकार भाजपा अपने बलबूते पर सत्ता में आने की अपनी अक्षमता को महसूस कर रही है। पिछले कुछ वर्षों में बार-बार सरकार बदले जाने का बहाना लेकर सरकार की राष्ट्रपति प्रणाली और लोकसभा के लिए निश्चित अवधि की बात की जाने लगी है। लोकसभा के लिए निश्चित अवधि लोगों की आकांक्षाओं के प्रतिनिधित्व की कीमत पर की जाएगी। यह वैसा ही अनुभव होगा जोकि हमने 1975 में आपातकाल के दौरान देखा। जब संसद सदस्यों को यह महसूस हो जाता है कि वे अपनी सीटों में सुरक्षित हैं तो अपने चुनाव क्षेत्र के प्रति उनका उत्तरदायित्व अब से भी कम हो जाएगा। तोड़-मरोड़ की राजनीति का बोलबाला हो जाएगा।

बॉक्स 12.3

मूल कर्तव्य

भारत के प्रत्येक नागरिक का यह कर्तव्य होगा कि वह–

(क) संविधान का पालन करे और उसके आदर्शों, संस्थाओं, राष्ट्र ध्वज और राष्ट्र गान का आदर करे;

(ख) स्वतंत्रता के लिए हमारे राष्ट्रीय आंदोलन को प्रेरित करने वाले उच्च आदर्शों को हृदय में सँजोए रखे और उनका पालन करे;

(ग) भारत की प्रभुता, एकता और अखंडता की रक्षा करे और उसे अक्षुण्ण रखे;

(घ) देश की रक्षा करे और आह्वान किए जाने पर राष्ट्र की सेवा करे;

(ङ) भारत के सभी लोगों में समरसता और समान भ्रातृत्व की भावना का निर्माण करे जो धर्म, भाषा और प्रदेश या वर्ग पर आधारित सभी भेदभाव से परे हों; ऐसी प्रथाओं का त्याग करे जो स्त्रियों के सम्मान के विरुद्ध हो;

(च) हमारी सामासिक संस्कृति की गौरवशाली परंपरा का महत्त्व समझे और उसका परिरक्षण करे;

(छ) प्राकृतिक पर्यावरण की, जिसके अंतर्गत वन, झील, नदी और वन्य जीव हैं, रक्षा करे और उसका संवर्धन करे तथा प्राणिमात्र के प्रति दयाभाव रखे;

(ज) वैज्ञानिक दृष्टिकोण, मानववाद और ज्ञानार्जन तथा सुधार की भावना का विकास करे;

(झ) सार्वजनिक संपत्ति को सुरक्षित रखे और हिंसा से दूर रहे;

(ञ) व्यक्तिगत और सामूहिक गतिविधियों के सभी क्षेत्रों में उत्कर्ष की ओर बढ़ने का सतत प्रयास करे जिससे राष्ट्र निरंतर बढ़ते हुए प्रयत्न और उपलब्धि की नई ऊँचाइयों को छू ले।

राष्ट्रपति प्रणाली में राष्ट्रपति को गैरप्रतिनिधि 'विशेषज्ञों' को अपनी सरकार

में शामिल करने का अधिकार है। इससे भी लोगों के प्रति जवाबदेही कम हो जाती है। हालाँकि कुछ विकसित देशों में यह प्रणाली काम कर सकती है लेकिन हमारे जैसे विविधतापूर्ण देश में इससे लोगों तथा क्षेत्रों के एक बड़े वर्ग की आकांक्षाओं का गला घोंट दिया जाएगा। भाजपा का दीर्घकालिक एजेंडा ब्राह्मणवादी मूल्यों पर आधारित हिंदू राष्ट्र कायम करना है। इस्लामिक रूढ़िवादी देशों की तरह हिंदू राष्ट्र का भी लोकतांत्रिक राजतंत्र में कोई स्थान नहीं है। हालाँकि भाजपा को मालूम है कि वह 'गैरकानूनी' समीक्षा समिति की सिफारिशों को संसद में पारित नहीं करा सकती है फिर भी इसने संवैधानिक प्रक्रिया पर बड़ी 'चतुराई' के साथ प्रश्नचिह्न लगा दिया है और आगे चलकर गैरकानूनी जोड़तोड़ का मार्ग खोल दिया है। वह संवैधानिक संशोधनों को गैरकानूनी समीक्षा प्रक्रिया के समतुल्य मानने की बात को लोगों के दिमाग में डालने में 'कामयाब' हो गई है। उसने अपने मूल संगठन आर एस एस द्वारा फासीवादी, रूढ़िवादी शासन तथा समाज प्रणाली कायम करने की साजिशों के लिए कवर भी दे दिया है।

बॉक्स 12.4

राज्य की नीति के निदेशक तत्त्व

39. समान न्याय और निःशुल्क विधिक सहायता।
40. ग्राम पंचायतों का संगठन
41. कुछ दशाओं में काम, शिक्षा और लोक सहायता पाने का अधिकार
42. काम की न्यायसंगत और मानवोचित दशाओं का तथा प्रसूति सहायता का उपबंध
43. कर्मकारों के लिए निर्वाह मजदूरी आदि

43क. उद्योगों के प्रबंध में कर्मकारों का भाग लेना

44. नागरिकों के लिए एक समान सिविल संहिता
45. बालकों के लिए निःशुल्क और अनिवार्य शिक्षा का उपबंध
46. अनुसूचित जातियों, अनुसूचित जनजातियों और अन्य दुर्बल वर्गों के शिक्षा और अर्थ संबंधी हितों की अभिवृद्धि
47. पोषाहार स्तर और जीवन स्तर को ऊँचा करने तथा लोक स्वास्थ्य का सुधार करने का राज्य का कर्तव्य
48. कृषि और पशु पालन का संगठन

48क. पर्यावरण का संरक्षण तथा संवर्धन और वन तथा वन्य जीवों की रक्षा

49. राष्ट्रीय महत्त्व के संस्मारकों, स्थानों और वस्तुओं का संरक्षण
50. कार्यपालिका से न्यायपालिका का पृथक्करण
51. अंतर्राष्ट्रीय शांति और सुरक्षा की अभिवृद्धि

अध्याय--13

अमरीकी आक्रमण के उद्देश्य, आतंकवाद की उत्पत्ति और इस्लाम

11 सितंबर, 2001 की घटनाएँ, वर्ल्ड ट्रेड सेंटर पर हमला और आतंकवादियों के हाथों लगभग 3000 बेकसूर लोगों की मौत हाल के वर्षों में शायद सर्वाधिक जघन्य अपराध है। इसके जवाब में तथा जाहिर तौर पर ओसामा बिन लादेन को पकड़ने के लिए अमरीका ने अफ़ग़ानिस्तान के खिलाफ युद्ध छेड़ दिया। इसे कई नाम दिए गए। 'आतंकवाद के खिलाफ युद्ध', 'टिकाऊ आजादी ऑपरेशन', 'अनंत न्याय ऑपरेशन'। यह युद्ध पहले से ही बरबाद देश में तबाही मचा रहा है। अमरीका द्वारा प्रतिशोध के अलावा आम लोगों के दिमागों में यह 'समझ'; घर कर रही है कि धर्म के रूप में इस्लाम में ऐसा कुछ अंतर्जात है, जो आतंकवाद, पिछड़ेपन, तालिबान जैसे समूहों और ओसामा बिन लादेन जैसे लोगों को जन्म देता है। इससे पहले भी पूरी दुनिया विशेषकर भारत, जहाँ पिछले दो दशकों से दक्षिणपंथी हिंदू राजनीति बढ़ रही है, में इस्लाम का पैशाचीकरण चल रहा है।

पूरी दुनिया में एक प्रचार चल रहा है जो हमारे मन पर छा गया है और वह यह है कि इस्लामी सभ्यता अधोगामी है; मुसलमान 'अपनी' स्त्रियों के मानवाधिकारों का हनन करते हैं, वे अपने धर्म और समाज को सुधारने से इनकार करते हैं और इस्लाम आतंकवाद और हिंसा को जन्म देता है। यह माना जाता है कि इस्लाम और लोकतंत्र परस्पर विरोधी हैं; इस्लाम व्यक्ति स्वतंत्रता के खिलाफ है; इस्लाम मूल रूप में रूढ़िवादी है। इस्लामिक देश, विशेष रूप से आतंकवादी, पूरी दुनिया में इस्लाम फैलाना चाहते हैं और पूरी दुनिया को दार-उल-इस्लाम में बदलना चाहते हैं। इनमें से अधिकांश बातें सामान्य जन चेतना का हिस्सा बन चुकी हैं। मुसलमान अल्पसंख्यकों के खिलाफ हिंसा चरम सीमा पर पहुँच गई है। जिसके परिणामस्वरूप कई जगहों में उन पर हमले हुए हैं।

यह मुद्दा दो बड़े विषयों से ताल्लुक रखता है। पहला है इस्लाम का स्वरूप और पिछले दो दशकों में इसका पैशाचीकरण, विशेषकर भयानक मंगलवार 11 सितंबर के बाद। दूसरा विषय है समाजवादी देशों के पतन के बाद साम्राज्यवाद का स्वरूप और सभ्यताओं के संघर्ष का सिद्धांत। इस्लाम और लोगों की चेतना में इसकी छवि की बात करने से पहले हम मानव समाज में धर्म की भूमिका पर विचार करें। धर्म बहुत जटिल तत्त्व है जिनका विकास काफी लंबे काल के बाद हुआ। इनमें से अधिकांश विशेष सामाजिक स्थितियों में पैदा हुए। इतिहास में इनकी भूमिका के कई रूप रहे हैं। कहीं इसने दलितों की आहों को अभिव्यक्ति दी तो कहीं इसने अवाम के लिए अफीम का काम किया। धर्म भी कई तरह के होते हैं : जीववादी, क्षेत्रीय (राष्ट्रीय) और पैगंबरी (सार्वभौमिक)। धर्म का सबसे शक्तिशाली पहलू, जो धर्मनिरपेक्ष लोकाचार से टकराता है, उसका पुरोहिती संगठन है। विभिन्न धर्मों में इसके विभिन्न आयाम हैं। ईसाइयत में सुसंगठित पादरी वर्ग है तो हिंदूधर्म में सर्वाधिक बिखरा हुआ पुजारी वर्ग तो इस्लाम में अलग-अलग तरह के उलेमा। इसका अन्य पहलू है नैतिक मूल्य मसलन दीन, धर्म, नीतिशास्त्र। पवित्र पुस्तकें, पवित्र देवता, सामुदायिक कार्य, पूजा स्थल और पवित्र स्थान ये उसके अन्य कुछ पहलू हैं।

यदि हम किसी धर्म के एक पहलू पर विचार करेंगे तो हम उसके सकल स्वरूप को नहीं जान पाएँगे। हम इस तत्त्व को उसकी संपूर्णता में नहीं समझ पाएँगे। सभी धर्मों में ये सभी पहलू नहीं भी हो सकते हैं। उदाहरण के लिए आदिवासी धर्मों में ये सभी पहलू नहीं हैं। उनके विश्वास या प्रथाओं को जीववादी कहा जा सकता है। क्योंकि उनकी समझ से दुनिया उनके पूर्वजों की आत्मा तथा प्राकृतिक ताकतों के इर्द-गिर्द घूमती है। उनकी प्रथाएँ अलग तरीके की होती हैं।

जब हम हिंदूधर्म शिंटो और कनफ्यूसियन धर्म जैसे क्षेत्रीय धर्मों पर विचार करते हैं तो पाते हैं कि उनमें उपुर्यक्त सभी पहलू विकसित होते हैं। यहाँ एक महत्त्वपूर्ण बात यह है कि देवताओं की पहली अवधारणाओं के अनुसार वे ऐसी ताकतें हैं जो हमें डराती हैं (वर्षा, बिजली कड़क, तूफान, जंगली जानवर आदि) इसी प्रकार उपयोग की शक्तियों और चीजों (गाय, नदी, वृक्ष) को भी देवता माना जाता है।

पैगंबरी धर्म समाज में भारी उथल-पुथल के समय अस्तित्व में आए। ईसाइयत उस समय आई जब दुनिया का एक हिस्सा दासता से सामंती संबंधों में संक्रमण कर रहा था। इस्लाम तब आया जब बहुत-सी जनजातियाँ एक-दूसरे के साथ जबर्दस्त लड़ाई में लगी हुई थीं और समाज सामंती संबंधों की ओर जा रहा था। भारत में प्राचीन काल से जाति व्यवस्था प्रचलित होने के कारण नीची जातियों ने विद्रोह किया जिससे जैनधर्म, बुद्धधर्म और सिखधर्म का जन्म हुआ।

दिलचस्प बात यह है कि समाज में धर्म के परस्पर विरोधी उपयोग किए गए हैं। पूरे मध्ययुग और प्राचीन काल में हमने देखा कि किस प्रकार पुरोहित वर्ग राजा,

सामंतों के गुणों का बखान करके तथा राजा को भगवान का प्रतिनिधि और सामंत को राजा का प्रतिनिधि बताकर धर्म के नाम पर गुलामों, किसानों और नीची जातियों के शोषण के लिए सहमति तैयार करते थे। यह व्यवस्था नीची जातियों/वर्गों और स्त्रियों का शोषण करती थी। पुरोहित वर्ग द्वारा तैयार की गई और लोकप्रिय बनाई गई विचारधारा के जरिए इस व्यवस्था को 'शांतिपूर्वक' तरीके से चलाया जाता रहा। बहुत से धर्म दलितों की आह के रूप में आए।

इस्लाम नवीनतम विश्व धर्म है जिसके उत्तरी अफ्रीका तथा दक्षिण और दक्षिण-पूर्व एशिया में 20 करोड़ से अधिक अनुयायी हैं। अधिकांश अरब लोग इस्लाम के अनुयायी हैं। इस्लाम का विकास सातवीं शताब्दी में अरेबिया में हुआ। मुस्लिम परंपरा के अनुसार इस्लाम के संस्थापक मक्का में रहने वाले एक अरब पैगंबर मोहम्मद थे। कुरान मुसलमानों का पवित्र धर्म ग्रंथ है। कुरान सुराओं का संकलन है। इस्लाम के धार्मिक साहित्य का एक अन्य तत्त्व सुन्ना है। जिसमें मोहम्मद के जीवन, चमत्कारों और उपदेशों के बारे में पवित्र कथाएँ (हदीथ) हैं। मोहम्मद का जीवनकाल 570-632 ई. के आसपास है। उन्होंने अपने सिद्धांतों का उपदेश पहले मक्का और फिर मदीना में दिया। मदीना में उन्हें भारी संख्या में अनुयायी मिले जिनकी मदद से उन्होंने मक्का के लोगों को अपने प्रभाव में ले लिया। बाद में उन्होंने अरेबिया के बहुत बड़े हिस्से को इस्लाम के साथ इकट्ठा कर दिया।

सेमिटिक जातियाँ (जिनमें से कुछ नखलिस्तानों और शहरों में बस गई थीं) के मुख्य व्यवसाय खेती, शिल्प और व्यापार थे। वे अरेबिया में रहते थे। इनमें से कुछ मैदानों और रेगिस्तानों में खानाबदोश थे तथा ऊँट, भेड़ और बकरी पालते थे। अरेबिया आर्थिक तौर पर पड़ोसी देश से जुड़ा हुआ था। इन देशों के बीच व्यापार का रास्ता अरेबिया से होकर गुजरता था। कोरइश जनजाति समुदाय इस व्यापार से बहुत लाभान्वित हुआ। छठी शताब्दी में व्यापार के कमजोर हो जाने के बाद लोग खेती की तरफ मुड़े जिसके कारण जमीन के लिए दबाव और संघर्ष बढ़ा। इन जनजातियों को इकट्ठा करने की जरूरत महसूस की गई। ऐसे हालात में मोहम्मद ने लोगों को उपदेश देने शुरू कर दिए। उनका मूल सिद्धांत यह था कि केवल अल्लाह की इबादत की जाए और उसी की इच्छा के सामने झुका जाए। इस्लाम का अर्थ है समर्पण।

इस्लाम में कर्मकांड संबंधी जो आदेश दिए गए हैं उनके अनुसार दिन में 5 बार नमाज़ और नमाज़ से पहले वजू, कर (जकात) अदा करना जोकि गरीबों के लिए होता है लेकिन वास्तव में मुल्लाओं के पास जाता है। इसके अलावा अन्य कर्मकांड हैं साल में एक बार उपवास (रमजान) और जीवन में कम से कम एक बार पवित्र मक्का के लिए हज़। मूल सिद्धांत के अनुसार इन हिदायतों में काफी लचीलापन है। जनजाति सामंतों के विरोध के बावजूद इस्लाम बड़ी तेजी से फैला। मोहम्मद के उत्तराधिकारी अबू बकर, उमर और ओसामा ने पहले पड़ोसी देशों और बाद में दूर-दूर

के देशों को जीता। ये जीत इस्लाम के नाम पर की गईं। मोहम्मद के अनुयायी सत्ता संघर्ष के कारण वे दो वर्गों में बँट गए, शिया (ये मोहम्मद की परिवार परंपरा में आते थे) और सुन्नी। शिया मत अरब खलीफाओं के खिलाफ, विरोध के रूप में, बहुत तेजी से फैला, सुन्नीवाद भी काफी फैला। इसका एक मुताजिल 8वीं शताब्दी में आया उन्होंने इस्लाम की विवेक के साथ व्याख्या करने की कोशिश की और कहा कि कुरान लोगों द्वारा लिखा गया ग्रन्थ है। सूफीवाद भी शियावाद के भीतर एक महत्त्वपूर्ण पंथ है। सूफीवाद दिव्य आत्मा में विलीन हो जाने के रहस्य पर नजर रखता है। इनमें से कुछ के सर्वेश्वरवादी विचार थे। इस्लाम में और भी बहुत से पंथ हैं। इस्लामिक देशों में मुस्लिम चर्च बहुत बड़ी आर्थिक ताकत था और उसके पास धन था, (वक्फ)।

अरेबिया से इस्लाम दुनिया के दूसरे हिस्सों में फैल गया। खलीफा और उनके सेनापतियों ने ईरान, सीरिया, मिस्र, केंद्रीय एशिया, उत्तरी अफ्रीका और स्पेन को जीता। आर्थिक और सामाजिक कारणों से भी इस्लाम फैला। पहले तीन खलीफाओं ने मदीना को अपने साम्राज्य का केंद्र बनाया। बाद में राजधानी प्राचीन बेबीलोन के पास कुफा में ले जाई गई। 660 ई. से उमायद वंश ने दमिश्क पर कब्जा कर लिया और वह मुख्य शहर बन गया। 750 ई. तक आते-आते उमायद उखाड़ फेंके गए और अब्बासियों ने कब्जा कर लिया। उन्होंने बगदाद को अपनी राजधानी बनाया। हारून रशीद सर्वाधिक विख्यात अब्बासी शासक था। 300 साल बाद सेलजक तुर्कों ने बगदाद पर कब्जा कर लिया और अरब शासन का अंत हुआ। इसके बाद 400 वर्षों तक तुर्कों का इस्लामी दुनिया पर कब्जा रहना था। 15वीं शताब्दी में ओट्टोमान तुर्क की जीत के साथ बीजेंटाइन साम्राज्य का अंत हुआ।

पश्चिम में उद्योगीकरण और धर्मनिरपेक्षीकरण प्रक्रिया शुरू होने के कारण ये देश भी आधुनिक सामाजिक मानदंडों के संपर्क में आए। इन परिवर्तनों के कारण इस्लामी दुनिया का रूप भी बदला। कानूनी मानदंडों का धर्मनिरपेक्षीकरण हुआ। चर्च की भूमि जब्त कर ली गई, शरिया का प्रभाव कम हुआ, चर्च को शासन से अलग कर दिया गया और धर्मनिरपेक्ष विचार सामने आए। कमाल अतातुर्क के अधीन तुर्की में प्रगतिशील सुधार हुए। उन्होंने घोषित किया कि तुर्की धर्मनिरपेक्ष देश होगा। उसने खिलाफत का अंत किया। शरिया कानून फेंक दिए तथा आधुनिक नागरिक संहिता (कानून) अपनाई। उसने सूफी संघ खत्म कर दिया और अध्ययन की पुरानी संस्थाएँ बंद कर दीं तथा उनकी जगह आधुनिक संस्थाएँ खोलीं। 1950 में आसपास के क्षेत्रों में परिवर्तनों के कारण रूढ़िवादी इस्लामिक तत्त्व फिर से खड़े हो गए और उन्होंने इन परिवर्तनों को निरस्त करने की कोशिश की।

इस्लामी राष्ट्रों में एक प्रवृत्ति आधुनिक समाज के अनुरूप इस्लाम को ढालना रहा है। लेकिन बहुत से अरब देशों ने आग्रह किया कि इस्लाम को वर्तमान हालात

के अनुसार ढालने की जरूरत नहीं है। इसी बीच अरब इस्लामिक दुनिया में विभिन्न उपनिवेशों की स्वतंत्रता के लिए विद्रोह भी शुरू हुए। दूसरे विश्व युद्ध के बाद सीरिया और लेबनान, फ्रांसीसी उपनिवेशवाद से आजाद हो गए। (1946)। सभी अरब देशों में आजादी के लिए विद्रोह हुआ। कुछ देशों में जन आंदोलनों के कारण पुराने शासन उखाड़ फेंके गए। इससे साम्राज्यवादियों और अरब देशों में संघर्ष हुआ। अरब राष्ट्रवाद का उदय हुआ। जिसमें सामाजिक परिवर्तन की संभावनाएँ थीं। अरब लीग क्षेत्रीय उपनिवेशवाद विरोधी प्रयास था।

आधुनिक राष्ट्र देशों के विकास की दिशा में पहला अवरोध दूसरे विश्व युद्ध के बाद इजरायल के निर्माण के रूप में आया। इसने क्षेत्र में सही अर्थों में राष्ट्रवाद के विकास में बाधा डाली और क्षेत्र में निरंतर तनाव पैदा कर दिया। इसे फिलिस्तीनों की जमीन पर बसाया गया था जिसपर अब तक अंग्रेजों का शासन था। फिलिस्तीन में अरब और यहूदी बसते थे। अरब बहुसंख्या में थे। यहूदियों पर जर्मनी तथा हिटलर के कब्जे वाले यूरोप के दूसरे हिस्सों से हमला हो रहा था। हिटलर द्वारा उन्हें सताए जाने के कारण लोगों में उनके प्रति सहानुभूति पैदा हुई। इसके परिणामस्वरूप यहूदीवाद का आंदोलन चला और फिलिस्तीन में यहूदी देश की माँग की जाने लगी। इससे पहले अंग्रेजों ने कुछ यहूदियों को फिलिस्तीन में बस जाने की इजाजत दी थी। इसने अरब बहुल फिलिस्तीन में आजादी के आंदोलन के लिए समस्याएँ पैदा कर दीं। 1947 में संयुक्त राष्ट्र ने दो देश इजरायल और अरब बनाने का संकल्प पास कर दिया। जब अंग्रेजों ने अपनी सेनाएँ फिलिस्तीन से हटाईं तो इजरायल देश बनाए जाने की घोषणा कर दी गई। अभी तक अरब देश की घोषणा नहीं हुई थी। इससे इजरायल और अरब देशों के बीच युद्ध हुआ। अरबों की हार हुई, क्योंकि इजरायल को पश्चिमी साम्राज्यवादी ताकतों का समर्थन प्राप्त था। लगभग 9 लाख अरब बेघर हो गए और उन्हें निकटवर्ती अरब देशों में शरण लेनी पड़ी। बाद में इजरायल ने मिस्र के खिलाफ अपने हमले में ब्रिटिश और फ्रांसीसी सेनाओं का साथ लिया। इसके बाद कई युद्धों के दौरान इजरायल ने अरब राष्ट्रों का बहुत-सा इलाका अपने कब्जे में ले लिया। इन इलाकों को खाली करने के लिए संयुक्त राष्ट्र के संकल्पों को भी मानने से उसने इन्कार कर दिया। अरबों ने फिलिस्तीनी मुक्ति संगठन का गठन किया जिसे बाद में विभिन्न देशों ने मान्यता दे दी। अंतर्राष्ट्रीय कानून के इन सभी उल्लंघनों में अमरीका ने इजरायल की मदद की। दस लाख से भी ज्यादा अरब बेघरबार हो गए।

दूसरे विश्व युद्ध तक मिस्र अंग्रेजों के कब्जे में था। इसके बाद ब्रिटिश सेनाओं की वापसी की बात कही गई जिसका ब्रिटेन ने विरोध किया। एक विद्रोह के फलस्वरूप नासिर सत्ता में आया और ब्रिटिश समर्थित शासक को उखाड़ फेंका गया। 1956 में जाकर ब्रिटिश सेनाएँ मिस्र से हटीं। नासिर गुट निरपेक्ष आंदोलन में शामिल हो गया और उसने स्वेज नहर का राष्ट्रीयकरण कर दिया इसकी वजह से उसे ब्रिटेन

तथा उसके साथियों के आक्रमण का सामना करना पड़ा। नासिर की मृत्यु के बाद अमरीका की मिलीभगत से लोकतंत्रीकरण की प्रक्रिया रुक गई। लीबिया में आजादी के बावजूद ब्रिटिश समर्थित निरंकुश शासक का शासन 1969 तक चलता रहा जिसे सेना अधिकारियों के एक समूह ने उतार फेंका और लीबिया को इस्लामी समाजवादी देश घोषित कर दिया गया।

बॉक्स 13.1

पश्चिम समर्थक तानाशाही

तुर्की में 1998 में इस्लामिक रफा पार्टी पर प्रतिबंध लगा दिया गया ताकि वह 1995 के चुनावों में अपनी विजय को न दोहरा पाए। अलजीरिया में इस्लामिक सालवेशन फ्रंट को 1992 में अवैध घोषित कर दिया गया। इससे पहले उसने चुनाव के पहले दौर में जबर्दस्त जीत हासिल की थी। इसके परिणामस्वरूप देश को भयंकर हिंसा में झोंक दिया गया।

विडंबना की बात है कि इन सभी देशों में धर्मनिरपेक्ष शासन था—जैसे कि मिस्र, लीबिया और ईरान। लेकिन उन्होंने चुनावों के जरिए सत्ता प्राप्त करने के इस्लामवादियों के प्रयासों को रोका। इससे समाज के भीतर तनाव बढ़ गया फिर चाहे वह मिस्र में नासिर को रोकने की बात हो या अलजीरिया, सीरिया, लेबनान में राष्ट्रवादी आंदोलन के विरोध की बात हो या सूडान में फार्मास्यूटिकल फैक्टरी पर बमबारी की बात हो।

आलोचक कहते हैं कि इस्लाम और लोकतंत्र एक साथ नहीं चल सकते। यह सबसे बुरे इस्लामी आतंकवादी शासकों से पश्चिम की मिलीभगत का अच्छा बहाना है। (बहाना यह बनाया जाता है कि पश्चिम को उनकी 'सांस्कृतिक' विशिष्टता का सम्मान करना चाहिए) इससे लोकतंत्र के नाम पर उनके प्रगतिशील आंदोलनों को दबाने का भी औचित्य मिल जाता है। इस प्रकार यदि तानाशाही रहनी है तो वह पश्चिम समर्थक हो।

—राजेश कलशियान, आउटलुक, 15 अक्टूबर, 2001

तेल-त्रिकोण जोकि प्रमुख रूप से इस्लामिक होता है में लोकतंत्रों के विकास को रोकने के लिए अमरीका ने भरसक कोशिश की है तथा तेल धन पर नियंत्रण रखने के लिए निरंकुश शासकों या कठपुतली शासकों का साथ दिया है। इसकी वजह से लोकतंत्रीकरण की प्रक्रिया बीच में रुक गई है। इन लोकतंत्र समर्थक शासकों ने आधुनिकता के सामाजिक संबंधों को दबाया है।

आज जो इस्लाम की छवि है वह इन समाजों पर भी आधारित है। अपने तेल धन के कारण मध्यपूर्व साम्राज्यवादी ताकतों के नियंत्रण का केंद्र रहा है। यहाँ उन्होंने समाज के सर्वाधिक अधोगामी तत्त्वों से गठजोड़ किया। जैसा कि हम देखेंगे सभी आधुनिक और लोकतांत्रिक शासन जो बादशाहों को उतार फेंक कर सत्ता में आए और जिन्होंने राष्ट्रीयकरण द्वारा तेल संसाधनों पर कब्जा करने की कोशिश

की उनका अमरीका तथा उसके साथियों ने कड़ा विरोध किया। हाल ही में अमरीका मुक्त दुनिया के नेता के रूप में सामने आया है। इजरायल के लिए बिना शर्त समर्थन के कारण बिखरे पड़े इस्लामिक देश अमरीका के शत्रु बन गए हैं। वे अमरीका के कृत्यों-अकृत्यों को बेबस होकर देख रहे हैं। इन्हीं हालात को ध्यान में रखकर आतंकवादियों के इरादों, इस्लाम के स्वरूप और साम्राज्यवादी ताकतों, विशेषकर अमरीका की नीतियों को देखना होगा।

मिथक : लोकतंत्र और इस्लाम कभी मेल नहीं खा सकते। (जैन 1992)

तथ्य : अधिकांश धर्म मानव समाज के ऐसे चरण में उभरे जब जनजाति व्यवस्था या सामंती संबंध अस्तित्व में थे। उद्योगीकरण की प्रक्रिया के साथ धर्मनिरपेक्षीकरण (पुरोहित वर्ग की पकड़ कमजोर पड़ना और स्वतंत्रता, समानता तथा भाईचारे के सिद्धांतों का आगे बढ़ना) की प्रक्रिया ने गति पकड़ी। जिन राष्ट्र देशों ने इस चरण में जन्म लिया उनमें ईसाइयत मुख्य धर्म था। धर्मनिरपेक्षीकरण प्रक्रिया को चर्च का सामना करना पड़ा और उन्हें समाज में नए संबंध शुरू करने पड़े।

जिन देशों में इस्लाम मुख्य धर्म था वहाँ पर ज्यादातर उपनिवेशवादी शासन था। यहाँ स्वतंत्रता संघर्ष के कारण धर्मनिरपेक्षीकरण की प्रक्रिया शुरू हुई। दुर्भाग्य से ये वही देश थे जहाँ पर तेल के भंडार मिले। दूसरा विश्वयुद्ध साम्राज्यवादी देशों में बाजारों के बँटवारे के कारण हुआ। मध्य-पूर्व में तेल की खोज और महाशक्ति तथा अग्रगामी औद्योगिक राष्ट्र के रूप में अमरीका के उदय से स्वतंत्रता आंदोलनों का गतिविज्ञान ही बदल गया। अमरीका ने विभिन्न उपनिवेशों में लोकतंत्रीकरण की प्रक्रिया को रोकना शुरू कर दिया और 'आजादी की रक्षा' के नाम पर आजादी के आंदोलनों का ही विरोध करना शुरू कर दिया। कई देशों में उसे मुँह की खानी पड़ी। वियतनाम में भारी विरोध के बावजूद लोग डटे रहे और अमरीका को 'आजादी बचाओ' के अपने मिशन से पीछे हटना पड़ा। लेकिन कुछ देशों में वह अपने कठपुतली, सामंती या निरंकुश शासन स्थापित करने में कामयाब हो गया। चिली में लोकतांत्रिक रूप से चुने गए सालवाडोर आयंदे शासन को उतार फेंका गया और ओगस्टो पिनोचेट नाम के सैनिक तानाशाह को काबिज कर दिया गया। इन दोनों ही देशों में सरकार या क्रांति के नेता मार्क्सवादी थे। दिलचस्प बात है कि कुछ उपनिवेशों में स्वतंत्रता आंदोलन और उद्योगीकरण प्रक्रिया उद्योगपतिवर्ग द्वारा नहीं चलाई जा सकी इसलिए सामूहिक नौकरशाही ने उद्योगपति के कार्य सँभाल लिए।

दूसरे विश्वयुद्ध के बाद इस्लामी राष्ट्रों के बीचों-बीच तथा तेल संसाधनों के बीच इजराइल का गठन किया गया। यहाँ से लोकतंत्रीकरण प्रक्रिया रुक गई और क्रांतिविरोधी तत्त्वों ने धर्मनिरपेक्षीकरण और लोकतंत्रीकरण प्रक्रिया को रोक दिया।

1. इरान में मोसाडेक की सरकार को हटा दिया गया और 1953 में सी आई ए की कड़ी निगरानी में रजा शाह पहलवी को शासक बनाया गया। मोसाडेक

तेल उद्योग के राष्ट्रीयकरण के बारे में सोच रहा था। शाह ने कठपुतली की तरह से काम किया, अपने तेल संसाधनों को लूटे जाने दिया। आधुनिकता के संकेत लाए गए लेकिन सामाजिक रूपांतरण को दबा दिया गया। इसकी वजह से अमीरों और गरीबों में खाई बढ़ती गई। उसने लोकतांत्रिक संस्थाओं को भी दबा दिया। लोगों के गुस्से, कुंठा और निस्सहायता के कारण शाह के खिलाफ विद्रोह हुआ। और अयातुल्ला खोमेनी का मौलवी शासन अस्तित्व में आया। खोमेनी ने अमरीका को सबसे बड़ा शैतान बताया। इसके बाद इराक और ईरान के बीच लंबा युद्ध चला जिसमें अमरीका ने इराक की मदद की तथा युद्ध को जारी रखने के लिए पैसे और शस्त्र दिए।

2. अमरीकी बमबारी से हाल ही तबाह हुए अफ़ग़ानिस्तान की निराली कहानी है। 1978 में पीपुल्स डेमोक्रेटिक पार्टी सत्ता में आई और उसने धर्मनिरपेक्ष तरीके से लोकतांत्रिक सुधार करने शुरू कर दिए। अगले वर्ष कंजरवेटिव तत्त्वों ने इस सरकार को हटा दिया। सोवियत रूस ने सामाजिक सुधार और आधुनिकीकरण की हामीदार सरकार को वापस लाने के लिए सेना भेजी। अमरीका ने विद्रोहियों के सबसे अधिक रूढ़िवादी तत्त्वों जैसे कि ओसामा बिन लादेन और सर्वाधिक रूढ़िवादी संगठन तालिबान को बढ़ावा देने का फैसला किया। उसने रूसी सेना को उखाड़ फेंकने में मदद की। इसके बाद तालिबान शासन आया जिसे पाकिस्तान की मदद से अमरीका ने पोसा। इस बीच अमरीका ने अंतर्राष्ट्रीय कानून के बारे में सभी लिखित-अलिखित नियमों को तोड़ा।
3. कुवैत के जिसे इराक ने 23 वें राज्य के रूप में खुद में मिला लिया था के शेख का शासन बहाल करने के लिए अमरीका ने इराक पर जबर्दस्त हमला कर दिया। कुवैत का शेख अमरीका की कठपुतली है जिसकी सहायता से वह कुवैत के तेल पर अपना कब्जा करता है। अमरीका और उसके साथियों द्वारा किए गए हमले में लगभग 200000 लोग मारे गए। बाद में अमरीकी प्रतिबंधों के कारण दवाइयों तथा दूसरी जरूरी चीजों की सप्लाई रुक गई जिसकी वजह से और 500000 लोग मारे गए।
4. पाकिस्तान फूट डालो और राज करो की ब्रिटिश नीति का परिणाम था। शीघ्र ही वह सेना और मुल्लाओं की गिरफ्त में फँस गया। लोकतंत्र के आंतरिक दमन और कश्मीर में आक्रामक भूमिका में अमरीका ने पाकिस्तान की मदद की। 1971 में बंगलादेश पाकिस्तान से अलग हो गया। वह धीरे-धीरे लोकतंत्र लाने की कोशिश कर रहा है।

5. मलेशिया और इंडोनेशिया, जोकि प्रमुख रूप से इस्लामिक राष्ट्र हैं, सीमितताओं के बावजूद लोकतंत्र का पोषण करने के प्रयास किए जा रहे हैं।

बॉक्स 13.2

इस्लाम और जन इच्छा

लेकिन ऐसा कुछ नहीं है जिससे लगे कि इस्लामिक मत अंतर्जात रूप में लोकतंत्र का विरोधी है। कुरान में विशेष रूप से लिखा है कि : और वे सभी लोग जो अपने अल्लाह की बात सुनते हैं, और लगातार इबादत करते हैं और जिनका शासन आपस में परामर्श से चलता है। जो लोग यह कहते हैं कि इस्लाम लोकतंत्र का समर्थन करता है उनका तर्क है कि सच्चा परामर्श सार्वभौमिक मताधिकार के जरिए जन इच्छा की जानकारी लेकर ही किया जा सकता है। विडंबना की बात है कि सत्तावादी शासनों के समर्थक भी इसी पद्य को उद्धरित करते हैं। वे 'परामर्श' का अर्थ निकालते हैं, जनजाति प्रधानों के साथ बैठक। फिर भी इंडोनेशिया और मलेशिया में लोकतंत्र फला-फूला है। बंगलादेश में पिछले सप्ताह ही चुनाव हुए। कुरान का जहाँ तक सवाल है, इसका प्रयोग लोकतंत्र की आधुनिक अवधारणा और राष्ट्र शासन का समर्थन करने या उसे खारिज करने के लिए किया जा सकता है।

—राजेश कलशियान, आउटलुक, 2001

मुस्लिम बहुल देशों में लोकतंत्र लाने के प्रयास किए गए हैं। क्षेत्र में तेल धन पर नियंत्रण के लिए साम्राज्यवादियों ने इन प्रयासों को कुचल दिया है। अधिकांश इस्लामिक राष्ट्र उपनिवेशवाद के बाद के देश हैं। वे सीमाओं में बँधे हैं और लोकतंत्र की ओर जाने में असमर्थ हैं। इन सीमाओं के बावजूद तेल क्षेत्र से दूर के देश अपने यहाँ लोकतंत्र के बीज बोने में कामयाब हुए हैं। दूसरे देशों में साम्राज्यवादी राष्ट्रों ने सामंती संबंधों और लोकतंत्र पूर्व की प्रणालियों को बढ़ावा दिया है और उन्हें बरकरार रखा है। उन्होंने समाज के रूढ़िवादी तत्त्वों का संवर्धन किया है। इस प्रकार 'मुक्त दुनिया' के साम्राज्यवादी देश पहले यह सुनिश्चित करते हैं कि इन देशों का लोकतांत्रिक कायाकल्प न हो क्योंकि यह उनके भौतिक हितों के खिलाफ है। फिर यह दावा करता है कि इन देशों में इस्लाम के कारण लोकतांत्रिक ढाँचा नहीं है। इससे दोहरा मकसद पूरा होता है। वे इन क्षेत्रों पर अपना नियंत्रण बरकरार रखने के लिए इस्लाम विरोधी भाषण शुरू कर देते हैं।

जैसा कि हमने पहले देखा, धर्मों का उस समय उद्भव हुआ जब लोकतांत्रिक संस्थाएँ मौजूद नहीं थीं। इस अर्थ में तो कोई भी धर्म लोकतंत्र का आधार नहीं हो सकता। "वैसे भी (इस्लाम में) समाज की अवधारणा है देश की नहीं। इस्लाम की कुछ व्याख्याओं के अनुसार मुस्लिम उम्माह का बुनियादी कार्य बुराई से दूर अच्छाई पर आधारित नैतिक समाज बनाना है। मुसलमानों की एकता तभी संभव है जब

वे न्यायपूर्ण समाज के निर्माण में लगे धार्मिक समुदाय हों, ऐसा समाज जिसमें जुल्म का कोई तत्त्व न हो, हालाँकि सत्य तक पहुँचने के कई मार्ग हैं।" (इंजीनियर अमन, अप्रैल-मई, 1999)

कलशियान (आउटलुक, 15 अक्तूबर, 2001) का कहना है कि इस्लाम व्यक्ति स्वतंत्रता के खिलाफ नहीं है। यह मुल्लावर्ग को मान्यता नहीं देता। व्यक्ति से उम्मीद की गई है कि वह इजतिहाद या कुरान की व्याख्या करे और यह समझे कि उसके विचार से कौन-सा रास्ता सचाई का है। यह अलग बात है कि इजतिहाद की प्रथा को उलेमाओं ने अपने कब्जे में ले लिया है। उनमें से कुछ अपने विचारों के अनुसार फतवा जारी करते हैं। यहाँ समस्या इस्लामिक सिद्धांतों की नहीं बल्कि उन विचारों की है जो कि आधुनिकता की उपज हैं।

मिथक : इस्लाम के उपदेश हिंसा और उग्रवाद को जन्म देते हैं। वह जिहाद को भी प्रोत्साहित करता है जो गैरमुसलमानों के खिलाफ धर्मयुद्ध है।

तथ्य : हमारे देश में कश्मीर में उग्रवाद और सांप्रदायिक हिंसा का कारण इस्लाम की हिंसक प्रवृत्ति को बताया जाता है। पूरी दुनिया में 11 सितंबर के बाद यह बात सामाजिक आम समझ में बैठ गई है।

सबसे पहले तो हम समझ लें कि कश्मीर में उग्रवाद लंबे समय से लोकतांत्रिक प्रक्रिया के दमन के कारण कश्मीरी युवाओं में आए पराएपन और कुंठा की वजह से है। इस स्थिति का लाभ उठाकर पाकिस्तान ने कश्मीरियों में विरोध का लाभ उठाया और उग्रवाद को बढ़ावा दिया। इसी प्रकार सांप्रदायिक दंगों के दौरान संप्रदायीकृत शासन तंत्र और सांप्रदायिक संगठन ऐसे हालात पैदा कर देते हैं जहाँ मुसलमान आत्मरक्षा में पहला पत्थर फेंकने के लिए मजबूर हो जाते हैं। अधिकांश सांप्रदायिक दंगों के विश्लेषण से पता चला है कि बहुसंख्यक सांप्रदायिकता ही दंगे भड़काती है। चूँकि मुस्लिम अल्पसंख्यकों को पहला पत्थर फेंकने के लिए मजबूर कर दिया जाता है, इसलिए यह कह दिया जाता है कि अपने हिंसक स्वभाव के कारण उन्होंने ही दंगे शुरू किए। अधिकांश जाँच समितियों की रिपोर्टों से यह आम धारणा गलत साबित हो जाती है।

यहाँ यह उल्लेखनीय है कि अधिकांश धर्मों से ताल्लुक रखने वाले लोगों ने हिंसा और उग्रवाद का सहारा लिया है। हाल के वर्षों में खालिस्तान आंदोलन से उत्पन्न सिख उग्रवाद, दो सिखों द्वारा इंदिरा गाँधी की हत्या तथा लिट्टे (तमिल हिंदू) द्वारा श्रीलंका में हिंसा को देखा जा सकता है। एक लिट्टे आतंकवादी धानु ने मानव बम बनकर राजीव गाँधी तथा कई अन्य व्यक्तियों की हत्या कर दी। ईसाई तथा हिंदू आतंकवादी उत्तर-पूर्व भारत में सक्रिय है। दुनिया में नजर घुमाकर देखें तो पता चलेगा कि आई आर ए आतंकवादी ईसाई हैं, 1942 में काहिरा में बम फेंकने वाला यहूदी था तथा ओकलाहोमा में बम फेंकने वाला ईसाई था। जहाँ कहीं भी असंतोष एक सीमा को पार कर जाता है, लोग अपने लक्ष्यों को प्राप्त करने के लिए हिंसा का सहारा लेते हैं।

बॉक्स 13.3

अवधारणा का संकट

इस्लाम लगातार उग्रवादी नहीं होता गया। उसकी गलत तरीके से व्याख्या की गई है। विचार करो कि इस्लाम को कितने तरीकों से देखा जाता है। इस्लाम न केवल भव्य सुडौलता, संपन्न आकर्षक रहस्यात्मक काव्य है; संरचना और गूढ़ सूफी विचार है : बल्कि इस्लाम गलियों में भीड़, दूतावासों पर बम फेंकने वाले युवक हैं और टेलीविजन स्क्रीनों पर खुद को कोड़ा मारने की छवियाँ भी हैं। इस्लाम सब लोगों के लिए सब चीजें बन गया है। यह केवल धर्म विज्ञान नहीं है, विवाद कला, बहस, मीडिया, छवि, संघर्ष और एक विचार बिंदु है।

पवित्र पैगम्बर सबसे बड़ा जिहाद अपनी भावनाओं और उद्वेगों पर नियंत्रण के लिए संघर्ष को मानते थे। यह मीडिया में जो कुछ कहा जा रहा है उससे अधिक जटिल और परिष्कृत अवधारणा है।

—अकबर एस अहमद, इस्लाम टुडे, 1999

पिछले डेढ़ दशकों में इस्लाम को हिंसक के रूप में पेश किया गया है। मीडिया और शासन तंत्र ने एक मकसद से इस्लाम की यह छवि प्रस्तुत की है। मुसलमान एकरूप समुदाय नहीं है। इस्लाम की विभिन्न व्याख्याएँ हैं। मीडिया किसी सनसनीखेज हिंसक कार्रवाई को तो उछाल देता है लेकिन शांतिवादी कार्रवाई की उपेक्षा कर देता है। धर्मांध लोगों की टिप्पणियों को इस्लाम के मूल्य के रूप में बड़े मुखरित तरीके से पेश किया जाता है। गंभीर और संयत बयानों की या तो उपेक्षा कर दी जाती है या उन्हें मीडिया के किसी कोने में डाल दिया जाता है।

मतांधों द्वारा जिहाद शब्द के दुरुपयोग से समस्या और बढ़ जाती है। मुसलमान आतंकवादियों के किसी भी कृत्य को जिहाद बता दिया जाता है। वे भी उसे इसी रूप में पेश करते हैं। विभिन्न धर्मों में जेहाद क्रुसेड या धर्मयुद्ध शब्द अनजाने नहीं हैं। राजाओं ने धर्म के नाम पर अपनी सीमाएँ बढ़ाने के लिए इन शब्दों का प्रयोग किया है। इस्लाम भी इसका अपवाद नहीं है। ऐसा विश्वास है कि अल्लाह तलवार की नोक पर इस्लाम का प्रचार चाहता है। इस्लाम के एक उदारवादी व्याख्याता डॉ. इंजीनियर का कहना है कि "जिहाद इस्लाम का एक स्तंभ है लेकिन आवश्यक रूप से इसका अर्थ युद्ध नहीं है। जिहाद...का मतलब है भरसक प्रयास, हिंसा नहीं। मुसलमानों के लिए यह जरूरी है कि वे अल्लाह के संदेश के प्रसार के लिए (बुद्धिमत्तापूर्वक तरीके से) भरसक प्रयास करें ताकि न्यायपूर्ण और दयालु समाज का निर्माण हो सके। पैगम्बर ने खुद कई अवसरों पर इसके उदाहरण दिए हैं, विशेष रूप से सल्ह-इ-हुदाबिया (अर्थात हुदाबिया और फथ-ई-मक्का की शांति) के अवसर पर।" (इंजीनियर, इंस्टीट्यूट ऑफ इस्लामिक स्टडीज़ वॉल्यूम 1, अक्तूबर 1998)

ऐतिहासिक तौर पर साम्राज्यवादी ताकतों ने अपने सांसारिक विस्तारवादी

मनसूबों को उचित बताने के लिए जिहाद शब्द का बार-बार इस्तेमाल किया है। अपने मूल रूप में जिहाद समुदाय के लिए आंतरिक नैतिक सफाई था। इसे जिहाद ए अकबर (महान जिहाद) कहा जाता था। लेकिन अब जिहाद के पूरे विचार का प्रयोग सैनिक, निरंकुश शासनों की वैधता कायम करने के लिए किया जाता है। इन रेडिकल इस्लामी समूहों का जहाँ तक सवाल है, वे जिहाद का प्रयोग अपने उद्देश्य के लिए धार्मिक उन्माद जगाने के लिए करते हैं।

जिहाद शब्द का धर्मग्रंथीय अर्थ और आशय जो मर्जी हो, मुस्लिम शासकों और आतंकवादियों ने राजनीतिक उद्देश्यों के लिए इसका प्रयोग किया है। दूसरे धर्मों की तरह हिंसा राजनीतिक इस्लाम का हिस्सा है। निस्संदेह सभी धर्मों के लोगों ने क्षेत्र विस्तार के अपने भौतिक तथा लौकिक लक्ष्यों के लिए धर्म की भाषा और आवरण का प्रयोग किया है। इस्लाम के अनुयायी भी इस काम में पीछे नहीं रहे हैं।

मिथक : धर्मों में से इस्लाम ऐसा धर्म है जो रूढ़िवाद को बढ़ावा देता है। यह लोकतंत्र और व्यक्ति स्वतंत्रता के खिलाफ है।

तथ्य : सबसे पहले रूढ़िवाद शब्द की परिभाषा करनी जरूरी है। इसका दो अर्थों में इस्तेमाल होता है। धर्मों और विचारधाराओं के विश्वासी लोगों का मानना है कि इसका अर्थ किसी धर्म या सिद्धांत के बुनियादी रूप तक जाना है। यहाँ किसी विचारधारा या धर्म के मूल ग्रंथ पर जाने का आग्रह होता है। दूसरा अर्थ समाज के प्रभुत्वशाली वर्ग के राजनीतिक लक्ष्यों की प्राप्ति के लिए धर्म के प्रयोग से संबंधित है। इसके लिए धर्मग्रन्थों और प्रथाओं में से ऐसे अंशों को चुनकर निकाला जाता है जो मानवाधिकारों तथा कमजोर वर्गों और स्त्रियों की बराबरी के खिलाफ होते हैं। इन्हें इन वर्गों की मुक्ति की आकांक्षाओं को दबाने के लिए इस्तेमाल किया जाता है। हम इस शब्द का उसके दूसरे अर्थ में इस्तेमाल कर रहे हैं। (धर्म का राजनीतिक दुरुपयोग)

रूढ़िवाद विभिन्न स्थितियों में आता है। समाज के पतनशील वर्ग (सामंती तत्त्व) पुरोहित वर्ग के समर्थन से स्वतंत्रता, सभानता और भाईचारे की तरफ समाज के कायाकल्प में बाधा पहुँचाते हैं। सबसे पहले यह स्थिति 19वीं शताब्दी के आखिर और 20 वीं शताब्दी के रूप में अमरीका में उद्योगीकरण प्रक्रिया के साथ ईसाइयत के प्रोटेस्टेंट पंथ में आई। दस छोटी पुस्तिकाएँ छापी गईं जिनमें ईसाइयत के बुनियादी मूल्यों पर बल दिया गया। इनमें से अधिकांश दासों और स्त्रियों की कानूनी बराबरी के खिलाफ थीं और आगे उद्योगीकरण के साथ यह स्थिति खत्म हो गई। 20वीं शताब्दी के आखिर से यह स्थिति फिर देखने में आ रही है, विशेष रूप से इस्लामी देशों में। लेकिन इसके कारण भिन्न हैं। अयातुल्ला खोमेनी का शासन रूढ़िवादी था। इससे पहले ईरान के रजाशाह पहलवी ने लोकतांत्रिक व्यवस्थाओं का गला घोंट दिया था। मध्य-पूर्व के बहुत से देशों में भी यही मूल्य प्रणालियाँ आईं। वहाँ समाज में स्त्रियों

और कमजोर वर्गों के अधिकारों का दमन करके स्त्री स्वतंत्रता को विशेष रूप से निशाना बनाया गया। इसी प्रकार बहुत से अरब देश पहले से ही इस विचारधारा को अपना रहे थे। तेल क्षेत्र के अधिकांश इस्लामी देशों में अमरीका ने मुल्ला समर्थित शेखों के शासन को बढ़ावा दिया क्योंकि वे ही तेल के लिए अमरीका की भूख को संतुष्ट कर सकते थे।

रूढ़िवादी शासनों में पुरोहित वर्ग का स्तर ऊँचा हो जाता है। हमारे पड़ोसी देश पाकिस्तान में यें प्रवृत्तियाँ शुरू से ही मौजूद थीं क्योंकि वहाँ सामंतों और मुल्लाओं का वर्चस्व था। जिया-उल-हक के शासन में इन्होंने संस्था का रूप धारण कर लिया। विभिन्न समयों पर समाज के कुछ वर्गों के राजनीतिक लक्ष्यों के लिए धर्मों का कवर की तरह इस्तेमाल किया गया। इस अर्थ में केवल इस्लाम का ही राजनीतिक दुरुपयोग नहीं हुआ है। शेष दुनिया में और धर्मों का भी दुरुपयोग हुआ है। अब कुछ नए शब्द प्रचलन में आ गए हैं जैसे कि हिंदुत्व, इस्लामवाद। ये रूढ़िवादी राजनीति के सूचक हैं। लेकिन साथ ही अपने धार्मिक उत्स को बनाए हुए हैं। ये धर्म नहीं हैं। लेकिन इनके राजनीतिक लक्ष्य हैं। उनका उद्देश्य भोले-भाले लोगों को गुमराह करना और उनसे अपनी राजनीति का समर्थन कराना है। ये शब्द समाज के बड़े वर्गों को जुटा लेते हैं क्योंकि वे यह मान लेते हैं कि यह उनके धार्मिक प्रयास का हिस्सा हैं।

'इस्लामवाद' 1920 के दशक में शुरू हुआ। 1980 के दशक तक आते-आते तीसरी पीढ़ी जवान हो गई। उनके आतंकवाद के कारण उन्हें जिहादी कहा जाता है। वे साफ-साफ कहते हैं कि जिहाद उनके लिए नैतिक शस्त्र नहीं है। (बहुत से मुसलमान इसे इसी अर्थ में समझना चाहते हैं), बल्कि सशस्त्र संघर्ष है, उनका आत्मशुद्धि का सबसे प्रिय तरीका 'शहादत' है। (दुरन 2000) सशस्त्र संघर्ष के रूप में जिहाद की अवधारणा 1927 में जिहाद पर एक पुस्तक, अल जिहाद फिल इस्लाम के प्रकाशन से शुरू हुई जिसके कुछ अंशों का अंग्रेजी में अनुवाद किया गया। इन अंशों में भारत और पाकिस्तान में मुसलमानों के आत्मकथन भी शामिल हैं। यहाँ हम दोहराना चाहते हैं कि कुरान के अनुसार जिहाद का अर्थ है प्रयास, शक्ति और कोशिश का विस्तार, न्यायपूर्ण और दयालु समाज के निर्माण के लिए अल्लाह के शब्दों का प्रसार।

इस्लामवाद की अन्य परिभाषा पॉलिटिकल इस्लाम इन दि इंडियन सब कोंटीनेंट (ग्रारे, 2001) में दी गई है। इसमें कहा गया है कि "वास्तव में इस्लामवाद को धार्मिक उत्ताप या तालिबान में पाई जाने वाली उग्रवादी नैतिक कठोरता या हिंसा का आधार नहीं माना जा सकता।" इस्लामवाद में राजनीतिक सत्ता की प्राप्ति का औचित्य शरिया लागू करने की इच्छा द्वारा स्थापित हो जाता है। शरिया सामाजिक संबंधों का एकमात्र न्यायिक आधार है। इसके सामने कोई भी गैर-इस्लामिक कानून अस्तित्व में नहीं

रह सकता। "यही मान्यता इस्लामवाद को सर्वसत्तावादी बना देती है।" (वही) यह बात किसी भी धर्म या प्रजाति से वैधता प्राप्त करने वाली राजनीतिक प्रणाली में देखी जा सकती है। इस्लाम की उदारवादी व्याख्या करने वाले विख्यात इस्लामी विद्वान इंजीनियर का कहना है, "इस्लाम में जिहाद की अवधारणा को मुसलमानों और गैरमुसलमानों ने बहुत गलत समझा है। यह समझा जाता है कि इस्लाम हिंसा और बल प्रयोग को बढ़ावा देता है और अल्लाह, तलवार या बंदूक की नोक पर इस्लाम का प्रसार चाहता है। कुछ मुस्लिम उग्रवादियों और आतंकवादियों के कृत्य इस्लाम की इस हिंसक छवि का प्रमाण बन जाते हैं...सचाई कुछ और है।" (1998 क)। इंजीनियर ने आगे लिखा है, "इस्लाम के प्रसार में बल प्रयोग या हिंसा का कोई सवाल ही नहीं है। क्रूसेडों के बाद पश्चिम ने यह बात फैला दी। इसका भी धर्म के प्रसार से कोई लेना-देना नहीं है। वास्तव में ये क्षेत्र जीतने के लिए युद्ध थे। जहाँ तक धर्म के प्रसार का सवाल है, कुरान में कई घोषणाओं द्वारा हिंसा से इंकार किया गया है। इसमें बलपूर्वक कहा गया है, ला इकरा फि अल-दीन (धर्म में कोई बाध्यता नहीं है 2 : 256) साथ ही यह स्पष्ट कर देती है कि अल्लाह के मार्ग पर किसी को बुद्धिमत्तापूर्ण तरीके से और दयालुतापूर्ण व्यवहार द्वारा ही लाया जा सकता है (16 : 125) यह भी कम महत्त्वपूर्ण नहीं है कि कुरान ने मोहम्मद से पहले आए पैगम्बरों के सत्य को स्वीकार किया। (वही)

खालिस्तानी आंदोलन भी स्वभावतः रूढ़िवादी था। यह विद्रोह का आंदोलन ही बन कर रह गया। कमजोर लोगों पर नियंत्रण के लिए इसे सत्ता नहीं मिली। हिंदुत्व, भारतीय राष्ट्रीय कांग्रेस के धर्मनिरपेक्षता आंदोलन के उदय के विरोध में आया। वह भारत में लोकतंत्र पर खतरा बन रहा है। लेकिन पिछले दो दशकों में मध्य वर्गों (अमीर किसान, अमीर व्यवसायी, छोटे उद्योगपति) की वृद्धि के कारण उसने खतरनाक रूप अख्तियार कर लिया है। यह अपनी वैधता हिंदूधर्म (ब्राह्मणवादी) से प्राप्त करता है और स्त्रियों तथा दलितों का दमन करता है। इस्लामी आतंकवादियों के भी वही मूल्य हैं। वे भी कमजोर वर्गों का दमन करते हैं।

प्रतिगामी राजनीति, जो कि समाज के कमजोर वर्गों के मानवाधिकारों के विरुद्ध है, के लिए धर्म का इस्तेमाल सभी धर्मों में है। यह सही है कि इस समय बड़ी रूढ़िवादी धारा अपनी वैधता इस्लाम से प्राप्त करती है। लेकिन यह खास परिस्थितियों के कारण है, धर्म के रूप में इस्लाम के अनूठेपन के कारण नहीं।

मिथक : इस्लाम स्त्रियों का अधिक दमन करता है। इस्लाम में स्त्री के लिए कम अधिकार हैं।

तथ्य : पिछले कुछ दशकों में यह बात पूरी ताकत के साथ सामने रखी गई है कि अन्य स्त्रियों के मुकाबले मुस्लिम स्त्रियों का अधिक दमन होता है। कहा जाता है कि तीन बार तलाक कहने की प्रथा, चार पत्नी रखने की वैधता, बुरका और

मुसलमान स्त्रियों में शिक्षा का अभाव इसके प्रमाण हैं। तालिबान शासन ने इस बात पर पुष्टि की मोहर लगा दी कि इस्लाम स्त्रियों का अधिक दमन करता है। उन्होंने स्त्रियों के घर से बाहर काम करने पर प्रतिबंध लगा दिया था, बुरका के प्रयोग को अनिवार्य बना दिया था और यह हुक्म जारी कर दिया था कि वे किसी पुरुष संबंधी को साथ लिए बगैर बाहर नहीं जा सकती हैं।

स्त्रियों की स्थिति समाज की धर्मनिरपेक्षीकरण प्रक्रिया पर निर्भर करती है। समाज जितना पिछड़ा होगा, सामाजिक मामलों पर पुरोहित वर्ग का नियंत्रण उतना ही अधिक होगा तथा स्त्रियों का अधिक दमन होगा। जिन समाजों में यह प्रक्रिया अधिक नहीं चली है उनमें स्त्रियाँ दमनकारी स्थितियों में रहती हैं। कुरान में इस बात का पर्याप्त साक्ष्य है कि वह संपत्ति रखने, शिक्षा प्राप्त करने और घर से बाहर काम करने के स्त्रियों के अधिकारों को मान्यता देता है। जिन समाजों में इस्लाम अधिक प्रचलित है वे राजनीतिक कारणों से पूर्व आधुनिक हैं। धर्मनिरपेक्षता से पहले कोई भी पुरोहित वर्ग स्त्रियों के लिए बराबर अधिकार और दर्जे के सिद्धांत को स्वीकार नहीं करता। बहुत से देशों, जहाँ लोकतंत्रीकरण की प्रक्रिया चल रही है, में तीन बार तलाक कहने की प्रथा पर प्रतिबंध लगा दिया गया है। वहाँ अनेक विवाहों को भी गैरकानूनी बना दिया गया है। शिक्षा और रोजगार की प्रक्रिया खोल दी गई है। जिन देशों में मुसलमान, हिंसा के नियमित विस्फोट के साए में रह रहे हैं वहाँ सुधारों की प्रक्रिया धीमी और कठिन है। लेकिन स्त्रियों के लिए लिंग न्याय के प्रयास चल रहे हैं। कुछ समय पहले तक पश्चिमी देशों, जहाँ दूसरे सुधार काफी लंबे समय से चल रहे हैं, वहाँ भी स्त्रियों को वोट डालने का अधिकार नहीं था। भारत में महात्मा जोतिबा फुले के प्रयासों के परिणामस्वरूप लड़कियों के लिए शिक्षा 19वीं शताब्दी के आखिर में शुरू हुई। कुरान में तीन बार तलाक कहने की प्रथा की अनुमति नहीं है। बहु-विवाह उस समय स्वीकार किया गया था जब जनजातियों के बीच युद्धों में बहुत से पुरुषों की मौत से अनेक स्त्रियाँ विधवा हो जाती थीं। इसकी अनुमति इस कड़ी शर्त के साथ दी जाती थी कि कोई व्यक्ति एक से अधिक पत्नियाँ तभी रख सकता था जब वह दूसरी, तीसरी और चौथी पत्नी के साथ वैसा ही व्यवहार रखे जैसा कि पहली पत्नी के साथ। वास्तव में यह शक्तिशाली लोगों द्वारा कई बार विवाह करने पर रोक लगाने के लिए था। यह प्रारंभिक नियम था जिसे किसी भी हालत में, आज के समय में स्वीकार नहीं किया जा सकता। हमें यह बात भी देखनी चाहिए कि लोकतंत्रीकरण और धर्मनिरपेक्षीकरण के कारण—जहाँ कहीं भी सुधार संभव हुए हैं—वहाँ समाज ने इन अवनतिकारक प्रथाओं को बंद कर दिया है। जहाँ आंतरिक और बाह्य (साम्राज्यवाद) तत्त्व रूढ़िवाद को बढ़ा रहे हैं, वहाँ स्त्रियों की दशा बहुत खराब है। यह सब पुरोहित वर्ग के नियंत्रण और ताकत पर निर्भर करता है। कुरान की समझ पर नहीं। बुरका जिसे मुसलमान स्त्रियों पर लादा जाता है, को उन जगहों

से सबसे पहले हटाया जाता था जहाँ सुधार शुरू हुए हैं। इस संदर्भ में कश्मीर का उदाहरण बहुत महत्त्वपूर्ण है। यहाँ कश्मीरी स्त्रियाँ कभी बुरका नहीं पहनती थीं। कुछ आतंकवादी संगठनों ने बुरका पहनने का हुक्म जारी किया और इसे न पहनने वाली लड़कियों के चेहरे पर तेजाब फेंका। ऐसी धमकियों के बावजूद, तालिबान सरकार के जाते ही स्त्रियों ने बुरका उतार फेंका।

बॉक्स 13.4

परदे वाला दर्जा

इस्लाम ने अरब देशों में परदे या एकांत में रहने की प्रथा शुरू नहीं की। इस्लाम के आने से बहुत पहले हैलेनस्टिक विजंटाइन युग और फारस के ससानियनों में परदे और एकांतवास की प्रथा मौजूद थी। प्राचीन मेसोपोटामिया में स्त्री के परदे को सम्मान का निशान माना जाता था। अच्छी विवाहित स्त्रियाँ, स्त्री दासियों और व्यभिचारी स्त्रियों से खुद को अलग करने के लिए परदा करती थीं। दासियों और व्यभिचारी स्त्रियों को सिर ढँकने की अनुमति नहीं थी।

मुसलमान स्त्रियों की वर्तमान दुर्दशा इन समाजों में गरीबी, निरक्षरता और रूढ़िवादी प्रवृत्तियों के कारण है जो कि तेल संपन्न इस्लामी देशों या इनके नजदीकी देशों के प्रति साम्राज्यवादी नीतियों का परिणाम है। यदि इस्लाम इस दुर्दशा का कारण होता तो जिन देशों का धर्मनिरपेक्षीकरण और लोकतंत्रीकरण हुआ है वहाँ मुस्लिम स्त्रियाँ परदे में ही रहतीं। लेकिन इंडोनेशिया, तुर्की और इराक में ऐसा नहीं है।

हाल ही में केरल में अहमद कुट्टी मौल्वी ने स्त्रियों को मस्जिद में नमाज अदा करने की अनुमति दी। बंगलादेश में ऐसे बहुत से कानून पास किए गए हैं जिनमें स्त्रियों के लिए लिंग न्याय सुनिश्चित किया गया है।

मिथक : इस्लाम सभी गैर-मुस्लिमों को काफिर मानता है और अपने अनुयायियों से उन्हें मारने के लिए कहता है। यह दूसरे धर्मों के अनुयायियों के प्रति इस्लाम की असहिष्णुता का एक और उदाहरण है।

तथ्य : यह सही है कि कुछ मतांध मुसलमान मध्ययुगीन व्याख्याओं और प्रथाओं को शाश्वत मानते हैं और उनका विश्वास है कि काफिरों को मार देना चाहिए। इस्लाम के दुश्मन भी इस्लाम की असहिष्णुता को दर्शाने के लिए इस शब्द का प्रयोग करते हैं।

अधिकांश विचारधाराओं में सकारात्मक-नकारात्मक शब्दावली विकसित हो जाती है। उदाहरण के लिए ईसाइयत में पॅगन, नॉन बिलीवर जैसे अपमानजनक शब्द हैं। हिंदूधर्म में म्लेच्छ, यवन आदि शब्द हैं। इस्लाम में भी कुछ नकारात्मक शब्द हैं जैसे कुफ्र, निफाक और रफ्ज। अधिकांशतः ये शब्द उसी क्षेत्र में विभिन्न पंथों के लिए इस्तेमाल किए जाते हैं। निहित स्वार्थ इन शब्दों को अपने भौतिक लाभों

की सुरक्षा और अपनी सामाजिक शक्ति को बढ़ाने के लिए इस्तेमाल करते हैं। बहुत से मुसलमान शासकों ने गैरमुस्लिम शासकों से लड़ते हुए काफिर शब्द का प्रयोग किया। बाद में उन्होंने इन शासकों के साथ समझौते किए। हमें ज्ञात है कि मुसलमान बादशाहों ने हिंदू राजाओं के साथ गठजोड़ किया। उनकी भारी संख्या में हिंदू प्रजा भी थी, जिनकी धार्मिक तथा दूसरी आवश्यकताओं को वे ध्यान में रखते थे। (उदाहरण के लिए हुमायूँ के नाम बाबर की वसीयत) ज्यादातर इन सांसारिक मामलों पर शासक वर्गों के लाभ के लिए धार्मिक मुलम्मा चढ़ा दिया जाता है। इनकी संकीर्ण व्याख्या करके किसी धर्म विशेष पर असहिष्णुता का लेबल लगा दिया जाता है।

निहित स्वार्थों ने उम्माह, एकरूप मुस्लिम समुदाय के बारे में मिथक फैला दिया हैं। वास्तविकता यह है कि मुस्लिम दुनिया में कोई एक ध्येय या एकीकृत दृष्टि नहीं है। इस्लाम के विभिन्न पंथों में गंभीर भेद है। उदाहरण के लिए मुसलमान के कई वर्गों ने तालिबान की निंदा की है। उम्माह कुरान में निहित बहुत प्रगतिशील विचार है। अपने मूल रूप में इसने क्षेत्रवाद और राष्ट्रवाद पर आघात किया। इसका उद्देश्य एक ऐसा मुस्लिम व्यक्तित्व बनाना था जो प्रजाति, भाषा, रंग तथा दूसरे क्षेत्रीय तत्त्वों से ऊपर हो लेकिन बाद की शताब्दियों में इसे गैर मिलनसार विचार में तब्दील कर दिया गया।

दार-उल-इस्लाम (विशुद्ध इस्लाम की भूमि) और दार उल हर्ब (दुश्मन की भूमि) के विचारों का प्रयोग उन देशों में मुसलमानों की देशभक्ति के अभाव में दर्शाने के लिए किया गया है जहाँ वे अल्पसंख्यक हैं। कुरान में 'शांति की भूमि' और 'दुश्मन की भूमि' में अंतर है। लेकिन यह भेद उसी समय सार्थक था जब मुस्लिम समुदाय शेष दुनिया के रूबरू अपनी संहिता विकसित करने में लगे थे। आज की बहुवादी

बॉक्स 13.5

कानून और मार्ग

...धर्म के अनेकत्व की स्वीकृति के बारे में कुरान में कई कथन हैं। एक पद्य (5 : 48) में कहा गया है, "आप में से प्रत्येक के लिए हमने एक कानून और एक मार्ग तय किया है। यदि अल्लाह चाहता तो आपको एक अवाम बना देता। लेकिन उसने तुम्हें जो दिया उसमें वह तुम्हारी परीक्षा ले सकता है। इसलिए भले कामों में एक दूसरे से प्रतिस्पर्धा करें।" इस पद्य में कुरान में तीन बातों पर बल दिया गया है। एक, प्रत्येक राष्ट्र या अवाम का एक कानून और एक मार्ग होता है। अवाम इस कानून और मार्ग का पालन करते हैं। कानून का मतलब कानूनी जरूरत है और मार्ग का मतलब है आध्यात्मिक रास्ता हालाँकि शाश्वत नियम एक समान हो सकते हैं लेकिन कानून और मार्ग अवाम की जरूरतों के अनुरूप होंगे।

दुनिया में विभिन्न मुस्लिम देश भौतिक लाभों के लिए एक-दूसरे से लड़ रहे हैं। दक्षिण एशिया में 1971 में सहधर्मी बंगलादेश सांस्कृतिक और भौतिक कारणों से पाकिस्तान से अलग हो गया।

मिथक : वर्ल्ड ट्रेड सेंटर पर मौजूदा आतंकवादी हमले और बाद में अफ़ग़ानिस्तान पर अमरीकी हमला 'सभ्यताओं के बीच संघर्ष' के सैमुअल हंटिंग्टन के सिद्धांत के पीछे सच्चाई को उजागर करते हैं।

तथ्य : "मेरी परिकल्पना यह है कि इस नई दुनिया में संघर्ष के बुनियादी स्रोत प्राथमिक रूप में विचारधारात्मक या प्राथमिक रूप में आर्थिक नहीं होंगे। मानवजाति में बड़े विभाजन और संघर्ष के बड़े कारण सांस्कृतिक होंगे। विश्व मामलों में राष्ट्र शासन सर्वाधिक शक्तिशाली अभिनेता होंगे लेकिन विश्व राजनीति में मुख्य संघर्ष विभिन्न सभ्यताओं वाले राष्ट्रों और समूहों के बीच होंगे। सभ्यताओं का संघर्ष विश्व राजनीति पर छाया रहेगा। सभ्यताओं के बीच फाल्ट लाइनें भविष्य में युद्ध लाइनें बन जाती हैं।" ये 'बढ़िया' बातें इस युग के नए दार्शनिक सैमुअल हंटिंग्टन ने कही हैं। वह दुनिया की ऐसी अवस्था का प्रतिनिधित्व करता है जहाँ अमरीका का आर्थिक और राजनीतिक वर्चस्व पूरा होने वाला है। यह ऐसा युग है जब अमरीका और उसके खुशामदी टट्टुओं की तूती बोलती है। यह वह युग है जब पूर्वकाल के गुटनिरपेक्ष आंदोलन को भुला दिया गया है और विश्व लोकतांत्रिक व्यवस्था की संभावना मृगतृष्णा लगती है। खाड़ी क्षेत्र और अफ्रीका में मुसलमानों के भारी संख्या में वर्गों के साथ किए गए अन्याय के दुष्परिणाम आने लगे हैं। इजरायली दमन के खिलाफ फिलिस्तीनों का मिलिटेंट विरोध यासर अराफात के नेतृत्व में पी एल ओ ने किया। अमरीका और दूसरी आधिपत्यवादी ताकतों के कृत्यों ने भारी संख्या में मुसलमानों के मन में अन्याय की भावना भर दी है। यह बात भी सब जानते हैं कि अंतर्राष्ट्रीय शिकायत निपटाने के चैनल, न होने के बराबर हैं। संयुक्त राष्ट्र संघ, अमरीका के विदेश विभाग में एक डैस्क बनकर रह गया है। इसके महासचिव इराक पर साम्राज्यवादी ताकतों के हमले और इसके आतंक के लिए संयुक्त राष्ट्र के प्रतिबंध की माँग को निस्सहाय होकर देख रहे हैं। यही व्यक्ति उस समय एक तरफ चुपचाप खड़ा देखता रहा जब अमरीका ने विश्व संस्था से स्वीकृति लेने की चिंता किए बगैर अफ़ग़ानिस्तान पर हमला बोल दिया। अमरीका द्वारा एक के बाद एक देश में तबाही को चुपचाप खड़े होकर देखने वाले इस व्यक्ति को अब नोबल पुरस्कार दिया जा रहा है। इस अवस्था में अन्याय के खिलाफ विरोध जताने के लिए दुनिया के पास क्या तरीका है? शिकाय़त दूर करने के लिए वे कौन-सा दरवाजा खटखटाएँ?

इस आक्रामक साम्राज्यवाद का ध्येय दुनिया पर वर्चस्व और नियंत्रण कायम करना है। यह कमजोर को दास बनाने के लिए ताकतवर का आतंक है। शासन

का यह आतंकवाद बेकसूर गैर सैनिकों को मारता है जैसे कि हिरोशिमा और नागासाकी में लोग, 1991 में इराक पर अमरीकी हमले में मरने वाले लोग, हाल ही में काबुल की सड़कों पर मरने वाले लोग। दूसरा आतंकवाद उन लोगों का है जो राष्ट्रों और दुनिया की अन्यायपूर्ण नीतियों का शिकार रहे हैं, जिनकी जातीय आकांक्षाओं को कुचल दिया गया है, विश्व पर सत्ताओं के लालच ने जिन्हें बेघर कर दिया है। आज विस्तारवादी ध्येयों को पूरा करने के लिए 'विश्व में आजादी की रक्षा' रूपी विचारधारा का लबादा ओढ़ने की जरूरत भी नहीं है। ताकतवर के आतंक को उचित बताने के लिए कमजोर के प्रतिरोध को और भी कटु रूप में पेश किया जाएगा। 'सभ्यताओं के संघर्ष' के पीछे यही सब कुछ है। अब जबकि तेल के लिए भूख बढ़ रही है, इस साम्राज्यवादी विचारधारा का खुलासा हो जाता है। अब पता चलता है कि आधिपत्यवादी ताकतें उन स्थानों पर प्रतिरोध को क्यों कुचल देना चाहती हैं जहाँ वे दुनिया के संसाधनों पर प्रत्यक्ष या अप्रत्यक्ष नियंत्रण चाहती हैं। अतः साम्राज्यवादियों के नए विचारक कहते हैं कि 'पिछड़ी इस्लामिक सभ्यता' आधुनिक पश्चिम से टकरा रही है। आज 200 करोड़ मुसलमानों को ओसामा बिन लादेन का प्रतिरूप या तालिबान का सदस्य बता दिया जाता है। लक्षित समूह की विविधता को स्वीकार करना हमलावर के लिए खतरनाक है। यही कारण है कि भारत में भी मुसलमानों को एकरूप समाज के रूप में पेश किया जाता है। अल्पसंख्यकों की एकरूप छवि से निपटना प्रभावशाली वर्ग के लिए आसान हो जाता है। इस छवि को जितना भी अधिक पिछड़ा बताया जाए उतना ही अच्छा है। जब अपनी राजनीति के अनुसरण में हिंसा और दमन का सहारा लेना हो तो इस तरह के झूठ मदद करते हैं।

इसलिए ईरान, इराक, दक्षिणी अरेबिया, इंडोनेशिया और बंगलादेश के मुसलमान एक जैसे हो गए। इसके बाद अगला कदम आसान हो जाता है। पूरे मुसलमान समुदाय को आधुनिकता विरोधी करार दे दिया जाता है। वे आतंकवादी हैं। इसलिए इस्लाम में ऐसा कुछ जरूर है जो हिंसा और आतंकवाद का संवर्धन करता है। इसलिए जब सांप्रदायिक हिंसा के रूप में उनके खिलाफ हत्याकांड होता है या बेकसूर इराकियों और अफगानों के खिलाफ हमला होता है तो उच्च शक्तियों की आक्रामक कार्रवाई के लिए अनुमति आसानी से गढ़ ली जाती है। झगड़े में फँसे छोटे देशों से बड़ी बेशर्मी से कहा जाता है कि 'आप या तो हमारी ओर हैं या उनकी (आतंकवादियों की) ओर।' जो लोग उनके साथ हैं और मुसलमानों को संदेह की नजर से देखने वाली आम चेतना का हिस्सा हैं और जब कोई मिसाइल किसी वृद्ध के घर या असहाय लोगों पर गिरती है तो विस्मय के साथ खुश होते हैं। वे इस बात की सराहना करते हैं कि मिसाइल कितने अचूक तरीके से अपना काम कर रही है। अन्य इस बात पर खुश होते हैं कि 'उन्हें' (मुसलमानों को) सबक सिखाना जरूरी है। 'सभ्यता संघर्ष' के सिद्धांत का समर्थन करके अमेरिका लौट जाता है और वह राजनीतिक रूप में

सही लगने लगता है। अस्पतालों पर बमबारी, बच्चों को अपंग बनाने और वृद्धों के घर को उड़ा देने के लिए 'अनंत न्याय' की विचारधारा का कवच पहन लिया जाता है।

'सफेद आदमी के लिए बोझ' (वाइटमैन्स बरडन) का सिद्धांत उपनिवेशवाद के साथ आया। स्वतंत्रता की रक्षा की अवधारणा उस समय आई जब उदीयमान राष्ट्रवादों को दबाया जा रहा था। अब जब अमरीका तेल भंडारों पर नियंत्रण की कोशिश कर रहा है तो 'सभ्यता संघर्ष' की बात आ रही है। इन संसाधनों के बीच तथा उनके इर्द-गिर्द ऐसे बहुत से इस्लामी देश हैं जिन पर दबाव डाला जाता है ताकि पश्चिम के शक्तिशाली देशों के टैंकों में तेल भरता रहे। अपने हितों के लिए शोषक यह जो करते हैं उसके लिए कोई विचारधारात्मक कवर तो चाहिए। जब उपनिवेशवादी मालिक उपनिवेशों के संसाधनों को लूट रहे थे तो इन उपनिवेशों के लोगों को सभ्य बनाने के सफेद आदमी के बोझ की बात की जाने लगी, दुनिया में आधिपत्य को जारी रखने के लिए जब साम्राज्यवाद राष्ट्रीयता की भावना को कुचल रहा था तो वह विश्व की आजादी के लिए लड़ाई थी। यहाँ साम्राज्यवाद अपने प्रोएक्टिव कार्यों के कवर के रूप में दोनों का इस्तेमाल कर रहा है। अब अरब जगत के एक वर्ग के साथ 'अन्याय पर प्रतिक्रिया' का खुलासा करने के लिए 'सभ्यता संघर्ष' के सिद्धांत का सहारा लिया जाता है। सब जानते हैं कि किसी कठपुतली शासन के जरिए अफगान क्षेत्र पर कब्जे के अमरीका के प्रयास में अधिकांश मुस्लिम देश उसके साथ हैं। सब यह भी जानते हैं कि मुस्लिम प्रभुत्व वाले देश जैसे कि इंडोनेशिया, मलेशिया तथा अन्य कई, अमरीका के साथ हैं क्योंकि वे अमेरिका से डरे हुए हैं।

अध्याय–14

गुजरात : हिंदू राष्ट्र की प्रयोगशाला

27 फरवरी, 2002 की सुबह गोधरा में रेल जलाए जाने और इसके बाद मार्च से जून, 2002 तक 4 महीनों में रक्त जमा देने वाले हत्याकांड से जुड़ी विकराल घटनाओं ने वहशीपन की सभी सीमाएँ लाँघ दी हैं। देश में ऐसा पहले कभी नहीं हुआ। इन भयानक घटनाओं से 1984 में सिख विरोधी भयंकर दंगों की याद हो आई जोकि राष्ट्र के लिए शर्म की बात थी, वह राष्ट्र जो अपने लोकतांत्रिक और धर्मनिरपेक्ष सिद्धांतों पर बहुत गर्व करता है।

हिंसा के सौदागर पूरी दृढ़ता लिए हुए थे और उन्हें किसी बात का अफसोस नहीं था। वे मुसलमानों को लूटने के मिशन पर चल पड़े थे। इस बारे में उन्होंने सभी तरह के विरोधों और दुनिया के विभिन्न हिस्सों से मानवाधिकार शिष्टमंडलों द्वारा आलोचना की भी परवाह नहीं की। इससे एक ओर सांप्रदायिक मन का वहशीपन उजागर हो जाता है, वहीं दूसरी ओर इस तरह की जबर्दस्त त्रासदी के प्रति समाज की उदासीनता भी प्रकट हो जाती है।

संभवतः हाल के वर्षों में भारत में हुई यह सबसे भयंकर त्रासदी है जोकि सत्ता पिपासा के लिए कराई गई। इस हत्याकांड के पीछे लोगों ने जिस तरह की अमानवीयता दिखाई उसकी कोई मिसाल आधुनिक भारत में देखने को नहीं मिलती। सबसे निंदनीय बात यह है कि सरकार ने मुसलमानों पर हमले कराए और इस हत्याकांड को न रोकने के लिए प्रशासन और पुलिस को मजबूर किया। शासन तंत्र द्वारा लोकतांत्रिक भावना का उल्लंघन अपनी चरमसीमा पर पहुँच गया। उसके कृत्य-अकृत्य की भर्त्सना करने के लिए शब्द नहीं हैं।

हिंदू राष्ट्र की प्रयोगशाला में एक प्रयोग

सबसे स्पष्ट तथ्य यह है कि पूरा हत्याकांड ऐसे प्रदेश में हुआ जहाँ भाजपा कई वर्षों से सत्ता में है और जिसके शासन में सांप्रदायिक राजनीति के हिमायतियों और

संवर्धकों का प्रवेश पूरी तरह से हो चुका है। सभी महत्त्वपूर्ण राजनीतिज्ञों ने अपने कार्यकर्त्ताओं को विभिन्न तरह के संकेत भेजकर इसका औचित्य और तेजी बढ़ा दी। इन लोगों ने वास्तव में नरसंहार किया।

गोधरा में रेल डिब्बे को जलाया जाना

27 फरवरी को साबरमती एक्सप्रेस के डिब्बे, एस-6, को जला दिया गया जिसमें 59 बेकसूर लोगों की जानें गईं। इस घटना के बारे में अलग-अलग तरह की बातें कही जा रही हैं। जाँच आयोग की रिपोर्ट प्रकाशित हो जाने के बाद ही घटना के बारे में सही तथ्यों का पता चलेगा। अभी तक जो थोड़ी बहुत जानकारी मिली है उसके अनुसार इस डिब्बे में अयोध्या की तीर्थ यात्रा के बाद लौट रहे राम सेवक भरे हुए थे। वे रामशिला पूजन से जुड़े विभिन्न अनुष्ठानों में भाग लेने के लिए वहाँ गए थे। कई रिपोर्टों में बताया गया है कि रेलगाड़ी में यात्रा करने वाले बजरंग दल स्वयं सेवकों का व्यवहार बहुत ज्यादा उकसाने वाला था। (जनमोर्चा : 25 फरवरी, 2002) कहा जाता है कि झगड़ा उस समय शुरू हुआ जब उन्होंने चाय बेचने वाले एक मुसलमान को बेइज्जत किया। कुछ रिपोर्टों में कहा गया है कि कुछ कारसेवकों ने एक मुसलमान लड़की को अगवा करने की कोशिश भी की जिसे बाद में बचा लिया गया। जिला कलेक्टर जयंती रवि का कहना है कि त्रासदी के पीछे कोई योजना नहीं थी। लेकिन गुजरात के मुख्यमंत्री, नरेन्द्र मोदी ने कहा कि यह आतंकवाद का पूर्व नियोजित कृत्य था और उन्होंने इसे आई एस आई के विश्वव्यापी आतंक के साथ जोड़ दिया। उन्होंने 27 फरवरी को गुजरात के उच्चाधिकारियों की एक बैठक भी बुलाई और कहा कि गोधरा कृत्य का बदला लिया जाएगा। उनसे कहा गया कि वे इस बारे में स्थानीय प्रतिशोध को न रोकें। (आउटलुक : 19 अगस्त, 2002)

गोधरा घटना के शिकार लोगों के जले हुए शव अहमदाबाद लाए गए और विहिप तथा बजरंग दल के कार्यकर्ताओं द्वारा नारे लगाए जाने से सांप्रदायिक उत्तेजना अपनी चरमसीमा पर पहुँच गई। कहा गया कि गोधरा स्टेशन और सिगनल फलिया के पास रहने वाले घांची मुसलमानों ने बाहर से ज्वलनशील पदार्थ डिब्बे के अंदर डाले। पर वास्तव में डिब्बे को भीतर से ही जलाया जा सकता था क्योंकि इसे जलाने के लिए आवश्यक ज्वलनशील द्रव्य इतनी मात्रा में बाहर से नहीं फेंका जा सकता। बाहर से डिब्बे का निचला हिस्सा सुरक्षित था और आग से सबसे ज्यादा नुकसान डिब्बे के फर्श को हुआ। (मालेकर 2002) प्राधिकारियों ने आतंकवाद निवारक अध्यादेश (पोटो) के तहत 62 लोगों को गिरफ्तार किया जिनमें से 7 लड़के थे।

गुजरात में आग

अगले दिन 28 फरवरी को सांप्रदायिक दंगे भड़क उठे और शीघ्र ही यह गुजरात

के विभिन्न शहरों में शासन प्रायोजित मुसलमान विरोधी हत्याकांड में बदल गए। गुजरात के 24 में से 18 जिलों में सांप्रदायिक हिंसा भड़क उठी। भीड़ में 2000-3000 लोग शामिल होते थे। कभी-कभी इनकी संख्या 10000 तक पहुँच जाती थी। उनके पास तलवारें, त्रिशूल तथा हत्या के हथियार–"आगजनी, मारकाट और हत्या का तरीका रक्त जमा देने वाला तथा एक समान था। इससे जाहिर हो जाता है कि हमले के पीछे अच्छी तरह से बनाई गई योजना थी। केवल प्रशिक्षित संवर्ग ही इतने संगठिन तरीके से ऐसा कार्य कर सकते हैं।" (कम्युनलिज्म कंबैट (सीसी) मार्च 2002 : 18) दंगाइयों के पास अल्पसंख्यकों के घरों तथा मुसलमानों के स्वामित्व वाले कारोबार प्रतिष्ठानों के पते थे। जिन कारोबार प्रतिष्ठानों के नाम हिंदुओं जैसे थे, लेकिन जो मुसलमानों के थे उन्हें भी नहीं बख्शा गया। मुस्लिम समुदाय के स्वामित्व वाले अधिकांश कारोबार प्रतिष्ठानों को नष्ट कर दिया गया। घरों और कारोबार प्रतिष्ठानों को गैस सिलेंडरों तथा तापमान को बहुत ऊँचा कर देने वाले पाउडर का प्रयोग करके नष्ट लिया। मुसलमानों के कारोबार प्रतिष्ठानों की लूट में मध्यवर्ग के बहुत बड़े हिस्से ने भाग किया। इस लूटपाट में मोबाइलों द्वारा तालमेल रखा गया। लोग अपनी मितसुविशी लांसर गाड़ियों में मुसलमान प्रतिष्ठानों को लूटने के लिए आए। इस तरह से उन्होंने 'हिंदू राष्ट्र की सेवा' की। अहमदाबाद के एक औद्योगिक क्षेत्र में 10000 की भीड़ ने पूर्व संसद सदस्य अहसान जाफरी समेत 43 लोगों की हत्या कर दी। इसी शाम नरोदा क्षेत्र में 15000 लोगों की एक भीड़ ने 84 व्यक्तियों की जान ले ली। हिंसा में 2000 लोग शिकार बने। मारने से पहले लोगों को अकल्पनीय यातनाएँ दी गईं। स्त्री और बच्चे विशेष रूप से निशाना बने। स्त्रियों को बेइज्ज़त करके जलाया गया। हमले, दरगाहों जोकि हमारी समन्वयवादी संस्कृति के प्रतीक हैं, सहित पूजास्थलों तक फैल गए। कई जगहों पर पूजास्थलों को नष्ट कर वहाँ रातोंरात सड़कें बना दी गईं। कई जगहों पर मस्जिदों या दरगाहों की जगह रातोंरात हुनमान मंदिर खड़े कर दिए गए। विख्यात सूफी संत और कवि वली गुजराती की दरगाह को भी नहीं छोड़ा गया। कारोबार प्रतिष्ठानों को जलाए जाने से लगभग 3800 करोड़ रुपये का नुकसान हुआ। होटल, परिवहन, सेवाएँ, छोटे कारोबार और कपड़ा यूनिटें हमले का विशेष रूप से निशाना बनीं।

बच्चे और स्त्रियों के खिलाफ नृशंसता, इस अफवाह से शुरू हुई कि गोधरा में हिंदू स्त्रियों को बेइज्जत किया गया है। बाद में जब इसकी जाँच हुई तो इसे निराधार पाया गया। जब तक समाचार पत्रों ने इस समाचार का खंडन किया उस समय तक 'लक्ष्य' की प्राप्ति हो चुकी थी। "भीड़ की कारगुजारी का दिल दहला देने वाला विवरण एक स्त्री पैनल रिपोर्ट में दिया गया है। स्त्रियों की गवाही स्वतंत्र भारत में इस दंगे की नृशंसता का दस्तावेज है। पुलिस और प्रशासन की निष्क्रियता

बॉक्स 14.1

दंगे : एक कविता

इस बार दंगे
बहुत व्यापक, भयंकर थे
आँसू और खून की बरसात हुई
अगले साल वोटों की
जबर्दस्त फ़सल
उगेगी।

(गोरख पांडे, गुजरात की आग, उद्भावना)

अपने आप में बहुत कुछ कह देती है।'' (दि टाइम्स ऑफ इंडिया, संपादकीय, 26 अप्रैल, 2002)

हत्याकांड के पीछे सचाई

दंगों की सही जाँच अभी शुरू होनी है। इस बीच कई मानवाधिकार समूहों ने गोधरा और इसके बाद के दंगों की व्यापक रूप से जाँच की है। विशिष्ट न्यायाधीशों का एक जन न्यायाधिकरण पूरी त्रासदी की जाँच कर रहा है।

गोधरा घटना के बारे में कहा गया है कि यह आतंकवादियों का पूर्व नियोजित हमला था। इससे पहले कि समाज पूरी स्थिति को समझ पाता, शिकार लोगों के शवों को पूरे प्रचार के साथ अहमदाबाद लाया गया। रेलवे पुलिस की रिपोर्ट इस बात से इनकार करती है कि गोधरा घटना पूर्व नियोजित थी और इसे फेरीवालों तथा नरोदा स्टेशन के पास रहने वाले लोगों, जोकि मुख्य रूप से घाँची मुसलमान हैं ने सर अंजाम किया। इसके विपरीत फोरेंसिक विज्ञान प्रयोगशाला की रिपोर्ट में स्पष्ट है कि बोगी को बाहर से जलाया गया। इससे यह सवाल उठता है कि ''आग किसने शुरू की''। राज्य सरकार ने कोई कार्रवाई नहीं की। रेल गाड़ी में यात्रा कर रहे कारसेवकों द्वारा लगाए जाने वाले उत्तेजक नारों के बावजूद प्रशासन ने कोई एहतियाती कार्रवाई नहीं की। जनमोर्चा की रिपोर्ट में कहा गया है कि कार सेवकों ने रास्ते में आए स्टेशनों पर शरारत की लेकिन इस रिपोर्ट की ओर कोई ध्यान नहीं दिया गया। इसके बाद हुए हत्याकांड में राज्य सरकार की मिलीभगत साफ है। गुजरात के मुख्यमंत्री नरेन्द्र मोदी के भड़काने वाले बयानों से भीड़ उत्तेजित हो गई। महत्त्वपूर्ण बात यह है कि उन्होंने प्रशासन के उच्च अधिकारियों को हिदायत दी कि वे अपेक्षित प्रतिशोध को शांत करने के लिए कुछ न करें। प्रशिक्षित स्वयं सेवकों ने तबाही मचा देने वाली भीड़ का नेतृत्व किया। उन्हें मालूम था कि उनके खिलाफ कोई कार्रवाई नहीं की जाएगी। शासन की 'तटस्थता' के पीछे कानून के शासन का स्पष्ट रूप

से अभाव था। अल्पसंख्यकों के खिलाफ पूर्वाग्रह शासन नीति का हिस्सा बन चुका है। पिछले 4 वर्षों में भाजपा के निर्बाध शासन में आर एस एस ने गुजरात को हिंदू राष्ट्र की प्रयोगशाला बना दिया है। मोदी ने कहा कि गोधरा घटना आतंकवादियों का पूर्व नियोजित कार्य है तो उनके गृहमंत्री गोर्धन जडफिया ने कहा कि पूरी घटना के पीछे 'शत्रु देश' पाकिस्तान का हाथ है। इससे मुसलमानों के खिलाफ हमले का आधार बन गया क्योंकि आम लोगों के मन में भावना है कि अंतर्राष्ट्रीय आतंकवाद, पाकिस्तान और मुसलमानों में सीधा संबंध है।

विहिप द्वारा कराए गए बंद को भाजपा और शासन का पूरा समर्थन प्राप्त था। आर एस एस प्रचारक की अपनी भूमिका के अनुरूप मोदी चाहते थे कि भारी संख्या में हिंदू संघ परिवार के साथ हो जाएँ। मुसलमानों के खिलाफ व्यापक रूप से फैले हत्याकांड के जवाब में उन्होंने कहा कि हर क्रिया की प्रतिक्रिया होती है। इससे तबाही मचाने वाली भीड़ को बढ़ावा मिला। विपरीत साक्ष्य उपलब्ध होने के बावजूद वह बारबार कहते रहे कि स्थिति नियंत्रण में है। प्रारंभ में तो उन्होंने दावा किया कि हिंसा पर 72 घंटे के भीतर काबू पा लिया गया। किसी ने इसका विश्वास नहीं किया लेकिन दिल्ली के गृह मंत्रालय में बैठे उनके साथी स्वयं सेवकों ने उनके इस 'सक्षम' कार्य की प्रशंसा की। उन्होंने अपनी नीतियों की आलोचना को यह कहकर खारिज कर दिया कि इस तरह की आलोचना करने वाले लोग गुजरात के 5 करोड़ गुजरातियों को बदनाम कर रहे हैं।

गुजरात के कई मंत्री पुलिस नियंत्रण कक्ष में जाकर बैठ गए ताकि यह सुनिश्चित किया जा सके कि दंगाई भीड़ अपनी मर्जी के हिसाब से काम कर सके और उस पर किसी तरह का नियंत्रण न रहे। उनमें से बहुतों ने भीड़ का नेतृत्व किया। ''गुजरात के मंत्रियों नितिन पटेल और नरव लालू पटेल ने महसाना के क्रमशः कदीह और उंजा में स्त्रियों के खिलाफ हिंसा का नेतृत्व किया। इस सबके प्रति सरकार के निष्ठुर रवैये का पता इस तथ्य से भी चल जाता है कि मोदी ने सबसे बड़े राहत शिविर शाहआलम का केवल तब दौरा किया जब पूरी त्रासदी के शुरू होने के दो महीने बाद वाजपेयी ने गुजरात का दौरा किया। बगैर किसी न्यूनतम सुविधाओं के लगभग एक लाख लोग इन शिविरों में रहे। बहुसंख्यक समुदाय के छात्रों के परीक्षा केंद्र अल्पसंख्यक बहुल क्षेत्रों से हटा दिए गए लेकिन अल्पसंख्यक समुदाय के छात्रों के प्रति इस तरह की चिंता नहीं दिखाई गई। उन्हें बहुत आतंकित मन के साथ परीक्षा में बैठना पड़ा। समुदायों में भेद मृत्यु के बाद भी चलता रहा। गोधरा के शिकार लोगों को 2 लाख रुपए मुआवजा दिया गया लेकिन 'प्रतिशोधी हिंसा' में मरे लोगों को केवल एक लाख रुपए का मुआवजा दिया गया। काफी जनविरोध और मीडिया में आलोचना के बाद यह राशि सबके लिए एक लाख रुपए तय कर दी गई। घटना की जाँच के लिए न्यायमूर्ति शाह की नियुक्ति से भी मोदी सरकार के इरादों का पता चल जाता है। न्यायमूर्ति शाह को डबगरवाढ लालीवाला मामले में अल्पसंख्यक

विरोधी निर्णय सुनाने की 'ख्याति' प्राप्त है। बाद में सर्वोच्च न्यायालय ने इस निर्णय को उलट दिया। सर्वोच्च न्यायालय ने अभियुक्त को सजा देने की टाडा न्यायालय की तर्क पद्धति पर सवाल खड़े किए थे।

बॉक्स 14.2

पैंफलेट विष : ईंट का जवाब पत्थर से दो

वरवा से नरोदा, बापू नगर से कालूपुर तक
29 मार्च को यह आह्वान होगा, राम का नाम लो और हमला बोल दो।
जिस तरह से हमने बाबरी पर हमला किया, वैसे ही हम मुसलमानों को मार देंगे।
हम जमालपुर जला देंगे और दरियापुर खाली करा देंगे।
चाहे यह पुरानी चाल हो, पर मियाँ हम तुम्हें नहीं छोड़ेंगे।
हम हिंदुस्तानी शपथ लेते हैं कि हम तुम्हें बाहर खदेड़ देंगे और मार डालेंगे।
यह रघुकुल की परंपरा है और हम पहले कुछ नहीं कहते।
सोनिया को फारुख शेख या हाजीबिलाल जैसे कुत्ते पालने दो।
हम उनका एहसान जाफरी जैसा हश्र करेंगे।
मुसलमानों ने जली दुकानों के धुएँ से आसमान काला कर दिया।
हम उन्हें काट डालेंगे और उनके खून की नदियाँ बहा देंगे।
(गुजरात हिंसा के दौरान सरकुलेट किया गया एक पैंफलेट, कम्युनलिज्म कंबैट, मार्च 2002)

सरकार के रवैये का प्रभाव नीचे सिविल सेवा तक चला गया। एक भूतपूर्व केबिनेट सचिव पी एस आर सुब्रह्मण्यन ने कहा है, "गुजरात में कोई सिविल सेवा शेष नहीं रह गई है...पिछले कुछ वर्षों में सिविल सेवा स्टील फ्रेम से गिरकर शून्य हो गई है।" यह पुलिस के भेदभावपूर्ण रवैये से भी स्पष्ट है उसने न केवल हत्याकांडों में मदद की बल्कि एफ आई आर रजिस्टर करने से भी इनकार कर दिया। एक्शन एड के लिए प्रतिनियुक्ति पर गए एक अधिकारी हर्ष मंदर अपने व्यवसायी साथियों की भूमिका को देखकर बहुत दुःखी हुए और उन्होंने सिविल सेवा छोड़ने का निश्चय किया। ओ एन जी सी के 20 मुसलमान अधिकारियों ने भी अपनी नौकरी छोड़ दी क्योंकि उनसे अपनी बेइज्जती और बर्दाश्त करना मुश्किल हो गया। पांडे ने सिविल सेवा के रवैये का इस प्रकार बखूबी सारांश दिया है। "ये लोग भी आम भावना में बह जाते हैं। यही मुसीबत की जड़ है। पुलिस पर भी जन भावना का असर पड़ता है।" यदि कानूनप्रिय ईमानदार सिविल सेवकों की सूची बनानी हो तो इस दौरान स्थानांतरित अधिकारियों के नाम लिए जा सकते हैं। मोदी ने उन सभी को स्थानांतरित कर दिया, जिन्होंने हिंसा में सहायता देने और उसे उकसाने के लिए अलिखित आदेशों को मानने से इनकार कर दिया। नौकरशाही के विभिन्न अंगों में

आर एस एस संवर्गों की घुसपैठ तथा राज्य सरकार द्वारा सहायता प्रदान किए जाने के कारण पूरी प्रक्रिया में तेजी आ गई है और संघ समूह तथा नौकरशाही में पिछले कुछ वर्षों के दौरान गहरे संबंध विकसित हो गए हैं। यही कारण है कि सिविल सेवकों ने नियमों का उल्लंघन किया है।

सहमत की एक रिपोर्ट में कहा गया है कि इन्हें दंगे कहना गलत होगा। "जिन लोगों ने सहायता करने की कोशिश की उन्हें पुलिस ने ऐसा करने से सक्रिय तौर पर रोका। वह भीड़ के साथ थी।" (राजलक्ष्मी, 2002) इस हत्याकांड की नई विशेषता यह थी कि मुसलमानों पर न केवल मध्यवर्गीय बल्कि उच्च मध्यवर्ग कालोनियों में उनके पड़ोसियों ने हमले किए। शहरी लगने वाले हिंदुओं ने भी लूटपाट में हिस्सा लिया। मुसलमानों पर उन इलाकों में भी हमले किए गए जहाँ वे बहुसंख्या में हैं। यह हत्याकांड संघ परिवार के संप्रदायीकरण अभियान का हिस्सा था। उन्होंने गलियों में अपना कार्य कराने के लिए दलितों और आदिवासियों को सैनिकों के रूप में इस्तेमाल किया। तोड़-फोड़, जिसे विहिप और आर एस एस के दूसरे संगठनों ने हिंदू लहर बताया है, स्वतःस्फूर्त नहीं थी। यह इस तथ्य से सिद्ध हो जाता है कि पूरे कार्य के लिए क्रेनों, ट्रकों और बेलचों का व्यापक रूप से इस्तेमाल हुआ। गैस सिलेंडरों का व्यापक प्रयोग मुसलमान घरों और कारोबार प्रतिष्ठानों की सूचियाँ तथा तलवारों से भरे ट्रकों का आयात और खतरनाक रसायन सब इस तथ्य का संकेत देते हैं कि इसके लिए व्यापक योजना बनाई गई थी।

मीडिया के एक वर्ग—संदेश, गुजरात समाचार तथा दूसरे ऐसे समाचार पत्रों ने आग में घी का काम किया। उन्होंने सनसनीखेज सुर्खियाँ बनाकर अफवाहें फैलाईं। संघ परिवार के दूसरे स्कंधों द्वारा बाँटे गए जहरीले परचों का अधूरा काम इसने पूरा कर दिया। विहिप द्वारा बाँटे गए एक ऐसे ही कुख्यात परचे में मुस्लिम कारोबार प्रतिष्ठानों और मुस्लिम समुदाय के बहिष्कार की बात कही गई है। उनमें से कइयों ने लोगों से आत्मरक्षा के नाम पर मुसलमानों पर हमला करने के लिए कहा गया है। अग्नि अस्त्रों का प्रशिक्षण, त्रिशूल जोकि सामान्यतः चाकू ही हैं, का वितरण हत्याकांड से पहले और उसके दौरान निर्बाध रूप से चलता रहा।

राहत और पुनर्वास

यह दावा किया गया कि मोदी सरकार दंगा पीड़ितों की सहायता के लिए सब कुछ कर रही है। लेकिन वास्तव में राहत शिविरों की दशा बहुत खराब थी और उसे शासन सहायता नहीं मिल रही थी। दंगा पीड़ितों के आँसू पोंछने के लिए स्थानीय गैरसरकारी संगठनों तथा कुछ दूसरे ऐसे संगठनों ने पूरी लगन के साथ कार्य जरूर शुरू किया। पहले जब इस तरह की या उससे कम गंभीर किस्म की त्रासदियाँ होती थीं तो शासन भरसक कोशिश करता था और पूरा नागरिक समाज अभागे लोगों

की सहायता के लिए दौड़ पड़ता था। यह महसूस होता था कि जितना काम किया जा सकता है उतना नहीं किया गया है। इसके विपरीत अब कहा जाता है कि 'बहुत प्रयास' किया गया। उस समय जब शासन ने मदद नहीं की तो नागरिक समाज भी सामने नहीं आया। सहायता के लिए गुहार अनसुनी कर दी गई। कई बार जवाब मिलता था कि 'कश्मीरी पंडितों' के लिए आप क्या कर रहे हैं? किसी भी समाचार पत्र प्रतिष्ठान ने राहत कोष नहीं बनाए और न ही कोई बड़ा अभियान चलाया गया। एक बड़े वर्ग का इस प्रचार में विश्वास हो गया कि 'उन्हें' सबक सिखाया जाना चाहिए। मिथकों का प्रचार करके जिस तरह से मुसलमानों का पैशाचीकरण किया गया लगता है उसने अपना काम कर दिया। आम गुजराती की यही धारणा थी। एक मंत्री ने तो यहाँ तक कहा कि उनके स्थान से राहत शिविर को किसी और इलाके में भेज दिया जाए क्योंकि उसके मतदाता भारी संख्या में 'राष्ट्र विरोधियों' की उपस्थिति से असुरक्षित महसूस कर रहे हैं। कुछ अंतर्राष्ट्रीय समूहों ने थोड़ा-बहुत कार्य करने की कोशिश की लेकिन उन्हें भी आक्रामक शासन तंत्र से बाधाओं और परेशान करने वाली घटनाओं का सामना करना पड़ा।

इसके बाद यह दिखाने के लिए कि हालात सामान्य हो गए हैं और चुनाव कराए जा सकते हैं (लोगों से जनादेश प्राप्त करने के लिए) राहत शिविरों के बाशिंदों से उन्हें छोड़ने के लिए कहा गया। बचे हुए लोग कहाँ जाते क्योंकि उनके पुराने पड़ोसियों, जिनमें से बहुतों ने हत्याकांड में भाग लिया था, माँग की कि वे लिखकर वचन दें कि उनके खिलाफ कोई भी एफ आई आर फाइल नहीं की जाएगी। यह उनके लौटने के लिए पूर्व शर्त थी।

दुर्भाग्य की बात है कि राहत के लिए पहले से ही मौजूद तंत्र का लाभ दंगा पीड़ितों को नहीं लेने दिया। "फायर ब्रिगेड हमारी मदद के लिए नहीं आई, अस्पतालों ने मुस्लिम पीड़ितों को लौटा दिया, मुस्लिम एंबुलेंस सेवाओं में पुलिस ने बड़े व्यवस्थित तरीके से बाधा बहुँचाई।" (सरकार, 2002) "तथ्यान्वेषी टीमों को पता चला कि साप्ताहिक राशन एक दिन के उपभोग के लिए भी काफी नहीं था, चिकित्सा सहायता भी नदारद थी और वास्तव में कोई स्त्री चिकित्सा कार्मिक नहीं थी।" (राजलक्ष्मी, वही) यह शरणार्थियों की तकलीफों के प्रति समाज की उदासीनता का सूचक था। स्थिति इस वजह से और भी ज्यादा बदतर हो गई कि काँग्रेस नियंत्रित नगर निगम से भी सहायता नहीं मिल रही थी। इस सबके ऊपर मोदी ने पुनर्वास की सरल सी माँग को भी खारिज कर दिया। उन्होंने "...इस बात को एकदम खारिज कर दिया कि नरोदा पटिया, चमनपुरा जैसे इलाकों के दंगा पीड़ितों को वैकल्पिक पुनर्वास जगह दी जाए। उन्होंने खंडित धर्म स्थानों के पुनर्निर्माण के लिए सरकारी सहायता देने से भी इन्कार कर दिया..." (दि टाइम्स ऑफ इंडिया, 8 जून, 2002)

कम्युनलिज्म कंबैट जो अल्पसंख्यकों की दुर्दशा को बड़े स्पष्ट तरीके से उजागर

कर रही है ने एक सर्वेक्षण कराया। उससे बड़ी शोचनीय तस्वीर उभरी। ''गुजरात के मुसलमानों के लिए विकल्प बहुत साफ और दर्दनाक है...दासत्व, बहिष्कार या पलायन।'' मौजूदा परिदृश्य आगामी घटनाओं का सूचक है। ''अहमदाबाद में और बड़ौदा में मुसलमानों का सामाजिक और आर्थिक बहिष्कार मौन रूप से लेकिन बड़े प्रभावी ढंग से चल रहा है। गुजराती कारोबार समुदाय के कुछ लोगों ने गुजरात सरकार के नेतृत्व में या उसके द्वारा प्रोत्साहित नफरत की राजनीति का मुकाबला करने की कोशिश की है...लेकिन अहमदाबाद और बड़ौदा के स्कूलों में पहले से कुछ ज्यादा ही हो रहा है...मुसलमान छात्रों को विदा करो।'' (सीतलवाद, सी सी) विभिन्न कालोनियों में आम भावना यह है कि मुसलमान वापस न आएँ। जिन हिंदुओं ने अपने मुसलमान पड़ोसियों की सहायता और उनकी रक्षा करने की कोशिश की उन्हें धमकी दी जा रही है कि अगली बार उन्हें नहीं छोड़ा जाएगा।

बाद के झटके

हर सांप्रदायिक हिंसा अपने पीछे विनाश की एक रेखा छोड़ जाती है। यह विनाश न केवल भौतिक बल्कि मनोवैज्ञानिक भी होता है। भारत में सांप्रदायिक हिंसा के आँकड़ों से पता चलता है कि स्वतंत्र भारत में हिंसा के शिकार लोगों में से 80 प्रतिशत मुसलमान होते हैं। यहाँ यह उल्लेखनीय है कि भारत में मुसलमान कुल आबादी के 13.4 प्रतिशत हैं। असुरक्षा की भावना ने मोहल्लाकरण की मनःस्थिति को जन्म दिया है। मोहल्लाकरण की यह मनःस्थिति मुस्लिम समुदाय में रूढ़िवादी ताकतों के उदय के रूप में नजर आ रही है। इससे कंजरवेटिव दृष्टिकोण को बल मिलता है। इस तरह की हर घटना के बाद मुसलमान एक मोहल्ले के रूप में सिमट जाते हैं जिन्हें एक गाली के रूप में 'छोटा पाकिस्तान' कह दिया जाता है। इससे समुदाय को सुधारने के प्रयास एक दशक पीछे चले गए हैं और लिंग न्याय के लिए मुस्लिम स्त्रियों के आंदोलन को भी झटका लगा है।

मौजूदा गुज़रात हत्याकांड ने समुदाय के मन पर बहुत बुरा प्रभाव छोड़ा है। जिन बच्चों ने अपनी माँओं और बहनों के साथ बलात्कार होते हुए देखा है और अपने घरों को जलते हुए देखा है, उनका पुनर्वास समुदाय तथा सामाजिक कार्यकर्ताओं के लिए बहुत बड़ी चुनौती है।

स्त्रियों पर इस हिंसा का सबसे बुरा प्रभाव पड़ा है। वे अकल्पनीय फोबिया की गिरफ्त में हैं। पूरे देश में मुसलमान अल्पसंख्यकों के मन पर पूरे हत्याकांड का बहुत असर पड़ा है। हत्याकांड समुदाय की मनःस्थिति को क्या रूप देगा यह अभी देखना बाकी है। लेकिन ऐसी संभावना है कि इससे तबलिघी तत्त्वों को अपना पैर जमाने में मदद मिलेगी। इससे संघ परिवार को प्रचार का और मसाला मिल जाएगा। मनोवैज्ञानिक दार्शनिक ऐरिच फ्रोम ने इस तरह की स्थिति के बारे में चेतावनी दी

है...“विनाश की लगातार आशंका के साथ लंबे समय तक रहने से मानवों पर बहुत मनोवैज्ञानिक असर पहुँचता है। जैसे कि—भय, शत्रुता, निष्ठुरता...हमें जो मूल्य प्रिय हैं उनके प्रति उदासीनता।” (विदवई, ब्रिंगिंग बारवेरियन्स टू बुक, फ्रंट लाइन, 26 अप्रैल, 2002)

हम एक दुश्चक्र में फँस गए हैं : हिंसा के बाद मोहल्लाकरण होता है, इससे मुस्लिम रूढ़िवाद बढ़ता है जिससे हिंदू रूढ़िवादी संगठनों को उकसावा मिलता है।

मानवाधिकार समूहों की रिपोर्टें

देश पर बहुत बड़ी आपदा आकर पड़ी है। हत्याकांड में शासन की मिलीभगत इतनी साफ है कि उसे छिपाया नहीं जा सकता। इसे छिपाने के प्रयास भी बहुत साफ थे। अल्पसंख्यकों को निशाना बनाना बिल्कुल साफ और तकलीफदेह था। क्या यह नागरिक और लोकतांत्रिक मानदंडों की समाप्ति का संकेत है?

जो कुछ हुआ उस पर पर्दा डालने के लिए राज्य सरकार ने कोशिश की लेकिन अधिकांश आयोगों और मानवाधिकार समूहों (राष्ट्रीय मानवाधिकार आयोग, सी पी आई एम—ए आई डी डब्ल्यू ए तथ्यान्वेषी रिपोर्ट, स्वतंत्र तथ्य खोजी मिशन मानवाधिकार वाच, स्त्री तथ्य खोजी टीम, चिंतित नागरिक न्यायाधिकरण, एडिटर गिल्ड तथ्य खोजी मिशन रिपोर्ट, स्त्री दमन विरोधी मंच और आवाज ए निसवान) ने राष्ट्र का ध्यान उन हालातों की ओर खींचा है जिनकी वजह से हत्याकांड हुआ। इसमें शासन, नौकरशाही और पुलिस की मिलीभगत को भी स्पष्ट किया गया है। रिपोर्टों में स्त्रियों और बच्चों के खिलाफ नृशंस हिंसा, शरणार्थी शिविरों में शोचनीय स्थिति और इस स्थिति के प्रति शासन की उदासीनता के प्रति ध्यान खींचा गया है। यह बात भी नोट की गई है कि गोधरा घटना के लिए तो बहुत सारी गिरफ्तारियाँ की गई हैं लेकिन गुजरात की सड़कों और बस्तियों में भयंकर हत्याओं के लिए किसी को नहीं पकड़ा गया है। इन हमलों का नेतृत्व करने वाले तथा उनमें समन्वय रखने वाले संघ परिवार के कार्यकर्ताओं की गिरफ्तारी तो दूर की बात है। विहिप ने दंगाइयों की सुरक्षा के लिए विख्यात वकील लगाने की योजना पहले ही बना ली है।

अधिकांश मीडिया रिपोर्टों से अब इस संबंध में कोई संदेह नहीं रह गया है कि हिंदू राष्ट्र की प्रयोगशाला में यह एक ‘सुनियंत्रित प्रयोग’ था जिसका उद्देश्य सिविल समाज का संप्रदायीकरण करना या यह कहें कि मुसलमान अल्पसंख्यकों का मोहल्लाकरण करना था जिससे कि उन्हें गुजरात में सम्मानपूर्वक रहने का मौका ही न मिले। या तो वे इस हिंदू राष्ट्र को छोड़ कर चले जाएँगे या उन्हें हिंदू राष्ट्र में बगैर किसी नागरिक अधिकार के स्थायी रूप से मातहत बनकर रहना होगा। अपनी बाइबिल या यों कहें कि अपनी गीता में गोलवलकर ने यही तो कहा है : “हिंदुस्तान में गैर हिंदू लोग हिंदू राष्ट्र के पूरी तरह से मातहत बनकर रह सकते हैं। वे किसी

चीज का दावा नहीं करेंगे, कोई विशेष अधिकार नहीं माँगेंगे और तरजीह वाले व्यवहार की बात तो दूर उन्हें नागरिकों के अधिकार भी नहीं मिलेंगे।''

गुजरात हत्याकांड : अलग तरह की हिंसा

भारत में भयंकर हिंसा हमने पहली बार नहीं देखी है। गुजरात में भी हिंसा कोई पहली बार नहीं हुई है। लेकिन यह अलग तरह की हिंसा थी। यह हिंसा राज्य के मुख्यमंत्री के 'योग्य' पर्यवेक्षण में हुई है। वह एक ऐसी पार्टी से ताल्लुक रखते हैं जो अलग तरह की पार्टी होने का दावा करती है। पहली बार सभी महत्त्वपूर्ण कार्यकर्ता एक ही प्रशिक्षण स्कूल, आर एस एस की उपज हैं। वे सभी–गुजरात के गृह मंत्री, जडफिया, गुजरात के मुख्यमंत्री, नरेन्द्र मोदी, गुजरात के राज्यपाल, सुंदर सिंह भंडारी, केंद्रीय गृह मंत्री, लालकृष्ण आडवाणी और प्रधान मंत्री, अटल बिहारी वाजपेयी सभी आर एस एस के स्वयंसेवक हैं। ये सभी हिंदुत्व और हिंदू राष्ट्र की विचारधारा में सराबोर हैं। और अल्पसंख्यकों के खिलाफ मिथकों को अपने मन में बसाए हुए हैं। इससे उन्हें हिंसा को फैलाने या कहें उसे अपने सक्षम तरीकों से फैलाने में मदद मिली।

संघ के कई नेताओं ने हिंसा को उचित बताया लेकिन इसकी सबसे अच्छी अभिव्यक्ति विहिप महासचिव, प्रवीण तोगड़िया ने की : ''स्वतंत्र भारत के इतिहास में ऐसा पहले कभी नहीं हुआ। हिंदू समाज गोधरा हत्याओं का बदला लेगा। मुसलमान इस बात को समझ लें कि हिंदुओं ने चूड़ियाँ नहीं पहन रखी हैं। हम ऐसी सभी घटनाओं का मुँहतोड़ जवाब देंगे।'' (अयोध्या में हॉटलाइन को एक इंटरव्यू में, सी सी मार्च 2002 : 16) विहिप के अशोक सिंघल बहुत खुश थे : ''गुजरात घटनाओं से हिंदू समाज में जागृति आई है।'' संघ गठजोड़ में नवीनतम विचार के अनुसार हिंदुओं को अब दबाया नहीं जा सकता और विहिप आक्रामक हिंदूवाद की चेतना हिंदू अवाम में जगाएगी। संघ का राजनीतिक संगठन चुनावी कारणों से इस रुख का समर्थन नहीं करेगा लेकिन साफ है कि गुजरात में संघ परिवार की 'उपलब्धियों' पर जश्न मनाया जा रहा है। वाजपेयी ने गुजरात हत्याकांड का 'स्पष्टीकरण' करते हुए इसका दोष मुसलमानों के सिर लगाया है : ''दुनिया में जहाँ कहीं भी मुसलमान हैं वहीं पर दंगे होते हैं...इस्लाम का मतलब है आतंक और भय के जरिए अपना विचार थोपना।'' नरसंहार के शिकार लोगों पर ही गुजरात नरसंहार का दोष लगाते हुए उन्होंने कहा, ''मुसलमान उकसाते हैं और फिर हिंदू...'' आर एस एस योद्धा के रूप में अपनी भूमिका उन्होंने यह कहते हुए पूरी की कि गुजरात में जो कुछ हुआ उसकी निंदा की जानी चाहिए। लेकिन ''आग किसने शुरू की?'' (भाजपा राष्ट्रीय परिषद गोवा, 2002 में वाजपेयी का भाषण) इसके बाद हिंदुत्व प्रयोग सफलतापूर्वक करने के लिए मोदी से खुश आडवाणी ने कहा कि मोदी भारत के अब तक के

सर्वोत्तम मुख्यमंत्री हैं।

गुजरात में जो हिंसा हुई वह मुसलमानों को डराने धमकाने या आतंकित करने के लिए नहीं थी यह एक तरह का परपीड़न सुख था जिसने मानव व्यवहार के सभी संभव मानदंडों का उल्लंघन किया। उत्पीड़ित करने का तरीका एक तरह का संकेत था। भाजपा शासन को अपने 'कार्यनिष्पादन' के लिए पूरे अंक मिले। इसका प्रमाणपत्र तो श्री आडवाणी ने दिया। एक तरह से राज्य शासनतंत्र बिल्कुल भी विफल नहीं रहा। "मोदी सरकार अपने एजेंडे में पूरी तरह से कामयाब रही। गुजरात में जो हुआ वह किसी कमजोरी या अपर्याप्तता का चिन्ह नहीं बल्कि संघ परिवार की ताकत उसके दृढ़ संकल्प उसकी विचारधारात्मक एकरूपता का संकेत है।" (सरकार, 2002) इस नृशंसता के पीछे जो संकेत हैं वे काफी खतरनाक हैं।

विशेषरूप से स्त्री विरोधी हिंसा के। स्त्रियों को नंगा किया गया, उनके साथ बलात्कार किया गया तथा उनके बच्चों को उनके सामने मारा गया। उन्हें खुद भी पीटा गया तथा जलाया गया। "स्त्री का शरीर अनंत हिंसा का निशाना बन गया। दूसरे, उसको पीड़ित करने के लिए अनेक तरह के नए-नए साधन अपनाए गए। उनके गुप्तांगों पर विशेष रूप से वहशी तरीके से आक्रमण किया गया। तीसरे, उनके जन्मे-अजन्मे बच्चों पर हमला करके उनके सामने मार डाला गया...गुजरात में बलात्कार करने वाली भीड़ कभी खाकी निक्कर तो कभी भगवा कच्छा पहनकर आई। बलात्कार एक धार्मिक कर्तव्य, एक संघ कर्तव्य माना गया।" (सरकार, 2002)

वोटों की तलाश

जब हिंसा में तेजी आई तो मोदी ने यह पता लगाने के लिए सर्वेक्षण कराया कि यदि चुनाव हुए तो भाजपा के लिए कैसे अवसर हैं। जाहिर है कि सर्वेक्षण के अनुसार भाजपा के उत्कृष्ट अवसर बताए गए। बाद में एक समाचार पत्रिका (दि वीक) ने भी इसी तरह के निष्कर्ष निकाले। जब मारकाट चल रही थी और पुनर्वास की पुकार राष्ट्र की चेतना को चीर रही थी उस समय चुनाव की बात से सबको आश्चर्य हुआ। जब समाज़ का बहुत बड़ा वर्ग अपने स्थान से उखड़ गया हो, डरा हुआ हो और बेघरबार हो तो चुनाव की बात कैसे सोची जा सकती है। लेकिन मोदी अपनी बात पर अड़े रहे और उन्होंने विधानसभा भंग कर दी। उन्हें अच्छा बहुमत प्राप्त था तथा उनकी सरकार को कोई खतरा नहीं था। यहाँ मकसद बिल्कुल साफ था और वह था चुनाव जीतना तथा गुजराती समाज का और संप्रदायीकरण करना तथा पूरे देश में भाजपा के चुनावी सुधार लाना। उनकी पार्टी ने उन्हें अपनी योजनानुसार कार्य करने के लिए प्राधिकृत कर दिया। निर्वाचन आयोग ने पूरी स्थिति की खुद समीक्षा करने तथा एक टीम भेजने का निश्चय किया। बाद में तीनों निर्वाचन आयुक्तों ने इस बात का जायजा लेने के लिए राज्य का दौरा किया कि क्या गुजरात में चुनाव

कराए जा सकते हैं। पीड़ित लोगों और अल्पसंख्यकों के पूरी तरह से तितर-बितर हो जाने को देखते हुए उन्हें कहना पड़ा कि फिलहाल चुनाव नहीं हो सकते। भाजपा के समर्थन से मोदी 'रक्त की नदी में वोटों का शिकार' करना चाहते थे। इसलिए भाजपा के नेतृत्व वाले गठजोड़ ने निर्वाचन आयोग के निर्णय को चुनौती देने के लिए मामला राष्ट्रपति को भेजा। (दि टाइम्स ऑफ इंडिया, 16 अगस्त) सौभाग्य से सर्वोच्च न्यायालय ने दंगा पीड़ित राज्य में चुनाव कराने के बारे में अपने विचार देने से इनकार कर दिया है।

हिंसा के बाद सांप्रदायिक चेतना सुदृढ़ होने तथा सांप्रदायिक पार्टी के लिए वोटों के इस ताने-बाने पर विचार करने की आवश्यकता है। यह ताना-बाना थोड़ा जटिल है। प्रभावशाली सांप्रदायिक धारा उनके (अल्पसंख्यकों) आसन्न हमले का डर दिखाकर अल्पसंख्यकों पर हमला करती है। यह प्रचार किया जाता है कि उनके इस हमले को निष्फल करने के लिए उन पर हमला जरूरी है। यह विचार बहुसंख्यक समाज में नीचे तक चला जाता है। हमलावरों को बहुसंख्यक समाज का रक्षक बताया जाता है। और इस तरह से ध्रुवीकरण शुरू हो जाता है। अतीत में सांप्रदायिक सुदृढ़ीकरण इसी तरह की तरकीबों से हुआ।

गुजरात हिंसा 'गोधरा के बदले' के विषय को लेकर की गई। इसने संघ राजनीति को 'प्रचुर' लाभ पहुँचाया। पहले की सांप्रदायिक हिंसा ने भी आर एस एस के बच्चों को मजबूत किया। आडवाणी की रथ यात्रा और बाबरी मस्जिद के विध्वंस के फलस्वरूप जबर्दस्त सांप्रदायिक हिंसा हुई जिससे भाजपा का वोट बैंक मजबूत बना। वास्तव में बाबरी विध्वंस के बाद की हिंसा के फलस्वरूप ही भाजपा केंद्र में सत्ता में आई। एक तरह से गोधरा गुजरात घटना को भाजपा के चुनावी लाभों से अलग करके नहीं देखा जा सकता है। जैसा कि सब जानते हैं राम मंदिर अभियान की हवा निकल गई है और भगवान राम भाजपा को वोट नहीं दिला पा रहे हैं। इससे भी बढ़कर भाजपा की चुनावी किस्मत पिछले एक साल से लगातार खराब चल रही थी फिर चाहे वो गुजरात के पंचायत चुनाव हों या उत्तरी राज्यों में विधानसभा के चुनाव हों। इस स्थिति में गोधरा घटना भाजपा के लिए 'राम द्वारा भेजा गया' अवसर बन गया और मोदी ने इसका खूब लाभ उठाया। सभी कार्रवाइयों से यह बात बिल्कुल साफ हो गई कि भाजपा की संभावनाओं को बेहतर बनाने के लिए यह हत्याकांड जरूरी था। यहाँ उल्लेखनीय है कि इसी समय चुनावी ध्रुवीकरण के साथ-साथ नागरिक समाज का बड़ी गहराई तक संप्रदायीकरण हो गया। वहशीपन के लिए प्रारंभिक नफरत अब इस प्रचार में बदल गई है कि "उन्हें सबक सिखाना जरूरी है।" यह बात औसत आदमी के मन में बैठ गई है, जो पागलपन से भरी इस तरह की हवा में आसानी से बह जाते हैं।

गुजरात : हिंदू राष्ट्र की ओर

भारत में सांप्रदायिक दंगे पहली बार नहीं हो रहे हैं। दो समुदायों के बीच सांप्रदायिक झगड़े 1880 के दशक में सांप्रदायिक हिंसा के रूप में परिवर्तित हो गए। ब्रिटिश शासन के दौरान दोनों सांप्रदायिक ताकतें अपने राजनीतिक लक्ष्यों की प्राप्ति के लिए हिंसा कराती थीं। आजादी के बाद से हिंसा 1960 के दशक में शुरू हो गई और 1980 के दशक में इसने भयंकर रूप धारण कर लिया। इससे सांप्रदायिक राजनीति मजबूत बनी। हिंसा की तीव्रता और उसके एकतरफा होने की बात 1960 के दशक में ही साफ हो गई थी। खत्म हो चुकी मुस्लिम सांप्रदायिकता संघ परिवार के बढ़ते हुए प्रभुत्व के मुकाबले कुछ भी नहीं थी। यहीं से ही संघ परिवार ने लाभ उठाना शुरू कर दिया। दंगों के बाद भाजपा को मिलने वाले लाभ की बात दिन पर दिन साफ होती गई। धर्म पर आधारित राष्ट्रवाद के लिए दंगे बहुत बड़ा हथियार बन गए।

1980 के बाद गुजरात की विशिष्टताएँ सामने आने लगीं और उच्च जातियों ने संघ के पीछे लामबंद होना शुरू कर दिया। गुजरात में हुई सामाजिक-आर्थिक घटनाएँ यह स्पष्ट कर देती हैं कि गुजरात हिंदू राष्ट्र की प्रयोगशाला कैसे बना ऐसी प्रयोगशाला जहाँ पर आर एस एस रणनीतियाँ शान पर चढ़ाई जा सकती हैं और जिन्हें बाद में पूरे भारत में लागू किया जा सकता है। मौजूदा हत्याकांड इस दिशा में बहुत भयंकर कदम है।

आर्थिक परिदृश्य यहाँ पूरी तरह से बदल चुका है और इसने कार्य नैतिकता पर बहुत बड़ा प्रभाव डाला है। कपड़ा मिलों के बंद होने और 'शीघ्र अमीर बनने' के दर्शन ने सामाजिक गतिविज्ञान को प्रतिकूल दिशा में मोड़ दिया है। इससे भी बड़ी बात यह है कि यह अनिवासी नियंत्रित मनीआर्डर अर्थव्यवस्था है। अनिवासी भारतीय निधियों के बहुत बड़े स्रोत तथा अवनतिकारक विचारधाराओं को देश में भेजने वाले व्यक्ति हैं। इसने एक ऐसे मध्यवर्ग को जन्म दे दिया है जिनकी कोई जड़ें नहीं हैं और जो विदेशों से आए पैसे पर जीते हैं। (देसाई, 2002) हमें यह भी समझना चाहिए कि इस दंगे के दौरान उच्च नेतृत्व ने हत्याकांड में तालमेल रखा और दलितों तथा आदिवासियों सहित दूसरे लोगों ने सिपाहियों का काम किया। दिलचस्प बात यह है कि पिछले कई दशकों में गुजरात में कोई बड़ा सुधार आंदोलन नहीं चला है। पड़ोसी महाराष्ट्र में 1920 के दशक से ही ब्राह्मण विरोधी आंदोलन चल रहे हैं और इन आंदोलनों ने लोकतांत्रिक मूल्यों के प्रति समाज के बदलाव की प्रक्रिया में मदद की है। गुजरात कुल मिलाकर दक्षिण पंथी राजनीति का केंद्र रहा और यहाँ कंजरवेटिव सामाजिक ताकतें छायी रहीं। यहीं पर ही स्वतंत्र पार्टी (एक दक्षिणपंथी पार्टी जो 1950 के दशक के अंत और 1960 के दशक में राष्ट्रीय परिदृश्य पर मौजूद थी) का यहाँ बहुत बड़ा आधार था। यहाँ से कोई दलित या कम्युनिस्ट नेता पैदा नहीं हुआ। दक्षिणपंथी राजनीति को 1970 के दशक के अंत में क्षत्रिय,

हरिजन, आदिवासी, मुसलमानों के गठजोड़ से चुनौती मिलने लगी। उच्च जाति ने आरक्षण विरोधी दंगे कराके इसका जवाब दिया। याग्निक (2002) का कहना है कि शिक्षित वर्ग और मध्य वर्ग विशेष रूप से ब्राह्मणों, बनियों और पाटीदार ने आंदोलन करके आरक्षण व्यवस्था का तीखा विरोध किया। अहमदाबाद के आसपास औद्योगिक इलाकों में सवर्णों और दलितों के बीच झगड़े, जाति युद्ध में बदल गए और राज्य के 19 में से 18 जिलों के नगरों में फैल गए। उत्तरी और केंद्रीय गुजरात में भूमि मालिक पाटीदारों के प्रभुत्व वाले बहुत से गाँवों में दलित आदिवासियों को जिंदा जला दिया गया।

1985 में दूसरे आरक्षण विरोधी आंदोलन के दौरान जाति तनाव फिर उभर कर सामने आया। चुनावी सफलता के लिए भाजपा नेतृत्व जोकि मुख्य रूप से ऊँची जातियों पर भरोसा करता है, ने अपने सामाजिक आधार को बढ़ाने की आवश्यकता महसूस की। यहीं से उनकी रणनीति में परिवर्तन आया। उन्होंने विभिन्न यात्राओं के जरिए अन्य पिछड़े वर्गों को इसमें शामिल कर लिया। चतुराईपूर्वक रणनीति अपनाकर संघ परिवार हिंदू समाज में अच्छे स्थान पाने के इच्छुक दलितों के एक वर्ग को अपने साथ कर लिया।

आडवाणी की रथयात्रा के दौरान दलितों और मुसलमानों में जमकर झड़पें हुईं। याग्निक ने आगे बताया है कि आर एस एस ने 'हिंदू आदिवासियों' और 'ईसाई आदिवासियों' के बीच 'सफलतापूर्वक' खाई पैदा कर दी। गहरे सामाजिक सुधारों, आधुनिक संस्थाओं और स्वतंत्रता, समानता तथा भाईचारे के मूल्यों के अभाव में हिंदुत्व ने दलित--अन्य पिछड़े वर्गों को एक पहचान दी। मंडल आयोग की रिपोर्ट के कार्यान्वियन के बाद यह प्रक्रिया अपनी पराकाष्ठा पर पहुँच गई। मंडल आयोग के प्रति उच्च जाति की प्रतिक्रिया को वाजपेयी ने बड़े साफ तरीके से पेश किया है। उन्होंने कहा कि हम मंडल के जवाब में कमंडल (धर्म पर आधारित मुद्दे) ले आए हैं। पूरी रणनीति इस बात पर आधारित है कि सभी सामाजिक समस्याओं का कारण हिंदू राष्ट्र के शत्रु माने जाएँ। इससे एक तीर से दो निशाने लगते हैं, एक ओर तो मुस्लिम अल्पसंख्यकों पर दबाव बना रहता है ताकि वे कारोबार प्रतिस्पर्धा में शामिल न हो सकें और दूसरी ओर दलितों तथा बेरोजगारों के असंतोष की दिशा मुसलमानों के खिलाफ कर दी जाती है। इस व्यवस्था के खिलाड़ी तथा इसका लाभ पाने वाले लोग अपनी लाभकारी स्थिति में बने रहते हैं और मजदूरों, दलितों तथा आदिवासियों की कीमत पर यथास्थिति बनी रहती है।

गुजरात में पिछले तीन दशकों से सामाजिक परतों का फिर से समूहन हो रहा है। शहरीकरण के साथ-साथ एक समानांतर प्रक्रिया चल रही है। जिसमें गुजरात के अमीर किसानों को और भी बड़ा सामाजिक दर्जा मिल रहा है। पाटीदार जाति (वाणिज्यिक फसल उगाने वाले किसान) का धार्मिक जोड़तोड़ के कारण बल बढ़ा

है। निम्न जातियों के लिए आरक्षण के मुद्दे पर 1980 के आसपास मध्यवर्ग (ब्राह्मण, बनिया) तथा पाटीदार का ध्रुवीकरण हो गया। जैसा कि हमने ऊपर देखा 1980 में गुजरात में निम्न जातियों के खिलाफ जबर्दस्त जाति हिंसा हुई। हिंदुत्व का सबसे बड़ा विरोध इस बात को लेकर था कि दलितों के लिए कोई सकारात्मक कार्रवाई न हो। यह स्थिति 1980 के दशक के शुरू में आरक्षण विरोधी दंगों के रूप में देखी जा सकती है। यह तर्क दिया जाता था कि सरकार के इन 'दामादों', जो कि बिल्कुल निकम्मे हैं के कारण हमारे योग्य बच्चों को न तो नौकरी मिलेगी और न ही व्यावसायिक कॉलेजों में दाखिला। ये दलित विरोधी दंगे उस समय खतरे की घंटी बने रहे।

आरक्षण विरोधी आंदोलनों ने उच्च जातियों के आधार तथा मध्य वर्गों को लामबंद करने में बहुत बड़ी भूमिका अदा की। संघ परिवार ने उच्च जातियों के इस हमले का समर्थन किया। इसके बाद कुछ चतुर रणनीति अपनाकर संघ परिवार ने उन दलितों के वर्ग को अपनी तरफ खींच लिया जो हिंदू समाज में बेहतर जगह चाहते थे। गुजरात में एक सामाजिक क्रिया चलती है जो 'दूसरे' (मुसलमान) की भावना पैदा करती है। विचारधारात्मक तथा दूसरे जोड़-तोड़ के द्वारा शत्रु देश पाकिस्तान के साथ इस 'आंतरिक' खतरे को जोड़ दिया जाता है। इस तरह से घृणा का पूरा चक्र तैयार हो जाता है।

गुजरात में 'दूसरे' (मुस्लिम) की भावना के निर्माण की सामाजिक क्रिया को साफ तौर पर देखा जा सकता है। पहले घृणा का पात्र दलित था अब जोड़-तोड़ के द्वारा मुसलमान को पिशाच बना दिया गया है और दलितों को इस 'दूसरे' के पीछे लगा दिया गया है। आतंक का माहौल तैयार कर दिया गया है। जिसमें सामाजिक श्रेणीबद्धता की 'यथास्थिति' बनी रहती है। विहिप की बहुत-सी यात्राओं और अभियान ने 'इस सामाजिक आधार को मजबूत बनाया है।' संघ परिवार के विचारधारात्मक जोड़-तोड़ ने इस स्थिति में बड़ी भूमिका अदा की है। इसने दो स्तरों पर कार्य किया, एक ओर तो उसने उन सभी को हिंदू माना जो मुसलमान और ईसाई नहीं हैं। एक नकारात्मक परिभाषा को और आगे तोड़-मरोड़कर कहा गया कि हिंदू, गाय, राम वेद, गीता और आचार्यों की पूजा करते हैं। इसलिए सभी आदिवासियों और दलितों को इन संकेतों तथा विचारधाराओं को स्वीकार करना होगा। इससे मातहतों के एक बड़े वर्ग को नई पहचान मिली। किसी बड़े सुधार आंदोलन के अभाव में विभिन्न वनवासी कल्याण आश्रमों, शिशु मंदिरों तथा दूसरी संस्थाओं ने खाली पड़ी सांस्कृतिक जगह घेर ली। घनश्याम शाह ने ठीक ही कहा है कि "हिंदुत्व के समर्थकों के लिए मुख्य ध्येय सभी हिंदुओं को इकट्ठा करना है लेकिन उससे उच्च जाति और वर्ग का प्रभुत्व कम नहीं होना चाहिए।" इसके अलावा "1920 के दशक में हिंदू महासभा ने भारत हिंदू मिलन मंदिर शुरू किया और 1970 के दशक से वे गुजरात में अधिक सक्रिय हो गए हैं। विभिन्न पंथों को इकट्ठा करने और धार्मिक त्योहार आयोजित

करने के साथ-साथ वे गरीबों के लिए कल्याण तथा राहत उपाय भी करते हैं। इन संगठनों का मुख्य कार्य उच्च तथा निम्न जातियों में एकता और सद्भाव कायम करना है।" (मेहता 2002 : 11)

इसी प्रकार आर एस एस ने सामाजिक समरसता मंच नाम का एक संगठन बनाया है जिसका उद्देश्य हिंदू एकता के लिए अम्बेडकरवादियों और दूसरे दलितों को अपनी ओर आकर्षित करना है। यहाँ भी दलितों और आदिवासियों के लिए अलग-अलग रणनीतियाँ हैं। लेकिन दोनों में सामान्य बात यह है कि उनकी भौतिक समस्याओं की ओर ध्यान नहीं दिया गया है, और सांस्कृतिक पहचान को आगे लाया गया है। दलितों में नया मध्यवर्ग हिंदू सामाजिक ढाँचे में ऊँची हैसियत चाहता था। इस प्रक्रिया के संस्कृतिकरण के कारण वे उच्च जातियों की नकल करते हैं और अपने वंचित भाइयों की भौतिक दुर्दशा को भूल जाते हैं। वंचित लोगों को स्वाध्याय आसाराम बापू, स्वामी नारायण जैसे पंथों और पांडुरंग शास्त्रियों ने झमेले में डाल दिया है। समृद्ध मध्यवर्ग की सहायता से गुजरात में ऐसे लोगों की बाढ़ आ गई है। वे आधुनिक लबादे में परंपरागत ब्राह्मणवादी मूल्यों को आगे ला रहे हैं। इन मूल्यों पर आधात्मिकता की चासनी चढ़ा दी जाती है। इन संगठनों में हिंदुत्व विचारधारा और सभी हिंदू समुदायों द्वारा हिंदुत्व पर गर्व की बात को आगे बढ़ाया है। मेकवान (2002) ने बताया है कि "भाजपा के धन और ताकत से प्रभावित अम्बेडकरवादी दलित उसकी ओर झुक गए। जो लोग आर एस एस के साथ मिल गए उन्हें सत्ता प्राप्त हो गई।" इन सभी तरकीबों में आर एस एस की मुख्य परियोजना सभी जातियों को मुसलमानों और ईसाइयों के खिलाफ करना है। हिंदू समाज के मखमली वस्त्र में लिपटा हुआ हिंदुत्व का खंजर दलितों के आकांक्षाओं के आरपार कर दिया गया और यथास्थिति की विचारधारा को बड़े सम्मानजनक तरीके से लाद दिया गया है।

इसी संदर्भ में ईसाई मिशनरी विरोधी अभियान शुरू कर दिया गया। इस देश में रहने वाले सभी लोग हिंदू हैं, इस तर्क को व्यावहारिक रूप से ग्रहण किया गया है। जो लोग 'अन्य', 'विदेशी' धर्मों में चले गए हैं उनके बारे में कहा जाता है कि धन या किसी दूसरे लालच की वजह से उन्होंने ऐसा किया होगा। हिंदूवाद को दूसरे धर्मों के मुकाबले श्रेष्ठ बताया गया है क्योंकि वह न तो धर्म परिवर्तन कराता है और न ही उसका इसमें विश्वास है। यहाँ एक तीर से दो निशाने लगाए गए हैं। वास्तव में हिंदूधर्म अर्थात् ब्राह्मणवाद धर्म परिवर्तन नहीं करा सकता क्योंकि यह एकांतवाद के सिद्धांत पर आधारित है। निम्न जातियाँ धर्म बदलना चाहती हैं क्योंकि वे इससे उच्च जातियों द्वारा लादी गई सामाजिक प्रथाओं से छुटकारा पाते हैं। तर्क को बड़ी चतुराई से मोड़ दिया जाता है और 'इलीट एकांतवाद' को एक गुण मान लिया जाता है। इसलिए जिन लोगों ने धर्म बदला है उनके बारे में कहा जाता है कि वे 'विदेशी धर्म' के धमकावे में आ गए थे, उन्हें नए अनुष्ठानों के साथ हिंदूधर्म

में 'वापस लाना' जरूरी है। उन्हें यह भी समझाना है कि वे अपने पुराने देवताओं को फेंक दें तथा राम, गीता और आचार्यों के गुणों का अध्ययन करें। इसी क्रम में ईसाई मिशनरियों को सबक सिखाने की बात आती है। इसलिए कुछ बाइबिलें जला दी जाती हैं तथा ननों और पादरियों को पीटा जाता है। भारत में दूसरे स्थानों की तुलना में गुजरात में यह सब ज्यादा देखा है क्योंकि यहाँ संघ परिवार के धार्मिक फासीवादी गलियों में खुलेआम घूमते हैं।

हिंदुत्व की सांस्कृतिक रणनीति

गुजरात ऑपरेशन का मुख्य क्षेत्र रहा है लेकिन देश के दूसरे हिस्सों में भी इस तरह की प्रक्रिया चली है। विभिन्न राज्यों में स्थानीय सांस्कृतिक रूपकों को हटाकर नवगढ़ित रूपक ले आए गए हैं। 1992 में सूरत के दंगों के व्यापक मूल्यांकन के बाद इंजीनियर (1993 : 02) ने लिखा है कि भाजपा के प्रचार ने सूरत के युवाओं विशेषकर परंपरागत अन्य पिछड़े वर्ग समुदायों के माची, खरवा, राना और घांची युवकों का संप्रदायीकरण कर दिया है। पहले वे कांग्रेस के प्रबल समर्थक हुआ करते थे लेकिन अब वे उससे दूर चले गए हैं। हाल ही में ये समुदाय समृद्ध बने हैं और वे अब नए सत्ता समीकरण तथा व्यापक पहचानों को खोज रहे हैं। वे अपनी पुरानी प्रथाओं को और कुलदेवियों को छोड़ रहे हैं तथा उच्च जाति के रिवाजों को अंगीकार कर रहे हैं। भाजपा ने अपने हिंदुत्व अभियान के जरिए उन्हें व्यापक पहचान दी उनकी आकांक्षाओं को 'सफलतापूर्वक' पूरा किया है। उसके प्रचार ने उसकी पहचान को राष्ट्रवादी तथा देशभक्तिपूर्ण रंग भी दे दिया है। कुछ अनुष्ठानों को छोड़ देने के सुधार आंदोलन के पहले उनमें व्यापक पहचान की इच्छा पैदा की गई। इसके बाद इन समुदायों का संप्रदायीकरण कर दिया गया। इन लोगों में शिक्षा भी बढ़ रही है। तद्नुसार वे अपने मूल व्यवसाय से निकलकर नए क्षेत्रों में जा रहे हैं और उनका आर्थिक आधार भी बढ़ा है। वे अपने लिए और बड़ी राजनीतिक भूमिका तलाश रहे हैं। कांग्रेस से पहले के राजनीतिक समीकरणों और व्यवस्थाओं से उन्हें सीमित अवसर मिलते थे लेकिन भाजपा उन्हें नए अवसर और बड़ी भागीदारी दे रही है।

विनायक मूर्तियों के जरिए हिंदुत्व प्रचार ने अपनी विधि विकसित की है। अधिकांश दक्षिणी राज्यों में विहिप और संघ परिवार के दूसरे संगठन ब्राह्मणवादी अनुष्ठानों का संवर्धन कर रहे हैं और मौजूदा अनुष्ठानों तथा प्रथाओं का ब्राह्मणीकरण कर रहे हैं। बहुत से समाजविज्ञानी अध्ययनों में दिखाया है कि किस प्रकार संघ परिवार मातहत लोगों को ब्राह्मणवादी संस्कृति में लाने के लिए नई-नई तरकीबें इस्तेमाल कर रहा है। संघ परिवार ने विभिन्न सामाजिक सुविधाओं जैसे कि रात्रि स्कूल तथा युवा शिविरों का प्रयोग दलित पहचान को मिटाने तथा हिंदू जैसी पहचान कायम करने के लिए किया है। बहुत से दलितों ने अपनी जाति पहचान छोड़ दी

है, और अब वे हिंदू होने का दावा करते हैं। द्रविड़ मुनेत्र आंदोलन गिरकर ए आई ए डी एम के हो जाने और वर्तमान डी एम के पर ब्राह्मणवादी प्रभाव के बारे में कुछ कहने की जरूरत नहीं है।

सामाजिक स्तर पर हिंदू महासभा ने भारत सेवा आश्रम और हिंदू मिलन मंदिर की स्थापना की। हाल ही में आर एस एस ने दलितों के लिए बहुत से संगठन बना दिए हैं। इन सबके पीछे मूल दर्शन यह है कि जातीय संघर्ष वांछनीय नहीं है और हमें जाति सद्भाव अर्थात् सामाजिक समरसता की आवश्यकता है। इसके द्वारा उन्होंने दलितों के मध्यवर्गों को पकड़ लिया है जिन्होंने आरक्षण तथा दूसरे सामाजिक अवसरों का लाभ उठाया। इन संगठनों में दलितों के वर्गों को व्यापक हिंदू पहचान दे दी है जिन्होंने इसे आगे बढ़ने के अवसर के रूप में ग्रहण कर लिया है। संगठनों का यह जमघट लोकप्रिय त्यौहारों के हिंदूकृत रूप को आयोजित करता है और अंतर-जाति भोज (राम खिचड़ी) जैसे कार्यक्रम आयोजित करता है ताकि समाज के दलित वर्गों को उनकी सामाजिक स्थिति दिखाई जा सके। फुले और अम्बेडकर का ब्राह्मणीकरण करके इनकी अंधपूजा की प्रवृत्ति का भी पूरा लाभ उठाया गया है। संघ परिवार को दलित आंदोलन के इन महान नेताओं की पूजा करने में कोई समस्या नहीं है बशर्ते कि उनके मूल्य नीचे दबे रहें।

आज गुजरात कल भारत?

गुजरात हिंसा और उसके पीछे राजनीति का स्वरूप अब तक भारत में हुए दूसरे दंगों और हत्याकांडों के स्वरूप से भिन्न है। अधिकांश जाँच आयोगों की रिपोर्टों से स्पष्ट है कि हिंसा की योजना आर एस एस के किसी संगठन या उसके सहयोगियों जैसे कि शिवसेना ने बनाई। (देखें सांप्रदायिक हिंसा पर अध्याय) इस संबंध में 1984 में कांग्रेस के गुंडों द्वारा सिख विरोधी हत्याकांड का स्मरण हो आता है। लेकिन गुजरात हत्याकांड गहरे संप्रदायीकरण, समाज के हिंदुत्वीकरण के कारण हुआ। यहाँ नये-नये सांप्रदायिक हिंसा के तकनीकों को लागू किया गया जिसके भयंकर परिणाम सामने आए। इस मुस्लिम विरोधी हत्याकांड को कार्यान्वित करने वाली मशीन में डेढ़ दशक से भी अधिक समय से मजबूत किया जा रहा है। भाजपा सरकार के सत्ता में होने से इस कार्य में और मदद मिली। इससे शासन प्रायोजित हिंसा हुई। अल्पसंख्यक विरोधी हिंसा नरसंहार में तब्दील हो गई। संप्रदायीकरण किस हद तक हो गया है इसका अनुमान विभिन्न महत्त्वपूर्ण स्थानों पर लगे भगवा बोर्डों और बेनरों से देखा जा सकता है। इनमें हिंदू राष्ट्र अर्थात् गुजरात के शहर विशेष में आगंतुकों को आमंत्रित किया गया है।

आर एस एस द्वारा चलाया गया सांप्रदायिक अभियान विभिन्न राज्यों में विभिन्न मात्रा में समाज में पैठ गया है। राष्ट्रव्यापी चुनावों में इसका लाभ उठाने में भाजपा

को थोड़ा समय लगेगा। गणतंत्र के प्रारंभिक वर्षों में जो उदार लोकाचार देखने को मिलता था उसकी जगह पिछले दो दशकों में पुष्टिवादी पितृसत्तात्मक अवनतिशील मूल्य प्रणाली ने ले ली है। दोलायमान अर्थव्यवस्था ने सांप्रदायिक राजनीति की मिल को मजबूती देने का काम किया है। इसकी वजह से जहाँ एक ओर देश के विभिन्न भागों में आर एस एस ऊँचाइयों पर जा रहा है वहीं इससे भाजपा को वोट मिलना गोधरा शैली की घटनाओं पर निर्भर करता है और आर एस एस इसे बखूबी जानता है।

अधिकांश दक्षिणी राज्यों ने वे सभी सिद्धांत छोड़ दिए हैं जो उन्हें पेरियार जैसे रेडिकल रैशनलिस्म (नास्तिकता) और दूसरे रेडिकल आंदोलनों की तरफ ले जाते हैं। पेरियार विरासत के उत्तराधिकारी अब भाजपा की गोदी में बैठकर सम्मान की याचना कर रहे हैं। अम्बेडकर की विरासत के उत्तराधिकारियों की भी बहुत अच्छी स्थिति नहीं है, अब वे उत्तर प्रदेश में मनुवादियों के साथ सत्ता भोग रहे हैं। चंद्रबाबू नायडू, ममता बनर्जी जैसे स्थानीय नायक अपने स्थानीय सत्ता आधार को बचाना चाहते हैं या उपयुक्त पुरस्कार चाहते हैं। इस वजह से वे भाजपा और आर एस एस द्वारा फेंके गए जाल से या तो नावाकिफ हैं या उसे देखना नहीं चाहते। भाजपा सत्ता में न हो तो भी आर एस एस अपना काम करता रहता है। यदि वह सत्ता में हो तो इससे कई गुना मदद मिलती है। देश का भविष्य अधर में लटका हुआ है। मतदाता के सामने बड़े कठोर विकल्प हैं। एक ओर गुजरात में मोदी के सत्ता में आने की संभावना है और दूसरे केंद्र में भाजपा के सत्ता में आने की संभावना है ताकि वह देश को हिंदू राष्ट्र के रूप में बदलने के अधूरे काम को पूरा कर सके। इसके विपरीत गुजरात तथा केंद्र में अधिक लोकतांत्रिक गठजोड़ को लाकर देश के लोकतांत्रिक चरित्र को बहाल करने की जरूरत है। दूसरा विकल्प तभी संभव हो सकेगा जब स्वतंत्र विचार रखने वाले लोग निचले स्तर पर काम करना शुरू कर दें और लोगों को इस बात के लिए प्रेरित करें कि वे हमारे समाज के अनेकत्व को स्वीकार करें और यह मानें कि अल्पसंख्यक भी इस देश के नागरिक और हमारी संयुक्त सांस्कृतिक विरासत के उत्तराधिकारी हैं।

उपसंहार

धर्मनिरपेक्ष लोकतंत्र के लिए संघर्ष : हिंदुत्व की विचारधारात्मक असंगतियाँ

भारत के लोकतंत्र को सबसे बड़ा खतरा सांप्रदायिक राजनीति से है जो कि हिंदूधर्म से वैधता प्राप्त करती है। इसका मतलब यह नहीं है कि मुस्लिम सांप्रदायिकता खत्म हो गई है लेकिन उसकी सामाजिक ताकत हिंदुत्व के मुकाबले नगण्य है। हम इस बात को दोहराना चाहते हैं कि हिंदुत्व, हिंदू धर्म नहीं है यह हिंदू धर्म की इलीट धारा अर्थात् ब्राह्मणवाद पर आधारित राजनीतिक विचारधारा है और इसमें हिंदू जनसंख्या के एक वर्ग के कुछ पहलुओं को शामिल किया गया है। ये पहलू हैं प्रजाति (आर्य), संस्कृति (ब्राह्मणवादी), भाषा (संस्कृत, हिंदी) और क्षेत्र (सिंधु से समुद्रों तक)। यह राजनीति काफी आक्रामक है, और पिछले दो दशकों से देश पर छाई हुई है।

हिंदुत्व राजनीति का लक्ष्य हिंदू राष्ट्र का निर्माण है और जैसा कि हमने देखा वह धर्मनिरपेक्ष लोकतांत्रिक भारत और वर्तमान संविधान के खिलाफ है। मोटे तौर पर कहा जा सकता है कि सांप्रदायिक राजनीति मध्यवर्ग और उच्च जातियों, जिन्होंने वर्तमान विकास प्रक्रिया का सबसे ज्यादा लाभ उठाया है का मिलन है। यही वर्ग सांप्रदायिक राजनीति का प्रमुख रूप से अनुयायी है। इस राजनीति के लिए जनसमर्थन वंचित और गरीब वर्गों से भी आता है जो गहरी कुंठाओं के कारण पहचान की राजनीति में अर्थ खोजते हैं। इसके अतिरिक्त जाति या धर्म पर आधारित राजनीति का लक्ष्य सामाजिक संबंधों के क्षेत्र में यथास्थिति बनाए रखना या उसे लादना है, और लिंग, जाति तथा वर्ग के श्रेणी आधारित संबंधों को सुदृढ़ बनाना है। दिलचस्प बात यह है कि ये विचार साफ भाषा में व्यक्त नहीं किए जाते। इन्हें बड़ी परिष्कृत भाषा में पेश किया जाता है। इसके बावजूद कुछ विसंगतियाँ रह जाती हैं। इस पर काबू पाने के लिए संघ परिवार में काम का बँटवारा कर दिया गया है। इसके चलते एक स्कंध एक पहलू पर बल देता है जबकि दूसरा दूसरी भाषा में बोलता है जिसका स्वर आधुनिक राजनीति की भाषा से मेल खाता है। आर एस एस और विहिप संविधान

को रद्दी की टोकरी में डालने की बात खुलकर कह सकते हैं। स्वतंत्रता संघर्ष से उपजे इस संविधान के बारे में उनका कहना है कि यह हिंदू विरोधी है तथा उसके स्थान पर पवित्र हिंदू धर्म ग्रंथों पर आधारित संविधान लाया जाना चाहिए। भाजपा केवल यह कहती है कि पिछले 5 दशकों के अनुभवों को दृष्टिगत रखते हुए इसकी केवल 'समीक्षा' की जानी चाहिए।

इसी प्रकार विहिप राष्ट्र को काशी और मथुरा तथा 'मुस्लिम शासकों द्वारा ध्वस्त' 2000 दूसरे मंदिरों के बारे में याद दिलाती रहती है, तो भाजपा बड़ी शांति से यह कहती है कि ये हमारी कार्यसूची में नहीं हैं। लेकिन बाद में किसी 'उपयुक्त' समय पर यह मैदान में कूद पड़ती है और कहती है कि राम मंदिर का निर्माण 'राष्ट्रीय आकांक्षाओं' का मामला है। इसके नेता एक साँस में कह जाते हैं कि हमें हिंदू राष्ट्र चाहिए लेकिन यह धर्म पर आधारित शासन नहीं होगा। वह एक ऐसा राष्ट्र होगा जहाँ उच्च शक्तियाँ निर्वाचित प्रतिनिधियों के हाथों में नहीं बल्कि अध्यापकों, धार्मिक कार्मिकों, गुरु सभा के हाथों में होंगी, फिर भी यह लोकतंत्र होगा! लोकतंत्र में बहुसंख्यक की आवाज सुनी जानी चाहिए। हिंदू बहुसंख्यक हैं।

इसलिए इनकी इच्छा के अनुसार काम होना चाहिए। यह अलग बात है कि इस इच्छा की अभिव्यक्ति निर्वाचित प्रतिनिधियों द्वारा नहीं की जाएगी बल्कि हिंदू हित के स्वयंभू चैंपियन संघ परिवार द्वारा की जाएगी। फिर भी यह लोकतंत्र ही होगा। लोकतंत्र होने के नाते यहाँ अल्पसंख्यकों के लिए जगह होगी लेकिन उन्हें या तो बहुसंख्यकों की संस्कृति अपनानी होगी या उन्हें बहुसंख्यकों की इच्छा के सामने झुकना होगा। इस लोकतांत्रिक ढाँचे में सर्वाधिक आग्रही राजनीतिक संगठन द्वारा हिंदू शब्द कहे जाने से पूरे राष्ट्र का जनादेश हुआ माना जाएगा भले ही उसके लिए चुनावी बहुमत न हो।

हिंदू शब्द धर्म नहीं है कहना भी बड़ी 'चतुर' तरकीब है। हिंदुत्व विचारकों का कहना है कि यह 'जीवन की शैली' है। यदि यह धर्म नहीं है तो इसके इर्द-गिर्द इस तरह का पागलपन कैसे निर्मित किया जा सकता है? यदि यह धर्म नहीं है तो राम और कृष्ण को पवित्र देवता क्यों कहा जाता है? यदि यह जीवन शैली है तो पवित्र देवताओं के नाम पर मंदिर बनाने की क्या जरूरत है? आजकल हिंदुत्व शब्द ने हिंदू शब्द को लगभग आच्छादित कर लिया है। हिंदुत्व प्रजाति और भाषा को ध्यान में रखता है लेकिन गैर आर्य प्रजातियों का क्या होगा? उन भाषाओं का क्या होगा जो 'पवित्र' संस्कृत अर्थात् देवों की भाषा से नहीं निकली हैं? इन भ्रमों को जानबूझकर छोड़ा गया है ताकि राजनीतिक समीचीनता के अनुसार इनका लाभ उठाया जा सके।

इतिहास के प्राचीन काल को 'स्वर्णिम हिंदू युग' कहा गया है। इस युग की सर्वोत्तम झलक मनुस्मृति जैसी पुस्तकों में मिलती है। यह वह समय था जब शूद्रों

को शिक्षा का अधिकार नहीं था और उनका एक मात्र कार्य उच्च जाति की सेवा था। स्त्रियों को पुरुषों की संपत्ति माना जाता था और शूद्रों को उच्च जाति का दास। स्वर्णिम हिंदू युग की बात करते समय श्रेणी शोषण की इन दर्दनाक स्मृतियों को बड़े सुविधाजनक तरीके से छिपा दिया जाता है। यह बात बढ़-चढ़ कर कही जाती है कि उस समय स्त्रियों की पूजा होती थी। साहित्य और सामाजिक जीवन में कुछ स्त्रियों के योगदान की बात भी कही जाती है। लेकिन ज्यादातर स्त्रियाँ जोकि पिता, पति और पुत्र के पितृसत्तात्मक नियंत्रण में रहती हैं की उपेक्षा कर दी जाती है और इतिहास के कालों का मूल्यांकन करते समय उन्हें ध्यान में नहीं रखा जाता। मुगल बादशाहों को हमलावर कहा जाता है लेकिन आर्यों के बारे में कहा जाता है कि वे यहीं के थे या ज्यादा से ज्यादा यह कहा जाता है कि वे यहाँ 'आए' (हमला नहीं किया) हालाँकि भारत में जाति व्यवस्था सदियों से प्रचलित है लेकिन यह दिखाने के प्रयास किए जाते हैं कि मुस्लिम हमलावरों ने शूद्रों और अछूतों के धर्म बदलवाने की कोशिश की जिसका उन्होंने विरोध किया। यहाँ यह बात बड़ी आसानी से भुला दी जाती है कि इस्लाम भारत में जाति व्यवस्था के जड़ जमा लेने के कई शताब्दियों बाद अस्तित्व में आया।

आश्चर्य की बात है कि भारतीय इतिहास के मध्य युग को काले युग के रूप में 'समझा' जाता है और यह भुला दिया जाता है कि इस काल में ही समन्वयवादी तथा अनेकवादी संश्लेषण हुआ। विभाजन की त्रासदी और पाकिस्तान के निर्माण का ठीकरा मुसलमानों तथा गाँधी, जिन्होंने ब्रिटिश शासन से स्वतंत्रता के लिए संघर्ष का नेतृत्व किया की तुष्टिकरण की नीति, के सिर पर फोड़ दिया जाता है। यह अलग बात है कि हिंदुत्व जो देश को एक करने का दावा करता है और खुद को राष्ट्र निर्माण की ताकत बताता है, उस समय भारतीय राष्ट्र के आंदोलन के आसपास भी नहीं था। जिस समय पूरा उपमहाद्वीप खौल रहा था उस समय हिंदुत्व विचारधारा के नेताओं के पास ब्रिटिश विरोधी आंदोलन में शामिल होने का 'समय' नहीं था। साथ ही उनके पास समाज के शोषित और कमजोर वर्गों के संघर्ष में शामिल होने का समय नहीं था। इस प्रकार गाँधी को भारत माता का महान सपूत तो कहा जाता है लेकिन उन्हें राष्ट्रपिता नहीं कहा जाता क्योंकि इससे धर्मनिरपेक्ष लोकतांत्रिक भारत जिसके निर्माण में गाँधी ने बड़ी भूमिका अदा की, को वैधता मिल जाएगी। हालाँकि उनका चित्र इसके नेताओं के मंचों पर हिंदुत्व राजनीति के संस्थापकों हेडगेवार, गोलवलकर आदि के साथ लटकता रहता है लेकिन गाँधी के सिद्धांतों को बड़ी सूक्ष्मता के साथ दरकिनार कर दिया जाता है। विभाजन को धार्मिक आधार पर मुस्लिम अलगाववाद के रूप में तिरस्कृत किया जाता है। लेकिन मौजूदा कश्मीर समस्या को सांप्रदायिक आधार पर उसके विभाजन अर्थात् हिंदू जम्मू, मुस्लिम कश्मीर घाटी और बुद्धवादी लद्दाख बनाकर सुलझाने की कोशिश की जाती है।

जब धर्मनिरपेक्षता शब्द के प्रयोग की बात आती है तो भाजपा बड़ी-बड़ी बातें करती है। धर्मनिरपेक्षता को पश्चिमी मूल्य बताकर कंडम कर दिया जाता है। और इसके साथ ही इसका राजनीतिक स्कंध सही धर्मनिरपेक्षता के प्रतीक के रूप में पेश किया जाता है। यह बगैर पलक झपकाए कह देती है कि हिंदूधर्म खुद ही धर्मनिरपेक्ष है। एक ही राजनीतिक समूह द्वारा इस तरह की विरोधी बातें कहा जाना वास्तव में ही सोचने की बात है। अल्पसंख्यकों के बारे में बयान भी परेशानी पैदा करने वाले हैं। एक ओर कहा जाता है कि मुसलमान 'हमारे ही हाड़मांस का हिस्सा है' तो दूसरी ओर उनके भारतीयकरण की बात कही जाती है। उनके राजनीतिक तथा दूसरे नेता अपने बच्चों को शहरों के ईसाई स्कूलों में भर्ती कराने के लिए अपनी ताकत का इस्तेमाल करते हैं लेकिन उनके भगवा भाई गाँवों में उन पर आतंक मचा देते हैं जिसमें बाइबिलों को जलाने से लेकर 'जबरन' धर्म परिवर्तन के लिए कुष्ठ रोगी कार्यकर्ताओं को जलाकर मारना शामिल है। संघ परिवार कपट, प्रलोभन और ताकत द्वारा धर्म परिवर्तन का आरोप ईसाई अल्पसंख्यकों पर लगाता है लेकिन दूसरी ओर ईसाई आबादी कम हो रही है। जनसंख्या संबंधी आँकड़ों को चुने हुए तरीकों से पेश करके कहा जाता है कि मुसलमान कई शादियाँ करते हैं लेकिन सच्चाई यह है कि बहुविवाह की घटनाएँ जितनी मुसलमानों में हैं उतनी ही दलितों में भी हैं। अपेक्षाकृत अधिक पढ़े-लिखे और समृद्ध केरल के मुसलमानों की जनसंख्या वृद्धि दर भारत के महानगरों में हिंदुओं की जनसंख्या वृद्धि दर के बराबर है।

लोकतंत्रीय राजतंत्र उदार तानेबाने द्वारा दलित और शोषित वर्गों को अपने संघर्ष के अवसर प्रदान करता है। सांप्रदायिक राजनीति इसका ही विरोध करती है। जैसा कि हमने देखा कि हिंदुत्व आंदोलन उस समय पतनशील सामंतों, रियासत के राजाओं, ब्राह्मणों और बनियों तथा उन सभी समूहों की देन था जो आधुनिक पूर्व के पतनशील श्रेणीबद्ध ढाँचे को बरकरार रखना चाहते थे। हिंदुत्व की राजनीति कठोर श्रेणीबद्धता को लादने के लिए बड़ा परिष्कृत तरीका देती है। इसके लिए अर्ध-धर्मनिरपेक्ष समाज उपजाऊ भूमि बन जाता है जहाँ पर इसके विषैले बीज उगते हैं।

विशेष रूप से मंडल आयोग की सिफारिशों के कार्यान्वयन के बाद इस हमले का तेज होना तथा मध्य वर्गों का संघ परिवार के साथ आना, मध्य वर्ग की अस्तित्ववादी चिंताओं की अभिव्यक्ति है। वे यूरोप तथा दूसरे धर्मनिरपेक्ष समाजों में फासीवादी आंदोलनों का आधार रहे हैं, वे अर्ध तथा धर्मनिरपेक्ष पूर्व समाजों में रूढ़िवादी हमले का भी आधार बने हैं। एक तरह से संघ परिवार ने समाज को चिमटी से पकड़ लिया है। पूरी शासन सत्ता मिलने से पहले ही वह समाज पर चौतरफा हमला करने में 'सफल' हो गया है। इसके लिए विभिन्न पहलुओं जैसे कि सामाजिक और आर्थिक

जीवन : संस्कृति, शिक्षा, मीडिया, नौकरशाही, पुलिस और शासन के दूसरे अंगों का प्रयोग किया गया है। राज्यों तथा केंद्र में सत्ता पर काबिज होने या उसके नजदीक तक पहुँचने से उसे समाज और देश की लोकतांत्रिक संस्थाओं का तिरस्कार करने का अवसर मिला है।

इसने सामाजिक चिंतन की दिशा ही बदल दी है। दलितों और शोषितों के अधिकारों और समाज की वास्तविक समस्याओं को पीछे धकेल दिया गया है। इलीट/उच्च वर्ग की संस्कृति को अंधे तरीके से लादकर दलितों और शोषितों को दबाने के काम में तेज़ी लाई जा रही है तथा उसे वैध बनाया जा रहा है इस दिशा में संविधान की 'समीक्षा' की तरकीब भी निकाल ली गई है। संघ परिवार हमले के विशिष्ट तरीके अपनाता है। वह धीरे-धीरे चलने वाले फासीवाद और रूढ़िवाद को मिला देता है। इसका आधार मध्य वर्ग है। फासीवाद की तरह वह एक बार में एक ही समुदाय को निशाना बनाता है। वह शानदार अतीत की बात करता है तथा साम्राज्य के विस्तार (अखण्ड भारत) की बात करता है। वह स्त्रियों से माँ/पत्नी की प्राथमिक भूमिका अदा करने के लिए कहता है तथा मजदूरों से 'राष्ट्र' (उद्योगपतियों) के लिए काम करने तथा अपने अधिकारों की बात न करने के लिए कहता है। वह सामाजिक समन्वय जैसे कार्यक्रमों द्वारा दलितों पर शिकंजा कसता है। रूढ़िवाद के अनुरूप वह धार्मिक बिंबों और हिंदू राजाओं के शानदार शासन की बात करता है और हिंदू राष्ट्र के विचार पर बल देता है। वह राम, गीता-रामायण-महाभारत, आचार्यों, महंतों के इर्द-गिर्द अपना दर्शन तैयार करता है। ये दोनों ही बातें लोकतंत्र तथा उदारवाद के खिलाफ हैं।

गुजरात हिंदुत्व राजनीति, हिंदू राष्ट्र की राजनीति की अभिव्यक्ति का सबसे बड़ा केंद्र रहा है। मुस्लिम अल्पसंख्यकों के खिलाफ गढ़े गए अधिकांश मिथक यहाँ उभर कर ऊपर आ गए जिसकी वजह से हाल ही का हत्याकांड हुआ। यह हत्याकांड स्वतंत्र भारत में हुई सांप्रदायिक हिंसा के स्वरूप से बिल्कुल अलग है। शासन तंत्र पर आर एस एस की संतान भाजपा के नियंत्रण के कारण उसके स्वयंसेवक और हमदर्द शासन में शामिल हो गए हैं। पिछले 6 वर्षों में भाजपा के शासन के दौरान उसके दरवाजे आर एस एस के लिए खुले रहे और नागरिक समाज का संप्रदायीकरण बड़ी तीव्रता से हुआ। गोधरा घटना और उसके बाद गुजरात हिंसा ने दिखा दिया है कि संकीर्ण राष्ट्रवाद का वहशीपन किस हद तक नागरिक समाज को क्षत-विक्षत कर सकता है इसने अल्पसंख्यकों को दोयम दर्जे के नागरिकों में बदल दिया है। इससे आर एस एस में फासीवादी संभावनाएँ नजर आ जाती हैं। भारतीय फासीवाद तथा यूरोप के फासीवाद में अंतर यह है कि भारत का फासीवाद यूरोप में फासीवाद के मुकाबले धीमी गति से चला। लेकिन गुजरात प्रयोग के बाद इसके तेजी से बढ़ने की आशंका हो गई है। हालाँकि भाजपा चुनावी बहुमत के नजदीक नहीं है, लेकिन

वह हिंदुत्व राजनीति को चला पा रही है। क्योंकि उसके साथियों का कोई राष्ट्रीय लक्ष्य नहीं है। वे बहुत दूर तक नहीं देख पाते और यही नहीं समझते हैं कि भाजपा के साथ समझौते से हिंदुत्व फासीवाद की पकड़ मजबूत होगी। समाजशास्त्रियों के पहले के जायजे और चेतावनियाँ गुजरात हत्याकांड के मामले में सही साबित हो गई हैं। जर्मनी में फासीवाद बहुत जल्दी राष्ट्रीय तत्त्व बन गया। गुजरात को 'एक राज्य में हिंदू राष्ट्र' कहा जा सकता है और यह पूरे देश में हिंदू राष्ट्र की पूर्व सूचना है। संदेह करने का समय निकल चुका है। फासीवाद ने धार्मिक वस्त्र पहन लिए हैं। लेकिन यह अच्छी बात है कि समाज के बड़े वर्ग की खतरे के बारे में अवधारणा बदल गई है। जो लोग यह कहते थे कि हिंदुत्व से खतरा नहीं है वे अब जाग गए हैं और लोकतंत्र के लिए खतरा बने हुए लोगों के खिलाफ खड़े हो गए हैं।

इस हमले के खिलाफ संघर्ष के लिए कई ओर से कार्रवाई करनी होगी तथा अभियान और आंदोलन चलाने होंगे। हिंदुत्व ने समाज के कई वर्गों को प्रभावित किया है। इसका लक्ष्य केवल अल्पसंख्यक नहीं है। हालाँकि एक अल्पसंख्यक समूह (मुसलमानों) ने उनके रोष को काफी झेला है। दूसरे अल्पसंख्यक (ईसाई) भी 1998 से उनके हमले के भीतर आ गए हैं। दूसरे प्रभावित वर्गों में से मजदूर इस समय असंगठित हैं, स्त्रियों और दलितों को बड़े सूक्ष्म तरीके से दबाया जा रहा है। पेस्टर मार्टिन निमोयलर की कविता (फर्स्ट दे केम फार दि ज्यूज़...) से सांप्रदायिकता विरोधी संघर्ष की स्थिति मालूम हो जाती है। अलग-अलग समय पर अलग-अलग दलित समूह अपने तरीके से इससे लड़ रहे हैं जिसकी वजह से हिंदुत्व का त्रिशूल बगैर किसी बाधा के अपनी यात्रा तय कर रहा है। राजनीतिक स्तर पर धार्मिक फासीवाद के उदय का सबसे बड़ा कारण यह है कि धर्मनिरपेक्षता और लोकतंत्र को मानने वाली ताकतें तितर-बितर हैं। फासीवादी ताकतें न केवल मजबूती से जुड़ी हुई हैं बल्कि अवसरवादी राजनीतिक संगठनों को अपने साथ कर लेती हैं। वामपंथी समूह बिखरे पड़े हैं, अभी तक ये समूह और राजनीतिक संगठन अपने बीच समानताओं और हिंदू दक्षिण पंथ से भेद को नजर-अंदाज कर रहे थे। सभी राजनीतिक संगठन जो जाति और लिंग की बराबरी के मूल्यों तथा स्वतंत्रता, समानता और भाईचारे के मूल्यों के वास्तव में ही हामीदार हैं उनमें बहुत-सी सामान्य बातें हैं। यदि वे ये महसूस कर लें कि आर एस एस और भाजपा का बुनियादी लक्ष्य ब्राह्मणवादी, फासीवादी शासन स्थापित करना है तो इस फासीवादी चुनौती को शिकस्त देने के लिए उनका साथ होना मुश्किल नहीं होगा। हिंदुत्व विरोधी ताकतों को अपने मतभेद भुलाकर संगठित रूप से आर एस एस-भाजपा का मुकाबला करना चाहिए।

स्वायत्त आंदोलनों में वृद्धि के कारण हर कोई वर्ग अपने-अपने अधिकार प्राप्त करने के लिए छोटे प्रयास कर रहा है। यह शोषितों का गैर वर्चस्ववादी संघर्ष है। इस तरह के संघर्ष उदार वातावरण में ही आगे बढ़ सकते हैं, जहाँ ये बिखरे पड़े

अलग-थलग संघर्ष और आंदोलन इकट्ठे होकर अपने लक्ष्य की ओर चल सकते हैं।

हिंदुत्व ने ऐसा सामाजिक वातावरण तैयार कर दिया है जहाँ इस तरह के संघर्षों को चलाना मुश्किल हो गया है। इन आंदोलनों को चलने से पहले ही खत्म कर देने के लिए तरह-तरह की बाधा पैदा की जाती हैं। अलग-अलग सामाजिक एजेंडों के बावजूद हिंदुत्व-विरोध उनके एक होने का आधार बन सकता है। फासीवादी हिंदुत्व के विरुद्ध लड़ाई और समाज के बड़े वर्गों के धर्मनिरपेक्ष लोकतांत्रिक अधिकारों को मजबूत करने के लिए एक सामान्य मंच बनाया जाना चाहिए जो अलग-अलग खंडों की आकांक्षाओं को दबाए बगैर उनको एकजुट कर सके। इसी के आधार पर धर्मनिरपेक्ष लोकाचार तैयार किया जा सकता है जो हिंदुत्व का मुकाबला कर सके और उसे आगे चलकर सही जगह अर्थात् कचरे की टोकरी में डाल सके।

यह मंच विभिन्न आंदोलनों में समानता से ताकत ग्रहण करेगा और धर्मनिरपेक्ष समाज के लिए संघर्ष का आधार होगा। इन आंदोलनों की न्यूनतम सामान्य बातों का खाका तैयार किया जाना चाहिए। आप इसे धर्मनिरपेक्ष लोकतंत्र के लिए मंच, धर्मनिरपेक्षता के लिए जन आंदोलन, फासीवादी विरोधी मोर्चा कुछ भी कह सकते हैं। लेकिन यह आसान काम नहीं है, क्योंकि ऊपर से देखने पर सामाजिक आंदोलनों के एजेंडे एक दूसरे के विपरीत लगते हैं इस दिशा में जाने के लिए विभिन्न समूह प्रसंशनीय प्रयास कर रहे हैं और यहीं से शुरुआत की जा सकती है। धर्मनिरपेक्ष लोकतंत्र के लिए यह मंच तैयार करने के लिए सभी संभावनाओं का पता लगाया जाना चाहिए।

तो यहाँ से हम कहाँ जाएँगे? क्या हम यही सोचते रहें कि लोकतांत्रिक शासन हमें दुनिया के साथ शांति से रहने देगा? आज लोकतंत्र ही खतरे में है। लोकतांत्रिक मूल्यों को धीरे-धीरे नष्ट किया जा रहा है। एक बार इन सामाजिक मूल्यों के समाप्त हो जाने के बाद हिंदू राष्ट्र बनाना संघ परिवार के लिए आसान हो जाएगा। हमारा कोई भी समुदाय हो, क्या हम भारतीयों के रूप में इस तरह के गंभीर खतरों की उपेक्षा नहीं कर सकते हैं?

इसका उत्तर निश्चित रूप से 'ना' है। इस क्षय को रोकना होगा। दिशा पलटनी होगी। ऐसे बहुत से मानवाधिकार प्रयास हैं जो लोकतंत्र पर इस आघात का विरोध कर रहे हैं। उन्हें सुदृढ़ बनाया जाना चाहिए। विशेष रूप से मानवाधिकारों की खास स्थिति के मद्देनजर हमें दलितों, अल्पसंख्यकों, मजदूरों और स्त्रियों के मानवाधिकारों को गंभीरता से लेना चाहिए। हिंदुत्व राजनीति के मौजूदा पीड़ितों और संभावित पीड़ितों को सामाजिक और आर्थिक कार्रवाई के लिए एकजुट हो जाना चाहिए। अपने लोकतांत्रिक और मानवाधिकारों की रक्षा के लिए उन्हें आग्रह करना होगा। अलग-अलग रहकर वे सांप्रदायिकता के दैत्य से मुकाबला नहीं कर सकते। लेकिन इकट्ठे

होकर वे इसे रोक सकते हैं। अब समय आ गया है कि हम दूसरे चिंतित समूहों के साथ इकट्ठे हो जाएँ अन्यथा एक-एक करके हमारी मौत निश्चित है।

(क) जन स्तर पर संघ परिवार के विचारों को व्यापक स्वीकार्यता मिली है। वे समाज के वंचित वर्गों के खिलाफ समान रूप से तथा अल्पसंख्यकों के खिलाफ विशेषरूप से घृणा फैलाने के लिए इतिहास के दुरुपयोग में 'कामयाब' हो गए हैं। विवेकपूर्ण इतिहास का प्रचार करके तथा अतीत के 'तथ्यों' की संपूर्ण तस्वीर पेश करके इसका मुकाबला किया जाना चाहिए।

(ख) संस्कृति ऐसा तत्त्व है जो हिंदुत्व परियोजना के केंद्र में है। (आर एस एस : "हम सांस्कृतिक संगठन हैं') । साथ ही यह ऐसा तत्त्व है जिसे प्रगतिशील और धर्मनिरपेक्ष कार्यकर्ताओं ने गंभीरता से नहीं लिया है। आज के भारत में संस्कृति, राजनीति का युद्धक्षेत्र है। मूल रूप से संस्कृति प्रेरक तत्त्व है और सामाजिक जीवन की अभिव्यक्ति है जो कई तरह की अभिव्यक्तियों द्वारा मानव को जीवंत बनाए रखती है। जब हिंदुत्व सांस्कृतिक आघात करता है तो हिंदू दक्षिणपंथियों की गतिविधियों का उत्तर देना ही काफी नहीं है। हमें सामूहिक सतर्कता तथा रक्षा रणनीतियों द्वारा उनकी कार्रवाई से पहले ही कार्रवाई करनी होगी। सभी धर्मनिरपेक्ष संघर्षों के लिए बनाई जाने वाली रणनीति में संस्कृति का केंद्रीय स्थान होना चाहिए और वह ही महत्त्वपूर्ण तत्त्व होना चाहिए।

(ग) संघ परिवार द्वारा क्षत-विक्षत लोकतांत्रिक मानदंडों की रक्षा के लिए अभियानों में राष्ट्रीय तथा अंतर्राष्ट्रीय स्तर पर नियमित रूप से तालमेल रखा जाना चाहिए।

(घ) शोषित वर्गों के अधिकारों के लिए संघर्ष, धर्मनिरपेक्ष समाज (फासीवाद विरोधी, रूढ़िवाद विरोधी) के लिए संघर्ष के केंद्र में होना चाहिए। इन्हीं प्रयासों के जरिए संघ परिवार के आघात का सामने से मुकाबला किया जा सकता है। इन समूहों को सुदृढ़ बनाने के लिए और बहुत कुछ किया जाना चाहिए।

(ङ) चुनावी तरकीबों का प्रयोग एक हद तक ही किया जा सकता है लेकिन हमें इस तथ्य को समझना चाहिए कि भाजपा के सत्ता में होने से समाज के तेजी से संप्रदायीकरण के मार्ग खुल गए हैं। आर एस एस द्वारा शुरू की गई प्रक्रिया को बहुत बढ़ावा मिला है। गुजरात में जो कुछ हुआ वह इसका बहुत बड़ा प्रमाण है। जो लोग चुनावी राजनीति में हैं और जो जनमत को बदलने की स्थिति में हैं उन्हें यह बात अपने दिमाग में सबसे ऊपर रखनी चाहिए। यदि हमने इसकी उपेक्षा की तो हमारा विनाश तय है। और हम अपने लोकतंत्र को गँवा देंगे।

परिशिष्ट

त्रिशूल की मार

सांप्रदायिकता–2003

वर्ष 2003 में बहुत-सी दर्दनाक घटनाएँ हुईं। ये धर्मनिरपेक्ष लोकतंत्र के रूप में हमारी राज्य व्यवस्था के लिए अशुभ संकेत हैं। गुजरात हत्याकांड की पृष्ठभूमि हमारी सामाजिक चेतना में इतनी छा गई है कि उसे भुलाना मुश्किल है। गुजरात हिंसा की त्रासदी के बाद 'गुजरात के कसाई' नरेन्द्र मोदी को भारी विजय मिली। उसके कृत्य-अकृत्यों के कारण इस हत्याकांड को सम्मान दिला दिया गया। इसकी कोई मिसाल स्वतंत्र भारत में नहीं मिलती। शासन तंत्र की मिलीभगत से मानव तथा लोकतांत्रिक मूल्यों के दुरुपयोग को देखकर राष्ट्र सन्न रह गया। शासन तंत्र की मिलीभगत इतनी स्पष्ट थी कि इसे शासन द्वारा प्रायोजित मुस्लिम विरोधी हत्याकांड कहना ज्यादा सही होगा। इसने कई नई पहल कीं। अल्पसंख्यक समुदाय की स्त्रियों को बेइज्जत करना, जिन लोगों ने दंगा पीड़ितों की मदद करने की कोशिश की उनके प्रति शासन की शत्रुता जैसी बहुत-सी बातें हैं जिनकी आज की दुनिया में किसी समाज में कल्पना भी नहीं की जा सकती। दया की भीख माँगते हुए भयभीत मुसलमान कुतुबुद्दीन अंसारी का चेहरा हिंसा के स्वरूप और गुजरात में अल्पसंख्यकों की मनःस्थिति के बारे में सब कुछ कह देता है। कौसर बानो के अजन्मे बच्चे को काटने के लिए उसके पेट को फाड़ डालना यह बता देता है कि नफरत कितनी फैल चुकी है और वह किस तरह से सब जगह विशेष रूप से गुजरात में सामाजिक चेतना का हिस्सा बन चुकी है।

गोधरा के मुसलमानों को अपराधियों के रूप में पेश किया गया और पूरे हत्याकांड को रेल जलाए जाने की प्रतिक्रिया बताया गया। वास्तव में गोधरा त्रासदी मौजूदा स्थिति और घटनाओं को तोड़ने-मरोड़ने की कला को उजागर कर देती है। मोदी ने आनन-फानन 'जाँच' द्वारा कहा कि रेलगाड़ी मुसलमानों ने जलाई। इस पर कोई सवाल खड़ा नहीं किया गया। रेलगाड़ी जलाए जाने के कारणों के बारे में कोई आत्म-निरीक्षण नहीं किया गया। आक्रामक प्रचार ने यह बात फैला दी कि 'उन्होंने'

आई एस आई और अन्तर्राष्ट्रीय आतंकवाद की सहायता से रेलगाड़ी जलाई। 'हम' हिंदुओं को खतरा है इसलिए हमें इसका प्रतिकार करना चाहिए। चालाकी दिखाकर इस सक्रिय हिंसा को उस दुर्भाग्यपूर्ण घटना की प्रतिक्रिया बता दिया गया जिसकी ठीक से जाँच की जा सकती थी और दोषियों को बगैर किसी भेदभाव के सजा दी जा सकती थी। इस गलत प्रचार की बाद की जाँच-पड़ताल से कलई खुल गई, लेकिन यह जनचेतना से बाहर नहीं निकली और सवाल यह है कि यदि यह प्रतिक्रिया गोधरा की थी तो पड़ोसी मध्यप्रदेश या राजस्थान के हिंदुओं ने बदला क्यों नहीं लिया? इस तरह के असंख्य सवाल उठते हैं। लेकिन जनमानस ने मोदी के कथन को स्वीकार कर लिया और लोगों के एक वर्ग ने इक्कीसवीं शताब्दी का सबसे बड़ा मुसलमान विरोधी हत्याकांड कर डाला। इस दौरान आर एस एस और उसके साथी संगठनों अर्थात संघ समूह ने बहुत सुनियोजित तालमेल रखा।

यह कैसे हो गया कि जिस व्यक्ति ने केन्द्र सरकार में अपने साथी स्वयंसेवकों, प्रधानमन्त्री और गृहमंत्री के संरक्षण में इतना बड़ा हत्याकांड कराया उसे इतने भारी बहुमत के साथ सत्ता मिल गई? इसके कारण खोजने के लिए दूर जाने की जरूरत नहीं है। हत्याकांड के बाद हुए ध्रुवीकरण का लगातार प्रचार किया गया तथा बहुसंख्यक समुदाय को ये संकेत दिए गए कि श्री मोदी की हार पाकिस्तान की जीत होगी। इस देश को हमारा स्थायी शत्रु तथा अंतर्राष्ट्रीय आतंकवादी बताया जाता है। इसके साथ ही भाजपा के साथी संगठन 'वनवासी कल्याण आश्रम' ने बाकी काम पूरा कर दिया। इसने आदिवासी इलाकों में गहरी पैठ पैदा कर ली है और लोगों के मन में नफरत की राजनीति बैठा दी है।

चुनावी युद्ध जीत लेने के बाद श्री मोदी की उद्दण्डता आसमान छूने लगी। गुजरात के पीड़ित लोगों को न्याय देने की प्रक्रिया में हर तरह से रोड़े अटकाए जा रहे हैं। सबसे पहले तो गुजरात दंगों की जाँच के लिए गठित शाह-नानावती आयोग ने संकेत देने शुरू कर दिए हैं कि वह आर एस एस और उसके साथी संगठनों की भाषा बोलेंगे। श्री शाह आर एस एस के विख्यात समर्थक हैं। मुसलमानों के खिलाफ टाडा मामलों में उनके द्वारा सुनाए गए निर्णयों को सर्वोच्च न्यायालय ने खारिज कर दिया है। श्री नानावती भी बीच-बीच में संकेत दे देते हैं कि उनकी सहानुभूति किसके साथ है। बहुत से मामलों में एफ आई आर तक दायर नहीं की गई हैं और अन्य कई मामलों में प्रशासन प्राधिकारियों तथा छुटभैये राजनीतिज्ञों ने गवाहों को धमकाया है। बेस्ट बेकरी मामले से स्थिति स्पष्ट हो जाती है। जाहिरा शेख ने, जिसके 12 रिश्तेदार जिंदा जला दिए गए, शुरू में अपराधियों के खिलाफ साक्ष्य दिया। बाद में धमकी तथा दबाव के कारण उसके समेत अधिकांश गवाह पलट गए और उन्होंने अपने बयान वापस ले लिए। जाहिरा ने न्यायालय में कहा कि उसने किसी भी अभियुक्त को नहीं देखा। बहुत से सिविल स्वतंत्रता समूहों ने उसकी सहायता की तथा सर्वोच्च

न्यायालय में दायर किए गए एक मामले में न्यायालय ने श्री मोदी को उनकी सरकार द्वारा अपराधियों को न पकड़े जाने तथा न्यायालय में गवाही देने वाले लोगों तथा पीड़ितों को सुरक्षा न दिए जाने के लिए फटकार पिलाई। अब यह बात मानी जाने लगी है कि गुजरात की मौजूदा स्थिति में अल्पसंख्यकों तथा न्याय माँगने वाले दूसरे लोगों को न्याय नहीं मिल सकता, इसलिए यह निवेदन किया गया कि दंगे से संबंधित मामलों की सुनवाई के लिए गुजरात के बाहर कोई जगह तय की जाए। चूँकि गुजरात में दंगे से संबंधित मामलों पर कार्रवाई के लिए अनुकूल माहौल नहीं है इसलिए इन्हें कहीं और ले जाया जाना चाहिए।

बहुत से सामाजिक कार्यकर्ता अब यह समझने लगे हैं कि शासन की भयंकर पकड़ सामान्य रूप से सभी की, तथा विशेष रूप से अल्पसंख्यकों की नागरिक स्वतंत्रताओं का गला घोंट रही है। इसके बार-बार उदाहरण मिलते हैं। गुजरात में एक अत्यन्त सम्मानित महिला, मल्लिका साराभाई, को घेरा जा रहा है, क्योंकि उन्होंने शासन की ज्यादतियों के खिलाफ आवाज उठाई। वह सर्वोच्च न्यायालय में जनहित मुकदमा चलाने वाले याचिकाकर्ताओं में से एक हैं। उन्होंने गुजरात में हत्याकांड के खिलाफ भी आवाज बुलंद की। राज्य सरकार ने उनकी नृत्य मंडली के एक भूतपूर्व आवेदक के माध्यम से झूठा मामला बना दिया। यह मामला इतना बढ़ा दिया गया कि उन्हें अवैध व्यापार, वीजा नियमों के उल्लंघन तथा धोखाधड़ी के लिए जेल में डालने की तैयारियाँ हो गईं। साराभाई की दर्शन अकादमी ने आवेदक की जमाराशि लौटा दी थी, तथा देश के किसी भी कानून का उल्लंघन नहीं किया गया है। उन्हें अपनी गिरफ्तारी से बचने तथा मोदी सरकार द्वारा उनका उत्पीड़न न किए जाने के लिए न्यायालय से गुहार करनी पड़ी। हत्याकांड के बाद गुजरात में स्थिति पूरी तरह बदल गई है। ऐसा लगता है कि 'बिग ब्रदर' मोदी हमारे आसपास मँडरा रहा है। यह फासीवादी शासन की पूर्व सूचना है।

न्यायालय में चल रहे एक और मामले ने पैस्टर ग्राहम स्टेन्स की हत्या के दोषी दारा सिंह को मौत की सजा सुनाई है। याद रहे कि दारा सिंह के संघ परिवार के विभिन्न संगठनों के साथ अस्पष्ट-से संबंध थे। जब उसने अपराध किया तो गृहमन्त्री आडवाणी ने कहा कि उसके बजरंग दल के साथ कोई संबंध नहीं हैं। एम एम जोशी तथा दूसरे लोगों ने कहना शुरू कर दिया कि पैस्टर स्टेन्स की हत्या भाजपा के नेतृत्व वाले गठबन्धन को अस्थायी करने की अंतर्राष्ट्रीय साजिश है। आदिवासियों को वापस हिंदू बनाने अर्थात् घर वापसी के चैंपियन दिलीप सिंह जूदेव ने न्यायालयों में दारा सिंह का मामला लड़ने की शपथ ली। आर एस एस-भाजपा के उच्च नेताओं द्वारा इसके लिए फटकार पिलाए जाने के बाद उसने कदम वापस खींचे। उल्लेखनीय है कि जूदेव के भाई ने दारा सिंह के लिए वकील किया।

आर एस एस और उसकी संततियों को अनिवासी भारतीयों से मिलने वाले

धन का मामला अमरीका के मानवाधिकार समूहों ने उठाया। वैबसाइट SACW और सबरंग ने इस पोल के खुलने पर रिपोर्ट तैयार की। आर एस एस के समर्थकों ने आईडीआरएफ की स्थापना की है और इसे भारत में कार्य के लिए धर्मार्थ संगठन के रूप में पेश किया है। रिपोर्ट में बताया गया है कि अधिकांश धनराशि आर एस एस के साथी संगठनों को जाती है और इसकी अधिकांश राशि नफरत के प्रचार तथा आदिवासियों के हिंदुत्वकरण पर खर्च की जाती है। जो अनिवासी भारत में दान करना चाहते हैं उन्हें बताया जाता है कि आईडीआरएफ संप्रदायरहित धर्मार्थ संगठन है। इस धन ने जनमानस को दूषित करने में बड़ी भूमिका अदा की जिसकी वजह से अल्पसंख्यकों के खिलाफ हिंसा की घटनाएँ हुईं।

इलाहाबाद उच्च न्यायालय के आदेश पर भारतीय पुरातत्व सर्वेक्षण (एएसआई) ने उस स्थान की खुदाई शुरू की जहाँ पर बाबरी मस्जिद को ढहाया गया था। रिपोर्ट में कहा गया है कि 10वीं शताब्दी में मंदिर जैसा कोई बड़ा ढाँचा मौजूद था। ए एस आई का निष्कर्ष उसके अपने ही पहले के निष्कर्षों के खिलाफ जाता है। जबरदस्ती मंदिर की मौजूदगी सिद्ध करने के लिए उसने अपने ही दूसरे निष्कर्षों को आसानी से भुला दिया है। संघ परिवार ने पूरी मुस्तैदी से यह बात पकड़ ली है और कहा जा रहा है कि बहुत बड़ा राम मन्दिर मौजूद था जिसे ढहा दिया गया। विवेकशील पुरातत्ववेत्ताओं ने ए एस आई के इस कथन को बहुत अच्छे तरीके से गलत साबित कर दिया है। रिपोर्ट में बाबरी मस्जिद से पहले के ढाँचे की पश्चिमी दीवार की कुछ विशिष्टताओं को ध्यान में नहीं रखा गया है। बाबरी मस्जिद से पहले के ढाँचे की जली हुई ईंटों की दीवार के नीचे नक्काशी वाले पत्थरों का आधार है। यदि इस निष्कर्ष का विश्लेषण किया जाए तो हिंदुओं के किसी ढाँचे की संभावना नहीं रहती क्योंकि वे आधार में नक्काशी वाले पत्थरों का इस्तेमाल नहीं करते। बहुत से गण्यमान्य पुरातत्ववेत्ताओं-इतिहासकारों ने इन्हीं निष्कर्षों के आधार पर वहाँ किसी मंदिर के होने की संभावना से इनकार किया है।

मानव संसाधन विकास मंत्रालय ने स्कूल की पाठ्यपुस्तकों के भगवाकरण का बीड़ा उठाया है। इसके फलस्वरूप नई पाठ्यपुस्तकें आ गई हैं। अभी तक भारतीय इतिहास विज्ञान ने जो शैक्षिक दर्जा प्राप्त कर लिया था उन पर ये बहुत बड़ा धब्बा हैं। इनमें हिंदुत्व के प्रति न केवल साफ झुकाव है बल्कि उनमें अल्पसंख्यक विरोधी तथा कमजोर वर्ग विरोधी बातें शामिल की गई हैं। इन पुस्तकों में फासीवादी राष्ट्रवाद की सराहना की गई है। इन पुस्तकों में कई किताबों से सीधी नकल की गई है। इसके बावजूद इस साफ-साफ चोरी की मानव संसाधन विकास मंत्री द्वारा पैरवी की जा रही है। इसमें शक नहीं कि ये पुस्तकें आने वाले समय में तबाही मचा देंगी क्योंकि इनमें परंपराओं के प्रति अंधी श्रद्धा, अंधविश्वासी मूल्यों का महिमामंडन तथा मुसलमान और ईसाई अल्पसंख्यकों के प्रति साफ और सूक्ष्म तरीके से नफरत फैलाई

गई है। संप्रदायीकरण की प्रक्रिया केवल उत्तर भारतीय राज्यों तक सीमित नहीं है। यह बात दूसरे राज्यों की विभिन्न घटनाओं से स्पष्ट हो जाती है। मध्यप्रदेश में उमा भारती ने अपना चुनाव अभियान भोजशाला/मस्जिद विवाद के साथ शुरू करने की कोशिश की। सौभाग्य से उनकी यह चाल नहीं चली। कर्नाटक में बाबा बूदन गिर की दरगाह के मामले को बार-बार उठाया जाता है। संघ ब्रिगेड इसे दक्षिण की अयोध्या बनाना चाहता है। हर साल यह बताने के लिए रैली आयोजित की जाती है कि यह दत्ता पीठम है जिसे मुस्लिम शासकों ने दरगाह में बदल दिया। इस साल के समारोह में शांति की हिमायत करने वाले लोगों को भारी संख्या में गिरफ्तार कर लिया गया जबकि राज्य सरकार संघ परिवार की अल्पसंख्यकों के खिलाफ जहर उगलने वाली रैली को चुपचाप देखती रही। एक अन्य राज्य केरल से बहुत खतरनाक संकेत मिल रहे हैं। इस राज्य में बहुत-सी आर एस एस शाखाएँ हैं। मछेरों के दो समूहों में भिड़ंत की मराड घटना को सांप्रदायिक रंग दिया गया और गाँव के मुस्लिम निवासियों को भागकर शरणार्थी शिविर में शरण लेनी पड़ी। आर एस एस की करतूतों के नजारे अधिकांश राज्यों में सामने आने लगे हैं। भाजपा गठबंधन के केन्द्र में सत्ता में आने के बाद इन लोगों को बढ़ावा मिला है तथा आर एस एस से जुड़े विभिन्न संगठनों को संरक्षण दिया जा रहा है। ये संगठन अपने सामान्य एजेंडे के तहत अल्पसंख्यकों के खिलाफ मिथक फैलाते हैं तथा आगे चलकर उनके खिलाफ दंगों के लिए उपजाऊ भूमि तैयार करते हैं। आर एस एस संगठनों के पास आई डॉलरों की बाढ़ एक अन्य चिंता का विषय है। पहले से ही मौजूद खतरों में इससे इजाफा होता है।

विधानसभा चुनावों (मध्य प्रदेश, राजस्थान, छत्तीसगढ़) के परिणाम चिंता के बहुत बड़े कारण हैं। भाजपा की हरेक जीत से नागरिक तथा लोकतांत्रिक संस्थाओं पर उसकी पकड़ और मजबूत हो जाती है। अब दूसरे अवसरवादी राजनीतिक संगठन भाजपा के सत्ता पर कब्जे के लिए सीढ़ी बन रहे हैं। पूरी तरह से अवसरवादी राजनीति के प्रतीक जॉर्ज फर्नांडीस जैसे लोगों की संख्या बढ़ रही है। अपने एजेंडे के लिए भाजपा इन लोगों का इस्तेमाल कर रही है। अपने विशेषाधिकारों तथा सत्ता को बनाए रखने के लिए इस तरह के नेता गुजरात में स्त्रियों के साथ बलात्कार के लिए सफाई देते हैं या पैस्टर स्टेन्स को जलाए जाने जैसी नृशंस घटनाओं पर पर्दा डालते हैं। भाजपा की यह जीत सामाजिक इंजीनियरिंग में इसकी 'सफलता' का संकेत देती है। अब भाजपा के साथी संगठन वनवासी कल्याण आश्रमों के जरिए दूर-दराज के इलाकों में घुस गए हैं। वे न केवल आदिवासियों का हिंदूकरण कर रहे हैं, बल्कि उनका हिंदुत्वकरण भी कर रहे हैं। गुजरात में हमने देखा कि आर एस एस कितनी चतुराई के साथ अल्पसंख्यक विरोधी हत्याकांडों में आदिवासियों का प्यादों की तरह इस्तेमाल करती है। इन चुनावों ने दिखा दिया है कि आदिवासी इलाकों पर आर एस एस की पकड़ कितनी मजबूत हो रही है। अब वह पहचान की राजनीति द्वारा

आदिवासियों को अपने चुनावी घेरे में ले सकती है। एक तरह से भाजपा चुनावी दंगल में महत्त्वपूर्ण हस्ती के रूप में उभर रही है। अवसरवादी चुनावी संगठनों की सत्ता की भूख का लाभ उठाकर वह गठबंधन के लिए सौदा कर सकती है। दूसरे वह बनवासी कल्याण आश्रमों आदि के जरिए आदिवासियों को आर एस एस हिंदू पहचान दे रहा है। तीसरे, उनके एक वर्ग को आगे बढ़ने का मौका देकर वह अपना आधार बढ़ा रहा है। अंत में संस्कृतिकरण की प्रक्रिया द्वारा आदिवासियों का एक अर्ध-समृद्ध वर्ग संघ परिवार की झोली में आ गया है। आदिवासियों के इस छोटे से वर्ग पर उसकी पकड़ मजबूत हो गई है। विदेशी मामलों संबंधी नीतियों के कारण हमारा देश अमरीकी साम्राज्यवाद की गोद में जा रहा है। सब जानते हैं कि हमारे देश के उपनिवेशवादीकाल में आर एस एस ब्रिटिश शासन के खिलाफ नहीं थी, बल्कि राजनीतिक मुख्यधारा जो आधुनिक भारतीय राष्ट्र के निर्माण में लगी थी का विरोध कर रही थी। वियतनाम पर अमरीकी हमले के दौरान, आर एस एस संभवतः दुनिया के कुछेक ऐसे संगठनों में से था, जिसने बड़ी बेशर्मी से अमरीकी नीतियों का समर्थन किया। भारत, जोकि गुट निरपेक्ष आन्दोलन का नेता था अब अमरीका का कठपुतली देश बनता जा रहा है। यह इस बात से स्पष्ट हो जाता है कि अफ़ग़ानिस्तान पर अमरीकी हमले में उसने अमेरिका को हर तरह की सहायता का प्रस्ताव किया। यह दोस्ती जारी है और अमरीका यह मानने लगा है कि भाजपा के शासन के अधीन भारत उसकी शर्तों पर भूमंडलीकरण के मनसूबे पूरे करने के लिए उसके भरोसेमंद साथी का काम कर सकता है।

भय के माहौल के कारण मुस्लिम अल्पसंख्यकों पर प्रतिकूल प्रभाव पड़ रहा है। मुस्लिम अल्पसंख्यकों का घेटोइकरण (Ghettoisation) जोकि अस्सी के दशक के मध्य में शुरू हुआ और आगे बढ़ रहा है। इसके फलस्वरूप आबादी के कुछ वर्गों में मुस्लिम रूढ़िवाद पनप रहा है।

कुल मिलाकर स्थिति निराशाजनक है, विशेषकर तीन राज्य सभा चुनावों के परिणामों के बाद। यदि मत प्रतिशत का विश्लेषण किया जाए तो स्पष्ट होगा कि देश के कुछ हिस्सों के सिवाय भाजपा को अन्य जगहों पर बहुत ज्यादा वोट नहीं मिले हैं। लेकिन तरह-तरह की रणनीतियों और गठबंधनों के कारण उसे सफलता मिल गई है। इस दाँवपेंच के कारण वह केन्द्र में सत्ता में बनी हुई है। भाजपा आर एस एस की डोर से बँधी है और संघ परिवार का चुनावी स्कंध है। यह और भी खतरनाक बात है। यदि उसकी इस गति को नहीं रोका गया तो वह अपने बलबूते पर बहुमत के लिए कोशिश करेगी। इसके बाद वह अपने साथियों को कमजोर बनाकर सामाजिक और राजनीतिक प्रक्रियाओं में इस तरह से जोड़-तोड़ करेगी कि आगे चलकर हिंदू राष्ट्र का उसका एजेंडा पूरा हो जाए।

संप्रदायों की प्रतिक्रिया अलग-अलग रही है। मानवाधिकार समूहों से आशा

बँधी है। उन्होंने समुदायों के बीच अनेकत्व और सद्भाव के मूल्यों के प्रसार का काम शुरू किया है। यह काम विभिन्न माध्यमों से किया जा रहा है। लेकिन यह बहुत कम है और बहुत देर से शुरू किया गया है। मुस्लिम समुदायों में जहाँ एक ओर रूढ़िवादी मूल्य बढ़ रहे हैं, दूसरी ओर उनके बीच काम करने वाले विभिन्न समूह और न्यास शिक्षा और स्वरोजगार से संबंधित मुद्दों को गंभीरता से उठा रहे हैं। समस्या की विकरालता को देखते हुए ये प्रयास भी बहुत कम हैं।

राजनीतिक स्तर पर प्रयास तभी कामयाब होंगे जब समाज को चुनावी तथा सामाजिक स्तर पर कुछ राहत मिले। ऐसे प्रयास किए जाने चाहिए कि सांप्रदायिक ताकतें किसी भी परिस्थिति में सत्ता में न आएँ। सत्ता का इरेक दौर समाज पर उनकी पकड़ को मजबूत बना देता है। इससे अनेकत्व के मूल्य समाप्त होते हैं और राष्ट्रीय जीवन के सभी पहलुओं पर इसका प्रभाव पड़ता है। राष्ट्र एक बार फिर चौराहे पर खड़ा है। सांप्रदायिक फासीवाद का खतरा रोजाना बढ़ रहा है। इससे निपटने के लिए समतावादी समाज के लिए मंच बनाने के प्रयास किए जाने चाहिए तथा लोगों के राजमर्रा के मुद्दों पर ध्यान दिया जाना चाहिए। हमारी प्राथमिकता ऐसा वैकल्पिक समाज बनाना होना चाहिए जहाँ स्वतंत्रता संघर्ष से पैदा हुए तथा हमारे संविधान में निहित मूल्य मजबूत बनें। राजनीतिक और सामाजिक स्तर पर धर्मनिरपेक्षतावादियों का बिखराव बहुत नुकसानदायक है। अब भी विश्वास के साथ कहा जा सकता है कि समाज का कुल बहुमत सांप्रदायिक राजनीति के प्रभाव, हिंदुत्व की राजनीति के प्रतिकूल प्रभावों से तंग आ चुका है। राष्ट्र के अधिकांश लोग चाहते हैं कि रोटी, कपड़ा और मकान से जुड़े मुद्दे फिर से आगे लाए जाने चाहिए। त्रासदी यह है कि हमारी राज्य व्यवस्था का केन्द्र खिसक रहा है। इसे सँभालना तथा इस या उस धर्म के नहीं बल्कि भारत के सभी नागरिकों से प्रतिबद्ध धर्मनिरपेक्ष लोकतंत्र का सकारात्मक विकल्प देना हम सबके लिए चुनौती है। मुद्दा यह है कि जाति, प्रजाति और लिंग का भेदभाव किए बगैर समान नागरिक बनने का हम सभी को हक है। इस समय मुद्दा हमारी आजादी के लिए लड़ने वालों की आकांक्षाओं को राष्ट्र के बड़े सरोकारों अर्थात् सम्मानजनक सामाजिक और आर्थिक अस्तित्व के सरोकारों के रूप में फिर से वापस लाने का है। सांप्रदायिकता इसलिए बढ़ रही है क्योंकि इसके खिलाफ कुछ नहीं किया जा रहा है। यह एक ओर आर एस एस की उसकी संततियों की सफलता है तो दूसरी ओर लोगों के सामाजिक, आर्थिक और सांस्कृतिक जीवन के बहुआयामों को उनकी समृद्ध जटिलता के साथ समझने में प्रगतिशील लोगों की विफलता भी है।

संदर्भ

अय्यर, मणिशंकर (1993) संडे, 7-13 फरवरी।

—(2000), 'सोमनाथ एंड अयोध्या', दि टेलीग्राफ, कोलकाता, 19 दिसंबर, 2000।

ऑल इंडिया फैडरेशन ऑफ ऑरगनाइजेशन्स फॉर डेमोक्रेटिक राइट्स (ए आई एफ ओ एफ डी आर) (1999) दैन दे केम फॉर दि क्रिश्चियन्स। मुंबई : ए आई एफ ओ एफ डी आर।

आजाद, मौलाना अबुल कलाम (1988), इंडिया विन्स फ्रीडम हैदराबाद : ऑरियंट लोंगमैन।

बनर्जी, आर डी (1981), ईस्टर्न इंडियन स्कूल ऑफ मिडिवल स्कल्पचर, नई दिल्ली।

बासू, टी., पी. दत्ता, एस. सरकार, टी. सरकार एंड एस. सेन (1993), खाकी शॉर्ट्स सैफरन फ्लेग्स, पी. 37, नई दिल्ली : ऑरियंट लोंगमैन।

—(2000), 'कार सेवा ऑफ इंडियन कांस्टीट्यूशन', इकॉनोमिक एंड पोलिटिकल वीकली, 11 मार्च, 2000।

चन्द्रा, बिपन (1998), इंडियास स्ट्रगल फॉर इंडिपेंडेन्स, नई दिल्ली : पेंग्विन।

चटर्जी, आभास (1995), दि कनसेप्ट ऑफ हिंदू नेशन, नई दिल्ली : वॉइस ऑफ इंडिया।

चटर्जी, मानिनी एंड वी के रामचन्द्रन (1988), फ्रंटलाइन, 20 फरवरी, 1998।

चौसलकर, अशोक (1995), 'कम्युनलिज्म एंड हिस्ट्री टेक्स्टबुक्स इन महाराष्ट्र,' टुवाईस सेकुलर इंडिया, जनवरी-मार्च, 1995।

देवरस, बालासाहेब (1984), ऑन्सरस एंड क्यूसचन्स, बंगलौर : साहित्य सिंधु।

देसाई, राजीव (2002), 'इट इज़ हाई टाइम नरेन्द्र मोदी क्विट' दि संडे टाइम्स ऑफ इंडिया, 7 अप्रैल, 2002।

देशमुख, नानाजी (1984), 'मूवमेंट ऑफ सोल सरचिंग,' प्रीतिपक्ष, दिल्ली, 25 नवंबर, 1984।

दुरान, खालिद (2000), 'दि ग्लोबलाइजेशन ऑफ टेररिज्म,' इन रिव्यू, फाल 2000।

इलस्ट, कोइनराड (1993), अयोध्या एंड आफ्टर, नई दिल्ली : वॉइस ऑफ इंडिया।

इंजीनियर, असगर अली (1995 ए), कम्युनलिज्म इन इंडिया, नई दिल्ली : विकास पब्लिशिंग हाउस।

—(1998 ए), इस्लाम एंड मॉडर्न एज, वाल्यूम-1, मुंबई : इंस्टीट्यूट ऑफ इस्लामिक स्टडीज़।

—(2000), 'केन ऑटोनामी बी दि सोल्यूशन,' वन इंडिया वन पीपुल, सितंबर, 2000।

इंजीनियर, इरफान (1993), 'सूरत रायट्स : इनवेस्टीगेशन एंड एनेलिसिस,' पीपी 2-3। मुंबई : सेंटर फार स्टडी ऑफ सोसाइटी एंड सेक्यूलरिज्म।

गांधी, एम. के. (1994), 'गाँधी एंड कम्युनल प्रोबलम्स,' सी एस एस एस पी 6

गोडसे, गोपाल (1998), इंटरव्यू, दि टाइम्स ऑफ इंडिया, 25 जनवरी, 1998।

गोडसे, नाथूराम (1993), व्हाई आई एसीसीनेटिड महात्मा गाँधी, नई दिल्ली : सूर्या भारती प्रकाशन।

गोलवलकर, एम एस (1939), वी ऑर अवर नेशनहुड डिफाइंड, नागपुर : भारत पब्लिकेशन्स।

गोपाल, एस, रोमिला थापर, बिपन चन्द्र, एट एल (1989), दि पोलिटिकल एब्यूज़ ऑफ हिस्ट्री। नई दिल्ली : सेंटर फॉर हिस्टोरिकल स्टडीज।

हबीब, इरफान (1994), 'दि हिस्ट्री एज ए पॉलिटिकल टूल,' दि संडे टाइम्स ऑफ इंडिया, 13 मार्च, 1994।

हेरेडिया, रूडोल्फ (1995), सेक्यूलरिज्म एंड सेक्यूलराइजेशन, टुवर्ड्स सेक्यूलर इंडिया, वॉल. 1 नं. 3 पी 60।

जैन, गिरिलाल (1992), ऑबजर्वर, 25 फरवरी।

जैफरलॉट, क्रिस्टोफर (1996), दि हिंदू नेशनलिस्ट मूवमेंट एंड इंडियन पोलिटिक्स, लंदन : विकिंग।

झींगरान, सरल (1995), सेक्यूलरिज्म इन इंडिया, पी. 79। नई दिल्ली : हरनंद।

कपूर, रत्ना एंड वृंदा कॉसमैन (1995), 'कम्युनलाजिंग जेंडर' तनिका सरकार एंड उर्वशी बुटालिया (संपादित) विमन एंड हिंदू राइट, पी. 82, नई दिल्ली : काली फॉर विमन।

केलर, एलबर्ट, 1970, 'सेक्यूलराइजेशन,' सेकरामेंटम मुंडी, वॉल. 6 पीपी. 64-70। न्यूयार्क : हरडर एंड हरडर।

खोसला, गोपाल दास (1963), स्टर्न रेकनिंग, मुंबई : जैको बुक्स।

कोसाम्बी, डी. डी. (1992), 'दि कल्चर एंड सिविलाइजेशन ऑफ एनशियण्ट इंडिया,' नई दिल्ली : विकास पब्लिशिंग हाउस।

लेरी, शिनेर (1971), कन्सेप्सन ऑफ सेक्यूलराइजेशन इन इंपायरिकल रिसर्च इन सोसिओलॉजिकल पर्सपेक्टिव्स, पेलीकन।

मदन, टी एन (1997), 'दि क्राइसिस ऑफ इंडियन सेक्यूलरिज्म,' टी एस आई, पी. 3, नं. 1।

मालेकर, अनोश (2002), 'व्हाट हेपंड एट गोधरा,' दि वीक, 7 जुलाई, 2002।

मलकानी, के आर (1992), अयोध्या का सच, पी. 24, नागपुर : भारतीय विचार साधना।

—(1993), 'रिलीजियस सिम्बल्स एंड पोलिटिकल मोबिलाइजेशन,' सोसल साइंटिस्ट, वॉल. 21, नं. 78।

—(1998), 'दि सोल ऑफ इंडिया,' दि टाइम्स ऑफ इंडिया, मुंबई, 9 जून।

मंडल, डी (1993), आर्कोलॉजी आफ्टर डेमोलिशन, हैदराबाद : ओरिएंट लोंगमैन।

मटटू अमिताभ (2000), 'डिवाइड एंड रूल,' टाइम्स ऑफ इंडिया, नई दिल्ली, 6 अक्तूबर, 2000।

मेकवान, जोसफ (2002), 'सोसाइटी अंडर सीज,' सेमीनार, मई, 2002।

मेहता, उदय (2002), 'लेबोरेटरी ऑफ हिंदू राष्ट्र,' एकता, पी. 11।

मित्रा, एन एन संपादित (1927), 'इंडियन क्वार्टरली रजिस्टर,' वाल. 1, पी. 37।

मोहन, अरविंद (1994), 'दि हेरिटेज ऑफ पार्टिशन,' इंडियन मुस्लिम्स : मिथ एंड रियेलिटी (हिंदी) : वाणी प्रकाशन।

माउंटबेटन, लुइस (1948), व्हाइट पेपर ऑन जम्मू एंड कश्मीर, नई दिल्ली, भारत सरकार।

मुखिया, हरबंस (1994), मिडिवल हिस्ट्री एंड दि कम्युनल अपरोच, नई दिल्ली : पीपुल्स पब्लिशिंग हाउस।

नाथ, आर (1989), दि ताज : ए मौजूलियम, सेमिनार, पृष्ठ 364, दिसंबर, 1989।

नैयर, कुलदीप 'ए टेल ऑफ टू नेशन्स,' आउटलुक, 2 अक्तूबर, 1996।

ओमवेत, गेल (1995), दलित विजन्स, हैदराबाद : ओरिएंट लोंगमैन।

पनीकर, के एन (1990), 'ए हिस्टोरिकल रिव्यू,' एस गोपाल, एनाटोमी ऑफ कनफ्रंटेशन, नई दिल्ली : पेंग्विन में।

प्रेस काउंसिल कमेटी, 'क्राइसिस एंड क्रेडिबिलिटी,' प्रेस काउंसिल कमेटी रिपोर्ट, प्रेस काउंसिल ऑफ इंडिया : नई दिल्ली, जून 1991।

पुनियानी (2000), कम्युनल पॉलिटिक्स : एन इलस्ट्रेटिड प्राइमर, नई दिल्ली : सहमत।

राय, लाजपत (1994), लेटर टू दि एडिटर, दि टाइम्स ऑफ इंडिया, मुंबई, 18 जनवरी, 1994।

राय, वी एन (1998), कंबेटिंग, कम्युनल कनफ्लिक्ट्स, नई दिल्ली : रिनेसां पब्लिशिंग हाउस।

राजाराम, एन एस (1993), आर्यन इनवेजन ऑफ इंडिया, नई दिल्ली : वॉइस ऑफ इंडिया।

—(1995), दि पालिटिक्स ऑफ हिस्ट्री, नई दिल्ली : वॉइस ऑफ इंडिया।

राजकिशोर (1994), भारतीय मुसलमान, नई दिल्ली, वाणी प्रकाशन।
राजलक्ष्मी, टी के (2002), 'टेस्टीमोनीज़ ऑफ टेरर,' फ्रंट लाइन, 9 फरवरी, 1996।
राय, कुमकुम (1995), 'व्हेयर वीमन आर वरशिप्ड, देयर दि गॉड्स रिजोइस' तनीका सरकार और उर्वशी बुटलिया संपादित विमन एंड दि हिंदू राइट, पृष्ठ 12, नई दिल्ली : काली फॉर विमन।
आर एस एस (2000 ए), संघ एंड मुस्लिम्स, पुणे : राष्ट्र जागरण अभियान।
—(2000 बी), आर एस एस एंड कन्वर्जन्स, पुणे : राष्ट्र जागरण अभियान।
सरकार, टी (2002), सिमियोटिक्स ऑफ टेरर, इकोनॉमिक एंड पोलिटिकल वीकली, 13 जुलाई, 2002।
सरकार, सुमित (1996), मॉडर्न इंडिया, मद्रास : मेकमिलन।
सावरकर, विनायक दामोदर (1989), हिंदुत्व : हु इज़ ए हिंदू? नई दिल्ली भारती साहित्य सदन।
सीतलवाद, तीस्ता (2002), 'गोड्स गुजरात', कम्युनलिज्म कंबैट, जुलाई 2002।
—(2002), 'कम्युनलिज्म टेरर' इकोनोमिकल एंड पोलिटिकल वीकली, 13 जुलाई 2002।
शाह, घनश्याम (2002), 'कास्ट, हिंदुत्व एंड हाईडसनेस,' इकोनोमिक एंड पोलिटिकल वीकली, 15 अप्रैल, 2002, पृष्ठ 1391।
सिंह, राजेन्द्र (1998), आउटलुक, 19 जनवरी।
सिंह, तेजबीर, 'मिथिफाइंग हिस्ट्री' (संपादकीय), सेमीनार, सं. 364, दिसंबर 1989।
स्पीयर पर्सीवल (1990), ए हिस्ट्री ऑफ इंडिया, वॉल्यूम 2 नई दिल्ली : पेंग्विन।
थापर, रोमिला (1975), दि पास्ट एंड प्रेजूडिस, नई दिल्ली : नेशनल बुक ट्रस्ट।
—(1987) 'सिंडिकेटिड मोक्ष', सेमीनार, 1987।
—(1990), 'कम्युनलिज्म एंड हिस्टोरिकल लेगेसी : सम फेसिट्स,' सोसल साइंटिस्ट, वॉल्यूम 18, संख्या 6-7।
—(1992), हिस्ट्री ऑफ इंडिया, वाल्यूम 1, पृ. 39-40, नई दिल्ली, पेंग्विन।
—(1994), 'कम्युनलिज्म इन दि राइटिंग्स ऑफ एनशिएंट इंडियन हिस्ट्री,' सलेक्टिड राइटिंग्स आन कम्युनलिज्म, पृ. 1-18, नई दिल्ली : पीपुल पब्लिशिंग हाउस।
—(1996), 'कम्युनलिज्म इन हिस्ट्री,' मिमेओ, मुंबई, विकास अध्ययन केंद्र।
वैद्य चुन्नी भाई (2000), स्पीटिंग एट दि सन, अहमदाबाद : गुजरात लोक समिति।
याग्निक, अच्युत (2002), 'दि पेथोलॉजी ऑफ गुजरात,' सेमीनार, मई, 2002।
यासीन, माधवी (1996), इमरजेंस ऑफ नेशनलिज्म, कांग्रेस सेप्रेटिज्म, नई दिल्ली : राज पब्लिकेशन।
येचुरी, एस (1993), 'व्हाट इज़ दिस हिंदू राष्ट्र,' फ्रंट लाइन, 12 मार्च, 1993।

●●●